中国诗学道器论

劳承万 ○ 著

时代出版传媒股份有限公司
安徽教育出版社

图书在版编目（CIP）数据

中国诗学道器论／劳承万著．—合肥：安徽教育出版社，2010.12
ISBN 978-7-5336-5730-7

Ⅰ.教… Ⅱ.劳… Ⅲ.教育—中国—文集 Ⅳ.G52—53

中国版本图书馆 CIP 数据核字（2010）第 061688 号

中国诗学道器论　　　　　　　　　　　　　　作者：劳承万

出 版 人：朱智润	策划编辑：张丹飞	责任编辑：何换生
	责任印制：何惠菊	装帧设计：朱 锦

出版发行：时代出版传媒股份有限公司　　http://www.press-mart.com
　　　　　安徽教育出版社　　http://www.ahep.com.cn
　　　　　（合肥市繁华大道西路 398 号，邮编：230601）
　　　　　营销部电话：（0551）3683010，3683011，3683015
排　　版：安徽创艺彩色制版有限责任公司
印　　刷：合肥中德印刷培训中心印刷厂　　电话：（0551）3812508
（如发现印装质量问题，影响阅读，请与印刷厂商联系调换）

开本：787×1092　1/16　　印张：25.5　　字数：42 万字
版次：2010 年 12 月第 1 版　　2010 年 12 月第 1 次印刷

ISBN 978-7-5336-5730-7　　　　　　　　　　　定价：48.00 元

版权所有，侵权必究

目 录

导 论/001

上 卷
中国诗学之道论
——诗之为教与诗之为经（诗性源头与诗性本体）/041

第一章 中国礼乐文化诗性源头的三大层次/043
第一节 神话的"诗性智慧"原型/043
第二节 中国文明源头"六经"中的形上诗性之道/048
　　一、六经一体，即道即礼/054
　　二、六经之间的诗性联系与诗性结构/061
　　三、三个命题的分析及其诗性特征/071
　　四、六经文本中所蕴含的诗性智慧及其形上之道/080
　　五、汉字结构中的诗性智慧及其形上之道/097
第三节 学派体系中的诗性形上之道/103

第二章 中国诗性本体与诗性方法/109
第一节 诗性本体/109
　　一、感性真理观 109
　　二、中国哲学是境界形而上学/110
　　三、诗现象呈现的哲学形而上学境界/113
　　四、中国哲学是体验型哲学/114
第二节 诗性方法/117

第三章 儒道禅的诗学形上之道/121
第一节 孔孟儒学的诗学形上之道/127
　　一、孔孟儒学之诗学的基本形态/127

二、"心性"之诗与性理之诗/128

三、"知(水)—仁(山)"型的诗性特征/130

四、学诗之路向与学诗之方法论/133

第二节　老庄道家的诗学形上之道/135

一、老庄学派自评其思想特征/135

二、从老子到庄子的过渡区间/139

三、老庄学派关于知与欲的界限及其悖论境界/144

四、老庄道家的诗学形上之道/147

第三节　佛禅的诗学形上之道/164

一、佛教大智慧对照中的世界文明及其批评模式/165

二、中国佛教的特征/174

三、佛禅的诗学形上之道/184

下　卷
中国诗学之器论
——中国诗教之实践方式(诗性流变与韵律节奏)/195

引　言/197

第四章　节奏作为一种艺术与生命存在方式的多视角透视/200

第一节　关于节奏概念的研究：节奏的哲学思考/200

一、音乐中"超音乐"性研究的启示/200

二、节奏概念研究中的危机/202

第二节　节奏概念/204

第三节　节奏的研究方法及其内在结构/205

一、历史发生学方法：劳动结构的微观分析/205

二、黑格尔的逻辑研究方式/219

三、"声—义"结构的运动模式/220

四、主体节奏模型论/224

五、俄国形式主义的"情绪—逻辑"节奏/232

六、维戈茨基的"对立定律"节奏论/239

七、皮亚杰"机能—智慧"节奏论/246

八、苏珊·朗格的悲剧、喜剧节奏论/250

九、中国诗性哲学的整体视界/256

十、节奏的分化过程与节奏感的物化/267

第五章 中国诗行结构及其韵律世界/288

第一节 汉语诗律节奏的两个来源：文气说与声律说/289

一、文气说/289

二、声律说：声母、韵母对"字"（声）的扬弃/292

第二节 散文的诗性倾向：中国诗性智慧的异态流程/296

一、古文虚词的诗性倾向/296

二、古文句式（"声—义"稳定结构）的诗性倾向/297

第三节 中国诗行稳定结构的基本形式/300

一、诗行稳定结构（句型）的形成/300

二、中国诗行稳定结构的发展轨迹/302

第四节 诗行结构的一般特征和本质/318

第五节 中国诗行美的形态/325

一、诗的感性美/325

二、中国诗美的超越性及其美的形态/326

三、中国诗行美的形态及其哲学基础/333

第六章 节奏与时间体验/335

第一节 中国民族的农业性时空观（经验性宇宙意识）与诗行世界/335

第二节 节奏的形成与诗行节奏的本质/342

第三节 诗行里的时间经验/347

结 语/358

附录一 节奏论——生理能转化为心理能的探索/361

附录二 中西学科形态之转换与学术文化之趋向/378

后 记/395

"中国诗学"之学科形态:中国没有西方式的"诗学",只有经学型的"诗教"。中国民族的"诗之为经与诗之为教",是一种包举乾坤、塑造中庸人格的实践型经学,在根本观念与路向上,它既区别于"诗之为学,也高于诗之为学"(西方诗学)。

——劳承万

(A)此诗之为经,所以人事浃于下,天道备于上,而无一理之不具也。……章句以纲之,训诂以纪之,讽咏以昌之,涵濡以体之;察之情性隐微之间,审之言行枢机之始,则修身及家,平均天下之道,其亦不待他求而得之于此矣。

——朱熹《诗集传》

(B)诗者,声教也,出于性情。《说文》:教者"上所施,下所效(觉)也。"

——郑樵《诗辨妄》

(C)天命之谓性,率性之谓道,修道之谓教。自诚明谓之性,自明诚谓之教。

——《中庸》

(D)中国文化智慧的根源是两首诗,一首是"天生烝民,有物有则,民之秉彝,好是懿德"(《诗经·大雅·烝民》),孟子引这首诗证明性善(道德创造之本心/如西方讲上帝创造)。还有一首是《诗经·周颂·维天之命》:"维天之命,於穆不已。於乎不显,文王之德之纯"(表示本体宇宙论)。这两首诗是儒家最根本智慧的发源地……中华民族文化有本,这个本就是这两首诗。最根本的文化生命的方向就在此。

——牟宗三《康德第三批判讲演录》

导 论

本书名曰"中国诗学道器论"。《易·系辞上》曰："形而上者谓之道,形而下者谓之器"。故本书所论述的对象、范围即包含有两大方面:一是"中国诗学之道论"(上卷),探索中国诗学形上之道;一是"中国诗学之器论"(下卷),探索中国诗学形下之器。但在中国哲学中,道器一体,相离相即。绝然二分是不可能的,然而又并不妨碍"道/器"分而论之。本导论则综而论之,以见其大体。

欲谈中国诗学,笔者认为在基本概念上,必须在大体上弄清三个根本问题,否则便会"乱了套",难以达成学术的严格规范。

这三个问题是:一、什么叫做诗学? 来源何处? 二、中国本土有无诗学? 三、对应于西方诗学,中国诗学具有何种形态? 若要作学科形态的转换,其形态转换之契机是什么?

"诗学"的概念,在目前中国学界,弄得十分混乱,这是一门"似是而非"的含糊学问。有人以时代名之:"唐宋诗学";有人以诗人名之:"李杜诗学";有人以对峙于物质名之:"文化诗学";有人以民族差别名之:"西方诗学/中国诗学"……一言难尽也。

问题发生的根源在于:20 世纪初期,西风欧雨狂烈涌入中土,学界迎之而无辨。西方人文社会科学中相关之哲学—美学—诗学,也随之进入中土。然而,梁启超早在 20 世纪初即在《中国之旧史学》一文中曰:"于今日泰西通行诸学科中,为中国所固有者,惟史学。"[1]故在 30 年代首先发生了"中国有没有哲学"的论争,中国哲贤熊十力、牟宗三、唐君毅、冯友兰等人以大师的身份、以其自家的巨著作出了肯定性的回答:中国没有西方式的哲学,只有"人生哲学"(或"心性哲学")。这是贤者作出的"学科形态"的大转换,从而使"中国哲学"(人生哲学/心性哲学),神圣地对峙于西方哲学

---

〔1〕 梁启超:《梁启超全集》第二册,梁品兴全编,北京出版社,1999 年,第 736 页。

（主要认识论哲学）。这是一个伟大而成功的开端。其给予我们的启示是：一、西方人文社会学科移入中土，一般说来，直接的"拿来主义"是不行的，必须有效地进行"学科形态"的转换才行。二、这种"学科形态"的转换是一项巨大的工程，并非零打碎敲的比附所能凑效，必须从文化体系的根系上，从"万法归一"的"一"上用功夫才能找到办法。三、不能空喊口号，必须以得力的巨作"实证"地来完成这种学科形态的转换。"形态转换—溯源根系/万法归一——巨作实证"这是中西学科形态转换的"三项式"，缺其一环，都难以完成这艰难的任务。

无疑，哲学形态转换的过程与方法，对美学与诗学均有范导意义。就美学而言，中国根本无美学概念，西方式的美学（主要是认识论美学）在中国根本不存在，我们有的只是"礼—乐"文化体系中之"乐"学（即对"乐"之哲学研究）[1]。至于"诗学"，情况大体一样。

朱光潜先生终其一生的研究都集中在西方美学上，也花了相当多的精力去思考"诗学"。朱先生的"美学"，大体上是他自己所云，是"移花接木"，他也认为《乐记》是中国美学的"开山祖"，但他终于未能实现中国美学学科形态的大转换。这不是他个人的天赋责任，而是时代的悲剧。至于"中国诗学"，朱先生在许多场合都再三申言，极为珍惜其"平生用功较多的《诗论》"。于此书中，朱先生有两个重要"结论"，颇值学界认真思索。

1. 中国没有西方式的诗学（即中国无诗学）

"在欧洲，从古希腊一直到文艺复兴，一般研究文学理论的著作都叫做诗学（实质上是研究对峙于哲学的感性意识形式——引者）。'文学批评'这个名词出来很晚，它的范围较广，但诗学仍是（其间）一个主要部门。中国向来只有诗话而无诗学，刘彦和的《文心雕龙》条理虽缜密，所谈的不限于诗。诗话大半是偶感随笔，信手拈来，片言中肯，简炼亲切，是其所长；但是它的短处在零乱琐碎，不成系统，有时偏重主观，有时过信传统，缺乏科学的精神和方法"（《诗论·抗战版序》）。朱先生直言，"中国向来只有诗话而无诗学"。

而西方的所谓"诗学"，包括"文学理论"和"文学批评"。这是很宽泛的定义。但朱先生又总离不开"诗"而言说，"中国向来只有诗话，而无诗学"。即是说，唯有中国的"诗话"稍挨"诗学"的边，或说是同一个路向。故朱先

---

[1] 笔者穷力著有《中国古代美学（乐学）形态论》（中国社会科学出版社，2010年）一书。

生又指出其(诗话)一连串之不足,难以成为一门具有"科学精神和方法"的诗学。

接着朱先生又指出了"诗学的任务就在替关于诗的事实寻出理由"。围绕此任务,朱先生见出了:"诗学在中国不甚发达的原因大概不外两种。一般诗人与读诗人常存一种偏见,以为诗的精微奥妙可意会而不可言传……其次,中国人的心理偏向重综合而不喜分析,长于直觉而短于逻辑的思考。谨严的分析与逻辑的归纳是治诗学者所需要的方法。"

朱先生在这里所言之"诗学",是以西方诗学作为范式的,他心目中的"中国诗学",本来没有(仅有"诗话"),如果真的要建构中国诗学的话,就必须克服上述缺点,做到"谨严的分析与逻辑的归纳"。朱先生走的路子,不是"学科形态"的转换,而是以西方诗学为范式的重构——"替关于诗的事实寻出理由"。故朱先生又说,"当前有两大问题须特别讲究,一是固有的传统究竟有几分可以沿袭,一是外来的影响究竟有几分可以接收"。这是"传统"与"外来"的综合形式。此即朱先生所谓"中国诗学"的新形式,即区别、而又超越于诗话的新形式。

不管怎样,朱先生所言之"中国向来只有诗话而无诗学",确有警示思考的作用——中国无诗学。

2. 建构"中国诗学"(《诗论》)的方法论问题

朱先生在《诗论》的后记中说,"我在这里试图用西方诗论来解释中国古典诗歌,用中国诗论来印证西方诗论"。

上面已说到,这不是学科形态转换,而是以西方诗论作为范式,在诗学上搞"移花接木"。应该说,这也是一种艰难的学术探索,亦具有学科整体观。但朱先生有自知之明,故此书只署为《诗论》,而不是诗学,更不是"中国诗学"。

以上所言,是朱光潜先生关于"中国诗学"的一些观念。

下面,我们将转入"西方诗学"的范围,作简单的巡视,以见其要义与概貌。

诗学(西方诗学)之起源,公认是由亚里士多德的《诗学》而来。亚氏之"诗学"涵义是什么?根据中译者陈中梅先生之考察分析,则是:"诗学原文作 AristotelousPeriPoiētiēs,即'亚理士多德的诗学'。PeriPoiētikēs 作'诗的艺术'解,译作'诗学'。""从词源上看,古希腊人似不把做诗看作是严格意义上的'创作'或'创造',而是把它当作一个制作或生产过程。"[1]故亚氏之"诗学"涵义仅指"诗的艺术"(且是一种"制作"艺术),而尚未泛及一切"文学理论"、"文学批评"。实际上,亚氏诗学共二十六章,他把"诗艺术"分为史诗、悲剧、喜剧三大类型,而其写作方法(诗艺术与现实的关系),即是"摹仿",但摹仿又各具特性,"史诗的编制,悲剧、喜剧、狄苏朗勃斯(早期悲剧发展中之雏形——引者)的编写以及绝大部分供阿洛斯(管乐器)和竖琴(弦乐器)演奏的音乐,这一切总的说来都是摹仿。它们的差别有三点,即摹仿中采用不同的媒介,取用不同的对象,使用不同的、而不是相同的方式"[2],即史诗、悲剧、喜剧等,在摹仿中采用不同的"媒介—对象—方式"。这是亚氏诗学(诗艺术)的核心特征,可谓"摹仿论诗学"(区别与对峙于柏拉图的"理型论哲学")。

既然是"诗艺术",那就必须具有诗的特征,亚氏说,"上文提及的艺术都凭籍节奏、话语(语言)和音调进行摹仿"[3]。此中的"节奏—语言—音调"组成诗的一种格律。那就是说"摹仿论诗学",必须通过"节奏—语言—音调"形成不同的"格律",才终于成为"诗的艺术"。

亚氏之摹仿论诗学,尤其对情节的组织与安排甚为重视,《诗学》全书从第五章起直至第十八章,都涉及情节问题。这是"诗艺术"的精髓。否则,史诗、悲剧、喜剧,难以取得"诗艺术"的强烈效应。故亚氏在《诗学》开头的第一章便交待全书论及的基本问题与方面。他面对的是:"关于诗艺术本身和诗的类型,每种类型的潜力,应如何组织情节才能写出优秀的诗作,诗的组成部分的数量和性质,这些,以及属于同一范畴的其他问题,都是我们要在此探讨的。"[4]

以上是亚氏"摹仿论诗学"之概貌。其核心问题是"诗艺术"。

古代希腊,高度发展了西方人的精神智慧。西方文明发展的肥沃土壤与源头,即希腊神话。这是一种文明精神理性智慧的综和体,它必须通过自身的分化,才能在历史发展中完成自身的使命。故在希腊神话之后,首先是哲学高潮的到来,然后才是文学高潮的到来(朱光潜)。哲学高潮的巅峰是柏拉图与亚里士多德。但柏拉图从根本上说是哲学高潮的主要象征

---

[1] 亚里士多德:《诗学》,陈中梅译注,商务印书馆,1996年,第28页。
[2] 亚里士多德:《诗学》,陈中梅译注,商务印书馆,1996年,第28页。
[3] 亚里士多德:《诗学》,陈中梅译注,商务印书馆,1996年,第28页。
[4] 亚里士多德:《诗学》,陈中梅译注,商务印书馆,1996年,第28页。

者(亚氏是他的学生),而亚氏则是一个上承哲学高潮,下启文学(诗艺术)高潮的连接式人物。柏氏只有哲学(美本体理论从属于理型论),而无诗学(诗人被他从学园中赶出去)。亚氏则既有哲学,又有诗学。在古代希腊,哲人如群星缀空,他们都企图以哲学宇宙论去囊括一切,以哲学之意识形式笼罩一切,而隐没了其他意识形式的地位与价值。"诗学",则是亚氏从汹涌澎湃的哲学主潮中"打捞"并开拓出来的一片"感性绿洲",它是对峙于哲学圣殿的另一"庞然大物"。亚氏《诗学》中译者陈中梅先生说,"传统的希腊哲学认为诗和哲学有着不同的工作范畴和对象。诗描绘一个变化中的五光十色的、哲学的思辨终将予以扬弃的世界,而哲学揭示的则是一个静止的、永恒不变的、传统诗人笔下的境界无法与之媲美的世界。诗和哲学有着不同的企望和归向。诗和哲学——用柏拉图的话来说——是长期抗争的对手。"[1]此即是说,哲学关涉本体界,而诗则网罗现象界。于古希腊虽无"本体—现象"明显范畴、方法之二分,但此等原型性意蕴却是存在的。这里虽说的是"诗与哲学",其实也对应地蕴含着"诗学与哲学"的问题。于是,从古希腊开始,便出现另一个在意识形式历史发展中的重大问题:即诗(诗学)与哲学的纠缠问题(或说"抗争"问题),深入一层看,便是哲学之思辨抽象意义与感性生命欲望(意向)之相互抗争、纠缠问题。(在这里必须指出:西方人的"感性生命欲望"(意向),并非中国人心性哲学中的那种"感性生命欲望"(意向),而是从属于西方理性主义的东西。详见下文)。把握住这一基本路向,将使我们对西方诗学(或重构中国诗学)有更分明的认识。

现代西方人把诗论、诗学都看成同一个词:Poétique。他们把西方诗学概括为各种不同类型的诗学,诸如古典诗学(指某种文学规则),陀思妥也夫斯基诗学(文学批评中,构成的主题或风格特征),E·托多罗夫诗学(语言与意义之生成形式),现代新诗学(即脱离本文及其阐述,走向更高层次的全部范畴。企图在哲学"意义"的飘渺、稀薄层中,作曲折而含羞的哲学"回归")……西方人的诗学,似乎是一步一步的走向前方,走向天际,走向抽象,走向最终的渺茫的"一"。这个"一"是什么,就是西方哲学之最稀薄抽象——意义哲学的抽象。诗(诗学)与哲学的对峙、抗争,最后竟"同污合流","曲折回归"(似是一切"现象"皆回归"本体"。一切属诗的东西,都

---

[1] 亚里士多德:《诗学·附录》,陈中梅译注,商务印书馆,1996年,第258页。

打扮着当代哲学的面貌)。索绪尔的语言学一出来,加上乔姆斯基的深层语法结构、雅可布森的"诗功能"等理论,多种协合而发展至"语义诗学"……至此,亚氏"摹仿论诗学"(诗艺术),其灵魂全被掏空了,诗学的感性生命本质,异化为现代西方意义哲学的新仆从。这是否又在验证黑格尔的"正—反—合"的伟大辩证法?诗学之"正—反"已成为历史陈迹,其"合"又将如何?仿佛只有在"海德格尔诗学"中,才稍稍闻到残留着"感性生命"的一股"怪味"(喷洒了"此在"哲学"香水"的诗学)与欲求。但距离"合"之环节,尚有遥远的距离。

归纳以上所言,一、西方诗学的原始意义是"诗艺术"(亚氏"摹仿论诗学")。在古希腊时代,诗学是对峙与抗争于哲学的一种感性艺术生命形式。其后之发展,西方诗学之灵魂完全异化与回归于那偏斜了的哲学(意义哲学)。二、这种西方式的诗学在中国是不可能发生的,故朱光潜说,"中国向来只有诗话而无诗学"。西方诗学形态,从本质上说,是通过文学理论、文学批评、"语言学转向"逐步抽象上升,最后回归当代哲学形态。许多人把这种诗学概言为"广义诗学",把"诗艺术"之诗学称为狭义诗学。在中国文化体系中如果有"诗学"的话,我想决不会有这种"广义诗学",且与"狭义诗学"也不会等同,只有某些"近似性"而已。

由此看来,"诗学"概念确是西方文化体系中的概念(与哲学长期纠缠抗争的概念),而不是中国文化体系中的共生互振概念。"诗"(诗艺术)之作为"学"(学问或学术),必须通过哲学之研究,才能成为一门系统的学问(学术),故朱光潜说,"谨严的分析与逻辑的归纳恰是治诗学者所需要的方法"。事实上,西方诗学流派及其创始者,几乎全是哲学家,而不是诗人,因为要"替关于诗的事实寻出理由",从本质上说,这也正是西方认识论哲学的任务。"感性—知性—理性"三联式,是康德先验哲学(第一批判)研究的任务与对象;西方理性主义(智慧)的皇冠是康德先验哲学。先验哲学的根本特征是康德自己所归结的:既来源于经验(感性世界),但又独立于经验(先验世界)。这种"既来源"而"又独立"的张力结构,何以能成为一门大学问,其真谛是什么?这便成为当代西方哲学发展中的一大"巨谜"(单依靠西方传统,是无法揭开谜底的。康德对"实践理性"之感悟,令许多西方哲人昏昏然)。热衷于形而下的实证论者(诸如逻辑实证论者、语言学转向论者、意义哲学倡导者等等),都无法进入这个谜样的先验哲学之"张力结构"

中。康德关于知识论的名言是：知性离开感性则空，感性失去知性则盲。故人类文化知识若失之于"空"，或失之于"盲"，都是人类文明发展中的不幸。因之如何克服人类认识中的"空—盲"缺陷，却是西方文化中之大慧。康德哲学体系，在第三批判中，以道德目的论—道德神学（全知、全能、遍在）作了完满之结束——"一览众山小"，把人类的本能（感性）—知性—理性—道德—自由意志……全都被统辖起来了。现当代西方哲学的路向从布朗塔诺的现象学开始，已远远偏离康德路向了，尽管其仍打着康德牌子。从这个大背景中，看西方诗学在"正—反—合"的历史程序中的各种取向，真是令人眼花缭乱，他们忘却其自身正是陷在"反"环节中的无明冲动中。故西方诗学的"合"（否定之否定）环节，如果离开了康德哲学的主航向，那将是难以收拾的"诗学"。

欲把西方诗学形态（一种学科形态）转换为中国文化体系中另一种"诗学"形态，"拿来主义"是绝对行不通的，即使就近取譬也是行不通的。至于企图在闪烁着"诗性"光芒的种种艺术现象上，广开模糊的"诗学"之门，看来也仅是一种"似是而非"的学问，或说是猜谜式的学问，作者是"心猿"而读者却是"意马"……

把西方诗学形态（原始正统形态）转换为"中国诗学"形态是否可能？其契机在哪里？亚里士多德"诗学"形态，其对象是"诗艺术"（史诗、悲剧与喜剧/节奏、语言与音调等），抓住这个"诗艺术"的意识形式特征，则可拓开"中国诗学"之大门。但在笔者看来，从亚氏诗学（诗艺术）形态到"中国诗学"形态之构成，尚有遥远的距离。如果中国真的有"诗学"，那么其能与亚氏诗学（诗艺术）相接头、相对峙者，便是这个"诗"字，即诗的文化形态。中国诗的文化形态，是中国文明、中国文化的源头形态，六经中之"诗书礼乐易春秋"，便是以"诗"为领首；"诗三百"是中国人日常生活实践的百科全书，它千百年来流贯于中国人的筋脉、血管中。诗之六经与诗三百所领航的中国文化体系，足可概言之为中国诗性文化体系，它远比那对峙与抗争于哲学的亚氏诗学（诗艺术）体系要辽阔而深远得多，其在文化体系组合要素间的关系、方向，也迥然大异。中国诗之六经体系，与古今日常生活百科全书的"诗三百"，一经孔子的智慧选择与开发，即可建构庞大的儒家哲学："诗可以兴、观、怨、群/兴于诗、立于礼、成于乐"（《论语·阳货》）。这对于中国民族人格塑造的全幅贯注，对中国文化主流的心性哲学的骨架确立等方面,都起了决定性的作用。其实现方式,绝不是西方的思辨研究、逻辑分析所能奏效的,而是一种普泛性的"有教无类—寓教于乐"的教育方式,此即:中国特有的所谓"诗教"。

诗之为"教"首见于《礼记·经解篇》:"孔子曰:'入其国,其教可知也。其为人也温柔敦厚,诗教也。疏通知远,书教也。广博易良,乐教也。絜静精微,易教也。恭俭庄敬,礼教也。属类比事,春秋教也"。不但"诗"为教,且六经皆为教。此即中国文化之主脉大气,皆有"教"性。诗之为教,深入一层,即诗六义亦为教,挚虞《文章流别集·文章流别论》曰:"周礼大师教六诗,曰风、曰赋、曰比、曰雅、曰颂",即赋比兴风雅颂皆入教。这是中国诗教之二重奏。更具体的诗教概念与方法,则详见于朱熹《诗集传序》,诗之为教,大体围绕三个方面:一、唯圣人是诗之真正作者,非圣人者,仅"述而不作"也。"诗者,人心之感物而形于言之余也。心之所感有邪正,故言之所形有是非。唯圣人在上,则其所感者无不正,而其言皆足以为教"。二、圣人之诗含对"杂邪"之反省,且有劝戒功能。"其或感之之杂,而所发不能无可择者,则上之人,必思所以自反,而因有以劝惩之,是亦所以为教也"。三、孔子删诗有大法,"去其重复,正其纷乱,而其善之不足以为法,恶之不足以为戒者,则亦刊而去之……其教实被于万世"。

总之,诗之为教,比诗之为学,前进了一大步:诗教是诗学之完善化、实践化,故而带有"范式"、"标准"性质。中国诗学开山纲领《尧典·诗言志说》的全程,即是围绕"教胄子"而展开的。这是《尧典·诗言志说》之主脑,故《文心雕龙·明诗》曰:诗为"神理共契,政序相参"("序"者,即学校之诗教也)。失去了此目的,则"诗言志"无所依归。前人(包括朱自清先生)之所以紧依"诗言志"之"诗—歌—舞"三联式,而失去其"教胄子"之主脑,原因在于未明确中国诗学、诗话等关于诗之功能性质。而能全力集中在"诗之为教"上,即"诗教"上者,朱熹《诗集传序》可谓首开集中论述之先河。朱氏之卓识,是见出"圣人在上,则其所感者无不正,而其言皆足以为教"。这便提出了中国诗教之最高标准是:圣人所感无不正,故其言足以为教。这与"诗何为而作"的"情动于中而形于言,言之不足……"等情感律动方式有很大的区别,在层次上区分为"圣人之所感"与一般人的"诗何为而作"高低两个不同层次。低层次之诗作,仅是"诗",但不能为"教",能为"教"者,必须是"所感无不正"也。这里的"正"与"不正"的问题,是中国心文化体系、心性哲学得以顶天立地耸立于世上之根本原因。故孔夫子论"诗三百",其最高之标准是:"思无邪"(即"正")。中国心性哲学又曰中庸(中道)哲学,其所执著者,亦是一个"正"字。《中庸》曰:"喜怒哀乐之未发,谓之中;发而皆中节,谓之和。中也者,天下之大本也;和也者,天下之达道也。致中和,天地位焉,万物育焉"。朱熹注曰:"其未发,则性也,无所偏倚,谓之中。发而皆中节,情之正也,无所乖戾,故谓之和"。所谓性/情之正,便是"无所偏倚"、"无所乖戾",未发谓中,发之中节谓和。故中和亦是"正"。中国人之心性世界一旦获乎"中和"(即"正"),那么,则会有"天地位焉,万物育焉"的圆满效果,这便是"天下之大本"与"天下之达道"。故此"正"字,确是中国心文化、心性哲学之魂,亦是中国诗之所以能够进入"教"的范围之根本原因与标准。

"诗三百"之"思无邪"与《中庸》哲学的"中和"观("情之正"),是中国民族心文化体系中互为表里的两个方面(哲学为里,诗为表),二者皆处于"正"位,才是其生命存在之方式,也才是它们之最大特色。"正"之观念系统,是中国心性哲学与中国诗学(诗之为教之学)的主导性批评原则,偏离于"正"之观念系统之批评、注释、解说,皆属于"邪",与"思无邪"是根本对立的原则。故从"诗之为何而作",到"诗之为教",是一个层次蒸发、向上的过程,此过程由圣人之"正"完成。唯"圣人能正",则把中国诗教的地位,提至"经"的地位,故六经之首便以"诗"(诗三百)开头(儒家论六经必以诗为首)。如果不明白"诗之为教"之"正"(深潜"本体")与"诗之为何而作"(特显"现象")的根本区别,便是把"诗之为教"之"正"的范式批评原则,降为一般的所谓诗学批评原则。这是在文化观念上的极大混淆,是诗学"拿来主义"的最大盲点。故笔者认为,中国文化观念中真正的"诗学",便是以"正"(中和)为象征的"诗教",它是一个心性涵养之实践系统,而非西方纯理论之逻辑分析系统。因而诗之"教",比西方人的诗之"学"要阔大、深厚得不可比拟。故中国"诗教"既可涵盖西方诗学,而又高于西方诗学。

中国传统文化实质上是一种"血缘"文化(智性文化被统摄于血缘文化中),故"天地—君亲"(天命—心性)是绝对的神圣庙堂,但由于孔子"诗教"之开拓与创立,故又开出与"天地—君亲"相平衡的"师"门来,因而有"天地君亲师"的五维绝对神圣性。"师"门的加入,集中地把中国纵向性的"血缘"文化,推向横向性的"智性"文化,此后中国文化便在"血缘⇌智性"的双向互动中,艰难前行;"天地君亲师"之魂便在由诗教而来的浓烈诗性中盘旋升腾。故中国即为诗国(诗之礼节,诗之外交),中国人几乎人人皆诗人——婚丧悲喜、过年过节,家家户户均有诗之"对联"相伴;开国首相或天下无匹之戎将,无不会作诗吟词,连汉高祖那个粗野的无赖也能吟出千古名句:大风起兮,云飞扬……曹操则更胜一筹,其不朽诗句被千年之后的毛泽东感誉为"东临碣石有遗篇"。"诗",是中国人之魂,当今的婴儿刚会爬行,便从父母那儿"遗传"来了"床前明月光"之诗质……这种"诗"之教,难道是"诗"之学所能比拟的么!

诗学与诗教其异同处在哪里?

诗学,即诗之为学,按亚里士多德《诗学》之原义,可简化为:一、哲学(柏拉图理型论),是人类精神之最高的、亦是最后的抽象,成为人类精神之唯一"巅峰"。诗学对抗于哲学,即对抗于其唯一之"巅峰"性,把人类精神之"感性欲望"从哲学的最高、最后的抽象中"打捞"回来。二、"打捞"之通道,是古希腊时代的"史诗—悲剧—喜剧"等艺术形式所展示出来的人类"摹仿"之天性,即人类除了哲学抽象功能之外,尚有"摹仿"现实(具象摄取)的"天性"(故摹仿即产生"乐趣")。此种人类艺术之天性,是颉颃于哲学抽象的诗学功能。三、"史诗—悲剧—喜剧"所呈现出的人类摹仿"天性",其所以不同于人类活动中的一般摹仿"天性",在于它"凭藉节奏、语言和音调进行摹仿"。以上三者协合成为一体,即是古希腊时代亚里士多德之"诗学"内涵。由上可以看出,亚氏诗学的骨架脉络是:从哲学之最高、最后抽象中"打捞"回来人类之艺术天性——"史诗—悲剧—喜剧"是人类艺术天性之最好证明(人对感性现实之摄取)——此等人类艺术活动相异于人类一般性活动,在于其自身的"节奏—语言—音调"的诗性律动。故亚氏之诗学(诗之为学),与古希腊时代的哲学(爱智之为学),是平行等价的,它们虽然同为古希腊思想精神的并蒂花,但又毕竟同属于古希腊精神之参天大树。从西方传统看,哲学终归是其一切意识之主流,这便是西方理性主义——西方"智"之独特功能——的一种伟大胜利。故现当代西方的一切诗学观念,无不曲曲折折地、或重或轻地,回归其哲学母体,甚至成为一种附庸。此等诗学,与古希腊时代亚氏原典诗学已拉开了很远的距离。但不管怎样,西方诗学概念都是一种"平面"、"线性"存在物,即理性主义的"智"性产品。故,西方诗学(诗之为学)呈现为"哲学母体—艺术天性—诗性律动"三联式,全由"智"之理性主义贯串其中(古典主义、三一律之历史时代之存在,即可证明)。由以上三联式,可见出西方诗学植根之深远,是一种极古老的文化意识,这是其长处;而短处,则在于其意识统系之"平面"性,即纯粹的"智"之理性主义。与诗学原义极易产生悖论,故一流学者极少,末流学者甚多,即"纯粹"正道学者甚少,混杂掺合学者甚多。

西方诗学,从严格意义上看,仅是诗之为"学",即使是"实践",也仅是一种"制作"艺术。而全异于中国礼乐文化体系中之"诗教",即"诗之为教"。这个"教"字,不但有"教育—教学"之意义,且有"宗教"之价值大义,成为准宗教的东西。故中国"诗学"(一般之称谓)并不是西方诗学之形态。如果要不厌其烦地铺开,则是如下之具体项目。

1.《尚书·尧典》"诗言志"说,其明白地说是"教胄子"……而不是讲"诗之为学"。此是中国"诗学"之总纲,其实是中国诗教之总纲:即塑造人的中和性格,达到"神人以和"之"天人一体"的目的。

2.《礼记·经解》:"孔子曰:入其国,其教可知也。其为人也,温柔敦厚,《诗》教也;疏通知远,《书》教也;广博易良,《乐》教也;絜静精微,《易》教也;恭俭庄敬,《礼》教也;属辞比事,《春秋》教也。"此即是说,在中国不但"诗"是"教",且六经皆为"教",其之所以为"教",目的全在"其为人也"。这与《尚书·尧典》诗言志之"教胄子"之目标方向是完全一致的。诗教之目的,是使人"温柔敦厚";书教之目的,是使人疏通知远;乐教之目的,是使人"广博易良";易教之目的,是使人"絜静精微";礼教之目的,是使人"恭俭庄敬";《春秋》教之目的,是使人"属辞比事"。这可谓六经之正面教育,但也必须防其偏失(诗之失愚,书之失诬,乐之失奢,易之失贼,礼之失烦,春秋之失乱)。如何防其偏失?就要在"深"字上下功夫了——所谓"深",便是对六经的全盘把握,即"神人以和"、"天人一体"。但作为诗教来说,则重于"其为人也,温柔敦厚而不愚"之方面,其他"书、礼、乐、易、春秋"五者,也在"为人"之总目标下,各有侧重的方面。

3.《文心雕龙·明诗》曰:"诗者,持也,持人性情。三百之蔽(概括言之),义归无邪。持之为训,有符焉尔。"此即:诗能使人之性情"持"正,而达于:"无邪"。故尔:"神理共契,政(政治)序(古之学校——庠序)相参。英华弥缛,万代永耽(喜爱)"。这便是"政教"与"诗教"之相互渗透与相互促进。

4.中国"诗学"之为"诗教"的传统,至朱熹《诗集传序》,则全幅展开,达到理论形态之方方面面:

(1)诗之"形上之道":"诗何为而作也?……人生而静,天之性也。感于物而动,性之欲也。夫既有欲矣,则不能无思。既有思矣,则不能无言"。诗,是"言"之方式,其出于人之本性、欲望、思感……

(2)诗之"形下之器":"既有言矣,则言之不能尽,而发于咨嗟咏叹之余者,必有自然之音响节族(节奏)而不能已焉"。

诗之形上之道与诗之形下之器,合为一体,即"诗之所以作也"之原因。故,诗的呈现,必有其形上之道与形下之器两个基本方面。

(3)诗之为教者何? 朱熹认为出于三种原因:

A.诗为圣人之所感所言。"然而其(诗)所以教者何也? 曰:诗者,人心之感物而形于言之余也。心之所感有邪正,故言之所形有是非。唯圣人在上,则其所感者无不正,而其言皆足以为教"。这便是:不学诗无以言,圣人者凡人之典范也。

B.诗亦为圣人所反思者。"其(圣)或感之之杂,而所发不能无可择者,则上之人必思所以自反,而因有以劝惩之,是亦所以为教也",这是诗之为教的另一面,即圣人之"劝惩"诗。

C.删《诗》三百之孔子,其"教育方针"是:有教无类/寓教于乐。其所删之诗,即是"春秋"大法,"善者师之而恶者改焉,是以其政虽不足以行于一时,而其教实被于万世,是则诗之所以为教者然也。"

概括言之,在中国古代,诗之为教,其目的是:"用之乡人,用之邦国,以化天下。"诗教,是王者"化天下"之大业。

(4)有"诗之为教",则必有"诗之为学",即"教—学相长"也。"然而其学之也当奈何? 本之二南以求其端,参之列国以尽其变,正之于雅以大其规,和之于颂以要其止,此学诗之大旨也"。

何谓"本之于二南以求其端"?"诗之所谓风者,多出于里巷歌谣之作,所谓男女相与咏歌,各言其情者也。惟周南、召南(简称二南)亲被文王之化以成德,而人皆有以得其性情之正。故其发于言者,乐而不过于淫,哀而不及于伤,是以二篇独为风诗之正经……"。二南独得性情之正,乐而不淫,哀而不伤,且"亲被文王之化以德",故二南是学诗之"本",亦是学诗之开端。

何谓"参之列国以尽其变"?"自邶(风诗)以下,则其国之治乱不同,人之贤否亦异,其所感而发者,有邪正是非之不齐,而所谓先王之风者,于此焉变矣","至于雅之变者,亦皆一时贤人君子,闵时病俗之所为,而圣人取之,其忠厚恻怛之心,陈善闭邪之意,尤非后世能言之士所能及之"。风雅之变,亦遵循性情、圣道之大律,仅是"治—乱"、"贤—否"之不同而已,或"闵时病俗"、"陈善闭邪"而已。

何谓"正之于雅以大其规,和之于颂以要其止"?"若夫雅颂之篇,则皆成周之世,朝廷郊庙乐歌之辞,其语和而庄,其义宽而密,其作者往往圣人之徒,固所以为万世法程而不可易者也",雅、颂之"规—止",在于"其语和而庄,其义宽而密",是为"万世法程而不可易"。

诗之为学,与诗之为教一样,都必须从"诗之形上之道"与"诗之形下之器"两方面进行。上面所言为"诗之形上之道"方面。至于"诗之形下之器"方面,朱熹亦决不放过,"于是乎章句以纲之,训诂以纪之,讽咏以品之,涵濡以体之,察之性情隐微之间,审之言行机枢之始,则修身及家,平治天下之道,其亦不待他求而得之于此矣"。诗之大秘密,往往不在语义上,而在"性情隐微之间"、"言行机枢之始",故极需"讽咏以品之"、"涵濡以体之"。这是语义与血脉、大气之交融。

诗之为教,也必须依从诗之为学的以上"形上—形下"两个方面。

最后,朱熹把"诗之为教"的理论复归于六经之大道、本义:"此诗之为经,所以人事浃于下,天道备于上,而无一理之不具也。"诗之为经,全在于"天道—人事"的和谐合一,即"天人一体","神人以和"之人生宇宙论的完成。故诗,既是诗教,也属政教,同属于中国文化精神之"治道"方面。

归纳以上朱熹《诗集传序》之所言,其文虽短,但其义则深。深者,在于把中国之"诗学"转换成中国诗教的一个完善体系。这个体系的骨架是:诗之形上之道(A)—诗之形下之器(B)/诗之所以为教(C)—乃圣人所感所言—以化成天下/诗之所以为学(D)—以本求其开端、以参尽变、以正大其规、以和要其止/诗之为经(E)—人事浃于下,天道备于上……A、B合成"道器"一体,C、D合成"教学"相长,E为其人生宇宙观。朱熹把中国历史上所有之"诗学"、"诗论"、"诗话"等识见,皆融摄、贯通于中国文化传统之"诗教"中。

5. 诗之为经:中国人之人格塑造、哲学学说体系建构之实践大律

在中国,诗之为学(诗学),没有自身的独立价值,故没有西方式的严密的逻辑分析,没有专就诗之存在或用途,专门去寻求理论层次上的"理由",从而使之成为一门严密的科学(诗学)。中国诗史上也只有"诗话",其要言不繁,点到为止,画龙点睛,而不求其如何"为学"(诗学)的范式。严格地说,在中国,对诗这种艺术形式之研究、应用,是糅合在一起的,故只有两个

层次不同的形式观念,此即上文朱熹所言:一是"圣人在上,则其所感者无不正,而其言皆足以为教"("诗教"),一是"诗为何而作"之普遍机制问题——"感于物而动",故"有欲"、"有思"、"有言"、"有咨嗟咏叹"、"有音响节奏"等诗之一般规定。故,在中国"诗之为教"与"诗之为何而作"是两个截然不同的问题。前者之层次最高,且成为一种实践行为;后者仅是"诗之发生"的理论说明与分析,它可能成为一种诗话(或诗学)。

问题之关键,在于朱熹指出的"诗之为经"的大问题。朱氏曰:"此诗之经,所以人事浃于下,天道备于上,而无一理之不具也。"诗之为经,从中国文化史上看,已远远超出了"人事浃于下,天道备于上"之"理"的问题,且成为中国人实践行为的一种范式和最高标准了,故"诗三百",亦曰"诗经",且诗成为六经之首,甚至于一言以蔽之:六经皆诗也(闻一多语)。这便把"诗之为经"的重要性,推向极高之境界,是西方诗学难以企及的地位。由上看来,诗话—诗学—诗教—诗"经"("诗之为经")是人类诗性意识、观念发展之不同阶段或历程。中国有诗话—诗教—诗"经"而无"诗学",西方则有"诗学",而无中国之"诗话—诗教—诗'经'"。原因何在?就在于西方诗学完全建筑在其逻辑理性之分析上,其地位与逻辑学、哲学等学科相同,是从属于其"理论理性"范畴的(诗学仅是对感性/诗性意识之理论抽象);而中国之"诗教—诗'经'",是从属于中国心性哲学——知心尽性知天的实践行为与人格塑造的(不学诗,无以言),甚至于哲学体系之建构的(兴于诗,立于礼,成于乐)。当人们说出:六经皆诗也,即充分表明了中国民族是一个彻头彻尾的诗性民族;广义之"诗史",即中国人之"灵魂史",或中国人之真正"历史"。故,在中国原典时期,诗之为经(诗经),比"易经"、"道德经",似乎更古老,也更首要,更能拓开六经之门,从而规范地导引与调控中国心性文化之历史发展(这是孔子的伟大贡献)。这便是"中国文化"为何是"诗性文化"之根本原因。

诗之为经的实践形态,是中国人的人格塑造,达乎天人一体的重要实践形式。这可以从两个层面来看:一是从上古以来,即有明确的理论要求,这便是《尚书·尧典》关于诗的总纲领:"教胄子,直而温,宽而栗,刚而无虐,简而无傲(A)。诗言志,歌永言,声依永,律和声(B)。八音克谐,无相夺伦,神人以和(C)……击石拊石,百兽率舞(D)。"以上 A、B、C、D 四点,是诗之为经的实践形态之全幅要求。A 点是中国人之心性塑造(表现为一种二元协合结构的光辉人格,此即中庸式的人格结构),B 点是诗之韵律节奏套式(语义、音响之和谐),C点是诗的天人一体,达乎神人以和的形上目的,D点是纯粹的节奏韵律进向身心和谐、激昂奋发之最高动力境界。以上四点,都是"教胄子(儿童)"的必备内容,是"胄子"人生历程之庄严开端。二是具体之实践过程与效应。诗,如何进入个体之"生理—心理"之连续系统中?且看钱穆先生对"兴于诗,立于礼,成于乐"的儒家建构学说过程之微观考察:诗—礼—乐,三者是一个心性之连续系统与诗性发生与沉结的过程,诗是心性的开掘与启动,礼是对诗情之领航与规范,乐是诗情在人格塑造、心理定型上的沉结,就此中之"乐"项而言,钱穆说:"乐者,更唱迭和以为歌舞,学其俯仰疾徐、周旋进退起迄之结,可以劳其筋骨,使不致怠惰废弛(A)。束其血脉,使不致猛厉偾起(B)。而八音之节,可以养人性情,而荡涤其邪秽,消融其渣滓(C)。学者之所以至于义精仁熟而和顺于道德者(D),每于乐得之。"[1]此中之"乐"仍得重视"更唱迭和"之"歌舞"程式,化静为动,撩拨个体之全部"生理能",从而去完成"心理能"之巨大创造(人格塑造)。其中之"劳其筋骨—束其血脉—养人性情—义精仁熟/和顺于道德",四大程序,连成一体,扬善去恶。以上可谓"扬善",以下则是对应性之"去恶":"使不致怠惰废弛—使不致猛厉偾起—荡涤其邪秽/消融其渣滓"。诗(乐)的这种双向性"扬善去恶"之"运动"过程,正是层层深入、由外而内的,由"生理能"向"心理能"之转化过程。其实,这是中国"礼—乐"文化之特质,故宋儒周敦颐则说:"古之人,耳之于乐,目之于礼,左右起居,盘盂几杖,有铭有戒,动息皆有所养……言不庄不敬,则鄙诈之心生矣;貌不庄不敬,则怠慢之心生矣","今之学者,唯有义理以养其心。若威仪辞让以养其体,文章物采以养其目,声音以养其身,舞蹈以养其血脉,皆所未备"(《二程遗书》)。在这里,周敦颐提出了中国心性人格塑造之全幅图像:养耳、养目、养血脉、养心、养体……其总要求是"动息皆有所养"。中国的"诗之为教",则可达成养目、养耳、养血脉、养心、养体之要求。这种卓识,是中国文化之传统。

促成"生理能"向"心理能"之转化,养体养心,扬善去恶,个体如此,时代亦然;唐诗之高度繁荣,必然为宋明儒学之理论跃进("心理能"系统)作好充分之"生理能"系统之准备;时代如此,民族亦然;中国民族极富诗性,所谓"礼—乐"文化,就是"更唱迭和"、"俯仰疾徐"、"周旋进退"、"洒扫应

---

[1] 钱穆:《论语新解》,三联书店,2004年,第207页。

对"等规范性、节奏性文化,这是一种实践型之动态文化,是血脉连心的心文化,它完全区别于西方的理智型静态的脑文化。故西方诗学,只有理论性之逻辑分析形态,而中国诗学(诗教),必然进展至"诗之为经",成为一种实践形态(畅通身心血脉、塑造人格、和顺于道德的伟大创举)。由此看来,中国诗学(诗教)形上之道,及其形下之器,必然融合于这种由"生理能"转化为"心理能"的巨大创造中。总之,在中国心文化中,个体—时代—民族三者都在"诗之为经"的实践形态中充分融合起来,成为人类文明史上之一大壮观现象。

在中国文化体系中,"经"是什么?《四库全诗总目提要·经部总叙》曰:"经禀圣裁,垂型万世","经者非它,即天下之公理而已"。中国民族的诗为何能转化为"经"呢? 即为何能取得"诗之为经"(《诗经》)的价值与地位呢?《中庸》曰:"天命之谓性,率性之谓道,修道之谓教","自诚明谓之性,自明诚谓之教。"中国人之所谓"礼教"、"诗教"等,皆由此"性"与"道"之背景中推演出来。《中庸》之言,可谓穷理至高、至尽矣。教由性出,亦由道来,故"性—道—教"是一个完整的心体/性体的自我呈现过程。性是天命,也是个体自身"明德"之"诚"(性体);故"修道"即是教,而令诚体之自身显明出来,也是教。此间,"性—教"流程在心性哲学中则成为一个极有生活蕴含的二重结构体。性(或道)是教之本,教是性(或道)之自身显明(去蔽而明)。故,"自诚明"者,唯"尧舜性之"(尧舜无须教而自能"自诚明",那是他们之本性的自然流露);"自明诚"者,则"汤武反之"(汤武较尧舜为次一等人,需要下功夫,由"教"而去蔽后才能呈现出来)。故,"教"者实是一种去蔽方式,是"修道"的实践过程。性是教之本,教是性之显。简单地说,教是心性本体(生命本体或"诚"体)去蔽显明的过程与方式。此等由性而道而教(性—道—教)的连续呈现,是中国民族生命之展开方式,此即中国哲学特有的"工夫论"。因而,中国哲学源头之总体工夫论,应该说,是由"修道"与"自明诚"的心性流程发端的。故,中国哲学工夫论又可以统辖"教",因而中国诗教("在心为志,发言为诗"),实质上是中国心性哲学特有工夫论的一个重要方面,因而是"经"。由此看来,在中国文化体系中,"教"由心体/性体出,根深而苗壮,故绝异于后世混杂了的"教"的习俗义与工具义。从诗三百开始,"诗教"终于成为心性文化之"经",与"内圣外王"的一种活泼而又别开生面的实践方式与家庭生活,帝王将相离不了它,百姓庶民也离不了它。此即"中国民族诗国也"的根本原因。

笔者著有《中国古代美学(乐学)形态论》,持中国只有"乐学"而无"美学"(西方式之主客体认识论美学)之论,现在,本书则持中国只有"诗教—诗'经'",而无诗学之说。两者之相应背景、原理,几乎是一样的——西方是主客认识论之理论形态、逻辑形态;中国是天人一体之心性实践形态,是一种行为范式。中国人之审美(乐感)意识与诗性(诗教)意识,二者水乳交融,皆统一于身心血脉之调畅与人格塑造之完美上。

值得注意的是,中国之诗教,与中国心性哲学之"宗教"性质一样,皆是一种天人一体的心性实践之学。中国文化之最高信仰系统是"天地君亲师","天地"为亘古之时空存在,是生人之本;"君亲"为血缘之本,血脉生命之伸延;"师"(教)为横向之"智"轴,它更新、扩张"血缘"之纵轴。只有纵横二轴相交,才构成一个坐标结构,此是人生宇宙论之最后归宿。由此看来,诗教,在中国人的"天地君亲师"信仰体系中,开出了一个奠后的"师"门,从而最后完成了中国人的完美的人生活动与信仰体系。

西方诗学面对中国诗教,真是小巫见大巫了。

因之,本书所着力者,是把西方诗学形态,通过中国"诗教"的转换契机,使其成之为"中国诗学"形态,这便是转换后的中国诗学形态。故笔者认为,在中国没有西方式的诗学,有的只是通过"诗教"契机转换后的中国诗学,即诗教型的中国诗学,其路向,与中国心性哲学完全一致。中国心性哲学,不是思辨型哲学,而是心性与血脉相贯通的实践哲学。中国人之"教"均统一于"师"门之教上(儒道释三家哲学又曰"三教",虽有"宗教"之味,但亦具"诗教"功能),即生活实践上。故中国哲学、美学(乐学)与诗学(诗教),都处于三位一体的水平线上,面对西方,三者之学科形态转换,都是必然的,这是西学进入中土的一个"鬼门关"。而哲学形态转换之成功(确立为人生哲学/心性哲学),则为美学、诗学学科形态之转换拓开了大门。

这种诗教型的中国诗学的基本形态是怎样的?其源流、环节又是怎样的?故笔者按中国哲学之"道—器"二分观念论之。上卷以"中国诗学之道论"展开,下卷以"中国诗学之器论"确证,达成一个"道—器"一体的中国诗学观念。

1. 中国诗学的开山纲领形态:"诗言志"说

"帝曰：'夔！命汝典乐，教胄子，直而温，宽而栗（严），刚而无虐，简而无傲（A）。诗言志，歌永言，声依永，律和声。八音克谐，无相夺伦（B）。神人以和（C）。'夔曰：'于，予击石拊石，百兽率舞（D）'"（《尚书·尧典》）。诗言志说，是中国诗学（诗论）的开山纲领。这是朱自清先生的卓识，也是国人与学界的共识。在中国历史上，凡谈诗的人，都离不开这个总纲。在中国文化体系与心性哲学中，"诗"即"志"，"志"即"诗"，这是中国古代训诂学的一大贡献。

不过，朱自清先生（以及一般诗论者），对上面这段引言只截取B点进行分析论述，而忽视了A、C、D三点。其实上面这段引言，却是一个体系形态，缺一不可。

A点（教胄子），是中国的诗教及其心性要求（二元对立之中和）。其间的"直而温"、"宽而栗"，属二元对立之中和；"刚而无虐，简而无傲"，属中庸（中道）要求，即一元之整体调适。以二元综合与一元整体调适求取一种完美而理想的人格结构。这只有"诗"才能达到。

B点（其言志之全段），详述诗的特征。诗言志，这是中国文化之大律，是中国人心性世界的总体特征。在中国人的心性世界中，诗即志，志即诗。西方人的"诗"，是一种"制作艺术"（技艺），即使是"愤怒出诗人"（恩格斯），也仍免不了是一种制作了西方人的"志"，在康德那里得到最充分的表现：即自由意识，是一种对峙于理论理性的实践理性，或说是一种道德（律令），其与诗仍是两码事。故西方人的理性世界是一个自足体的、"真—善—美"（知—意—情）三分 体世界。求取自足之"二分"是理性智慧的伟人胜利。西方文化、文明的始源，是那庞然神话与长篇史诗，这种文化基因，其功能特长于客观之叙述（叙事），故他们的"诗"实在是一桩"事"，因之亚里士多德在其诗学中，尤重情节的组织与安排。故在西方，实在可以说"诗即事"也（但又不可以倒过来说"事即诗"），这是西方文化"线性"观（一直向前）之表现。而中国人则完全不同，我们的心性世界营造了我们的心性哲学，几乎人人皆知："在心为志，发言为诗。"这是心性哲学光辉的直接流露。在中国上古心/志、言/诗一体化时代，王室即设立了史官机制，"左史记言，右史记事"，使中国的史学成为世界史学的皇冠。在中国，文史哲不分家，故史即诗，也是哲；哲是史（"六经皆史"），也是诗；诗是史（"文王之德之纯"），也是哲（"维天之命"）。打开"志—诗"大通道者，是中国的心性哲学；其深厚的动力机制，是中国史学；而实践验证者，是中国之"诗三百"。故"诗言志"

实在是中国人在原始文明之庄严舞台上的心性"大合唱"或曰一种诗性宣言。如果"志—诗"之通道不充分拓开,中国决不会成为一个诗国,也不会产生那么多的诗人、词手。"在心为志,发言为诗",这在中国文化体系中,是何等神圣之大律。

故"诗言志",既是心性的一种内在要求,也是心性展现出来的一种必然性的客观形式。其心性之内在要求,由心性哲学统辖着,此即诗学形上之道;心性展现出来的客观形式,由平仄对偶对仗、四声节奏韵律统辖着,此即诗学形下之器。故在"言志"之后,接着便是"歌永言—声依永—律和声",歌—声—律连贯成一体,永言与和声协合着,达至"八音克谐,无相夺伦",这真是"大珠小珠落玉盘",一片宫商、浑然天籁了。

C点(神人以和)。这是诗言志的人生终极目的。中国人的文化观念与宇宙人生观,是"神/祖—巫—人"一个世界观,区别于西方人的"上帝—凯撒"(上帝—人)的二分世界观。我们求取的"终极关怀"、"安身立命",即是"神人以和"、"乐天知命"。在中国古代"神"者,并非西方上帝,而是荀子说的"先祖神",即我们逝去的祖先都先后圣化为"神"。神的"祖宗化"给中国文化带来无限的亲切感,故以诗求取"神人"之大和谐,则是中国人的一翻大事业。而"诗三百"的产生便是可以充分理解了。

D点(击石附石,百兽率舞)。B点之"歌—声—律"仅是一种歌唱,而这里则是一种舞蹈与强烈的节奏。至此,中国古代的"诗—歌—舞"三位一体的文化观念则赫然确立。

这里的 B—C—D 三者协合,可谓诗论或诗学。一旦被统辖于 A 点(教胄子),则必然转化为一种"诗教"了。中国的诗教观念,应该说是从这里(体系纲领形态)开始的(在这里顺便说上一句关于此"尧典"成书的时代问题,顾颉刚等人说,起码是汉代以后的事,仿佛"诗言志"说是后人之胡诌。笔者不介入考古争论,只想说,如果尧典是上古早已有之,则说明中国人的诗性智慧超群;如果尧典是汉代以后才成的书,则说明中国人很善于整理、总结这种超群的诗性智慧,这绝非凭空可以捏造得出来的)。

总结上面所言,诗言志说,的确是中国诗学的开山纲领,准确言之,则是中国诗教(教胄子)的开山大律。它一方面,预示了中国诗学形上之道的基本方面(以心性中庸之道塑造理想人格结构/达至神人以和的宇宙人生观,"乐天知命,故不忧")与路向,另一方面又展示了中国诗学形下之器的"实证"方面与路向。诗之道,有一种内在而又超越的精神(尽心知性则知天);诗之器,有一种沉潜内化——养心、养耳——养目、养血脉的非凡力量。二者(道与器)的结合,成为中国的诗教,它就会把诗推向"上帝"的地位(借用尼采语:有了诗就有了上帝)。

中国诗教传统,特重涵咏、吟诵与舞动之功,所谓"两句三年得,一吟双泪流"。中国诗不是供阅读的,它不是纯粹的理性符号;它是供吟咏、歌唱、手舞足蹈的。读诗吟诗,不仅是大脑的享受,更是全身心、全副血脉奔腾回环的整体性享受。这是中国"心文化"区别于西方"脑文化"的根本特征。在心文化的享受(乐)中,无所谓感性、理性,一切都在乐融融之中涌动;只有在脑文化中,才会有感性、知性、理性的严格区分。西方诗尽管也讲音步、格律,如长短格之类,但那仅是理性体的一种"节奏"欲望,而不是全身心的血脉、筋肉贯通之享受。中国诗只有在长期而反复涵咏、吟诵(唱)中,才能领会、体味到那内在而又超越的、形而上的诗道,故每一个中国人、每一代的新生命都十分懂得"熟读唐诗三百首"之奇妙功效。不难看出在"诗之道"与"诗之器"之间,必有一个相互转化的中间环节,此即"涵咏/吟诵/舞动"(把"诗"统一于"歌—舞"上),把复杂的心理情绪凝托于简单的生理行为上。前者曰"心理能",后者曰"生理能"。一首中国诗通过"诗—歌—舞"(或"涵咏、吟唱、手舞足蹈/摇头晃脑)的生理协合,即可进入特定的、依个体不同的千差万别的诗境界中(言有尽而意无穷)。这种以生理能拓通心理能的得力手段,任何民族的诗歌都难于达成。要知道,现代意识论的一个大难题,便是无法透明地拓开从生理能到心理能的通道。这是一个西方文化中的巨谜,其至今都是一个"黑箱"(对于脑文化来说,却永远都是一个"黑箱")。但对于诗国的心文化来说,乃是一种常识。最可值得思索者,不但对诗是如此,于中国心性哲学的体验与建构亦复如此,看看宋明儒者的"功夫论"即可明白。宋儒的功夫论,通称"知几"论,含"静—诚—敬"三大部类,这是心性世界从"未发"引向"已发"(从体转化为用)的一统契机,王阳明把功夫论中的文化价值观与时空观,界定为"息有存/瞬有养"——"此心惺惺明明",这比海德格尔哲学的"此在"性,深蕴得难以比拟。这便是中国哲人在成就中国哲学大律"体—用"论中的"涵养"功夫("致知在格物,涵养须用敬")。在相对静止中,"体"即是道,"用"即是器,在体/用之间如果没有功夫论的介入,二者不可能相互过渡,有了知几的功夫论,二者间便互逆交流起来了,故有"即体即用/即用即体"、"心无本体,功夫所至,即为本体"(黄梨洲)之妙论。形上之体是君临头上而透明的,形下之用则始于舌边与足下。在中国体用论中,消解了西方文化、西方哲学的一切神秘世界,包括那个上帝世界,或神秘的本体论。

由心性哲学返归心性诗学,程序、层次皆一一对应。诗之形上之道,属"体";诗之形下之器,属"用"。诗之道/器能相互转化,全靠道/器之间的"知几"功夫论。此功夫论便是"涵咏/吟诵/手舞足蹈·摇头晃脑",盖言之,曰"涵养",由此而把主体心性渗透于自身的筋肉血脉、呼吸博动之中,在"息有存,瞬有养"的灵妙而神秘空间,把诗之道与诗之器贯通起来。于是出现了一个恒定的三项式:

$$\text{诗之道(体)} \longrightarrow \frac{\text{(知几功夫论)}}{\text{涵咏、吟诵、舞动}} \text{诗之器(用)}$$
$$(\text{A式})$$

上面三项式的操作与实践,最有效的方法便是"诗之为教",即"诗教"。孔夫子以"有教无类"之"兴"的民族性方式,去创立这种诗教系统(诗可以兴、观、怨、群/兴于诗,立于礼,成于乐)。此间的"兴"是什么?几乎孔子之后,千千万万之贤者,均用心于此,企图把"兴"的秘密与奇妙寻找出来。一般之结论,即"兴起",它不是机械之举,而是全副身心、灵魂的掀动。其后,必须为"礼"所规范(立于礼),最后进入"乐"之境(成于乐)。兴诗之目的,是为了进入"乐"之境界,体验宇宙人生之大乐趣。于此钱穆先生有精当的分析:"乐者,更唱迭和以为歌舞,学其俯仰疾徐周旋进退起迄之节,可以劳其筋骨,使不至怠惰废弛(A)。束其血脉,使不至猛厉偾起(B)。而八音之节,可以养人之性情,而荡涤其邪秽,消融其渣滓(C)。学者之所以至于义精仁熟而和顺于道德者,每于乐(诗)得之。"[1]其间的A—B—C—D四大层面,真可谓入骨入髓,形神通透。这便是以"兴"为核心的诗教。且形成一个源深流长的中国诗学传统,诚可叹也!于是A式之三项式,则可被"诗教"统一起来,并贯注强大的生命力:

---

[1] 钱穆:《论语新解》,台湾东大图书公司,2005年,第221—222页。

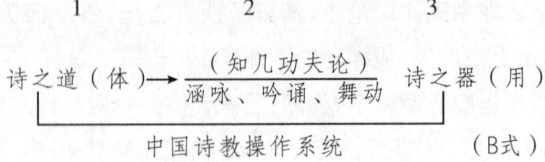

中国诗教操作系统　　（B式）

在孔子那里,功夫论则是"兴于诗"(诗与"诗三百"大体一致)。按钱穆先生之归纳,体现为四个跌宕起伏、沉潜内化的层次:"劳其筋骨,使不至怠惰废弛→束其血脉,使不至猛厉偾起→养人性情,荡滌其邪穢,消融其渣滓→义精仁熟和顺于道德。"[1]这一切,均由"更唱迭和以为歌舞,俯仰疾徐周旋进退起迄之节"所引发。这便是诗之兴起而"成于乐"的过程。请看,此等诗教之蕴涵何其深远阔大也,世界上有哪一种"诗学"(诗艺术)可以比拟者?

综合上述所言,诗言志说之纲领形态,是一个"诗教"系统:一、是"教胄子"开"师"门(天地君亲师),这是中国诗学的以"贤智"更新"血缘",促进文明、文化发展的重要手段;教胄子是使其具有"直而温,宽而栗;刚而无虐,简而无傲"的完美性格结构,成就一颗诗样的"心志"(诗言志/诗即志)。二、诗之志,要进入"胄子"筋肉、血脉与灵魂之中,必须依靠涵咏、吟诵、舞动,使之"劳筋骨—束血脉—养性情",从而才能"义精仁熟和顺于道德"。这是一种诗教"功夫"。三、"神人以和",是通过诗教,建构胄子之的"天人一体"的宇宙人生观,达至安身立命。四、诗教的最佳突破口,是孔子的"兴"起观(诗可以兴、观、怨、群/兴于诗,立于礼,成于乐)。《诗》虽有六义(兴比赋/风雅颂),唯有"兴"才能充分达成"温柔敦厚"而隐其"斥言"之锋利。"兴"统辖诗之道与诗之器为一体,进入"胄子"的心性世界中。以此六者,作为一个完整的诗教系统(相对于中国的传统的政教系统而言),是从属于中国历史悠久之"治道"的。"政道是相应于政权而言,治道是相应于治权而言。中国在以前相应于治道已进至最高的自觉境界",[2]其实中国儒道两家哲学都是中国治道之完善方式。而儒家之诗教观念与系统在治道方面,更显其功效,故孔子开创儒家哲学则以"兴于诗"为突破口,删诗三百以赞治……这便是牟宗三先生说的"中国在以前相应于治道已进至最高

---

[1] 钱穆:《论语新解》,台湾东大图书公司,2005年,第221—222页。
[2] 牟宗三:《政道与治道》,台湾学生书局,1987年,第1页。

的自觉境界"。

形上之诗道(体)与形下之诗器(用),只有在诗教系统中,且以"兴"为最佳突破口,才能真正贯通起来,达成中国心性哲学与诗学的"道—器"一体。只有"体用一如",才显示出那生机勃勃,光辉灿烂的哲学、诗学境界。这便是中国诗学(诗教)的纲领性形态。这是诗学体系之"领航"形态,此即中国心文化诗学之最大特征。

2. 中国诗学(诗教)的骨架系统:六经之结构形态

六经是中国心文化体系的骨架子。但历史上所摆设的六经价位,从来都是:一、以"诗"开头(儒家首言),二、"诗/书"对峙一体。三、诗之志(诗样心性本体),贯串六经之中。故在中国心文化体系中,足见"诗"(《诗经》)之分量及其举足轻重之义。

董仲舒在《春秋繁露·玉环》中,把六经对分为三科,颇有启示,其言曰:"诗书序其志,礼乐纯其养,易春秋明其知。六学皆大,而各有所长。"此即:诗/书—礼/乐—易/春秋共三科。以"志—养—知"对峙对应地统一起来,其贯串之轴心是心性之"志"。"志"以礼/乐为养(涉及身心、血脉、礼仪规范),志以易/春秋为知(易以见吉凶,道阴阳/春秋辨是非,显道德律令)。对六经意义之归纳,最早也许还是《庄子·天下篇》:"诗以道志,书以道事,礼以道行,乐以道和,易以道阴阳,春秋以道名分。""诗以道志",这是贤者的共识,至于"事—行—和—阴阳—名分"各科之别,都是心性、诗志的不同表现形式,故《淮南子·泰族篇》曰:"六艺异科而皆同道……六者圣人兼用而裁制之。失本则乱,得本则治。其美在调,其失在权。"这是甚得要领的六经体系钩玄法。一、"六艺(六经)异科而皆同道"。这"道"是什么?即中国心文化体系中的心性/诗志本体。二、"失本则乱,得本则治",真是一眼看破乾坤。此"本"者,仍是中国心性哲学所建构的心性/诗志本体。六经绝不能离这个轴心而自行运转。三、"其美在调,其失在权(宜)"。此"调"与"权"非常重要。《礼记·经解》曰:"诗之失愚。书之失诬,乐之失奢,易之失贼,礼之失烦,春秋之失乱。"此中之失,是失去中道(过犹不及)。六经之调,一是防其失去中道,一是从正面强化心性/诗志的"一以贯之"的诗性精神,才能达到真正"调"的目的。在"权宜"上运用六经,六经即亡。中国文化史上有各种六经评价论,诸多不举,只言两说:"六经皆史"说(章学诚),"六经皆诗"说(闻一多)。章氏是史学家,闻氏是诗人。这可谓见仁见智。章、闻二氏没有什么不对,其失在"皆"字上。闻氏之说,本更近六经本义,但由于隐没了"心性/诗志"之中间环节,也难以服人。《汉书·儒林传叙》:"六艺(经)者,王教之典籍,先圣所以明天道、正人论、致至治之成法也。""明天道—正人伦",这便是"天命—心性"相贯通的世界,是心性/诗志良性增殖的循环圈,故能"至治"。《易·系辞上》曰:乐天知命故不忧。此命题既是哲,但更是诗。《诗》能统辖六经,既是客观事实,更是理所当然。朱熹《诗集传序》曰:"此诗之为经,所以人事浃于下,天道备于上,而无一理之不具也。"《诗》冠于六经之首,而又贯通于六经之中,这是使中国心文化凝聚为诗性文化的动力契机。

历史的一桩公案是:"王者之迹熄而诗亡,诗亡然后春秋作。"(孟子《离娄下》)由此可以反证以上之结论。

从"王者之迹熄"到"诗亡",从"诗亡"又到"春秋"作。其间的历程是怎样的,奥秘是什么,应该得出什么结论来?

我们先看焦循的注:"王者谓圣王也。太平道衰,王迹止熄,颂声不作,故诗亡,春秋拨乱,作于衰世也。"这是从太平之道的盛衰,而连及诗之兴亡,才有春秋拨乱世,正是非。故太平道—诗兴亡—春秋作,都系于历史的大气主脉上。史(道)是诗的根源与脉博。焦循在详尽的注释中,又说,"然考赵歧注孟子则曰:'太平道衰,王迹止熄,颂声不作,故诗亡'。是汉儒原立两义,后世郑学盛行,遂遗赵说,李迁仲兼而存之,古义略具。愚窃以为所欲究者,王迹耳。王者之迹,何预于诗?春秋之作,何预于迹?此义不明,则不独黍离降风,支离莫据,即迁仲诸说,亦可存而不论。盖王者之政,莫大于巡守述职,巡守则大子采风,述职则诸侯贡俗。太史陈之,以考其得失,而庆让行焉,所谓迹也。……洎乎东迁,而天子不省方,诸侯不入觐,庆让不行,而陈诗之典废,所谓'迹熄而诗亡'也。孔子伤之,不得已而托春秋而彰衮钺,所以存王迹于笔削之文,而非进春秋于风雅之后……不用雅亡风降之说(即只存赵歧之说——引者),独为正大,而向来罕述之者"[1]。

这里提出的"雅亡风降"说,出自朱熹的注,"王者之迹熄,谓平王东迁,而政教号令不及于天下也。诗亡,谓黍离降为国风(黍离诗原应属雅,其所述为'王者之迹'——引者)而雅亡也。春秋,鲁史记之名,孔子因而笔削之","尹氏曰:'言孔作春秋,亦以史之文载当时之事也,而其义则定天下之邪正,为百王之大法'"(《四书集注》)。朱熹之说,把"王者之迹熄—诗亡—

---

[1] 焦循:《孟子正义》,中华书局,1998年,第572页。

春秋作"三环节的贯串之主轴拆离了,且:一、诗亡,仅是雅亡;二、春秋作,仅是"以史之文载当时之事……定天下之邪正,为百王之大法"。把"春秋作"环节独立出来,切断其与诗亡之脉络关系。此说,明显不合孟子之意。故焦循批判之,且把"迹熄—诗亡—春秋作"的内在脉络及其历史事实一一摆了出来,颇具说服务力。焦氏之结语云:"诗可以言,颂泳太平,诗无所泳,春秋乃兴。"[1]故在焦循看来,"史"与"诗"有其内在的血脉流贯。

再看章学诚的说法,"《春秋》与《诗》相表里,其旨自得于韩氏之《外传》。史家学《春秋》者,必深于《诗》,若司马迁百三十篇是也。《诗》部又当互通于《乐》"[2]。关于司马迁著史而得益于《诗》,刘熙载在《文概》中曰:"《太史公》文兼括六艺百家之旨,第论其恻怛之情,抑扬之致则得于《诗三百篇》及《离骚》居多。"这亦是章学诚的"史与诗相表里"说。诗为魂,为内;史为迹,为外。且谓史记之抑扬、恻怛之情,多来自《诗》与《离骚》(刘氏也借用了章的话以成己说)。这比焦循的"史与诗相贯通"说,则更进了一步。章氏"史与诗相表里"说,二分为内外关系,强调史难以离开诗。其实章氏表里说,其源头却在程子那里:"有《关雎》、《麟趾》之心,而后可以行周官之法度。"(《二程外书·卷十二》)

"史"源于仁心(诗之志)之诗,这是从根子底下说史。属一大卓见。否则,六经便是一盘散沙,中国心文化体系便会支离散架。故朱自清先生在《诗言志辨》中说:"在史是褒贬,在诗就是讽颂。孟子似乎是说,献诗的事已经衰废了,孔子寓讽颂之义于史,作春秋,赏善罚恶,以垂教于天下后世,所以'乱臣贼子惧'。"[3]这是以诗之义融化为史,保存其仁心,变化其形态。如果孔子真是诗三百的删订者,那么他又作春秋以成大法,这就不足为奇了!

在这里需要顺便提及者,是一些训诂学家的雕虫小技之见,以备一说。朱骏声在其《说文通训定声》中说:"此处之'迹'是'迊'之讹。《说文》云:'迊,古之遒人,以木铎记诗言'。王者之迊熄,即传统采诗制度不再坚持了。"[4]这是把一切重大思想史化解为琐事偶举。这类训诂学家的观点,仅起一点"反面"之启示意义。这也说明,要真正弄懂六经中之体系,"史"

---

[1] 焦循:《孟子正义》,中华书局,1998年,第575页。
[2] 章学诚:《文史通义》(下),中华书局,2000年,第1024页。
[3] 朱自清:《诗言志辨》,古籍出版社,1957年,第45页。
[4] 转引自朱自清:《诗言志辨》,古籍出版社,1957年,第46页。

与"诗"的关系,确是一大难点。如果不在大气主脉上求其贯通,而止于支离的训诂、考据,其失可知也。

以上所陈,是解释六经"诗—史"关系的一桩公案、孟子之锐利目光,见出"诗—史"之间的内在血脉关系。不管是焦循的"诗—史"贯通说,还是章学诚的"诗—史"表里说,或程子的"诗—史"仁心说(史源于诗之仁心),他们的宏观视野都足以启示人:六经是一个血脉流贯的文化体系,其科为六,其道则一。这"一"便是:心性/诗志。六经是中国文化体系的铮铮骨架,贯通其间的血脉者便是诗(诗之心性)。

思想史、哲学史早已辨明六经体系的基本脉络:诗/书一体,礼/乐对峙而同归于诗,"易统众理"而明吉凶、道阴阳,这是《诗三百》的哲理化,《春秋》赏善罚恶,正是非,成为治世大法,是道德的绝对律令。应该说《诗》与《春秋》的距离最远,其间之关系也最为微妙。然而孟子一语中的。"诗亡而后春秋作",以心性之诗志,"一以贯之"。诗在中国,还兼之是一种"道德律令"。

《左传》普泛引用《诗》,这说明什么?"史"求助于"诗"又说明什么?朱自清先生说:"看左传的记载,那时卿大夫对于'诗三百'大约都熟悉,各篇的本义,在他们原是明白易晓,正如我们对于皮黄戏一样","'诗三百'原多即事言情之作,义本易明。""左传所记赋诗,见于今本诗经的,共五十八篇,国风二十五,小雅二十六,大雅一,颂一。引诗共八十四篇,国风二十六,小雅二十三,大雅十八,颂十七。重见者均不计。再将两项(即赋诗与引诗——引者)合计,再去其重复的,共有一百二十三篇,国风四十六,小雅四十一,大雅十九,颂十七,占全诗("诗三百")三分之一强,可见'诗三百'当时流行之广之盛了。"[1]其实,这不仅是"诗三百"流行之广之盛的问题,更是史家们把"诗三百"当作中国上古时代之道德绝对律令来运用。而其被运用来作历史裁判者竟达"诗三百"之三分一多。这是史家向诗寻找真理和力量了。正如今人衡量生命与幸福,动辄便是引诗为证"人生七十古来稀"(或"每逢佳节倍思亲"),这不但是医家、社会学家之史,更是医家、社会学家之诗。于普遍大众俗人,亦皆如是。尽管这已不属诗三百了,但其宗旨传统未变。史乎?诗乎?/诗乎?史乎?说"诗三百"是中国古代人日常实践生活的百科全书,一点都不过分。那"发乎情,止乎礼义"/"思无邪",

---

[1] 朱自清:《诗言志辨》,古籍出版社,1957年,第62页。

不就是道德律令之高标么？司马迁著史，而心怀诗/骚，就绝不是偶然了！在中国心文化体系中，文史哲不分家，那发端而成大气主脉者，即是"恻怛之情"。这是由诗而来的那份仁心/诗志。

以上所言，是《诗》在六经中体系中的价位：一是冠于六经之首，一是贯串六经之中，成为六经运转的轴心。这是中国诗学（诗教）的面目形态与骨架形态。

3. 诗六义：中国诗学（诗教）之内在结构形态

《诗》与六经之关系，如果借用为一种"外部"的结构关系，那么，这里的诗六义，则是《诗》之内在结构形态。在中国文化史上，探索诗六义者，世代不绝；以传统观念与己见之纠合者，其论著汗牛充栋，难以厘清。

诗六义，原都是六种乐歌的名称，不分什么"方法"与"体裁"。《诗大序》曰："诗有六义焉，一曰风，二曰赋，三曰比，四曰兴，五曰雅，六曰颂。"（《周礼·春官大师》称为六诗，但次序相同）。孔颖达《毛诗正义》云："然则风雅颂者，诗篇之异体；赋比兴者，诗文之异辞耳。大小不同而得并为六义者，赋比兴是诗之用，风雅颂是诗之成形（体裁、或"体"）。用彼三事，成此三事，是故同称为'义'（方法—体裁互为表里，血肉相关——引者），非别有篇卷也。"

"赋比兴"三者，其体裁义，以赋为首出，如屈原楚辞即赋也。只有"比兴"存在无穷的麻烦。

朱自清先生云：风雅颂的意义，历来似乎没有什么异说，直到清代中叶以后才有歧出者，如阮元释颂为样子（也即舞容）、章炳麟释雅、乌古代同声……"赋比兴的意义，特别是比兴的意义，却似乎缠夹得多，《诗集传》以后，缠夹得更厉害，说《诗》的人你说你的，我说我的，越说越湖涂"[1]。比兴在歧见中之不稳定性，在于没有共同的目标，在于不知"诗之教"之要旨。诗之教，是《诗大序》的引申义，它与比兴相关最为密切。故毛传中兴诗都一律注明。诗教之目的是达乎"温柔敦厚"（中道）的目的，此即"诗言志"（《尧典》）中的"直而温，宽而栗；刚而无虐，简而无傲"的概括性说法。

三百零五篇诗中，兴诗一百一十六篇，占全《诗》之百分之三十八（国风一百六十篇，兴者七十二；小雅七十四篇，兴者三十八；大雅三十一篇，兴者

---

[1] 朱自清：《诗言志辨》，古籍出版社，1957年，第45页。

四;颂四十篇,兴者二)[1]。兴诗比重大,必然反映了其潜在的历史功效,以及其在中国心文化体系中的筋肉、血脉体验型特征。朱自清进一步的分析说,"'风'是'风化'、'风刺'的意思,《正义》云,'皆谓比喻不斥言也'。那么,'比兴'有'风化'、'风刺'的作用,所谓'比喻',不止于是修辞,而且是'谲谏'了。温柔敦厚的诗教便指的这种作用(即以比喻代替赤裸裸的"斥言"——引者)比兴的缠夹在此,重要也在此"。[2] 何谓"缠夹"? 即"修辞"与"谲谏"、方法与体性的缠夹。此矛盾之理顺只有在诗教的"温柔敦厚"的心性中道里。舍此,则会"越说越糊涂",弄成散珠而不可收拾。故"温柔敦厚,诗教也",既是中国诗学转化成为实践型诗教之关键,又是把握比兴真义的关键。何晏《论语集释》曰:"兴,起也。言修身当先学诗……兴是比喻,而这种比喻还能启发人向善,有益于修身,所以说'兴于诗'。"以比兴达乎"温柔敦厚"之性情,避开赤裸裸的"斥言",这便是修身。孔子之"多识于鸟兽草木"之名,不仅仅是客观"物象",且是一种审美情趣,有益于修身。宋儒之开拓者周敦颐的心蕴语"不除窗前草"能成为千古历史佳话,其义即此也。

其次,"兴也"的兴,有两个意义,一是发端,一是比喻。这两个意义合在一起才是诗之兴。"发端"义极为重要,"万事开头难",孔子建构儒家哲学,便首出"兴于诗"(立于礼,成于乐)。诗是中国人亘古的心性肥沃土壤与基调,中庸哲学从根源上说,是由温柔敦厚之诗性而来。西方人建构哲学体系,多是"百级火箭",层层否定(由"前"而"后",不断的后下去),离根源越来越远,故必然导致其主脉大气之衰退,乃至于中绝,他们把大脑的思辨视之为神妙的机器,以纤巧之灵机,去追逐形下不绝之实证,这可谓无根、无体之哲学(牟宗三先生于此多有详察与批判)。故"兴于诗"之"重量级"发端(破题),实是中国心性哲学之底盘或半壁江山。这是取之不尽用之不竭的诗性心志源泉。其次,中国人的思维方式是"以事说理"(以喻成哲),西方人是"以概念说理",永远陷于概念之飘缈中。庄子之"寓言十九"(十者中九个可信赖),发达了中国先秦时代的诸子百家哲学,一个"拔苗助长"或"刻舟求剑"的寓言,则可警示千百万代的后来者。西方的"现代××"、"后现代××"、乃至"后后现代××",除了语言游戏之外,内在的东西

---

[1] 朱自清:《诗言志辨》,古籍出版社,1957年,第46页。
[2] 朱自清:《诗言志辨》,古籍出版社,1957年,第46页。

并不实在。故中国心性哲学、心性诗学(诗教),重于"兴于诗",决不是偶然之举,而是事关大局,事关成败。"不除窗前草"的周敦颐,还写过千古诗篇《爱莲说》,其"爱莲"之诗句("出于淤泥而不染"),并不亚于其哲学矣!其中之奥妙即在"兴于诗"的心性/诗志之亘古传统。

我们只有在弄清"诗六义"的诗教(温柔敦厚)的本义之后,才能把握其心性之中道(中庸)形态。这种中道心性形态,奠基于两大原则上:一、"发乎情,止乎礼义"(《诗大序》)。二、"诗三百,一言以蔽之曰:思无邪"(《论语》)。"止乎礼义—思无邪",是两大道德律令。这是从正反两方面保障诗之"温柔敦厚"的心性法则。诗,按其本性、本义来说,是情感的"放荡"世界,欲做到"发"而有"止","思"而"无邪",这种诗学分寸感,真可以令西方人叹为观止。中国现代人以什么西方"浪漫主义"名称来分析中国民族之心性诗歌,实是越轨而不得法了。《关雎》,"乐而不淫,哀而不伤",这种诗性中道感,成就了中国诗学(诗教)的最高、最纯洁形态,亦是诗学中最为神圣的形态。"过犹不及",既成就了中国心性哲学,也成就了中国心性诗学。这是中国心文化体系中的两朵并蒂莲。谈中国诗学(或中国哲学),不谈或忽视了这种极富分寸感的(发而有止)神圣形态,那是失去要领的,再天衣无缝的"体系"论,也会崩塌。对"诗艺术",过分地侧重于其"制作"性,道/器相混,"眉毛胡子一把抓",看似"天衣无缝"的言"体系",但其所知、所言者,实不确也。

4. 中国诗学(诗教)之诸子哲学形态

此问题十分复杂,待正文中详细展开。在这里只简要地说两个问题:一、儒道禅三家的诗学路向怎样?二、儒道禅三家交叉的地方在哪里。

从根本上说,中国诗学是从属于中国哲学的。上文已说及孔子儒学哲学、诗学的路向,即以"天命—心性"为根基的"诗可以兴、观、怨、群","兴于诗,立于礼,成于乐"。这是一种"入世"的诗学,其功能是"诗教"("教冑子",塑造中道的理想性格,达乎"神人以和"之"天人合一"观);道家(主要是老庄),其哲学牟宗三先生确证为"境界形态的形而上学"[1],这是一大卓识,超乎时人之上。道家之颖思,皆集中于求助一种离尘脱俗的境界,通过"齐物—逍遥"等手段,进入一种虚静无为充满原始生命力的形上境界(区别于西方冷酷的"物自体"境界,及上帝境界)。《养生主》中,技进乎道,

---

[1] 参见牟宗三《中国哲学十九讲》等书。

是一种境界;庄子妻死,鼓盘而歌,是一种境界;濠上观鱼之乐,是一种境界;逍遥、齐物,更是一种境界。而老子的"玄之又玄",是一种玄深境界;"凿户牖以为室,当其无,有室之用"(只有在"无"中,才会生出"有"来),这是一种虚无论境界;"至虚极,守笃静,万物并作",这是一种"无为而不为"境界;"曲则全,枉(屈)则直,洼则盈,敝则新","圣人抱一以为天下式",这是万物归一、二极对反的境界形态,概言之,道家诗学,是一种"出世"形态。……故舍境界则无法进入老庄哲学之内核。至于禅宗(把佛家收缩为禅宗,一是中国化了的佛学,二是范围大大缩小,避开空泛大话。牟宗三先生说,一部《大藏经》何时才读得完,况且还得反复消化呢)。禅宗主言"不立文字",却得心性(佛性)。时下学界的共识是:禅宗虽"接木"于佛教,但其实质,却是儒道两家之"混血儿",亦即既"入世",而又"出世"。饶有兴味的是冯友兰先生那"照着说"之启示。冯先生摆出如下两副对子:

禅宗:挑水砍柴,无非妙道。
儒家:事父事君,无非妙道。("照着禅宗说")[1]

于此,笔者也想"照着说",把道家也排上:

道家:心斋坐忘,无非妙道。

三家共同者皆"无非妙道",这个"道"字形同而义异,简直就是"同床异梦"。佛家之道,是佛性;儒家之道,是"尽性知人知天"之心性;道家之道,是境界形上之虚无。而"妙道"之前提,禅、儒一致,都属"入世"之行为,而道家之"心斋坐忘",虽属"出世"行为,但宋儒却把它引入"知几功夫论"结构中,被统辖于儒家。故前提性的"挑水砍柴—事父事君—心斋坐忘"三项皆为儒家所有,问题只在"道"花开三枝难以统辖。但无论如何,儒道佛三家都同属中国之心性哲学,其"道"(花),同是一棵古老大树绽发出来的。这又是牟宗三先生的卓识。三家都在心性上下功夫:儒家在"天命—心性"相循环(知人尽性知天)上见心性功夫;道家在"虚静—无为"的心性境界形

---

[1] 参见冯友兰:《中国哲学史新编》(中),人民出版社,1998年,第671页。原文:"但如果挑水砍柴就是妙道,……何以'事父事君'不是妙道?这又须下一转语。宋明道学的使命,就是下这一转语。"

上学上下功夫；禅宗，在"明心见性，即心是佛"、"识心见性，自成佛道"上下功夫，且人人皆可成佛(此与"人皆可以成圣"之对子，真"两岸青山相对出"也)，问题即在对"心性"之"明"与"识"上。禅宗的"直指人心"，其力度与灵妙，可与儒道相媲美。不过，其所不同者是此心之"空有"而不实在。说到"空有"与"实在"的问题，还是牟宗三先生最有识度。他把哲学区分为两大类，一是为实有而奋斗，一是去掉这实有而奋斗。前者是西方哲学之要旨与特征，后者是印度佛学的要旨与特征。中国本土哲学，儒家无疑地是属"实有"一类，但又不同于西方哲学(西方的实有指物质世界，儒家的实有指道德伦理)，而道家牟先生说是在"材与不材"之间，即"实有与非实有"之间(按：此论欠透彻，亦难以说服人)。但牟先生之大刀阔斧的二分，确是一种高格调的智慧，而不同于雕虫小技之纤巧观。依笔者之见，中国儒道释三家哲学确有一种心性境界之乌托邦企求，欲乎达成哲学本义之"整全"与"大全"，故"为实有"与"非实有"奋斗不息，企求双向之合一与整全，尽管双向(二极)均不甚透彻。故"实有"不及西方，"去实有"也不及印度。但我们却有"整全"功能之企求，亦人类一大慧也。

中国哲学形态之诗学与西方哲学形态之诗学又有很大的区别。中国哲学形态，以心性诗学为源泉，为开端(兴于诗)，且相互促进，但西方哲学对其诗学之关系，仅是单向的，西方诗学无法反过来决定其哲学，只有哲学一边"乘风破浪"、"勇往直前"，把古希腊时代仅存的一点双边关系，洗刷干净。

以上所言中国诗学之基本形态，综合而言之，并非一种哲学抽象的产物，而是转入"诗教"后的实践、操作之产物，故中国诗学形态，实质上是实践型的诗学(即诗教)。这是对西方诗学形态的一种转换。

其次，中国诗学(诗教)的基本形态，分别呈现为：一、尧典之诗言志说之总纲系列形态(教胄子/塑造完善之中道人格结构/达乎"神人以和"之目的/诗之形上之道必须依于诗之形下之器才能实现出来)。二、中国诗学(诗教)在六经体系中冠首之面貌形态与贯串六经之骨络形态。三、中国诗学(诗教)在诗六义中之发端形态(兴于诗)与中道形态(发乎情，止乎礼义)。这是中国诗学(诗教)的内在结构形态。四、中国诗学在诸子中之哲学形态(儒家之入世心性形态/道家之出世、境界形上学形态/禅宗之"明心见性"、"即心见佛"之空有形态)。以上四大方面之互渗融合，即构成了中国诗学之形上之道(体)；诗—歌—舞三者结合，显示于节奏韵律者(唯其才能"教胄子"收效见功),此即中国诗学之形下之器(用),故《诗大序》曰:"情动于中而形于言,言之不足,故嗟叹之;嗟叹之不足,故永歌之;永歌之不足,不知手之舞之、足之蹈之也。"以有限之"器"来表达无限之"道",永远都是处于"不足"的状态中,即使是手舞足蹈也仍处于"不足"之中。欲克服"道—器"之"有限—无限"之矛盾,只有在诗教的实践中才能解决,因为"实践"总是有限的、具体的行为。把有限转化成无限,把器转化为道(把用转化为体),中间环节是"知几功夫论",这是诗教的涵咏、吟诵、舞动功夫。故诗教操作系统是"诗之道"与"诗之器"相互因依、转化的契机。这是中国心性哲学"体(未发)—知几功夫论—用(已知)"三项式在中国诗学层面上的"投影"。概而言之,中国诗学体系的基本形态,实际上就是:体的形态/功夫形态/用的形态(其中"体的形态"即诗道形态;"用的形态",即诗器形态;"功夫形态"即涵咏吟诵舞动等之操作形态),即互为一体之三大形态,这是诗(或诗学)的自身生命形态。其与西方"诗艺术"之"制作"形态固然差别极大,亦与现当代西方那歧出于传统的"回归哲学"形态也绝异。诗学(或哲学)形态的区别,是民族文化精神、道德面貌之区别。

以上所言为中国诗学形上之道,下面转入中国诗学形下之器的简述。诗学之道一旦贯注了生命,获得了"浩然之气",它便会从"玄之又玄"的境界上沉落、结晶于有限的诗行中。

诗行是什么?从诗情的流贯、伸展方式来看,是诗意象群客观化的具体方式。意象群是来无踪去无影之涌动过程,是无规定的,无限的(A);而客观化的具体方式则是严格规定的、有限的(B)。在AB两者之间构成一种巨大的张力。诗人的全部功力:文化修养、灵感频率等,全挤压在这AB的"戒严"空间,这是一场博斗与寻求,是诗人生命实现自身的最佳方式。故诗行者,诗人之生命也,亦诗情之"化石"也。从外在形态上看,就是由几个文字组成的一句话(诗)。在中国,其典范形态是五言、七言,其发端是二言、三言(三字经),普遍基础是四言(寓言句式)。其组合功能之典范是:五言=2+3式(乾坤万里眼);七言=4+3式(朝辞白帝彩云间)或2+5式(窗含西岭千秋雪)。五言是二拍半(拖腔为三拍),七言为三拍半(拖腔为四拍)。这是节奏之运行。如果外协声调、平仄、对偶、对仗、押韵、粘、拗等功夫论的"绝对形下"性,则形成一个极富个性的诗行"时空合一"体。诗行之意象在诗行营构中定型,意象生命欲获得价值与永恒,全依靠节奏韵律(一片宫商)的天衣无缝、神工鬼斧。诗人的硬功夫全由此而见出。"吟安一个字,捋断三根须"、"语不惊人死不休"、贾岛之"推敲"等,全是诗学史上的佳话,亦是诗行生成史上的水平标志物。这是诗行走向形下实证的确凿信号。诗行意象之节奏韵律生成,是诗家的一套大学问,稍有欠善或不妥,诗家之魂绝不会安定。在这里要略加说明的是:中国诗行之意象,绝不是学界所言的一般"意象",而是被节奏韵律所纠缠、滋养的"意象",它带有诗之规定性。故诗行意象,与诗行节奏韵律二者协合成诗行的特定"生态圈"。故那离开了节奏韵律的意象,不是诗行意象;那离开了诗行意象的节奏韵律,也不是诗行之节奏韵律。这种你我相关性,构成诗史螺旋上升的循环圈。如孤立地切入其间,则会昏头转向,或盲人摸象。外国诗,亦有诗行,其节奏讲音步,最终形成"格律"。当然诗行之审美意象可带有一定之普遍性,但协合意象而成为生命者(节奏韵律套式),则会随个性之差异而走向大千世界。

诗行的本质是什么?它与其所寓托之文化背景、哲学背景有何关系?这是探索"诗之器"(节奏韵律套式)之生命线。中国诗家结构诗行、营造意象、协合节奏韵律的过程,是中国人心文化中之心性本体与中国民族(农业社会)的时空观念的凝聚过程与方式,即是把无限浓缩为有限的过程与方式,亦是把飘缈而抽象的情思,转化为绝对确定的、直观的过程与方式。如何凝聚、压缩且诗性地呈现一个民族那亘古的时空意识,这是一个民族文化体系、尤其诗学体系的深刻基础。否则,形下的"诗之器"则会僵化、死亡,再不可能转化、返回形上的"诗之道"。

在西方,牛顿力学时空观是科学的基础,康德时空观,是知识的基础,在中国古代,以出入农舍为象征的时空观,是中国诗性文化的基础。中国民族的诗行,其所凝聚、展现的是一种"时空合一"体。简单的一行诗句,即是以有限凝缩、收容无限,以当下显过去见未来……宗白华先生说,中国人的时空观念,多是在那"日出而作,日入而息"的小小农舍中获得,也是在这农舍中获得宇宙人生意识。中国人如何定义宇宙? 曰:"古今往来曰宇,上下四方曰宙"。农人"日出而作,日入而息",代代生息于这小小的农舍中,这便是中国民族生成宇宙观念、时空意识的"原型"("日出而作,日入而息",其体验生成"古今往来"之"宇"的观念;这安身立命的"农舍",体验生成"上下四方"之"宙"的意识)。从本质上看,这种"宇宙观念"(时空意识),便是充满诗意的、涵养生命的诗性观念与意识,它是中国人特有的所谓"宇宙人生观",而非冷酷而抽象的西方"宇宙本体论"(或"本体宇宙论")等,它也绝异于牛顿力学的时空意识(时空为存在之外壳),也绝异于康德先验哲学的时空观(知识获得的条件)。故中国民族的这种诗行则鹤立鸡群,超绝于世上。试看诗圣杜甫的诗句:

$$\left.\begin{array}{l}\text{乾坤万里眼 (空)}\\ \text{时序百年心 (时)}\end{array}\right\}(\text{时空合一体})$$

$$\left.\begin{array}{l}\text{门泊东吴万里船 (空)}\\ \text{窗含西岭千秋雪 (时)}\end{array}\right\}(\text{时空合一体})$$

这种时空观念,宇宙意识的诗性视界,来源于诗人的特有体验。在中国文化史上,这可以说是一个突出的传统。司马迁云:"赋家之心,包括宇宙,总览人物"。《兰亭集序》云:"仰观宇宙之大,俯察品类之盛,所以游目驰怀,足以极视听之娱、信可乐也。""游目驰怀,足以极视听之娱",这是诗人营造诗行之目的。魏晋诗人极得其要领,嵇康曰:"目送归鸿,手挥五弦。俯仰自得,游心太玄"。诗性智慧的本义,就是促使人心"游心"化,使人之目成为"游目"。庄子"逍遥游"之哲学形上境界,则导引着中国民族这种诗性智慧。游心、游目之视阈,即为宇宙意识,"穷睇眄于中天,极娱游于暇目;天高地迥,觉宇宙之无穷;兴尽悲来,识盈虚之有数"(王勃《滕王阁序》)。而中国人之空间观念,多统一于时间之意念中,故孔夫子曰:"逝者如斯乎,不舍昼夜",这是圣哲的语言,此等意识一旦集聚于诗人身上,那深层的诗性体验便更加浓烈了:"今年花落颜色改,明年花开复谁在!古人无复洛阳东,今人还对落花风,年年岁岁花相似,岁岁年年人不同"(刘希夷《代白头翁》)。此情调一出(叹古惜今),宫体诗人便成为哲人了(闻一多)。以上所言,为中国诗人营构不朽诗行的传统宇宙观念、时空意识。任何不朽诗人都企图把"古今往来"、"上下四方"禁闭在自己的诗行里。

中国心文化体系中之心性哲学观念,极易把有限推向无限,又极易把无限凝缩为有限,中国人的这种"有限—无限"互逆往返意识功能,是西方哲人,哪怕是康德(西方哲学之最高圣者),所不敢想像的。对此,牟宗三先生有深刻的分析,他认为中国民族具有"智的直觉",故可以从有限中把握无限(化无限为有限),而康德则否认人具有"智的直觉"的可能,只有那个"上帝"才具有"智的直觉",故"灵魂—自由—上帝"对人永远隐没着,成为无法把握的"物自体"。西方的"智"之理性,在"有限—无限"之中设立了无法穿透的障碍物,破坏了"有限—无限"相互过渡的循环功能(西方建筑高耸入云,直指云霄,如那金字塔,线性向前而不复返;中国人则在茫茫太空中,"风吹草低见牛羊",何等的亲切、贴近,诗人把"天苍苍,野茫茫"之无限(陌生),消融为、浓缩为"农舍"(见牛羊)意识,使无限—有限,相互往返。杜甫之所以能被誉为"诗圣",这是根本原因:于他之诗行中,浓聚了大唐帝国的时空体验。唯有从有限中见出无限,生命才是不朽的)。

中国诗性之宇宙意识、时空观念(俗谓"天人合一"观念,或"天命—心性"相贯通、相循环之哲学观),终于在唐诗宋词中,得到完满而妥善的归宿。"乾坤万里眼,时序百年心。"这便是中国人的"智之直觉"。应该说,中国人的"智之直觉"本质上又是一种"诗之直觉"(此其本义也)。

"智之直觉"(理性直觉),只能产生西方诗学;研究、分析西方诗学,绝不能离开其"智之直觉"。离开了"智之直觉"建构起来的现代西方诗学,是变调而歪斜了的西方诗学。"诗之直觉"(诗性直觉),产生了中国诗学;研究、分析中国诗学,绝不能离其"诗性直觉"。离开了"诗性直觉"建造起来的中国诗学,笔者认为:这不是"正道货"。

概而言之,牛顿力学时空观、康德先验哲学时空观,是西方脑文化的知识基础、科学基础与哲学基础;"日出而作,日入而息"的农舍时空观("乾坤万里眼,时序百年心"之诗行意识),是滋生、养育中国心文化体系的根基,是形成中国心性哲学、诗学的深层源泉。在中国心文化体系中,诗行意识根植是如此之深远,其格调又是如此之神圣!真是"两句三年得,一吟双泪流"。

西方人看诗行便与我们大异其趣了。法国诗学家让·斯佩维尔有言:"我们把诗(行)比作耕地,因为它一行一行的排列下来,如同耕地一样,它要经过耕耘的过程——犁沟、筑行、修整等工序"。[1] 诗行即犁沟,这是一种感官之浅近比喻,有可取性,但与中国诗行观念相比,那则"各有各的调"了,这是名副其实的牛顿力学观。

以上所论,是诗行观念之基础,这个"基础"充当了从形上之诗道过渡到形下之诗器的契机(环节)。任何诗人,如果缺少了这个契机,那只有"瞎撞"了,其诗行之节奏韵律再巧夺天工,叮当作响,也终归无用。故笔者认为,研究中国诗学(或诗教),记取如下三项式流程,实在是不可少的:

---

〔1〕 让·斯佩维尔:《法国诗学概论》,洪涛译,四川文艺出版社,1992年,第2页。

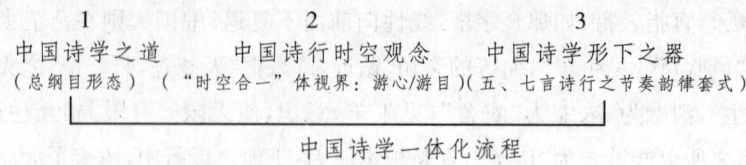

中国诗学一体化流程

本书下卷探索中国诗学形下之器,集中于五、七言诗行之节奏韵律套式。中国诗论家探索此题旨者,可谓不计其数。韵书无穷,相关法则也汗牛充栋,费尽精力也难以追踪。笔者只选择两个极具中国诗学形下普遍性的大律作一阐述,达到由点见面,由一而多的目的。

1. 节奏(拍子)是中国诗学形下之器的脉络跳动

中国"诗言志"之体,是诗—歌—舞三者之结合,节奏是三者之共同要素。但节奏(A)仅是三者的一种基础、"底色",随着三者的自身独立、分化,则是"花开三朵"了,又各自伸展自家的特征与个性了。诗,在语言文字的声调和"意义"上开拓新世界(B_1);歌(音乐),在"和谐"、"旋律"上开拓新境地(B_2);舞,在"姿态"、"容色"上,超乎世俗(B_3)。于是出现了一个既具共性(A),又各具个性($B_1/B_2/B_3$)的二项式:

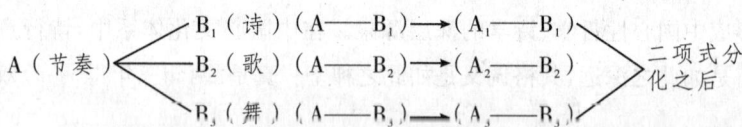

以上各具个性的二项式一旦出现,且又获得自身的平衡、妥贴感,那么其节奏感(A),也必然发生相应的调合与改变。五言诗的二拍半、七言诗的三拍半,都必须调协为完整的三拍与四拍,方法多种多样,或拖腔、或使用衬字;音乐,拍子变化更为精妙,其以旋律一以统之;舞蹈,则以手势、身段、衬步,多管齐下……

分化后之二项式,则变为:$A_1—B_1/A_2—B_2/A_3—B_3$。作为诗学,其研究之中心是 $A_1—B_1$ 阈限内的各种可能性问题,而以 $A_2—B_2/A_3—B_3$ 两阈限作为参照系。从而促进 $A_1—B_1$ 阈限的新扩展。这是"诗—歌—舞"的新联合。

$A_1—B_1$ 阈限中的大问题,主要集中在 B_1 的圆融与浑整性上,诸如声调、平仄、对偶对仗、押韵、用典等问题上。其形成时代性的"节奏韵律套式"。过去科举考试,即考其"套式"也。套式一旦相对稳定,其二重性便立即呈现出来。稳定性既显时代之共识,但也露出其在未来时代中之衰朽与危机。诗人之伟大,便是善于把握此等二重性:既立足于稳定,以求创造;但也立足于危机感,以求变化,识察二重性,便谓"知几"功夫,哲学如此,诗(诗学)亦然。

  2."诗行心理模型":节奏韵律生成与运行之文化·哲学基础

  我把朱光潜先生《诗论》中的诗之共同性的"模型",微调为一种关于诗的"心理模型"。朱先生说,"一首诗有凡(是)诗的共同性,有它所特有的个性,共同性为七律、商籁之类模型,个性为特殊情趣所表现的声音节奏。这两个成分合起来才是一首诗的形式……这些模型是每个民族经过悠久历史所造成的,每个民族都出诸本能地或出诸理智地感觉到叫做'诗'的那一种文学需要经过这些模型铸造","散文没有固定模型做基础,音节变来变去还只是'散';诗有固定模型做基础,从整齐中求变化,从束缚中求自由"[1]。朱先生上面这段话的要义是:一、诗有共同性与个性。共性是七律、商籁之模型,个性是情趣所至的声音节奏。二、诗行模型是民族历史(应该是诗行史)悠久之产物,它铸造这个民族普泛性的诗行。三、铸造诗行之模型,带有固定性,而散文则没有。朱先生论述的三点,应说是确凿无疑的,这是朱先生论诗的一大卓识。但微有不足者,是没有展开"这些模型是每个民族经过悠久历史所造成的"诸方面原因,更没有结合中国民族而详加论述;其次,是"七律、商籁"等典范诗行形式,其"模型"的一般文化基因规定如何?形态怎样?朱先生都不加说明,至使这一卓识至今都未被中国诗学论者所珍惜,更未被广泛运用。

  其实,诗行模型作为铸造诗行的共性,与其个性(声音节奏),是一对矛盾。即"模型⇌个性"(或诗行心理板块与诗行声音节奏套式)。模型总是相对稳定的,而个性(声音韵律节奏),则是变化多样的。二者之间当然有相互调控、关涉的关系(如水涨船高)。但根源处,还是在"模型"基础一边。不把握其模型基础(或诗人不在模型基础上狠下功夫),而专事于个性之"声音节奏",这便是捡了芝麻,丢了西瓜。"熟读唐诗三百首",是解决什么问题?当然对于个性之"声音节奏"方面有本能性之"浸入"功效,但最重

---

[1] 朱光潜:《诗论》,三联书店,2004年,第250—251页。

要的还是诗行模型的"磨合",这才会有"不会作诗也会吟"(或"不会作诗也会'偷'")的效果。宋人的"填词"(词牌规定),一种绝对的、不可更易的规定,其所侧重的不是"模型"(共性),而是"声音节奏"方面(个性)。看来,在中国诗行世界中,"模型—个性"之双向矛盾关系,是中国诗学无法回避的重大理论问题,换一个说法,即是诗之形上之道与诗之形下之器的哲学方法论问题。

其次,"模型"之悠久历史生成及其根源,是理解中国诗行全部问题之关键。诗行之"节奏韵律套式",总是一种诗行"现象",是暂时的东西,极易僵化;而那悠久历史之"模型",则是真正的诗行"本体"存在,它生生不息源远流长。七言律诗、绝句,是二言、三言、四言、五言诗之"精英"。诗行句式容量之拓展,不仅仅是词语之增加问题,而是民族诗性观念对其民族时空意识之革命与突破,是诗性文化之大提升、大跃动。这便是上面所述的"诗之道"的问题了。应该说,是中国民族的诗之道才真正生成了中国诗行的共同"模型",故曰"诗行心理模型"。准确言之,应是中国诗学(诗行亦然)形上之道,铸造了中国诗行的共同"心理模型",而此共同之"心理模型",则调控着作为中国诗学(诗行亦然)形下之器的"声音节奏"(或曰"节奏韵律"套式)。即是下面的三项式流程:

$$1 \qquad 2 \qquad 3$$
中国诗学之道⟶诗行"心理模型"⟶中国诗学之器(节奏韵律套式)

这是中国诗行客观化的总体流程(环节)。这与上文所言之中国诗教操作系统三项式、以及中国诗学一体化流程三项式又有何异同?三类三项式如何统一起来?首先:三类三项式之第一、第三两项均相同,即以"诗之道—诗之器"为探索的二极性总体框架。所异者,均在中间项(即在第二项)。诗教操作系统的中间项为:$\frac{(知几功夫论)}{涵咏、吟诵、舞动}$(A);中国诗学一体化流程的中间项为:$\frac{中国诗行时空观念}{(时空合一体视界:游心、游目)}$(B);而中国诗行客观化的中间项为"诗行心理模型"(C)。就理论探索来说,B—C两式最为概括,也最为重要。诗行时空观(B)是诗行心理模型(C)之基础,缺乏民族时空观之心理模型是表层的东西,失去文化传统;故 B—C 两者互为表里。A 项是诗教之实践操作系统,其内化之归宿,必然是对 B—C 两项之把握、落实,否则,没有基础与目标。其实,B—C两者,均是由"诗之道"中,直接引伸出来的东西,其所以能被"引伸出来",全在于它们之心性趋向与本性功能要求更加贴近"诗之器",其实践功能是走向客观化,展示具体之时空意识,从而成一个过渡环节。

归纳本导论所言,中国诗学之基本形态,是诗教形态,即经学形态,它是一种实践型的诗学形态,故而为"经"。由此而言,西方诗学形态,在中国是没有的。中国诗教之经学形态,既可涵括西方传统诗学,而又高于西方诗学(西方无所谓经学,只有范畴、概念之学,属推演系统;中国经学属纲目系统,经者即总纲也,它统辖一切之目)。其秘密全在从"诗之道"至"诗之器"间,有一个中间环节,即知几功夫论(涵咏、吟诵、舞动),其目的是达成道器之相互交流、转化(西方无此奥妙),这是中国心性哲学的伟大创造。其最高形式是体/用论,体/用间的相互转化,全在功夫论上。此等功夫论,儒道禅三家均具备,且统一于"心性哲学"上。唐君毅先生说,西方哲学若有"功夫论",则不会危机频出。其言之论是也。

一言以蔽之,中国没有西方式诗学,若有,则必须从诗之道到诗之器的根系上进行学科形态的转换之后才能形成,此即实践型诗学形态,亦即拓开"师"门的诗教形态。"天地君亲师"是中国心文化体系中最为神圣的准宗教观念,是"血缘"与"贤智"融合的最高系统与范式。诗学,在中国文化体系中之价值与作用,只能定位在这里:即"教胄子"——"神人以和"。其基本形态,也由此而来。

中国诗学,将永远以"兴于诗"的经学方式,面向中国民族世代不绝的"胄子"们,并以诗之形下之器促成"神人以和"的"天人一体"的和谐世界。

上 卷

中国诗学之道论
——诗之为教与诗之为经（诗性源头与诗性本体）

　　中国文化智慧的根源是两首诗，一首是(《诗经》)"天生烝民,有物有则,民之秉彝,好是懿德"，还有一首是《诗经·周颂·维天之命》……"中华民族的文化有本，这个本就是(诗经中)的这两首诗。"

——牟宗三

　　没有诗，人就什么也不是；有了诗，人就几乎成了上帝。

——尼采

第一章　中国礼乐文化诗性源头的三大层次

第一节　神话的"诗性智慧"原型

神话是原始人以"神灵—物象"为单元来把握世界的一种方式。究其实质,这是一种艺术方式,又是一种宇宙有机观(生命观),一切都通过有机生命的相互联系、渗透(互渗性)而浑然一体。神话的主体功能,是感官的全面跃动,火一般的原始活力也只有在感官的"火药库"中,才能燃烧与发光。神话中所闪烁的光辉,不是人类理性的光辉,而是人类感性的光辉,因而维柯说:"诗的功能却把整个心灵沉浸到感官里去。""诗的功能"与"人类感官"是一而二,二而一的东西。前者为用,后者为体。原始人的神话,得天独厚地发展了人类感官,因而也就优先地发展了人类的诗性功能。一旦把这种"诗性功能"运用到把握对象上去,作为一种实践功能,维柯便称之为人类的"诗性智慧"。

西方有发达的神话,这是人所共知的。但中国远古时代,亦有如此神话么?这便有分歧了。如果说,中国没有神话,这便等于切断了中国文明的发展源头,这自然是不符合历史事实的;如果说,中国神话没有西方式的神话(例如古希腊神话)那么发达,难以形成鸿篇巨制,这倒是事实。目前,人们的共识是:中国有神话,但不够发达,或换一个说法,中国神话不是纯粹而典型的神话形态,其间夹杂着某些非神话的东西(即人性的东西),因而使得中国神话结构难以蒸发为绝对的"神"性,也难以取得神话功能的绝对"空灵"性与"神秘"性,由于它总是拖着非神性的尾巴,有着非神性的"负面"效应,故而难以走上西方神话的纯粹之路,亦即西方神话的发达之路。这即是说,由于中国神话,带有"神—人"二重性,因而区别于西方的单一性、纯粹性神话,但这仅是区别,而并非不是神话。既然是神话,那么,它将与一切原始民族的神话一样,具有强大的拥抱感性世界的特异功能,有着发达而亢进的感受系统,亦即具有"诗性智慧"的一般形式。

在导论中,曾指出:古希腊神话阶段结束之后,接着便是驱逐诗人(荷马流浪无家可归),清洗诗性,这成为柏拉图理念哲学的主调。其神话结构中的"诗性智慧"中断了历史行程,而玄学智慧则取而代之,并走上了绝对理性主义的强权大道。其根源在于西方文明的源头是"神—人"对立的二元世界(简称为"两个世界")而中国文明源头,则发端于"神/祖—巫—人"三位一体的一元世界(简称"一个世界")。这种"二元"与"一元"的"文明发端"说(西方是"两个世界",中国是"一个世界"),是多年来历史学家、哲学家的非凡发见与卓识,诸如张光直、杜维明、李泽厚等人,他们在近年的论著中,大力宣扬、推广此说。这是由现实回归本体,由杂多蒸发为纯一的理论清理(叶舒宪在《中国神话哲学》一书中,亦作了系统性的清理,把中国文明源头的"一个世界"说,述说得更为详细、充分)。笔者不准备再费篇幅去论证这种"神/祖—巫—人"(以巫师及巫师文化为中介环节)的"一个世界"说,只想从中要梳理出其"诗性智慧"的源头、本体及其流变方式,即体用演化方式。

从神话的类型来看,西方是一元性的,如希伯莱神话,他们只崇拜一个创世主,主张 神教。他们的信仰是离开了人而对神的绝对信仰,那是纯粹的神性信仰。因而,在对神的信仰中,不沾任何人性血污,最后形成"神(上帝)—凡人"绝然对立的世界。这是由一神教开始,终于导致"神—人"二元对立的两个世界的西方路线。

在中国,则是另一番景象。传说中的夏代之神(帝)是黄帝,商代之神(帝)是帝喾。其实两者最后都体现为"太阳神"(对太阳神的崇拜,几乎是一切原始民话的共同心理)[1]。由于中国古代是农业社会,日出日落,在原始人的大脑结构中积淀为最深层的印象。太阳的光明与黑暗"二象性"无穷交替。太阳之下,春夏秋冬四季农作物的"春种—秋收"、"夏盛—冬藏"等有机生命现象,都充分地体现了既分离,又连接(循环往复),既对峙,

---

[1] 参见叶舒宪:《中国神话哲学》,中国社会科学出版社,1992年,第321—323页。

又互补互动的一体性功能,或者说,"光明—黑暗"、"春夏—秋冬"都是一个循环往复而不可中断、不可切分的一体结构。这种互补互动的"一体性功能"与循环往复的"一体性结构",终结了神话时代的混沌的时空合一的时空观,也从而生成了中国神话(太阳神)的互补型结构,诞生了与此同构、与此相适应的神话类型(注意:笔者不准备在这里作全面性的、包罗性的中国神话学考察,只从"神话原型"开始,才能把杂多归约于一)。神话消退之后,即是哲学显形(任何民族的历史行程,均是如此)。反之,从哲学的显形中,也可反照出神话结构的基本特征,叶舒宪在这个问题上的研究,是比较可信的,"中国上古的原始道家思想,即老子和庄子所代表的宇宙观和人生观,可以说是一套冬季哲学或玄冥(即黑夜——引者)哲学,其价值取向主要在于虚、无、静,这同以实、有、动为价值取向的儒家重生哲学或春季哲学(可概括为与玄冥哲学相对而言的'光明'哲学—引者)形成了鲜明对照,二者互为补充,构成中国思想史的主流。那么,中国思想史上的儒道传统及其对峙与互补究竟是怎样产生的呢?笔者以为,从原型模式即元语言的角度,可以提出如何解释:两种不同价值取向的思想感情传统分别根植于神话宇宙观('白天—黑夜'相继,春夏秋冬循环往复——引者)的不同时空基础,发源于不同季节的礼仪系统。仅以老庄的归真返本思想为例,我们可以在典型的冬季礼仪蜡祭活动找到其直接源头。"[1]

中国的神(帝)通过太阳神功能的提炼与升华,使之与人(生民)息息相关,而且是现实的相关,时时刻刻的相关。这种"现实"型的价值观,不可避免地把那冥思中的神(帝)与死去的远祖粘合起来,形成"神—人"合一的"神/祖"二重结构。随之便以各种各样的祭祀礼仪,把"神/祖"二重结构引向"人化"的氛围,强化血缘脐带的总体关联。所谓"祭"("天祭"、"地祭"等),即"祭"祖也。这是血缘性的怀念与信仰("国之大事,祀与戎也"),但这里的"祖"又与"帝"(神)合二而一,成为"天—地—人"三才结构中有机体之一端(亦谓"天—人"合一观)。因而"帝/祖"便与生民自身发生血缘性关联,那信仰(宗教),不是走西方一神教之路(或绝对神性之路),而是走半人半神(亦人亦神)的与血缘不即不离的准信仰与准宗教之路。

由农业神话(太阳神)开始,中经死去的远祖灵魂与之结合,成为"神祖"二重结构。这是决定民族精神、民族文化性质的发端结构。生民们如

---

[1] 叶舒宪:《中国神话哲学》,中国社会科学出版社,1992年,第101—102页。

何去沟通与"神/祖"的关系呢？这与西方的"原罪说"(人只有"赎罪")不同,不走纯粹的纯理性解脱之路,而是走的另一条路,生民们完全相信自古圣王(或者说"巫师")都是"神/祖"的代言人,通过"巫师"的中介作用,完全可以把"神/祖"的思想、性格复活过来(在中国古代能充当巫师的都是颇有权势的文化圣人、精神领袖)。在中国古代社会生活与文化体系中,巫师非同小可,随之形成的巫术礼仪—巫师文化系统,则成为中国文明源头的巨大源泉。由此观之,中国古代的"天人合一"观,实际则是"神/祖—巫—人"三位一体式的结构观,或曰三位一体式的"生命"(生机)存有论。这便是中国古代文明体系中的历史之谜。其奥妙即在"神"的人化,"人"的神化的二重性上。在这里附带提上一笔:这也直接牵涉到中国民族的图腾说:亦龙亦凤/尤凤呈祥。龙为北方民族的图腾,凤为东方(吴越一带)民族之图腾。久之,则合为"龙凤一体",中国人谓之"龙凤呈祥";男女婚姻,亦曰龙凤结合。其实二者均是"神性—人性(物性)"结合的产物,其同化模式,与"神/祖—巫—人"模式是一致的。现实世界中,既无龙,亦无凤,仅是中国民族精神的一种"神性"创造。当然,这种图腾模式、观念,也直接积淀了中国民族的诗性智慧。但在这里,我们把它统入"神/祖—巫—人"三位一体模式中去论述,而不再另立一个文明源头的发端模式。

"神/祖—巫—人"三位一体结构中的诗性原型,应该怎样去进行梳理呢？笔者认为,应该走"历史"与"逻辑"相结合之路(这里的"历史—逻辑"概念,并非恩格斯原义,仅取其相类似性。在中国文化体系中,缺乏西方式的"逻辑"理路,仅有抽象之路向),才能接近其真实。纯粹的历史考察,由于时空久远的巨大阻隔,已经造成难以克服的障碍;而纯粹的逻辑推导,如果失去客观的同构信托,极易成为无依据的一番空谈。因而,历史与逻辑的结合,也只能在同步同构的基础上才能进行。从目前学界的研究成果来看,"神/祖—巫—人"三位一体结构中最活跃而又最具决定意义的因素,是"巫"的中介性。巫借以进入角色的客观条件是狂热而神秘的"巫术礼仪"。所谓"巫术礼仪",即是在"诗—歌—舞"混合一体的狂热气氛中,把巫的"人性"暂时洗刷干净,从而取得"神性"的净化特权,进入"神/祖"结构中,显现玄冥、奇妙的神灵—天国境界,然后才能开始神与人的对话。这便是古代的占卜事业。这也是中国古代"礼"的起源及其总体概念("礼"之将起,"乐"亦在其中,成为"礼—乐"结构的原型)。巫师如果是一个官,那么,按古代原则,"左史记言,右史记事",于是围绕巫师如何进入角色而发动起来的一场"诗—歌—舞"大演习,此则是惊天动地的诗剧、舞剧和大合唱,从形而下的音响韵律节奏,到形而上的神灵境界追求,都充满了诗的激情,和人生慰藉的大乐趣。这也就是中国民族最古老的文明模式:"礼—乐"社会结构。因之,"神/祖—巫—人"一体结构中的诗性本体,就浸润在巫术礼仪的内核及氛围中,其直接支撑物,就是"诗—歌—舞"的韵律节奏和"神人以和"的亦人亦神的形上境界。概而言之,中国神话原型中的诗性本体,在这里,已由西方纯粹的神灵体系,"下放"到亦神亦人的"巫"身上(这是亦人亦神的"神/祖"结构的再生物和代言人)。神话中的诗性本体,由发达的感性—感受形式,进向兼容人的活泼泼的生命源泉。因而,感性—感受形式(艺术形式),接源于人的生命存在与宇宙有机观(艺术灵魂),前后二者的契合则成为中国神话原型结构中特有的特征,同时积淀为生命存在的艺术—感受形式,亦即个体存在的一种生命方式。在历史的长河中,随之成为民族生民的一种遗传基因。故而,凡是有卓识的历史学家、哲学家,无不公认中国民族生民,总是要求"人生艺术化"或"艺术人生化"。钱穆说,"中国传统文化要求人生艺术化[1]"(这是钱穆、朱光潜等人所坚信不疑的观点)。由此形成中国文化传统中的强大主流,亦是中国人人生情调中的最强音与最鲜明的色彩。如果离开了这个文明源头的诗性来源及其诗性本体,那么,我们就无法解释我们这个民族何以是"诗的民族"。

　　需要强调的是:中西方神话中的诗性智慧,其本体特征,都积淀在感性—感受形式中,但中国神话则由于"神/祖"结构(亦人亦神)特点,且向人界的下移,因而在抽象的神灵境界中,注入了人界的生命源泉,它冲淡了绝对神界的神秘性,显现了人的生命力的特征(诸如《尚书·泰誓》曰"惟人万物之灵",《礼记·礼运》曰"人者,天地之德,阴阳之交,鬼神之会,五行之秀气也",《太玄经·玄文》曰"物之所尊曰人",《说文解字》曰"人,天地之性最贵者也"。在"神/祖—巫—人"的三一式中,神已人化,人的成分占了绝对优势,故曰"天地之性最贵者也";西方(古希腊)亦有"人为万物之灵"的理念,但那是出于"神—人"对立的一种抗争及其愿望)。相对于西方神话来说,这是诗性本体的人化外渗;但对于中国神话来说,这是礼乐文化诗性本体的自然生成。

　　综合上述所说,笔者认为,中国神话体系结构("神/祖"一体)中的诗性

---

[1] 钱穆:《中国文化史导论》,商务印书馆,1996年,第166页。

特征,由于"神人以和"的形上统摄,使感性(感官)更具人性,也更具艺术性;而神性则与"祖"的血缘相粘连,更具亲切性,神所开拓的广阔舞台与时空观,也更具人的生命形式。在古希腊,从"神话"到真正的"人话"(艺术与哲学),是界限分明的两个大阶段,在中国,则是合二而一的阶段。因而,神话的人化("神人以和")便是中国神话的趋向与特征。至于一般神话中的诗性智慧的人化,则亦可看作是中国神话诗性智慧的主体特征。

第二节　中国文明源头"六经"中的形上诗性之道

由于文字的出现,文明的时代终于宣布开始了。

"六经"在这里是指《诗经》、《尚书》、《礼仪》、《乐经》、《春秋》、《易经》,六者一体化的一般说法。本书不介入关于"六经"的一切历史论争,诸如,何时才有"经"的提法,孔子是否作过"六经"(或删过诗、书),"六经实际上不是六经(残缺几经)","六经"如何演变为"六艺","六经"实际上是儒家的经典等等,这些都是争论不休的问题。

客观地说,《诗经》、《尚书》确是中国上古三代遗留下来的信息文本,不管后人怎样的加工、增减或删削都抹不掉它们的真实;礼、乐的信息文本,虽然有更大的可疑性,这在上面论述的巫术礼仪中便早已存在(成为"礼—乐"社会结构);《春秋》公认是孔子所成,但时代较迟(从鲁隐公元年〈前723年〉至鲁哀公27年〈前467年〉),记载的是春秋时代各国政治、外交、军事、文化等方面活动和事件,但它却上承诗、书的史学传统,具有中国史学的顽强精神(孟子曰:"孔子成春秋,乱臣贼子惧");《易》(《易经》与《易传》),虽为战国后期所成,但作为古代巫师的一种占卜制度、习俗,一种特定形式的实践精神,一句话:巫师文化体系,却是上古三代中"古已有之"的东西,它的占卜哲理(时空意识与有机的整体观念)等,却是中国最早的哲学系统。所以黑格尔说,"易经包含着中国人的智慧,是有绝对权威的"[1],在爻与卦的叠事中,"人们就可为一切事物获得一个有哲学意义的

---

[1] 黑格尔:《哲学史讲演录》,贺麟、王太庆译,商务印书馆,1956年,第120页。

起源",易经因而成为"所有中国人智慧的原则,这是一切中国学问题的基础"。[1] 把黑格尔的话概括起来,就是《易经》是中国人智慧的哲学基础,亦可作为"六经"体系的哲学基础。中国的诗性哲学,就集中体现在《易经》哲学中。

冯友兰说,"在孔子时代以前已经有了六经。六经是过去的文化遗产。'六经'又叫做'六艺',是周代封建前期数百年中贵族教育的基础"[2]。本书采用冯氏的两个基本观点:"一、六经是过去的文化遗产",即中华文明发生、发展的文化遗传,并非一家一学的独断物,尽管孔子儒家后来充分利用了它,但它却不失其为民族文化遗产的共同性。二、"是周代封建前期数百年中贵族教育的基础。"此中有两个问题要充分展开,一是为什么它能充当数百年中……的教育基础?它能构成一个体系么?或曰一种文化结构么?二是它不但是"贵族教育"的基础,而且也成为孔子儒家"有教无类"的普遍性的教育基础。六经这种教育功能与教育内容的普遍性,是否是一个有序体系?或整体性结构?这些问题都是很值得探究的。

钱穆在《国学概论》中说:"于中国学术具最大权威者凡二:一曰孔子,一曰六经。孔子者,中国学术史上人格最高之标准;而六经则是中国学术史上著述最高之标准也。自孔子以来二千四百年,学者言孔子必言六经,治六经者亦必涉及孔子。"[3] 钱穆在这里也提示了两个重要的观点:一是孔子与六经的相互关系,二是六经的学术价值,在"中国学术史上著述最高之标准也"。第一个问题,暂可撇开不谈,至于第二个问题中的"著述最高之标准",到底是指的什么?是内容方面的,还是形式方面的?是深层的,还是表层的?是诗性智慧,还是玄学智慧?或者是指的其他什么……我们再看钱穆的如下分析:"诗、书者,古人书籍之两大别也。不曰诗、书,即曰'礼乐'。诗、书言其体,'礼乐'言其用,书即礼也,诗即乐也。诗之为乐易明,书之为礼难晓。盖礼有先例之礼,有成文之礼。先例之礼,本于历史……成文之礼,本于制度……舍礼外无法令,舍礼外无历史。史、礼、法之三者,古人则一以视之也……违礼即违法,历史即制度。而诗、书本包括于制度之中。则古人学问,可以一字尽之,曰唯礼而已。其守礼知礼者则史

---

[1] 黑格尔:《哲学史讲演录》,贺麟、王太庆译,商务印书馆,1996年,第122页、第123页。
[2] 冯友兰:《中国哲学简史》,北京大学出版社,1985年,第50页。
[3] 钱穆:《国学概论》,商务印书馆,1997年,第2—3页。

也。故古人言学,皆指诗、书、礼乐。"[1]朱彬在其《礼记训纂》中也说:"'六经'其教虽异,以礼为本。"[2]钱穆、朱彬等人,在这里把六经内容一体化了(尽管易与春秋为后来所加)、层次化了,核心(以礼为核心)化了。无疑地,作为中国古代文明源头的六经(后代称之为"经",即是与"纬"交织成"布"的一种特有机能),那是梳理和安排文化精神哲学思想的有序机制、结构原则。从有序性、层次性去看,它确是一个有核心,有纲有目的结构体系。诗、书、礼、乐演化成如下两个相关结构式:

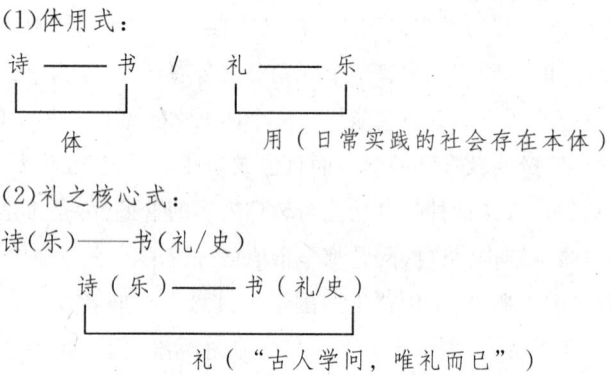

但又有人说,"诗—书"之为体,即是学术思想的硬件,而"礼—乐"则是一种实践功能,是随时随地均需练习和运用的。而"礼"如果退回到"神/祖—巫—人"一体结构的礼仪模式中,它则包揽一切,既包括乐,也包括书、历史、法令等等,即社会生活习俗的一切方面,这是关于"礼"社会存在本体论("社会存在本体论"借用卢卡契语)。礼要获得持久性存在,则必须与乐同步同构,并落实于主体人的心理结构中,这就是所谓"礼—乐"文明。礼要以乐为根,乐要以礼为范,二者互为体用。于是礼的社会存在本体论,就转化成"礼—乐"社会存在本体论(注意:本书不便用西方哲学"本体论"之语。其本体论中之"本体",即上帝之代称或阴影)。

那么,《易》与《春秋》在六经体系中,充当什么"角色"? 地位如何? 明代的焦竑指出,"《诗》与《春秋》,异体而同用"[3],亦即孟子所指出的,"诗

---

[1] 钱穆:《国学概论》,商务印书馆,1997年,第22页。
[2] 朱彬:《礼记训纂》,中华书局,1992年,第736页。
[3] 焦竑:《信氏笔乘》卷四"诗亡条",上海古籍出版社,1986年,第145页。

亡然后春秋作"。《诗经》本来亦是一种历史(一种帝王史),由于天子巡狩观诗制度的衰落与终结,因而诗走向衰亡,而《春秋》则一方面是历史的真实,具有严肃的审判精神,但由于它具有"褒贬义"因而又使"乱臣贼子惧";另一方面,它又是有《诗》的品格,挽回了《诗》亡的生机,故"异体而同用"。但严格地说,《春秋》首先是史的范畴,类属于《书》,或者说书(史)的一种伸延方式。

《易》则是六经的哲学基础,《四库提要》指出:"六经之中,唯《易》包众理,事事可通。"

由上所言,六经如果沟通成为体系、或者一种有序结构,则是如下三式:

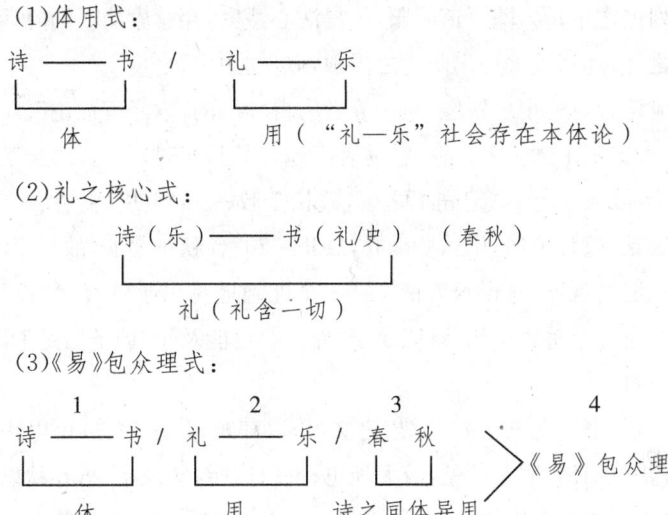

结合文本载体看,则明显是文(诗)史(历史)哲(哲学)的综合结构。《诗经》属诗,"礼—乐"的心理—情感方面(内在方面),亦属诗;《尚书》、《春秋》属史,"礼—乐"的制度、法令、习俗方面(外在方面),亦属史;《易经》属哲理,"诗、书、礼、乐、春秋"中之大道、法度亦属哲理。故,中国古代所谓"文史哲不分家",道理即此也。

就六经的功用言,诸家观点虽然异,但也有颇多一致之处。看如下诸家之说:

1. 庄子《天下篇》:"诗以道志,书以道事,礼以道行,乐以道和,易以道阴阳,春秋以道名分"(未言及《易》)。

这里的"道"可作两方面的意义讲:一是"讲述",二是"导引"。庄子的观点是非常简洁而概括的,大体上符合各经之功能。

2.《礼记·解经》:"入其国,其教可知也。其为人也,温柔敦厚,诗教也;疏通知远,书教也;广博(理之无不包——引者)易良(情之无不顺——引者),乐教也;洁静精微,易教也;恭俭庄敬,礼教也;属辞比事,春秋教也。诗之失愚,书之失诬,乐之失侈,易之失贼,礼之失烦,春秋之失乱。"

《礼记·经解》对各经功能的具体内容进行了较为深入分析。诗之道志,尚包括人之温柔敦厚的性情;书除了记事,尚能通达政事以及远知古代帝王之迹;礼,除了行为规范,还有仪表心态;乐,除了心理情感的融和,还得做到:理之无不包,情之无不顺;春秋,除了道名分,还得属辞(按年月日)比次列国之事;易,除了道阴阳,还得洗心藏密,探赜索隐。同时,除了正面解释之外,还从反面提出防犯之界限,以见"中庸"之度。

应该说,《礼记·解经》是一篇颇为得"度"的"六经辩证论"。

3.《史记·太史公自序》:"易著天地,阴阳,四时,五行,故长于变;礼经纪人伦,故长于行;书记先王之事,故长于政;诗记山川,奚谷、禽兽、草木、牝牡雌雄,故长于风;乐乐所以立,故长于和;春秋辩是非,故长于治人。"

史记之观点,显得极为精粹。一是准确地见出了各经之"长",二是把六经看作一个整体结构,既能及于"外王",也能及于"内圣",是治国治人的不二经典。

4.《汉书·艺文志》:"六艺之文,乐以和神,仁之表也;诗以正言,义之用也;礼以明体,明者著见,故无训也;书以广听,知之术也;春秋以断事,信之符也;五者盖五常之道,相须而备,而易为之原。故曰,'易不可见,则乾坤或几乎息矣',言与天地为始终也。"

班固之观点,是把六经强凑成五常体系(易为之原)。体系意识是可取的,牵强附会是不可取的。但他在"牵强附会"之中,也开出了一些理解与阐释六经之"新路"。

5.《春秋繁露·义证》:"君子知在位者之不能以恶服人,是故简六艺以赡养之。诗,序其志;礼乐纯其美;易春秋,明其知;六学皆大,而各有所长。诗道志,故长于质;礼制节,故长于文;乐咏德,故长于风;书著功,故长于事;易本天地,故长于数;春秋正是非,故长于治人。"

董仲舒是从六艺之"赡养人"方面去分析的。他把六经看成一种从"心理结构"特征出发的"统治术",把六经比拟为仿佛有点类似于西方的大脑结构之三分法"真(知)—善(志)—美(情)"。董仲舒在这里论述的"礼乐,纯其美"的"美",尚不属真正的审美,仅是表述情感的一种极致。尽管如此,此见解也卓为新鲜矣。

6.《淮南子·泰族训》:"六艺异科而皆同道,……六者,圣人兼用而财(裁)制之。"

能看出六经是"异科而皆同道"(即圣人治国治人之道),这是把六经体系之于"道"上,即以道(一)去统率异(多)之六经。因而圣人"兼用而财制之"。应该说,这是扬弃现象,趋向本体的一种新思路。尽管其对"本体"之理解系于"圣人兼用"而略有偏斜了。

7.《荀子·劝学》:六经之理(未言及易),"在天地之间者毕矣"。荀子见出六经内容的广博远大。

综合以上七家之言,都有共同之处:一是六经(六艺)是一个体系性结构,异科而同道,相识而备;二是六经(六艺)统一于圣人之"道"(内在)上,亦统一于巫术礼仪的"礼"(外在)上;三是六经(六艺)有中庸之"度",存在着"正反辩证论";四是天地间之一切事象—道理,六经(六艺)已包揽无余。《汉书·儒林传》云:"六学(六经)者,王教之典藉也,先圣所以明天道,正人伦,致至治之成法也。"世间的一切事情,无非都是为了"明天道,正人伦",所以班固的概括是很准确的。清代的崔述,是一个卓有成就的古代典籍辨伪专家,他在《考信录提要·释例》中说,"圣人之道,在六经而已矣","六经之外,别无所谓道也"。因之,钱穆进一步概括为"六经则中国学术史上著述之最高标准也"[1]。

笔者在此,只想得出这样的一个结论:中国一切有价值的学术论著,能离开六经去自言自语吗? 换一个说法,中华文明—文化体系,其源头即在六经之中,失去源头的探索,也将失去其"本体"存在,"拓流"也将失去方向。

班固在《汉书·艺文志》中说,"古之学者耕且养,三年而通一艺,存其大体,玩经文而已,是故用日少而畜德多,三十而五经立也"。这种"三年而通一艺"之态度,当然是严肃的,而且也是得法的,即:"玩(寻味)经文","存其大体",无疑地,班固是要把六经当作一个深厚的体系来看的,但亦须防止另一种不良倾向,"解经"后来成为一门学问,此即"经"之"传"也。按照阐释学原理,任何个人的阐释,都是本体的一种"伸延",一种"可能性",或

---

[1] 钱穆:《国学概论》,商务印书馆,2001年,第2页。

一种似是而非的可能性。"伸延"一旦偏斜,则是一种"歪曲"。故,似是而非的可能性,多是阐释者的谬误。因之,"后世经传既已乖离,博学者又不思多闻其阙疑之义,而务碎义逃离,便辞巧说,破坏形体,说五字之文,至于二三万言。后进弥以驰逐,故幼童而守一艺,白首而后能言;安其所习,毁所不见,终以自蔽。此学者之大患也"。基于此教训,本书将着力从六经中探索中国诗性智慧的定型及其沉潜流向,把六经中的"诗性"作为一种形上之"道"的存在视之,而绝不加入"传"方向上的"滚雪球"。

那么,六经体系中的"诗性"形上之道,又是以怎样的方式存在于自身的结构中以及它们这间的关系中呢?下面分述其诗性存在方式。

一、六经一体,即道即礼

有卓识之士,通过种种历史还原,终于见出:六经得以发生的总源头(总根源),从内在方面说,是"道";从外在方面说,是"礼"。

先说"道"。

儒家遵循道,道家更遵循道。尽管抽象形式(词儿)一样,但字同而义异。本书不作重新考证,而以"道"源于太阳运行之说为据,对"道"的原型进行还原。叶舒宪在《中国神话哲学》、《诗经的文化阐释》和《庄子的文化解析》等论著中,均对中国古代文明中原型性的"道"作过深入的考察,由于其理论依据,是从神话的原型性出发(抓住事物发生的始源性,及其结构之简明性),或者是从字源学的文化考古学出发,因之有较大的可信性,其论证也较为合理。

"道的原型可以追溯到神话意识中规则变化或周期变化的物象。在大千世界中对人类影响最大的周期性变化物象无疑是太阳,所以笔者把太阳(运行)视为原生形态的道。"[1]太阳运行是"日出日落",白天与黑夜转辗相继,"光明—玄冥"周而复始(更与农业社会的春夏秋冬,四季循环,春种秋收,夏发冬藏等物象相接)。相反而又相承,相异又相继,彼此均存在于一个循环性(互补互动性)的"自强不息"的系统中。这正如一个"圆环"一样,水平线上之半圆为"日出—日落"的光明世界(联系于四季中春夏),水平线下之半圆,为太阳夜眠、夜行的幽冥世界(联系于四季中的秋冬)。前

---

[1] 叶舒宪:《中国神话哲学》,中国社会科学出版社,1992年,第118页。

者为儒家之"道"的原型,后者为道家之"道"原型;前者为日常的、光明的自强不息之道(因之也引申为"日出而作"的"道路"之道[1]);后者是非日常行为的(夜常)玄冥恒久之道(有所谓"夜漫漫,路更长"的谚语为证)。在哲学范畴上,区分为:正—反,阴—阳,光明—玄冥,易逝—永恒,进—退……(二者互补互动,相反而又相承,相灭而又相生。二者成为一个有机的生命结构)"把道体会为一个直观表象圆圈,道的抽象特征便易于得到具体说明。《吕氏春秋·圆道》的整体构思便是如此。在阐明天道'圆'的哲理时,道先诉之于道的原型——太阳的运动,然后推广到月亮、星辰、生物云水等自然现象的运动,再推广到人体、国家治理和社会的安危"[2]。

我们再看叶舒宪在《诗经的文化阐释》中的论述,"作为生命循环总原则的死与再生主题,在中国哲学的'道'概念中得到最简洁的体现。中国古代哲学家们把这个得之于有机生命界的农业观念推广到整个无机世界,于是植物生命之'道'同日月运行之'道'合二为一,成为宇宙的总根源和总原理。道家哲学又基于此而推演出一套以'返'和'归'为至高理想的循环历史观,从而完成了中国思想史上第一个天人合一、自然与历史合一的世界观体系"[3],这是"农业观念"与太阳运行的"自然现象"相结合而产生的"道"的来源(在这里顺便附上一笔:"道"的原理到底是从"有机生命的农业观念"开始,还是从"太阳运行"的观念开始?叶舒宪在其论著中有不完全一致之处。其实两者完全可以统一起来:既然太阳崇拜是世界所有原始生民所具有的,那么,则应先有此原型,但又鉴于中国是农业社会,故而二者同步而又同构地结合起来了)。

当然,叶舒宪对此"道"字还作了另一番考察与论证,即与中国的"农耕礼仪"以及"道"字的宗教礼仪表象进行了论证。"对'颂'这一农耕礼仪的溯源性研究使我们不期而然地找到了农耕文化中最高哲学范畴'道'的原始造字表象。'颂'与'道'这两个概念的语源和字源指向可以说是互相重合的,前者作为祭首礼仪名称而产生,在后来则成为周朝官方祝颂祭仪的乐舞专名;后者则是对祭首活动所体现的农业生命观的象征性概括和哲学抽象。"[4]

---

[1] 参见叶舒宪:《中国神话哲学》,中国社会科学出版社,1992年,第141页。
[2] 叶舒宪:《中国神话哲学》,中国社会科学出版社,1992年,第1033页。
[3] 叶舒宪:《诗经的文化阐释》,湖北人民出版社,1996年,第530页。
[4] 叶舒宪:《诗经的文化阐释》,湖北人民出版社,1996年,第530页。

叶氏之说,从三个方面揭示"道"原型发生之渠道:一是自然现象(太阳运行,四季循环),二是农业观念(天人合一:天时地利人和的混沌感受),三是原始巫术礼仪。其实三者的关系,都是同步而又同构的,都是处于同一的时空中(叶氏之说是否弥缝得很合理,另当别论)。在这里,笔者只想强调一点:离开中国古代社会的精神性原型(或智慧原型),从后期发展了的文化思想与哲学等文本中,搜罗大量的"语言"证据,然后放入先验"规律"的框架中,从而推论"道"的原义与起源。这种做法不完全可靠。这是以"流"证"源",而不是从"流"溯"源",无法沟通源与流之间的本真关系,换一个说法,即只从现象的呈现(感与知)去把握本体,而不是透过现象,从现象之背后(思与悟)去把握本体。因而始终都不能清晰地见出:中国哲学与派别(儒/道)的基本功能是互补互动的原型依据。当下学术界对于"儒道互补",几乎是一种常识了,但仅懂常识,而不知常识之原型来源,这是一种不彻底的知识(在《中国古代美学(乐学)形态论》一书中,笔者持另一观点。一切均发生于:"文字—骨卜—瓷骨"之二重观念,既实用又空灵。实用,是其物质方面;空灵,是其精神方面。但这类器物与事物之统一观,也许亦来源于以上之原型说。)

作为中国古代文明源头"六经"中的"道",如果真的是由上面之所述:"太阳运行—农业观念—巫术礼仪"同构性积淀而成。那么,这种"道"的诗性特征(感性/感受形式—有机生命力),则是异常分明的了。由汉字的"六书"所揭示出:中国人的任何观念(概念),都是与"形"(意象)融合、粘连在一起的。这里的"道"(不管是儒家的,还是道家的),绝不等同于西方的"逻各斯",它即使进入哲学的幽玄空灵的殿堂,也还是"披星带月"、"拖泥带水"的,与原型的灵符不分离(此即"道不离器"也),从中国人对道的感受系统来说,"道"的"走"傍(表示四季循环),与"首"(人头祭礼的会意)的含义相结合,也积淀了一种深层的"礼仪"氛围和四季循环的传统时空观。这是中国哲学中"道"在客体方面与主体方面的统一性与地域特性。进一步说,这便是中国人的整体直观思维方式的最深刻最原始的依据。

道,从原型的来源上说,无疑地是简明而单纯的"一",但它在社会历史的进程中,又必然同构地投射到事事物物上,于是便有事事物物之道,诸如"人生世故"之道,男女之道,孝悌之道,等等,道由"一"走向杂多,即由原型层面,走向伦理宗教,走向哲学,最后则布满日常生活之中。在这之中,最为重要者,而对中国人影响又最为深远者是道进入儒道两家哲学范畴中,成为一体二相(二极性)的存在物,彼此相反而又相承,相灭而又相生;彼此之间,具有同一性功能:互补互动。完全区别于西方的"对立统一"的发展模式与斗争哲学路线。其运动的轨迹是圆形的循环结构,而不是一直向前的线性方式(前××,后××)。因之中国哲学,作为中国人的伦理—人生哲学,首先便在血肉个体之中,从身—心两个方面取得了绝对的胜利。当你"自强不息",努力上进之时,儒家之道,提供目标与动力,把你引进"内圣外王"的崇高境界;当你一旦失利,遇上恶运,精神不振之时,道家之道,马上把你引进"自然无为"的"逍遥"境界,从而获得稳固牢靠的精神平衡;但当你"逍遥"到一定的程度时,精神结构中的另一个"轮子"(儒家之道),又将起步前行了。这就是所谓"文武之道,一张一弛"是也。中国人的人生前进轨迹,就是这样的不断地由儒道两家合辙而成;儒家之道是前进中的一个轮子,道家之道是前进中的另一个轮子。

钱穆先生常自豪地说(其实这亦是《庄子·天下篇》的观点),我们中国人在精神上有两个巨大的精神武器:既有前进、奋斗而成功的哲学(儒),又有暂时失利、消退而失败的哲学(道),前者称为"进"的哲学,后者称为"退"的哲学。能进能退,是健康人的走路方式;能进而不能退或能退而不能进,是有缺陷的人的走路方式。这体现于小说模式中,则是贾宝玉/林黛玉失恋之后,绝不会走向自杀(毁灭自身的存在而不再前行),仅是"出家"(出走)而已;而西方人则显然不同了,《少年维特之烦恼》中的维特失恋之后,绝不会选择中国人的"出家"之路,而是悲壮的"一念断身",走自杀之路(俄罗斯人的决斗传统,无非也是这种哲学原型)。思想根源在哪里? 就在于我们既有"进"的哲学,也有"退"的哲学,能进能退然后心安理得,西方人只有"进"的哲学,没有"退"的哲学,能进而不能退(发展至20世纪,则是走向深渊的渺茫模式:现代──→后现代──→后后现代……精神状态永远处于紧张而不安宁之中)。以中国人的"进—退"二向性哲学来处理人生世故,是极为微妙的,若以此反思鲁迅小说《阿Q正传》中阿Q的国民性,是颇为耐人寻味,而且也是很得要领的。当然,话又得说回来,任何事物都有其两面性,我们的"进—退"哲学,使我们安于平衡,安于现状,呵护了一种农业社会炼就了的"慢条斯理"的惰性,增加了"瞻前顾后"的疑虑;西方人的唯进不退哲学,只能让他们去当西西弗斯,灵魂总是在不安宁中度过,只有伴随着工业社会的急节奏与信息社会的超节奏"豁"出去了,孙子兵法叫做"背水一战"、"置之死地而后生"。

中国哲学中之"道"体及其功能,完全可以用阴阳鱼之图示之:☯,此图的含意是:亦阴亦阳,亦母亦父,生生不息,循环往复。这种道体,不仅是从外形特征上看,还是从生生不息的生命力上看,都是审美的,它完全体现了中国人的诗性智慧形上之道的根本素质与特征,同时也体现了中国诗性智慧形上之道,从神话原型到哲学范畴的血缘脐带的关联,以及其形上境界的相反相成。对比之下,西方人之道(逻各斯),则纯粹是概念的、线性推演的,此即玄学智慧,它没有中国哲学之"道"的审美情趣,只具玄学至思之奥妙与正反合的否定扬弃模式。

上面论述了六经体系中"道"之诗性(审美)特征。

六经体系,除了为"道"所统一之外(六经即道),又可统一在"礼"上(六经即礼),礼是否具有如"道"一样的诗性(审美)特征呢?

训诂常识告诉我们,礼者,理也。礼,依据孝悌等级之别,制度、法令的习俗模式,呈现为中国人特有的仁智体系。如果缺了"理"的内核,礼就无法生成诸多关系的有序结构,更无法与"乐"对峙、生成农业社会中一种稳定的文化心理结构。而"道"者,有内外之二型,即"道路"也(外在),亦"道理"也(内在)。在中国文化中,极少谈"真理"范畴,而多谈"道理"概念。原因在于:前者是舶来品,后者才是国货。理之从道而来,确是"路"的启示(即便是纹理,此"纹"也是路,亦是道)。我们一旦找到了"理"的中介性"礼—道"共处一体关系,其间便可沟通了,即:"道⟶理⟵礼"内在的理把文明源头的"道"与社会历史秩序结构中的"礼"(多)联结起来了。"道—礼"虽一体,但有二象性呈现:在汉语语流中,"礼"与"貌"相连,构成一个颇有审美含义的"礼貌"(或"礼品"、"礼节"……)一词;"道"与"理"粘合,构成一个颇有哲学意蕴的"道理"(或"道德")一词。礼走向外在可视可见的现象界,道走向内在的可思可念的本体领域;内与外,本体与现象(这里的"本体"已失去康德意义了),成为一具浑整的总体结构。在这种情况下去追踪"礼"之诗性存在与特征,无疑地是对"道"的诗性存在及特征的重复叙述。但现象是感知的领域,是五官感性的直接对象;而本体则是"可思"的领域,是理论理性的直接玄悟对象。把事物切分为"现象—本体",这是康德哲学二重性特征。但在中国哲学中,"本体"领域没有在线性的征途上一直向前,而是拖夹着"现象"(原型依托)的血缘脐带,成为浑然一体的"即道即器"、"即体即用"成为"体用"论。这种一体化存在把"可知"与"可思"放在诗性舞台上统一起来。而西方(康德)的"可知",仅为现象,不及本体;"可思",仅为本体,而无关现象。

康德的伟大,与其说是"哥白尼革命"(这是人类历史的必然性进程),毋宁说是确立了:一、本体之不可知,但可思,打破了知性过分膨胀的独断论。二、以道德形而上学(牟宗三称这为"道德神学")去突破本体的不可知的硬壳,进而曲折地沟通与认识论的关系。但康德的"现象—本体"是二分的思维模式,而中国哲学是伦理—心性哲学,它所面对的"现象—本体",本来就是浑然一体的东西,没有割裂开来,正如上面所说的"道"与"礼"一样。在中国哲学中,离开道的器,是不存在的,反之,离开器的道也是不存在的(离开形的神是不存在的,离开神的形也是不存在的。贱形贵神说,仅是评价,而不涉及存有)。因之,"道—器"一体,"形—神"一体,使中国哲学中的"体—用"无法分家。因而,张东荪曾说,中国没有本体论(或说没有本体论领域),这遭到熊十力的狂击。但熊氏心中的所谓本体,仅是"体—用"普遍化中之"体",则完全失去了康德意义,而显现出另一番"现象"性的(与本体生命相连)血缘境界(此问题较为复杂,且与本节内容相去较远,只好从略)。熊氏之体用论(体用相互转化论),颇有吞并一切哲学根本问题的气势[1]。

剩下来的便是论述"礼"作为"现象"的外呈及其诗性特征。上面已较多地论述过"神/祖—巫—人"一个世界中的巫术礼仪的狂烈气氛、"天人"相通的境界追求,以及"诗—歌—舞"一体的三相性特征。这种狂烈的"氛围—境界—三相性(诗/歌/舞)节律节奏",构成了巫师文化的基本方面。这也就是"礼"的全幅境象与内容。按照中国古代"左史记言,右史记事"的原则(《礼记·玉藻》:"动则左史书之,言则右史书之",《汉书·艺文志》:"左史记言,右史记事",郑玄《六艺论》:"右史记事,左史记言"),本书采纳班固与郑玄的说法,进行追溯还原,不难看出,中国的巫师文化,正是宗教的(或说准宗教的)——艺术的,或说是诗性的、审美的。那是一种强大的生命力在感性—感受形式中的欢歌狂舞;《诗经》中的"颂",即此而来;《书经》中的诰、谟、誓、命、典也无非如此。《易》所进行的占卜,就其起源来说,亦可追溯至巫师的特殊行为(应该说,这是他们的"专利"领域)。

在这里,顺便把儒道佛三家的"道"大体界分一下,以明眉目。

"道"是一个十分复杂而层次逐级递进的概念,要具体的把握,只有回

---

[1] 参阅劳承万:《中国古代美学(乐学)形态论》,中国社会科学出版社,2010年。

到历史的行程中。也就是说,要回到儒道释三家的原典本义中。在此基础上,再作哲学抽象,才是可靠的原典本义。先说儒家之道。孔子说"忧道不忧贫","吾道一以贯之"("夫子之道,忠恕而已矣")(《论语·黑仁》),其道即是德性生命之道,道德实践之道,简单的说,即"人道"或"心性之道"。老庄之道,则是由儒家德性之道,退回到人之自然本性之道,即人之存在之道,《庖丁解牛》中曰:"臣之所好者道也,进乎技矣"(反过来,由"技"即可进入"道"世界)。在庄子的"技—道"论中,看来这个"道"还是人类实践(生活需要)所追求的道,而非绝对的抽象物,其与儒家所不同者,是直接排拒功利性的德性之道,而退回到人类生活起点之道,其范围、功能要广阔得多了。

至于老子所言称的"道可道,非常道",则明显地把道二分为"可道"之常道,与"不可道"的"非常道",后者把"道"推向更深、更玄之处,作出了最高的哲学抽象,这是"一/多"世界中的最后的"一"。"一"越单纯、越"稀薄",其内容、功能则越"多"、越丰富。至于佛家之道,禅宗直言为"明心见性"。佛道者,佛性也。《宗镜录》谓"在心称佛性","在境在(为)法性",一体无异。前者是主观之佛道,后者是客观之佛道(宋儒则直接把儒家之道转化为"理",以理一气之二分囊括世界)。牟宗三先生把中国儒道佛三家哲学括言之为心性哲学。故中国哲学中之"道",大体上也可概括为一种心性之道。它对峙于、也区别于柏拉图的客观"理型论",和黑格尔的"绝对理念论"。

上面所引叶舒宪等先生之"道论",是一种宁源学的文化考古学之追寻,带有浓厚的道论原型性。笔者认为,这确有部分真理,但如果作为一个哲学体系中的"道",那则远远不够了。这是历史生成的第二个层次——哲学层次,它比起原型层次来,大大跨越了一步。儒道佛三家之道,如果由哲学母体中,再向现象层伸展,那则是大千的道世界了。就儒家来说,既由道德心性之大道,也有从此而分化来的:君君、臣臣、父父、子子之道,也有从此而来的夫妇之道、朋友之道等,这便是儒家之正名思想。作为个体人,其现实存在性,则聚合于以上六种道之中。故人不能离道而存在;而道家老庄哲学则抛开这"六道"之纠缠,只遵循"逍遥—齐物"之道,即无为境界之道,庄子妻死,鼓盆而歌,所追求的是"逍遥—齐物"之道,即玄学人生境界之道;佛家追求则是"涅槃"的空世之道,"缘起性空"之道,《红楼梦》中"好了歌"所唱那种"空"道。由此看来,中国道论演进之方式,大体上是遵循三个环节:道之原型性——→道之哲学性——→道之现象性。如果把三个环节合并为一,统而论之,那是不落实的;如果把儒道佛三家合而论之,也是极笼统的。应遵循由合而分的演进方式,才是较为合理的方法。

二、六经之间的诗性的联系与诗性结构

表层阐释:历史过程及其演进方式。

为了节省篇幅,也为了一目了然,我们先拟出如下图式,以见梗概,然后,再作若干必要的说明。

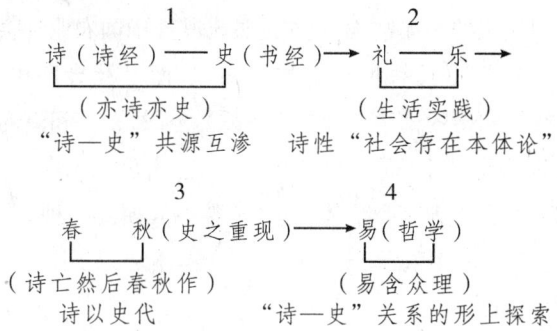

按六经的历史发生与功能,大体上分成四大层次与顺序。第一环节(《诗经》与《尚书》),按其文本内容来说,是中国古代最古老的诗歌与历史,细审二书,即知"诗"与"史"的共源与互渗。诗,不是作者的凭空创作,而是一种历史记载;史,不是僵枯的纯史,而是充满激情与褒贬义的"诗"(情),二者均可称之为"亦诗亦史"。朱熹在《诗集传序》中说:"至于列国之诗,则天子巡狩,亦必陈而观之,以行黜陟之典。降自昭穆而后,寖以陵夷。至于东迁,而遂不讲矣。"这就是"诗亡"、而"书"亦衰的缘故。也可倒过来说,是"书"(史)之衰而带来"诗亡"。"若干雅颂之篇,同皆成周之世,朝廷郊庙乐歌之辞,其语和而庄,其义宽而密,其作者往往圣人之徒,因所以为万世法程而不可易者也……此诗之所以为经,所以人事浃于下,天道备于上,而无一道不具也。"[1]这正如崔述所言,"二帝三王之事,务载于《诗》、

---

[1] 朱熹:《诗集传·序》,中华书局,1959年,第1—2页。

《书》"[1]。故古人所言之历史,都是诗、书并起而同用的。以上所言,是就诗、书之互证、互渗而言,即"亦史亦诗"所具的二重性。

其次,诗、书又是一体之两面。

《史记·太史公自序》云:"书以道事,诗以达意。"《庄子·天下篇》云:"诗以道志,书以道事。""《诗》依违讽谏,不指切事情……《书》录帝王言诰,举其大纲"[2],归纳起来看,《书》是以事为主(诰/谟/誓/命/典),《诗》以"达意""道志"为主(但与事一体)。事与意(志)一体二面。联系钱穆先生的卓见:"诗、书为体,礼、乐为用",那么,"诗—书"一体,确是精当的看法。

第二环节:礼—乐,是一种日常的实践范式(行为范式—心理状态),是"诗、书之用"。在这里,我们不将"礼—乐"分割开来论述,而必须视之为互补互动的双向交流的一体结构,这才能见出其在中国农业社会中自足自乐的强大功能。它们不是一种纯书本性知识,而是社会历史的行为规范(礼),必然导致"和谐的愉悦心理状态"(乐)。反过来,"和谐的愉悦心理状态"(乐),又可反作用于(促进)社会历史的行为规范(礼)。因而"礼⇌乐"便互为对方,交融为一个整体。这个"整体",便是一种社会存在物,可以名之为:由"礼—乐"而凝聚成的社会存在本体论(借用卢卡契语)。这是一种"合内外之道"。

"社会存在本体论"的深远而简括的哲学命题,是由卢卡契首创的。马克思对资本主义的剖析,是从"商品"开始的,但马克思接着便由"商品"回溯到"劳动"("具体劳动"与"抽象劳动")中去。在《1844年经济学哲学手稿》中,则表达为"劳动—劳动异化—劳动复归(对异化的扬弃)"的社会结构模式。很明显,在马克思的经济学哲学体系中,"劳动"是一个巨大的秘密,但马克思区别于古典经济学家之处,是他见出了劳动的二重性,其中"抽象劳动"是具有划时代意义的一环,由此而推演出资本主义在商品体系中必然崩溃的结论。这是由劳动的开端,而发现走向社会革命的路。很明显,马克思是从"异化劳动"的机制中,看见资本主义的"死魂灵"的。但这仅是人的"劳动"的一种片面发展与局部性关系,而人的劳动全部丰富性及其全面功能,如"人"怎样成为一种"社会存在",从来都是遮蔽着的(尽管马克思作了开方向的启示)。卢卡契在其晚年倾尽全部心血完成了两卷本百

---

[1] 崔述:《考信录提要·释例》,中华书局,1962年。
[2] 朱彬:《礼记训纂》(下),中华书局,1992年,第736页。

余万言的"劳动社会存在本体论"(书名为《关于社会存在的本体论》)的巨著,以此作为对马克思"劳动"理论与"社会"理论的结合与补充。卢卡契的"社会存在本体论",主要是说的"劳动社会存在本体论",他把"社会存在"的全部秘密都浓缩在"劳动"中,也就是说,他在"劳动"中,展开了社会存在的全部秘密。究其实,这是一种"元叙事",即回到社会之所以能够存在的发源点上,去梳理社会存在的可能性与现实性,否弃了西方哲学本体论中之"本体"神性("上帝"之阴影)。

卢卡契的视界焦点,应当说是相当透明而集中的,它直接补充了与救活了被马克思主义不忠实的信徒弄得僵化了的"存在决定意识"、"经济基础决定上层建筑"等原理,它直接冲击了简单化和庸俗化的"决定论"。卢卡契的两大卷巨著,虽然写得甚为拖沓,但其思想之闪光,与其晚年的壮志,却是平庸之辈永远不可企及的。他为马克思主义开创了分析"社会存在"的新路向,并找到了分析"社会存在"的准确的"突破口"。这种贡献是巨大的,但被"修正主义"的幽灵吓破了胆的人们(包括中国众多的信徒),至今都尚处于不甚清醒的状态中,这是历史的遗憾!当笔者在沉思农业社会几千年来所凝聚成的"礼—乐"社会结构时,检索目下诸多的社会—人文理论,都无法进入"礼—乐"社会结构的内核中去,充其量也仅是一般社会学理论的表层论述,收获甚少。对比之下,只有遵循卢卡契的"劳动社会存在本体论"的解剖模式与思路,才能进入中国那源远流长的"礼—乐"社会结构中去,也才能把握其要领。故笔者借用卢卡契之笔法,并非是复活西方哲学本体论中之神性本体(本体上帝化)。

"礼—乐"结构,首先是一种外在的社会存在结构,然后才是同构而内在的文化心理结构[1],它是中国农业社会中,由血缘而来的、从存在到意识的中介性结构,它处于物质/经济基础与意识/上层建筑之间,它是一种"伦理⇌艺术"型的实践体制(比波普的世界3更具二重性)。在中国古代六经的文明体系中,诗,是指《诗经》文本;书,是指《书经》文本;春秋是指《春秋》文本;易,是指《易经》文本,唯有"礼"与"乐",没有确凿的文本可指(尽管有人说,"礼"指《礼记》或《仪礼》;"乐",指《乐记》或已附于《诗经》中等,但都开不出研究六经的新路向)。有的研究家说,古人学经,其实就是学诗书礼乐,诗书指相关文本(《诗经》与《尚书》),礼乐是指:洒扫应对、进退揖让的行为

---

[1] 参见劳承万:《中西文论的汇通》,《文艺理论研究》,1996年第5期。

规范,这是一种日常练习(日常道德规范),这有点类似于当下的师范教育,先学课本知识,然后进行教育实习,课本即"诗书",实习即"礼乐"。故钱穆说,诗书为体,礼乐为用。

目下学界都大谈特谈中国的所谓"实践理性",如果是借鉴于康德的第二批判的"实践理性",那是不甚准确的。因为康德的"实践理性"是指的纯道德形而上学(但由于在他的设准中,留着"上帝"的席位,尽管是理性化了的上帝,故而牟宗三又称这为道德神学)。康德的"实践理性"(道德律令),是相对于他的"理论理性"(知识规律)而言的。故法兰克福学派的阿多诺在其《道德的哲学问题》一书中说:"先验理性—自由意志—道德律令"三者都是一个东西,皆统一于先验理性上。

在中国没有什么"实践理性"可言。在中国古代六经中的"礼—乐",除了有道德一面之外,尚有"艺术"(乐)的一面,而且即使在"礼"中,除了含有道德功能外,尚有"乐"的渗入,礼是乐融融的。因而,礼除了有序性(道德等级性)之外,还与血缘性人生情调相融合。在"乐"中,也有礼的导向作用("发乎情,止乎礼义")。因而"礼⇌乐"是一个双向互渗交融的"伦理—艺术"结构(钱穆早就说过,中国没有艺术科学的名称,只有一个"乐"字——实是一卓识)。在历史的行程中,"礼—乐"二重结构,不断向前滚动,把中华民族子子孙孙的日常行为—精神面貌,全都卷了进去,即使在今天所讲的"文明"中,也包含着"礼"的内容,这便是中华文明久远传统的成果。"礼"只有"乐"化,即进入主体的审美心理结构中,它才能生根、开花、结果。礼如果仅是孤立存在,它必然很快就会枯萎。"礼仪三千",如此酷繁的礼节,难道不是对人的摧残么!幸得古代圣人找到一个平衡结构:以礼导乐,以乐养礼,让中国的伦理道德浸润于艺术氛围之中。

钱穆在《中国文化史导论》中说:"中国古代文化进展,是政治化了宗教,伦理化了政治,则又可说他艺术化或文学化了伦理,又人生化了艺术或文学。这许多全要在礼上面去寻求。"[1]由上所言,中国的"礼—乐"实践体制,与康德的"实践理性"是有很大区别的,后者缺少艺术(诗性与审美)的交融,仅是一种先验性道德形而上学。作为天才哲学家的康德,他思考问题的顺序,却颠倒过来了(这是西方传统使然)。他给审美下的定义是:美是道德的象征。他以"崇高"为目标,推出他的审美形而上学。因而,在康德那里,

---

[1] 钱穆:《中国文化史导论》,商务印书馆,1994年,第74页。

道德形而上学与审美形而上学是不等价的,审美低于道德。在这一点上,他不如中国古代圣人。我们的祖先(巫师们),极为重视审美享受与道德律令的一致(后来孟子则推出"恻隐之心"、"良知良能",至王阳明则内化为一颗包揽宇宙一片晶莹的"良心"了)。把礼乐连结在一起,使之成为"礼—乐"一体的社会结构,从而陶冶整个民族的情操与灵魂。中国古代圣人的卓见,是一种群体的实践的产物,而并不是某一位圣人的构想。接着,在"神/祖—巫—人"的一个世界中,巫师应"人"的要求,给人带来保佑与幸福,相伴的条件,必须要有"诗—歌—舞"狂烈演出的合作,一句话,在艺术(乐)中,巫师才能进入角色,也才能把"神/祖"界的幸福(道德或某种"预言")带给人们。

这种"礼—乐"一体的实践体制(准确的说,应是审美的实践体制),长存于中国民族的上层与下界,家家户户,所谓"国之大事,祀与戎也"。"祀"是"礼—乐"的当然应用场所;出征打仗,或是凯旋归来,均有誓师与祝贺,这也是一种"祀"。因而,"国之大事",实是一件事:祀(祭)而已!中国古代的"祀",千种万样,天子、诸侯、大夫、君臣、庶民,各有不同等级、不同层次、不同场合、不同对象的"祀"。因而,在"一个世界"中的祀,便是中国古代民族最强大而又最真实的"社会存在",它比那直接的刀耕火种、挖田种地,要重要得多;其关涉人生安危,也更为全面而深切。总之,"礼—乐"社会结构,作为一种社会存在,只有放到原型"本体"的高度上,才能揭示出它的巨大秘密,展示它的真实。这,正如"劳动"范畴一样,只有把它置于社会存在"本体论"的高度上,才能重现资本主义更为深层的社会结构,也才能把握其危机的起点与根源,从僵化的"物质/经济基础"的套语中解放出来,开拓学术研究的新路向。

由此看来,"礼—乐"社会结构,作为一种社会存在,其解剖模式,也只有看作是一体性的"礼—乐"社会存在本体化(或曰"诗性社会存在本体论"),才能走上新的研究之路,从而达到历史还原,见出其久远历史的真实。

第三环节,即《春秋》的出现。传统看法,是"孔子成春秋"(孔子曰:"知我者,其惟春秋乎;罪我者,其惟春秋乎"),孟子则说"孔子成春秋,乱臣贼子惧"。这是理解《春秋》的极为重要的线索与导语,《春秋》写的无非是按照中国古代的经学传统,记录历史现象。其记事始于鲁隐公元年(公元前723年),止于鲁哀公27年(公元前467年),内容是记录春秋时代各国政治、外交、军事、文化等方面的活动、事件。当然,其间也有对天道、鬼神、灾祥、卜筮等方面的记载。钱穆在《中国史学名著》中说,这是当时编年的"世界史"。

为何"诗亡然后春秋作"？此间指出了"诗亡"与"春秋作"的关系。古代的诗,大多是祭祠仪式的产物(如《诗经》中的"颂"),一旦天子衰落或迁徙,不再巡狩,也就不再陈诗观俗,以定史官晋退之习,天子巡狩观诗制度于是终结,此时,诗便亡了。孔子作春秋,仅是历史记述(诗本来属于历史事实),《春秋》之所以令"乱臣贼子惧",那是根源于历史是严酷的审判官和寓于其中的褒贬义。而诗同样具有历史的审判精神,同样具有褒贬义。孔子说:"诗三百,一言以蔽之曰:思无邪"。诗提倡乐而不淫,哀而不伤的审美的中庸之道。《诗》与《春秋》的关系(如果孔子真的是删过《诗经》),两者之间则确有较大的一致性。本来,在古代史与诗有等价性,故而明代的焦竑说,"《诗》与《春秋》,异体而用同"。其中,一为史类,一为诗类,这是"异体","思无邪"(诗)与,寓"褒贬"(春秋),充当历史尺度,显示客观的审判精神,这是"用同"。这就是在第三环节中"诗"与"史"发生之新变化;诗以史代,史具诗性(思无邪与褒贬的一致性)。此环节揭示了"诗"的实践起源以及史的审美价值(伦理之审美倾向)。在新的历史条件下(社会的急剧变化),史与诗重新携手同行(凝成新的理论形态)。

这种潜行流向,至司马迁成《史记》,蔚为大观,终于把上古三代的文化传统(文史哲)汇于一炉,呈现了中国文化"严酷的历史精神—丰富的诗性智慧—深刻的哲学去思"的三相特征,把中国学术传统推向新的境界。《史记》以"穷天人之际,通古今之变,成一家之言"的巨大批判武器,拓展了"史—诗—哲"一体化的中国文化精神。显示了中国文化传统走向成熟,诗性的形上之道终于在"史"的肥沃土壤中,培育了中国亦诗(文)亦哲的文化奇葩。由司马迁开拓的史学精神路向,一浪高似一浪,波至司马光的《资治通鉴》,可谓世界文明之一绝。

第四环节,《易》之哲学。历代智者们都公认"易包众理"(《四库提要》),"五经相须而备,……而易为之原"(《汉书·艺文志》)。在中国文化体系中,本无所谓"哲学",只有"通几"之理,一切都融合在"国学"之中("文史哲"不分家的说法,是颇有见地的说法)。易为占卜的一套原理体系,一方面是从"一个世界"的巫术礼仪场景中引出,另一方面,又从甲骨、卜辞的符号系统中引出,把极为玄妙的神思之理、象数智慧、农业时空观、奥妙的宇宙—人生观念,统统置于整体直观之中(即爻象、卦象之中,以及各种"辞"说之中)。

综观关于六经的一系列论述,只有司马迁的眼光最为准确锐利,"易著天地、阴阳、四时、五行,故长于变"。一个"变"字,即可把全部易学贯通起来,也就是说,易经(易传)是中国人关于宇宙—人生变化的哲学大全,亦即中国人的时空观辩证法。从哲学范畴的最高抽象来看,唯有"时空观"是也。中国农业社会的时空观是绝对不同于游牧、渔猎社会的时空观,它的多向维度与节奏,既繁复而又单纯,天地、阴阳、四时、五行,都统一于阴阳之中(一阴一阳之谓道),亦即天地之变化,春夏秋冬四时的循环,金木水火土五行之轮转,"一阴一阳"的变化模式与节奏之中,这种关于"变"的哲学玄思,一方面附丽于各种物象之中,另一方面又充满了惬意的韵律节奏,宗白华在《美学散步》中常称:中国的宇宙—人生观念的律动,却是一首诗。

《易·系辞上》曰:"河出图,洛出书,圣人则之",猜到了易之起源。此说未必真实,然而又确是从一种神秘的偶然中,阐释了一种特有的形上诗性智慧(含象数智慧)。何谓"河图"、"洛书"?汉朝人说,伏羲时有龙马出于河,身有文(纹)如八卦,伏羲取法之,以画八卦,这就是"河图";夏禹之时,有神龟出于洛水,背上有文字,禹取法之,作成为书(即《尚书·洪范》之起源)。圣人(伏羲、夏禹),以龙马、神龟为取象之原型,终成民族的一种智慧(八卦/尚书)。后人考之,八卦之起源,据于"一阴一阳之谓道"的基因符号(—/— —),这一长横(—),以及中断性的长横(— —),其原型到底是什么?有的说,来源于自然现象:"天,浑然一体",故有一长横(—),"地,水陆两色",故有中断性的一长横(— —)(高亨等人持此说)。这种"原型"取象说,包含有奇(—)、偶(— —)相配之象数的玄理了。因而易学之象数派就必然产生,不待他求。但又有人说,阴阳符号之原型来源于人的生殖器崇拜。"—"(阳)是男性生殖器的象征,"— —"(阴),即女性生殖器的象征,故而有中国的"生生"哲学(道生一,一生二,二生三,三生万物/太极生两仪,两仪生四象,四象生八卦……),"生"者,父母之生儿女也。这是一种活泼泼的绝对的有机观,与充满生命力的生命观。在血缘性的有机观、生命观的巨大功能系统中,中国哲学获得了"永久的生命力"。"生生"的哲学,是历史之流的生命哲学(源远而流长,其血缘之根系、孝悌之秩序都根植于"一阴一阳"的形上诗性律动之中)。这生机蓬勃、生生不息的中国哲学,不但是"礼"之哲学,而且更是"乐"的哲学,甚至是"至乐"之哲学(儒家的"入世"之乐,与道家的"出世"之乐,二者的圆环,则是"至乐"也)。此中之"乐"绝不止于一种"韵"或乐器,而是一种"乐"的心理状态。

洛书的象数之妙,令弱智性不可解释;河图之神奇(八卦的基因是阴阳符号)以阴阳鱼代之,令机械论者怯步。请看下面两个图象:

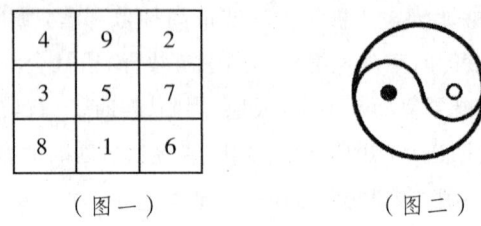

（图一）　　　　　（图二）

图一,是洛书的象数演示,古代人称为纵横图,实际是数学矩阵,亦谓"魔方"(横、竖、对角三数相加,都等于15)。初初看来,这种巧合型智慧(以偶然为基调),包含着奇特的"必然"性;"偶然",属于现象呈现领域,"必然",属于理性抽象领域。必然寓于偶然之中(理性寓于感性之中),令人倍生神奇与奥妙之感,惊讶古代人的诗性智慧竟然统合了玄学智慧。

图二,是后人对河图原型的基因还原,深得老子哲学的精髓:"万物负阴而抱阳"(道生一,一生二,二生三,三生万物。万物负阴而抱阳)。这是男女、夫妇"团圆—生殖"图,它把"一阴一阳之谓道"的韵律节奏、变化之道,简化于阴阳鱼图中,既整全,又直观,所谓中国哲学的"整体直观",于此足见其一端也。论易之书,真可谓汗牛充栋。笔者不必傍顾,仅想指出:六经体系中,易之"包含众理"、"为五经之原"者,集中到"诗"与"史"的关系上,到底是怎样的？因为六经(实为五经)中,诗与史之关系(本质上是一种"思维方式")是具有重大意义的命题,此在第一、二、三环节中,文本与前人均已涉及,但缺少形而上维度的探索,而《易》正好在这方面作了补充。黑格尔论《易经》,虽然有许多不确之处,但他又的确以一个西方智者的异型智慧,见到了《易经》在思维方式上之特征,"中国也曾经注意到抽象的思想和纯粹的范畴,古代的易经(论原则的书)是这类思想的基础。易经包含着中国人的智慧,是有绝对权威的"[1]。黑格尔在这里所指的"抽象思想"和"纯粹范畴"、"论原则的书"等,都是指的《易经》的形上功能。《易经》是中国人形上智慧的基础。于是,我们很快便会发现黑格尔是以西方的抽象思维方式,来剪裁中国人的诗性具象思维方式。我们先把中西两种不同的思

---

[1] 黑格尔:《哲学史讲演录》(一),贺麟、王太庆译,商务印书馆,1956年,第120页。

维方式基本框架摆出来,然后再加以论述。

  西方:具体——概念——结论(抽象)。特显逻辑必然性。
  中国:具体——象征——结论(具象)。特显诗性丰富性。

  西方的思维方式,是从具体(感性)开始,接着便走向抽象的概念,然后在逻辑通道上推演(超越于感性),得出抽象的逻辑的结论;而中国的思维方式,当然也发端于具体(感性),但推进到下一步的依据与力量,不是依赖于逻辑与概念,而是眷恋于感性的丰富性或诗意的抽象、多维多向性,然后选择诗情的类似性、可比喻性,作象征性的意象伸延,从整体的网络布局中得出结论。这种结论,是远离形式逻辑的诗性产物,所以在中国民族的思维方式中,总是文(诗)史哲交融在一起的。黑格尔对于中国思维方式的中介项"象征",亦深深觉察到了,但他不能理解。他在分析易经的爻象和卦象时,就泄露了他以西方人的思维方式来剪裁中国人的思维方式。他说,"这些规定(指卦象的阴阳排列——引者),诚然也是具体的,但是这种具体没有概念化,没有被思辨地思考,而只是从通常的观念中(此即象征之物——引者)取来,按照直观形式和通常感觉的形式(即象征形式——引者)表现出来[1]"。从异型智慧中反照回来的"真实",才是最可贵的真实。因而,使我们确信不疑的是中国思维方式的三项式(具体—象征—结论〈具象〉)框架中,那中介项就是"象征",除此之外,别无更为准确的范畴了(《诗经》中的比兴观念,即是这种思维方式——以象征为中介的思维方式的确证)。在三项式框架中,中介项一旦确立,两种思维方式的真面目,便泾渭分明地显现出来了。

  上述所论表明了,易经之以"象征"为中介的思维方式,是具象型的思维方式,其根源直接来自"一个世界"的结构中,是对"礼—乐"社会存在的一种抽象,因而又是一种诗性的思维方式。上面已论述到"易经"中阴(— —)阳(—)符号的原型来源,大体上是两(或三)大类,一为天地说(远取诸物),一为生殖器说(近取诸身)。天地说("天,浑然一体"是阳符,地"水陆两色"是阴符)的原型,本来就属"鸟兽草木之名",是一种"诗性"的吸取。因而它的演化系统亦必然遵循诗性特征。即使是那个抽象出来的"魔方"

---

[1] 黑格尔:《哲学史讲演录》(一),贺麟、王太庆译,商务印书馆,1956年,第121页。

(洛书),后来伸延的象数说,但在"数"的结合中,亦显示了特有的奇妙,与特有的数的和谐,在这里,似乎又与古希腊关于"数"和"知识"的审美观念相汇合了,一是和亚理士多德的审美观念的汇合,"作为一个整体,诗艺的产生似乎有两个原因,都是与人的天性有关。一是摹仿获取知识,二是在摹仿成果中获取快感"[1]。"魔方",即是获取知识,同时又作为一种"摹仿"的成果,两方面都给我们带来快感。至于阴阳符号的"生殖器"说,除了它的环形的生机与活力之外,还以一种象征性的感性光辉(负阴抱阳),给我们带来了激情的审美感。这又可归属于中国诗性智慧的两大类型:"方以智"与"圆而神"。魔方(数学矩阵)体现的是"方以智"类型;阴阳鱼图所体现的是"圆而神"类型。

易,作为六经体系的"压阵"环节,对以上三大环节都作了"诗—史"关系方面的形上探索(注意:这里的归纳,纯属一种纯理抽象的"逻辑研究",而非历史叙述,仅是对"易之为原"与"易包众理"的一种准逻辑分析)。如果撇开这些不谈,径直地说,就是易经所指示的是中国民族文明精神的深层化石:象征性思维方式(区别于西方的概念型思维方式)。这种思维方式,又可叫作具象型思维方式,或诗性思维方式。

概括以上所言,六经体系的内在结构,似是一个三角体关系;"诗—史"关系,"易—诗"关系,"易—史"关系,其实这是一个倒过来的三角体关系,图示如下:

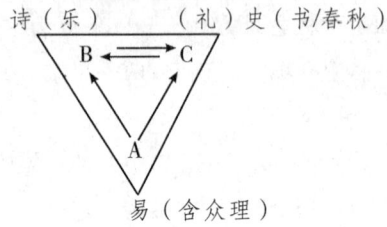

诗(乐)　　　(礼)史(书/春秋)
易(含众理)

我们一旦得到六经体系中的倒三角体关系,把握了易的"象征"型思维方式,那么六经文明源头的诗性本体,便以一种普泛而稳定的思维方式呈现出来了:这是中国民族文明精神的深层结构体。

---

[1] 亚里士多德:《诗学》,陈中梅译,商务印书馆,1999年,第47页。

三、三个命题的分析及其诗性特征

由于六经内容的繁难,及其学术意义的至高标准,后世的智者,总想以一句话(点铁成金之语)把它说尽,说破,说圆,因而,在六经史上,便产生了三个颇有研究和对比价值的命题:六经皆巫说,六经皆史说,六经皆诗说。

"六经皆巫"说,是由日本学者本田成之提出的(见《中国经学史》),"六经皆史"说,是由著名历史学家章学诚提出的(见《文史通义》),"六经皆诗"说,是由著名史学家兼诗人闻一多提出的(见《闻一多全集/第一卷·歌与诗》)。此外,袁枚也提出"六经皆文,(文,即纹饰)"说("六经者,六圣人之文章耳",见袁枚《答惠定宇书》),此说,亦可统入"六经皆诗"说。

如果是"仁者见仁,智者见智",那么,三说各见出了六经中的什么呢?与我们这里所论述的诗性形上之道有何联系呢?

先看"六经皆巫"说。

此说由日本的经学史家本田成之提出。他的视界,是向源头的回溯,向诗性的还原。他把六经之道,溯源、追踪至中华文明的总源头,即"神/祖一巫一人"一个世界中去,他看重巫师文化的深远影响。其实,这也是钱穆等人的"六经皆礼"、"六经皆道"的一种同类型说法。本田成之的观点,对六经体系的追踪寻源确有识见,即从历史发生的原始根源上去把握六经体系,才不至于弄得纷繁杂乱、一无所得。《四库提要》说,"春秋具列事实,亦人人可解。一知半见,议论易生。著述之繁,二经为最",毛奇龄《两河集》云,"大易、春秋,迷山雾海,自两汉迄今,历两千余年皆臆猜卜度,如说梦话,何时得白?"欲消除六经体系中的"臆猜卜度"而来的"迷山雾海",只有走"正本清源"之路,回到以巫师为中介的"一个世界"中去,以"巫"(礼—乐)去统辖一切。此说在巫师文化的还原中,同时也还原了巫术礼仪中一切诗性特征。

次看"六经皆史"说。

此说由章学诚提出。章氏的目的,并不是就六经体系本身看问题,更不是为六经寻求一个最高视点和统一说法,而是出于史家的历史功利观,是对"经学即理学"的反动。章氏把"经"的"史"化,看作"道"的"事"化与"时"化,即"道"在变化中。这自然有一面"现实"的真理。但以"史"演化了"经",以"时"性、"事"性,冲击了"经"的恒久之道,掩盖了其源头与本体。

笔者以为,这是章氏作为史学家的偏颇。此说明显地撇开了诗性特征(如果把《诗经》仅作为史,那么,中国人智慧中的艺术情趣便消失殆尽),也离开了中国文化精神中象征性思维方式。此说如果作为一种纯粹史学研究,其最大优点,就是六经(作为史的一面)应该向前发展,应该时代化。但一旦偏离了六经源头:"诗—史—易"的三角结构关系,结果必然是:一方面失去历史真实,另一方面也失去其间的诗性智慧。

再看"六经皆诗"说。

此说由闻一多提出,他并非专论六经一体性,而是由"诗—史"同一性切入。他说,"一切记载皆谓之志,而韵文产生又必早于散文(没有文字便有歌谣传说了——引者),那么最初的志(记载),就没有不是诗(韵语)的了","诗即史,当然史官也就是'诗人'。"[1]朱自清说,"诗言志"是中国诗学的开山纲领。无疑地,"志"是诗的领域。闻一多则把一切记载都归结为"志",因而,"史即诗"之说,也就很自然地建立起来了。此说的深刻之处有两个方面,一是真实地追踪了六经源头发生时,诗与史的关系;诗即史,史即诗,亦史亦诗。这与"六经皆巫"说,有同等的"正本清源"的价值,二是闻一多除了身为文化史家之外,毕竟还是一个伟大诗人,对诗也更为钟情,也更有体验式的研究,他对中国诗歌的发生,发展及其性质特征的研究,均有诸多卓见,也可以说,是具有相当权威性的。"六经皆诗"说,把中国古代文化中的"诗—史"二重合一性,放在诗的光芒中透视出来,将"事"(史)放在"诗"的情欲系统中透视,更易见出其生命精神,也更易为近代人所理解与吸取。"史"(事),总是变迁相异的,但"诗"把人的情欲提炼、净化之后,进入人的灵魂,筋肉和血脉中去,于是它就取得了永恒性。只要这种心理结构尚在运行、开放,它都取得新的活力与新的生命,杜甫的"三吏"、"三别",人们称为"诗史",其实,这并不是指诗歌自身的历史,而是"三吏","三别"所反映的唐代社会之历史。大凡诗人,在处理"亦诗亦史"的同一性时,都很自然地以诗性的光辉洒在这"同一性"之上,让诗更为显眼。袁枚在《答惠定宇书》中说,"六经者,六圣人之文章耳"。这里指的文章,亦即"纹饰"也,同入"诗"之类。所以"六经皆文"说,也是"六经皆诗"说。

无疑地,"六经皆诗(文)"说,直接而准确地揭示了六经体系中的诗性思维方式,把人们的研究目光引向中国文明源头中的诗性本体。

---

[1] 闻一多:《闻一多全集》第一卷,湖北人民出版社,1984年,第186—188页。

以上三个命题,都是由著名的史学家或诗人提出,英雄所见略同。但章氏的"六经皆史"说,只要认同上古史的"亦诗亦史"同质性,仍是一个理解六经一体性颇有价值的命题。"六经皆巫"说与"六经皆诗(文)"说,则径直地以诗性智慧把六经的庞杂体系贯通起来,显示了中国文明源头中的诗性思维方式。如果要真正深入追踪中国文化中的诗性形上之道智慧,以及诗性本体,离开了"皆巫"、"皆诗"两说,那实在是一个巨大的缺陷。

下面,将顺便论述一下"史的诗化"("六经皆诗"的一种引伸),在中国历史发展中与文化发展中的作用。为了论述"史的诗化"命题,先简说一下牟宗三的"智的直觉"说。

牟宗三对康德哲学和中国心性哲学均有极为深入的研究,并作了巨大的贡献。其间,对中国心性哲学研究的贡献,是发人所未发,而意义又极为深远者,指出了中国哲学的思维方式,是"智的直觉",它区别于西方的"抽象而分解"的思维方式。同时,它又是一种"认识—体验"的人类学主体机能,它不但能把握感性世界(现象界),而且尚能把握康德认为"可思而不可知"的神秘的本体世界。康德的"物之在其自身"(物自体),只有诉诸道德形而上学(神学,只有神才有智的直觉),才能稍稍接近。但如果把康德的难题,转移到中国哲学的语境中,那么,我们的"智的直觉"则完全可以消解其难题。牟氏的"智的直觉"说(尽管在学界尚未取得广泛的共识)无疑是个大发现,而牟先生尽管也写了《智的直觉与中国哲学》的专著,但要准确地把握他的"智的直觉"说,尚有一定的难度和由此而来的一定程度的不确定性。但瑕不掩瑜,笔者以为,如果"智的直觉"真正体现为中国哲学的思维方式,那么它则可在最高视点上,统率中国民族的诗性智慧与诗性文化。

牟宗三深入研究中国哲学的源与流,终于得到"智的直觉"说的伟大成果,我们能否以同样的路向,在深入研究六经体系中,能发现"智的直觉"的基质与胚胎呢?笔者完全相信,"智的直觉"只不过是中国人思维方式的最高提纯,或最高结晶。人类的思维,并不是一个已经完成了的东西,更不是一个凝固的东西。正如一条河的源头一样。它要滚滚向前,奔腾入海的。从源头到流程的移步换形,从终端到始端有一大段距离,形态是很不一样的。

笔者认为,六经"史的诗化"智慧,是中国文化精神诗化的总契机,亦是通向"智的直觉"的巨大通道。

在上面,我们已经论述过六经体系中"诗—史—易"的三角体关系。在现象领域"诗—史"关系相互生辉而又相互渗透,成为"亦诗亦史"的二重结构体,"易之为原"(象征型诗性思维方式)一旦介入"亦诗亦史"一体结构中,则铸型中国的诗学方向,也铸型中国的史学方向。初初看来,这是两个方向,其实是二者叠合的。活象一座灯塔,白天显现为一个建筑物,黑夜则呈现为光云一样。这里的"建筑物"即是"史","光云"即是"诗"。"史"(事)没有"诗"(意)的点缀,那是一片暗淡;"诗"没有"史"的依托,则是空中飘忽的花絮。但二者比较起来,前者("史的诗化"),更符合中国人的精神个性。

"史的诗化",又可说是"事"的诗化,"时"的诗化。实际上,是诗性的强力泛化。我们从下面四个方面来看这种诗性的强力泛化,从而聚焦于中国人的诗性形上之道与思维方式上。

首先,是帝王生命自身及其宫室(生命的伸延)的诗化。宫室的诗化(各种象征性的雕刻、塑形、装饰、对联、画幅,等等)毋庸多言,到过故宫的人,或看过中国博物馆的人,都有这种诗性感受。现在只说帝王自身生命的诗化。中国帝王自身的存在,首先以诗的存在为据,这大约根源于古代巫师文化的传统。巫师即是有权有势的大人物,有的也许就是帝王,大帝王或小帝王。中国帝王自古即巡狩观诗,自己也吟诗作诗,不吟不作者极少,不管是成功或失败之时,都是以诗言志,以诗发情的。中国历史上似乎有一条不成文的约定:无诗性才华者,不能当帝王,既能当帝王,就必须能写诗(是否每首诗都能长存,那是另一回事),即使是那个无赖出身的刘邦,一旦有登基之可能,便"诗情豪发"了,吟起"大风起兮,云飞扬;威加海内兮,归故乡"的豪放之声。帝王诗化的"情结"发展至南唐的李煜,可说是中国帝王诗化中的一座高峰,他不但冠绝于历代帝王之上,而且也冠绝于一代诗家词客之上,成为中国帝王诗化的一大景观,而且他以帝王生活本身为诗的题材(对象),双重地显现了帝王诗化与中国传统文化的血缘关系。令人寻味的是,毛泽东在其诗词中,巡视了中国历代帝王之后,也仅说"唐宗宋祖,稍逊风骚",至于那个成吉思汗,则是外族入侵的家伙,"一代天骄成吉思汗,只识弯弓射大雕",似乎是批评他太粗笨了,不会作诗,不懂风骚,故亦不能当好皇帝矣。这个"风骚"传统,至今不绝,不说中央首长下巡而必有题词之举,即使是省市级的科局长下乡去,也应邀在老百姓的墙上、中小学校门上,或师生笔记本上,"龙飞凤舞"一笔,以作纪念……由此看来,诗性幽灵,沿着中国社会的孝悌(父子/兄弟)忠恕(君臣)的血缘座标系,从最高层开始,逐级逐层地"流注"下去,泛滥为"诗的海洋"。真是"不学诗,无以言",其实,孔子还有一句重要的潜台词,就是:"不作诗,难做官。"

次说，历史事件的诗化。这与帝王的诗化有一定的姻缘，因为大的历史事件，往往是由大小帝王参与而成，他们有"以诗显示自身的存在"(或说"粉饰"自身的存在)的传统，例如那个世人皆知的曹魏之帝——曹操，就是每感必诗，每行必诗，而且把帝王诗化之史的传统引入家庭中，诗史上的所谓"三曹"，可不就是佳话么！中国古代的主要历史事件，在《史记》一书中，大体上可以找到记载。司马迁在记述的时候，不但"亦史亦诗"，而且总是以"史的诗化"作为终结，给人留下难以抑制的激动。例如我们十分熟悉的《廉颇蔺相如列传》，记述了"将相和"的知名故事。蔺相如作为国家有功之臣，他本应"居功而睥下"，但为了国家之大局，也为了完美的人格，面对廉颇(作为老将)的不识大体时，他不但不与之相斗，且谦而避之，自识大体而愧对廉颇。廉颇闻之，反而"负荆请罪"，本来是箭在弦上之斗，但倾刻化作人格(人性)完美的故事。此时此刻，是史乎？是诗乎？司马迁把"将相和"的故事完全诗化了，也彻底诗化了。司马迁的着眼点，不是史，而是诗。这诗就是在"将相和"中潜藏着的中华民族的完美人性观。这是诗的故事，故事的诗。两千多年来，无时无刻不在激励这个民族的千千万万的后代子孙和民族将领。作为"史家之绝唱"的《史记》鲁迅誉之为"无韵之离骚"真是一语中的，震撼乾坤。所谓"无韵之离骚"，自然含两义：一是"屈原放逐而有离骚"，司马迁宫刑而有《史记》的连通相贯精神，另一方面，也是由此而来的"诗的激情"的喷发(恩格斯有"愤怒出诗人"的警语)，而凝聚结晶为相应的诗的形式。我们细细咀嚼太史公的《报任安书》，一个史家的诗圣形象("史的诗化"内化为人格)，便使人激动不已。著名的文化史专家王元化先生说，"记得过去每读司马迁《报任安书》，总是引起了内心的激荡，真所谓展卷方诵，血脉已张……"[1]。"史的诗化"的民族精神，何等强烈而神圣，它要以诗的火焰，把我们这个民族重铸为人格高尚的民族，要把这个民族的子子孙孙陶冶成激动的诗人。每当民族危难之时，民族英雄们的壮烈行为，便是一首凯歌。那可歌可泣的事迹，也许会随着时间灰尘的掩盖而显得模糊，或记忆不清，但那"史的诗化"的闪光一幕，却永远光芒万丈。文天祥的一首《过零丁洋》的浩歌，让每一个曾经活在中国民族土地上的近代生民，念之都会激愤不已，尤其是诗的最后两句："人生自古谁无死，留取丹心照汗青"，对中华民族的未来，展示了一条自强不息、浴血奋战的人生之路。

---

[1] 王元化:《传统与反传统》，上海文艺出版社，1990年，第181页—182页。

它也终于成为中华民族子子孙孙的人生格言。自此之后,只要是中华民族的成员,都在其心理结构的焦点上烙下了这千古之绝唱,并以此来反省与度过那短暂的一生。文天祥的《过零丁洋》虽是诗,但它却是地地道道的"史(事)的诗化"。文天祥当年是民族的赫赫将军,然而身已成俘,妻离子散,民族危亡,真是诗中所云"山河破碎风飘絮,身世沉浮雨打萍。惶恐滩头说惶恐,零丁洋里叹零丁",不管是"惶恐滩(江西)",还是"零丁洋(广东)",都是"史"的事实,然而,它们又都成为引发诗情的巨大突破口。这些险要之地及当年之危难形势,都把文天祥的壮烈事迹凝结在一起由"史"而化成为"诗"了。自此之后,每个中国人的人生,仿佛都获得了一个共同的标准了。请问世界上还有哪个民族具有这样巨大价值而又充满呼唤力的诗句?

这种"史的诗化"现象,在中国历史发展的后期,则"愈后愈诗",时至中国共产党的二万五千里长征,则以毛泽东的长征诗为历史的最真实的记录与写照,也更具"长征"之历史精神。

这种"史的诗化"的根源,正如上述所言,当然是来自六经体系诗之形上之道的诗化功能(诗性智慧的呈现)。后来却在先秦"成语故事"的文化宝库中,取得了大试身手的业绩。例如家喻户晓的"守株待兔"、"刻舟求剑"的故事等,本来都是一庄简单的故事,但一旦"成语"化(即按四言格式进行提炼),成为四言句(当时诗句的典型句式)的"守株待兔"、"刻舟求剑",则会使人刮目相看(趋向于诗了),如果把它们点缀在文章中或演说中,则会成为天幕中的星星和月亮,显神万分,既是诗,又含哲理。于是,"故事—诗—哲理"("史—诗—易"三角体)的原型面目,又显灵出来了,再度呈现了中国人的诗性思维方式,及其丰富性功能。

以六经体系的"史的诗化"为原点,途经"四言成语"故事的中介结构,终结于历史事件的"诗化"。这便是中国民族"史的诗化"的大体历程。在这个历程中,中国人可以从中找到(或发现)自己的思维方式的诗性特征,和特有的诗性智慧及其形上之道。

"史的诗化"的第三个方面是"日常生活"的诗化。简而言之,即人生诗化(人生艺术化)。在中国的土地上,举目望去,哪里不是诗?神雕牌位新居旧舍,家家户户的各式各样的对联、婚丧悲喜及其不同场合的作诗填词,过年过节是诗的海洋和赛诗会,少数民族还以对诗对唱成婚,最典型的是文学史上男女对诗成婚的佳话:把苏小妹安排为诗圣词人苏东坡的妹妹

(特殊环境与条件),"洞房花烛夜"之前,苏小妹先作诗"关门推出窗前月",并把男方推出门外去,要求男方"对诗"之后,才能进门来。此时此刻,把男方难住了(要把对诗的那一套"软件"一时配齐,实在不容易),苏东坡于是为"准妹夫"解围,把小石子丢进月下的水缸中,使之"顿悟",于是那个"准妹夫"便脱口而出:"投石冲破水底天"(与"关门推出窗前月"正好处处对准合韵),于是入门成婚,共作美梦。这纯属文人的一番虚构,但在此虚构情节中,却显示了中国人诗性智慧之重要作用,及其大无边的功能。

在中国古代,吟诗对诗还是一种外交手段(外交才华),谈判中之取胜法宝;祭天祀地,亦须"诗—歌—舞"的大演出,真是被孔夫子言中了,"不学诗,无以言"。诗是一种"绝对律令",诗可以"兴、观、怨、群",功能无比全面。在中国,这是"绝对"真理。在这种强大的文化传统下,谁能处于"诗之外"?哪怕目不识丁的村夫村妇,也能在月下为儿孙吟上几首"月儿弯弯……"的小诗。对"日常诗化"的灵妙,我们有一个不二法门,就是"熟读唐诗三百首"("不会作诗也会吟",有人篡改为"不会作诗也会偷")的方法。时至今天,只准生一个孩子的父母们、爷爷奶奶们,孩子尚未咿呀学语,便开始教他们"举头望明月,低头思故乡"了。

"史的诗化"第四个方面,是语言文字符号系统的诗化。中国古代文字,原是与八卦同源,亦是"史"(事)的一种表现形式,这个问题较为复杂。在这里只能稍说几句,以见出"史的诗化"的深入性和全面性。就语言来说,撇开其他不谈,只说语音层面上的诗化。《诗经》中的诗句"杨柳依依","今我来思"。从内容上说,并没有什么了不起的分量,然而,它的"依依"与"来思"的协合押韵,却是神妙的诗性音响,它反衬出了"一阴一阳之谓道"的深层韵律节奏。因之,它有绝对的不可移易性,今语(即使是母语)不能翻译它,外语更不能翻译它。它是我们民族中音响、音波世界中的"甲骨"、"卜辞"。魏晋时代,随着玄学的兴起,"四声八病"等开辟新天地的诗学成果终于出来了,发展至唐诗的律诗与绝句(尤其绝句),音波音响的大千世界,平仄韵律的壮丽宫殿,终于凝结在 $4\times 7=28$ 字的诗行中。诗行中的每一个"字位"(空间),都是诗人的广阔无边驰骋才思的宇宙空间。在那里,大可显其诗性智慧的身手。"语不惊人死不休",自然有语义("所指")的因素,但此语义如果不被相应的韵律音响("能指")所彻底浸润、同化,把"他律"转化为"自律",那么,此"语"在诗行中将永远不得安宁,故亦有"吟安一个字,捋断三根须"的警句。汉语的韵律音响世界(四声八病世界,粘,救世界、对偶对仗世界、回环照应世界……),真是妙不可言(正如"礼仪三千"一样的浩繁有序),血肉个体即使倾其一生,也很难熟习这一套并取得突破前人的成果来。有人说,外国演员即使是在吟菜谱,也能催人泪下。此说,我以为只有拿到汉语音响的语境中,才是最真实的。我们民族的诗歌文学的发端,正如鲁迅所说,不就是发生在"杭育"的音响效应中么!

次说文字符号。这里只说其最显眼的两条。汉字"六书"谓:象形、指事、会意、形声、转注、假借。"转注、假借"已入声系,或半入声系,属于"音"的领域了。就前四者而言,《汉书·艺文志》,一律称"象"(象形、象事、象意、象声)。象者像也,即真实地把握对象之感性特征,但又不是照相,不是主客间的叠合等同关系(形似),而是"取灵像魂"(神似)。因而有许多文化史专家、文字学家皆谓汉字的"取物之象",是非常"空灵"的,而不是机械僵化的摹仿,因而它区别于其他民族的象征文字。这里取象的空灵性(最为典型者是象意一法),便是汉字的诗性空间,如太阳从地平线上升起来的形,曰"旦",刀口上加一点,则为"刃",树木下加一横为"本"(指根本)。造字的法则是"意向导引",一大堆方方面面的叙述语言,都可以放进造字的"虚灵"世界中,让人们以自己的象征性思维方式,通过诗性想像力去把握它(这是长期积淀的心理结构的认同功能)。换一个角度看,这是中国民族诗性思维方式得到日常而又恒久训练的直接场所。

汉字的诗性,除了那内在的"空灵"、"传神"之外,还在于它的外在形态方面。汉字又称方块字,它是包含着对称、匀整、稳重、条理的特定结构,其实这又是中国人的一种"建筑结构",对宇宙时空的切分、配搭极为讲究,在整体上,给人一种审美享受。据称,有不少不懂汉字的外国人,一看见如下同一性叠合结构的汉字,便马上感受到了一种直观的美,尽管不会读,也不会解说。如:

磊　晶　品　焱　淼　森　众

(抽象格式为)▦

这是部件相同的上下结构:上单,下双,上轻,下重。下部结构,又可分为左右结构。因而成为上面的格式;由于上部结构为单,因而上部件只能置于虚线中间,否则便会发生倾斜(失去重心,破坏匀称),因此,汉字不但是有序的布局,简直就是产生严格的"结构主义"的温床。部件的相同性,是类意识的重复表象,如"晶"字,单"日"为太阳(光明,光亮),多个太阳,或多次太阳(日出)的集合、照射,则更为通明透亮,因而为"晶"。其字义完全可以直观,且可以发挥想象力,由个体向族类作同一性引申,然后得到个别与普遍相统一的观念,这既是象形、象事、象意,又是整体直观。因而它在两个层面上给人以诗性(审美)享受。一是在外貌结构上呈现的美感(上一下二的稳重感与同态集合的象征、类比感),二是文字意象的叠合、串连、象征,达到个别与普遍的统一,这种"意象"的成双结对,亦给人一种诗情画意的审美感受。

以上"品"字形汉字布局观念,是一种很简单的布局观念,也是一种很简单的构字法。如果深入到离象形更远的"形声"、"会意"领域,则更为复杂,单凭上面这种"整体直观"方法,当然无济于事。但是不管怎样复杂变化,有两点是无可更易的:一是结构义与结构美。所谓结构义,即是"指义示意"之"部首"的"意识意向性"(类意识性);所谓结构美,即结构的布局、对称匀整、有序,是一种匀整结构。汉字的结构,大体可分为两大类型:二分型与三分型。二分者为:上下结构,或左右结构;三分者为:上中下结构,或左中右结构。结构美是一种建筑美。汉字要完成它自身的审美表象形态,在结构上注重布局,极为重要。二是字义的取象契机与方法(或象形、或指事、或会意、或形声),颇具诗性特质。造字主体将"事—意"融进"形—声"之中,隐喻地完成对客体的"审美—认知"过程,并物化(符号化)为初期形态的汉字,此后经过认字主体的反复识别,对应性地内化与积淀为认知主体的心理结构与思维方式。把格式塔心理学的同型同构原理,应用到汉字(造字、识字)的主客双方的心理感应过程,发现其间的同构性,是极有意义的。

如果说,按方块结构原则完成的汉字,体现为一种结构美,及字义的"取象"之美,可以称之为"阳刚美",那么,中国人的"书法"(艺术意识),则是一种阴柔美,它是纯粹的艺术—审美对应物。它从建筑构架性的"字"纯化为"龙飞凤舞"的"艺术"。这时的"字—书法",是汉字与绘画的二重合一体。如果这书法所记录的是诗句(或配合绘画),那简直就是艺术、审美与诗(画)合璧的三重奏了。于是,"字—书法—诗(画)"三联结构一旦融通起来,凤凰再生,这就意味着中国的艺术审美王国中,又添了一枝新的奇葩!

上面我们通过"史的诗化"的命题(它由"六经皆诗"分化而来),追踪考察了"史的诗化"的广阔分布领域：诸如帝王自身生命及其宫室的诗化、历史事件的诗化、日常生活的诗化、语言文字符号的诗化，人生诗化（艺术化）……真是繁花似锦，蔚为大观。我们民族的诗化巨流，一浪高似一浪的向前奔腾，展示了诗性智慧及其形上之道全面而深刻的功能。

这种"史的诗化"导致诗的泛化，属好，属坏，属鬼，属神，还得严肃分判。正如西方的玄学智慧，由"逻各斯"发端而来的逻辑—理性主义，也曾经给西方带来丰富无比的物质文明，但一旦走向绝对化，成为绝对理性主义，使人成为逻辑—机器的工具与附庸，其结果一切都颠倒过来了，于是斯宾格勒便喊出了时代的最强音："西方的没落"。重提西方这个参照系，目的是要引起我们的警戒：诗的泛化—诗性思维方式，一旦绝对化、全民化，如1958年"大跃进"时代那样，诗歌也开始"大跃进"了，提倡"人人炼钢"、"人人写诗"，是否也会走向它的反面呢？郭沫若曾号称五四时代的伟大诗人，但也在"人人写诗"的大跃进时代中没落了，这颇值深思与反省。阿Q即将走上断头台，他却不知是什么事在等待着他，此刻他所急的不是鲜血淋漓的生命的存在，而是如何把这个划押的"圈"，画得更圆！阿Q此时也在审美，他的"诗性智慧"却成为可悲生命的陪葬品。这也是值得深思与反省的。

我们应该有怎么的"诗性—国民性"？这是值得认真反思的巨大时代课题。好在我们有"中庸"哲学的深厚背景，对"度"的把握亦是我们之所长（近来有些学者，干脆把中国哲学、中国文化精神升华为一个"度"学了）[1]，只要不再陷于"大跃进"的狂热病中和阿Q的麻木不仁中，诗性智慧的思维方式与诗性形上之道将永葆其青春。

四、六经文本中所蕴含的诗性智慧及其形上之道

就近半个世纪国内学术界的情况来看，在关于六经文本的诗性—审美的专题理论研究中，已涌现了不少论著。就《诗经》来说，已有关于"比兴"的美学专著、有关于《诗经的文化阐释》的综合性的文化人类学论著；就《乐记》来说，美学论著时有出现，那单篇的论文则更多；关于"礼"的美学论著尚未见到，但论"礼"的社会学专著却不少，在书中、论文中涉及"礼"者比比

---

[1] 参见李泽厚：《历史哲学》，三联书店，2002年。

皆是,把"礼—乐"联系起来研究,从而写成"礼—乐"美学专著者,也尚阙如,但论文、论点却时有出现。关于《周易》的美学,前十多年则是一大热点,专著不少,论文也更多了。由此看来,人们对六经中的四经(诗、易、礼、乐),均有较多共识,也作了较多的发掘,但对于《书经》、《春秋》中是否具有"诗性—审美"的思想资料、观念胚胎,似尚无人问津。从总体上看,当今学界的热点并未出现在六经文本及其思想体系中。周易美学热,并不是中国美学自身发出的热,而仅是随周易文化热而来的"虚"热。

在上面我们已论述过,欲继承我们的文化遗产,方式方法很多,但最有效者,恐怕还是从拓源疏流开始,对我们民族文明的源头,进行深入的发掘与研究。在思想史的研究中,正本清源,寻找事物的原型及其发端结构,并不是一件容易的事,甚至付出一辈子的精力也收效甚微。前人已说过,光是研究《周易》与《春秋》的歧义层,其论著早已是汗牛充栋了,更何况是研究其他方面与研究诗、书的呢? 据说,单是考证论述《关雎》一诗的相关论作,也是难以胜数了。因此,笔者在这里的论述,实属极为局部的方面。

要论述六经文本中所蕴含的诗性智慧及其诗性形上之道,研究方法也只能走"逻辑考察"之路,而且也只能是极其简化的逻辑考察(注意:以"逻辑"范畴应用到中国文化体系中,似是欠妥的。因为中国的文化体系,是纲目的布列体系,并不是概念推演的逻辑体系。把"逻辑"应用于"纲目"中,真是"牛头对马嘴")。按照恩格斯的意思,逻辑考察可以跳过许多不必要的历史过程,不受历史客观顺序的干扰与限制,实质上是以一种"理性"思路(先验结构),把那隐藏着的历史真实有序地显示出来而已。因而,这里的"逻辑"就不是那种以概念推演达到结论的狭义逻辑,而是一种相对于历史过程的广义逻辑,即一种有序的"理论结构"了。鉴于此,笔者对六经文本中蕴含的诗性智慧及其形上之道,只能在前人的基础上,举其大要,以点见面。

先说《诗经》。这是中国诗性观念的总源头,亦是中国文学艺术意识发生的总源头,那么,其诗性观念发生的契机是什么呢? 古之圣贤很早就抓住了问题的根本与关键:即"兴比赋/风雅颂",简称之为"诗六义"。关于六义的歧义论争,两千多年来,至今不止,也永远不会停止。因为"六义"仅是大海中的冰山,露出来的仅是一小点,它的底蕴却是诗性深渊。诗、书二经,真可谓中国古代的百科全书。不过,就一般观点而言,朱熹的看法最有权威性。朱氏认为,兴比赋是一种创作方法;风雅颂是文章所反映的风俗、乐调与体制。"比者,以彼物比此物也","兴者,先言他物以引起所咏之词也","赋者,敷陈其事而直言之者也"。如果我们把中国人的思维方式,看作是具象的、诗性的,或"象征"型的思维方式,那么,所谓"兴比赋",实在是诗性思维方式之应用与表现。中国人的这种思维方式,其核心问题是"取象意识",即如何"取象"(如何"成象")的问题,无"象",则无诗可言。由此看来,赋,是"敷陈其事",属直接取象(事);兴,"先言他物,以引起所咏之词",属间接取象("所咏之词"是本意,"他物",是间接的物);比,是"以彼物比此物",属选择性取象(转换性取象)。只有从思维方式的制高点上,才能把握"兴比赋"取象意识的一致性,及其诗性主体的策略性。

下面再看朱熹对"风雅颂"的观点。

风,指国风,朱熹说,"国者,诸候所封之域。而风者,民俗歌谣之诗也。谓之风者,以其被上之化以有言,而其言又是以感人,如物因风之动以有声,而其声又足以动物也。是以诸候采之以贡于天子,天子受之而列于乐官,于以考其俗尚之美恶,而知其政治的得失焉"[1],又曰"凡诗之所谓风者,多出于里巷歌谣之作,所谓男女相与咏歌,各言其情也。唯周南召南亲彼文王之化以成德,而人皆有以得其性情之正,故其发于言者,乐而不过于淫,哀而不及于伤"[2]。在这里,要把握住三点:一、内容:风是民俗歌谣,男女之情,二、规范:乐而不淫,哀而不伤(此为"性情之正"),三、功效:考其俗尚之美恶,知其政治之得失(牵动各层人物:天子—诸候—乐官)。

雅。"雅者,正也,正乐之歌也。其篇本有大小之殊……今考之,正小雅,燕饗之乐也;正大雅,今朝之乐,受釐陈戒之辞也。故或欢欣和说,以尽群下之情,或恭敬齐庄,以发先王之德,词气不同,音节亦异。多周公制作时所定也。及其变化也,则事未必同,而各以其声附之。其次序时世,则有不可考也","至于雅之变者,亦皆一时贤人、君人,闵时病俗之所为,而圣人取之,其忠厚恻怛之心,陈善闭邪之意,尤非后能言之士所能及之"[3]。在这里,要把握住三个方面:一、内容之区别:"雅者,正也,正乐之歌"。小雅是会饗之乐,大雅是会朝之乐,变雅是"贤人君子,闵时病俗之所为",而圣人取之加工。二、功效异同:小雅欢欣和悦,尽群下之情;大雅恭敬齐庄,发先王之德,故词气不同,音节亦异;变雅:有忠厚恻怛之心,陈善闭邪之意,非后人所

---

[1] 朱熹:《诗集传序》,中华书局,1959年,第4页。
[2] 朱熹:《诗集传序》,中华书局,1959年,第2页。
[3] 朱熹:《诗集传序》,中华书局,1959年,第99页。

能及也。三、作者时代：多出于圣人君子之手，亦"多周公制作时所定也"。

颂。"颂者，宗庙之歌，大序所谓美盛德之形容，以其成功，告于神明者也……周颂31篇多周公所定"[1]，"若夫雅颂之篇则皆成周之世，朝迁郊庙乐歌之辞，其语和而庄，其义宽而密，作者往往圣人之徒，因所以为万世法程而不易者也"。在这里，也要把握住三点：一、颂是宗庙之歌，它既为帝王歌功颂德，亦告于神明，是"神/祖—巫—人"一个世界中的原始颂歌，更具巫师的文化特征。二、"其语和而庄，其义宽而密，可为万世法程"。三、"多为周公所定"。因此，颂比之风雅要高出几个层次的颂歌，是达到"神人以和"的更具成效的手段。

从上面风雅颂之分析中，可以归纳出如下几点：

1. 这是周代（也许更早）全民社会皆享有的一种诗性情志与巫术礼仪。社会之下层，以里巷歌谣，男女之情为"风"，反馈于社会之上层与玄冥界之神明；中上层，一方面以燕饗之乐，或会朝之乐，尽群下之情，发先王之德，其变雅（杂乐），则是悯时病俗（反省时俗风尚）之作，颇有"忠厚恻怛之心，陈善闭邪之意"的社会批判精神，这是人化之乐。另一方面，又以"颂"的巫术礼仪的隆重形式，把帝王圣人天子之功德作为"盛德之形容"，通于神明。这是一种充满宗教气氛，隆重而又独具诗性的道德形而上学。总之，社会下层的"风"不管是怎样的感性情调，它都"发乎情，止乎礼义"，是"乐而不淫"，"哀而不伤"，是所谓"情之正者也"。社会中上层的"雅颂"，形式则更为繁复、庄重，随时随地都"亦乐亦颂"，会朝有乐，燕饗与欢酒之中亦有乐，宗庙祭祠则大乐大颂，歌功颂德，告于神明，这是一种"天人感应"的绝对形上境界。这也可以看作是，周代社会整体结构的诗化，与巫术礼仪化。故朱熹说，"其语和而庄"，"其义宽而密"，"为万世法程而不可易"，这就是诗之所以为经，"所以人事浃于下，天道备于上，而无一理之不具也"。一句话，《诗经》作为"史"的呈现，它是那个"制礼作乐"时代（也许更早）"人—君—神"世界中情感、思想的全面见证者，是那个"神人以和"时代的"百科全书"和形而上学。"风—雅—颂"的三相性存在，是一种并不次于血肉生存的强大的社会存在，可以说，它们就是古代中华文明的诗性社会存在本体论（我们在上面论述的"礼—乐"社会存在本体论，那是把"礼—乐"从其土壤（诗/书）中，抽象出来之后的逻辑考察，这里则是把"礼—乐"还原于它

---

[1] 朱熹：《诗集传序》，中华书局，1959年，第223页。

的整体结构中),《诗》所显示出来的,正是中国古代文明所呈现出来的一种诗性社会存在方式。这种社会存在方式运行的轴心,及其动力契机,是一种"神人以和"的"礼—乐""精神现象学",亦曰"诗性精神现象学"。朱熹说,"昔盛周时,上自郊庙朝廷,而下达于乡党闾巷,其言粹然无不出于正者,圣人固已协之声律,而用之乡人,用之邦国,以化天下。至于列国之诗,则天子巡狩,亦必陈而观之,以行黜陟之典"[1]。此即是说,古代中国文明的"诗性社会存在本体",是以诗性"精神现象学"作为动力契机的。

2."诗之为教",是怎样的传统？它对积淀、形成中国人的诗性思维方式,起了什么作用？在这里亦须稍稍涉及。墨子曾说,孔子删诗后,有"歌诗三百,弦诗三百,舞诗三百",此即透露了《诗经》是"诗—歌(弦)—舞"三位一体的,这正是"神/祖—巫—人"一个世界中的原型表象,它从另一侧面反证了"风雅颂"社会存在的真实性。同时,它又进一步显示了这种诗性的社会存在结构,一方面是诗的,且有深厚的人文性与神灵性；另一方面是"弦"的与"舞"的,具有强烈的音象效应,即充满神秘的节奏韵律感。总之,《诗经》的醇厚人文精神与虔诚的神灵性,协合着神秘而强烈的节奏韵律感,使其"人事—天道"等方面,"无一理之不具",从而成为中国古代文明"以诗为教"(协合"以政为治")的基本条件,它的巨大的社会作用和历史作用,也由此而来。诗教作为塑造中国文明思维方式的社会工具,其意义是极其深远的(当然,当我们谈到"诗教"时,是绝对不能把"诗教"的首创者孔子置于不顾的。据说,他正是基于"教"之需,才去删诗、书的。朱熹评价道:孔子"其政虽不足以行于一时,而其教实被于万世"[2]如果中断了这种"诗教"的"人事/天道—音响/韵律"的二相性传统,我们就不可能有后来的唐诗宋词的大繁荣,诗也难以产生它的"兴观怨群"的作用,对塑造中国人的思维方式将受到巨大损失。"诗之为教"的本质,从表层看,是协合"政之治"的附庸工具(这是一种成见),从深层看,是塑造人的思维方式,所以《论语》中孔子的弟子们,谈论一切问题,皆无抽象之定义,只有具象的"境况"对话,既恰当又亲切,极能使人领悟。但有人说,孔子的这种哲学,不是抽象的系统哲学,而是随境而遇的"时际哲学"。其实这是欠准确的,"时际哲学",又可以推演为"随机哲学"。一旦此命题成立,全部儒学的价值也将崩

---

[1] 朱熹:《诗集传序》,中华书局,1959年,第2页。
[2] 朱熹:《诗集传序》,中华书局,1959年,第2页。

溃(不管是"随机"或"时际",都从本质上消解了哲学)。因而,只有从"诗性思维方式"的高度来概括,才是合乎实际的,也才能显示儒学的特点及其巨大价值。

3. 朱熹作《诗集传》的最大价值与启示,我以为不仅在于对"诗六义"分析的卓见,他还全面地研究了《诗经》,并且思考着另一个最为重大的问题:即如何学诗?亦即学诗(以《诗经》为象征)的方法论问题。

朱熹说,"本之于二南(周南/召南)以求其端,参之列国以尽其变,正之以雅以大其规,和之于颂以要其止。此学诗之大旨也。于是乎章句以纲之,训诂以纪之,讽咏以昌之,濡以体之,察之性情隐微之间,审之言行枢机之治,则修身及家,平均天下之道,其亦不待他求而得之于此矣"[1]。

朱氏的论述分为二个层次,一是"学术之大旨",二是体验诗之细目。而求诗之端,是非常重要的,因为"诗者,人心之感物而形于言之余也。心之所感有邪正,故言之所形有是非",即使"感之杂",圣人必"思而自反"(反思)。前者可为正面的诗教,后者(感之杂),则经反思之后,作为"劝惩"的教材,此即正与反的结合。风诗之二南,是由于得到周文王的"成德"点化,属"性情之正"("发乎情,止乎礼义"),固之可以成为人之情欲系统之楷模。只要把握好情欲之发端,那么情欲之流变就不会偏离"礼义"之方向了。

然而,人之情欲系统与理性结构,是不一样的,它是一个活泼泼的东西,难以就范,强制之则枯,放任之则野。因而,需要为它之奔流设定最大可能的临界点、阈限及通道,让其既不枯,也不野。这就要按列国的现状("治乱不同,贤愚亦异,邪正是非不齐,先王皆能治之")作为变化的阈限,按今天的说法,就是"具体问题具体分析",依实际情况处理,使情欲系统之变遵循一个正确的轨道,而不至于乱。然后,按照雅乐的时地普泛性,扩大其规模,否则,只是一种孤立的社会现象而不能构成一种普遍性的社会存在,不能成为"诗教"之治。最后,以颂的境界为目标,即以宗庙之颂,通于神明,达到"神人以和"的目的和境界。这就是诗的道德形而上学(诗的道德形上境界)。

概括以上所言,《诗经》所示诗学方法论,即是如下诸环节。

---

[1] 朱熹:《诗集传序》,中华书局,1959年,第2页。

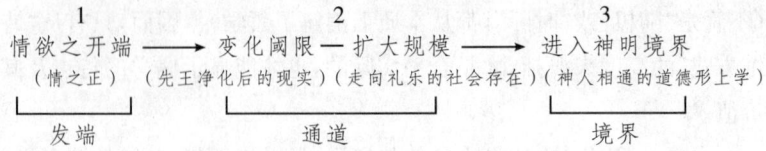

次说"诗之细目"。有学诗之大旨,而无学诗之细目,极容易成为空谈之论。朱熹是中国的大学问家,在"格物致知"领域,卓有功绩,无以伦比。"章句—训诂"的硬功夫,首当其冲;在"内省感悟"领域,也有不乏入微的领悟;他对"讽咏—涵濡"的潜移默化,更有体会;最有卓识的是:对诗中"隐微之性情"、"言行的动机",最要精察、细审。这就是从"章句—训诂"到"讽咏—涵濡(玩味)",再到"察情—审意",都得逐环逐节的把握好,做到步骤分明,目标明确。这些都是关于学诗者的经典要论,故而朱氏以之为"内圣外王"(修齐治平)之大道。真可谓"诗之教"可以代替"政之治"了。

对以上学诗方法三环节的表述,朱熹又以儒家的孝悌血缘系统规范之,使之成为一种严密的社会理论。学诗之本,是"即其词而玩其理,以养心焉"[1](这就是咏词而玩味诗理,以养心正神)。

且看诗之"孝悌血缘"层次:

1. 人类情欲之正道与发端,根于夫妇(男女)之情,"妃匹之际,生民之始,万福之原",故说"婚姻之体正,然后品物遂而天命全;孔子论诗,以关雎始"[2](《中庸》曰:君子之道,造端乎夫妇。)

2. 由夫妇之情推而广之,天子圣人者,人之父母也,故"言太上者民之父母。后夫人之行不侔乎天地,则无以奉神灵之统而理万物之宜"[3],这就是,由"正人伦"而"明天道"、"通神灵"的血缘性"天人感应论"。依乎此,故"三代兴废,未有不由此者也"。[4]

3. 由朱熹的观点看来,诗之"情—理"系统,应该是"人伦—天道—神灵"的层层上升的净化系统,但它又发端于夫妇男女之情。所以诗的内在结构,充满了血缘之网的生命活力,加之它的节奏律动,人生情调,确是一种诗性存在的合理方式。

诗的社会存在,不但需要"风雅颂"的"天人感应"(一个世界)的形上境

---

[1] 朱熹:《诗集传·序》,中华书局,1959年,第2页。
[2] 朱熹:《诗集传·序》,中华书局,1959年,第2页。
[3] 朱熹:《诗集传·序》,中华书局,1959年,第2页。
[4] 朱熹:《诗集传·序》,中华书局,1959年,第2页。

界,而且也需要"兴比赋"(诗性思维方式)的取象意识与方法。这就是《诗》之为《经》的根本要义。

上面我们论述了《诗经》文本的诗性存在方式。现在说到"乐"。乐由"乐器"(音乐)之"乐"(岳)而来,乐一旦被心理结构所吸纳、同化,便成为一种心理状态,即快乐的"乐"(洛)。手段与目的叠合、同一,乐(岳)乐(洛)的一致,不待思考,便使人意识到"乐"(洛)的来源及其性质,其可感之真灵性,皆在乐(岳)中。"物化"(岳)与"内化"(洛)之深刻对峙,既是等价的,又是相通的,因而其含义极为广泛而深远,而又往往捉摸不定,难以言说。故钱穆云:中国没有艺术科学之名,只有一个"乐"字。乐即艺术,乐即审美(美学)。此门学问,由于"乐(岳)—乐(洛)"同一,所以本质上是一门诗性的实践科学。中国最早把它系统地加以阐发者,即是《乐记》(《礼记》中的一篇),时至荀子,则为《乐论》(置于礼的背景中),《史记》中的《乐书》,基本上是原来《乐记》的复述,后代人也不乏关于《乐记》的重复性论述,诸如苏洵等人的《乐论》……后来之作,都不能超出《乐记》与荀子的《乐论》。"乐"作为单向性(离开"礼"而存在的单向结构)的艺术科学,在中国是无法生长、发育的(诗、画、小说、戏曲等等在"发乎情,止乎礼义"的"遥控"下,取而代之),它自身无法成为一种社会存在。"乐"只有与"礼"结合成为双向互逆交流的"礼—乐"一体结构,才能进入社会存在领域,也才能真正实现其诗性的实践功能。故六经中"礼—乐"并提,即使"乐"不知是何所指(缺乎?附于诗经乎?或操作艺术乎?)也置于重要地位。这是六经中的体系性意识所致,亦是"礼"("神/祖—巫—人"一个世界)的巫师文化所必然要求者。

"礼—乐"作为一种诗性的社会存在,上面已论述,于此从略。

下面说《易经》文本的诗性。论易的美学专著、论文众矣多矣,不宜重复转述。笔者觉得最为重要者,是易之"取象"意识体系。现分述于后。

笔者认为,"取象"意识(或范畴),是中国哲学美学的核心问题,亦是中国思维方式的根本特征。如果离开了"取象"意识便失去了中国哲学美学的基本性质,随之也失去中国思维方式的根本特征。《易》之取象意识,直接来源于其自身的结构品型,这可分为三个"取象"层次:一、分析每爻之象,叫"小象"(A);二、总释一卦之象,曰大象(B)。AB两者共同指述万物形象,且包含一定的吉凶休咎内容("象"与"意"〈吉凶〉之重叠);三,对"象"的全面阐释,曰"象辞"(C)。从AB到C,是一个"散发"型系统,即《易》之全象系统(天地万物,无所不包)。

分析《易》之取象意识还得从下面三个方面入手：

1.取象意识之动力契机。《易》之基因单元，是"一阴一阳之谓道"中的阴与阳，阳符号为一横（—），阴符号为一横之断开（— —）。如果把它们看作数之奇偶相配，或天地形状的摹仿，那实在过于僵化而贫乏了。笔者以为，还是郭沫若等人所持的"生殖器"说为宜。这是"生生之谓易"的动力与始发契机。由于把人及其人化的复杂世界，简化与还原为人的生殖工具，这就为拓展体系获得巨大张力，也为整个体系获得"自强不息"的生命力准备好了深厚的基础。这等生命力在血缘性的坐标系中横通直贯，从社会现象过渡到自然现象，毫不费力。"天道—人伦"一体化。其之所以能如此，全在于取象意识之动力契机。《易》之所以被儒家广为吸取，秘密即在此也。

2.《易》之取象方法。取象不能是随机的或盲目的，它必须有一个根本原则，也必须有自身独特的系统性。

《易》之囊括万物，通天下之理，其基本秩序与环节，呈现为如下的"分裂图式"："是故易有太极，是生两仪，两仪生四象，四象生八卦。八卦定吉凶，吉凶生大业"（《周易·系辞上》），即如下抽象图式：

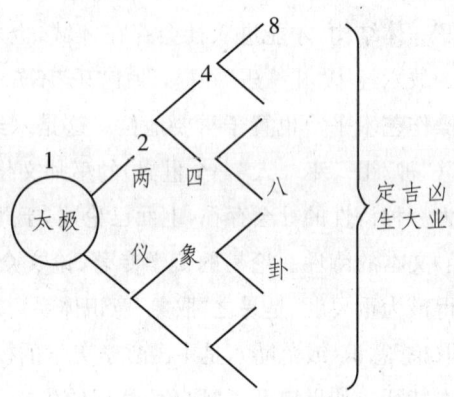

上图是一个什么性质的分蘖图式呢？这是颇值得探索的。这也是《易》之宇宙论，人生观，以及世界体系说。至今我们都不知道太极为何物，尽管后来宋儒又在太极之上加了一个无极，成为无极而太极。由太而无，是道家之归宿。至于"两仪"，基本共识是"天地"；"四象"，据说是太阴少阴，太阳少阳，这是"子虚乌有"的附会；"八卦"，已有确定的共识。在这里，我们大可不必卷入"太极"、"四象"是什么的争论。因为易之系统,是取象,以"象"明"理",而不是以概念推理,所以就不必拘泥于××到底是什么。最主要的是其分蘖模式之功能,及其原型。从以上图式的外观上看,极像一朵花,由一而二而多的生命力的开放。其实,人类自身再生产的繁衍的基本模式与辈分分蘖即是如此,植物的生长分蘖开花,亦是如此,把人界、植物界的发展分蘖模式、功能,加以规范化和简化为数的抽象形式,即是四层次的"一二四八"的关系。老子作为哲学家,他扬弃了象征性语言(图象),用明确的数学语言加以表达:"道生一,一生二,二生三,三生万物。(万物负阴而抱阳,冲气以为和)"。抽象为如下图式:

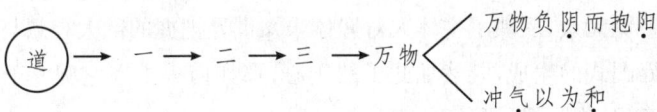

老子在他的生成图式中,同时显示了图式生成的单元结构与动力,即"万物负阴而抱阳,冲气以为和",一切事物都是阴阳互动为一体(为一单元结构),其动力即是"气"(气即道)。

在老子图式中,"一"是指什么,歧义甚多。如果不放眼全局,不把握到其背后的人界与自然界分蘖模式的原型(古人之世界体系原型),任何考证一训诂都没有多大价值。例如,人们说,老子的"道生一"的"一",就是太极。"二"即阴阳……这种"等价观",无疑地有合理之处,但在老子的衍生图式中,不是"二分裂为四",而且是"二生三","三"者多也,故有"三生万物"的大千世界。这完全区别于《易》之分蘖图式(第二环节之后,分道扬镳,"三"与"万物"取代了"八卦"与"六十四卦"的数象世界)。由此可知,老子的世界生成图式与《易》的世界生成图式,是两类不同类型的分蘖、繁衍图式。《易》之分蘖图式,是对称性的、近于几何一数理世界;老子分蘖图式,是非对称性的,近似乎事事物物的大千世界。前者所企图把握的是客观世界的"必然性"与"规律性",且以数理—几何语言规范之;后者所企图把握的是客观世界的"偶然性"与"丰富性",且以阴—阳互动为一体,气为之动力描绘之。概括以上所述,中国人对世界图式的生成,是原于两大类型;一是《易》之"象数图式",即对称性的数理—几何型增殖模式(1—2—4—8—64……),二是老子的"气"动"阴—阳"图式(暂且如此称谓)。后者扬弃了"数"之增殖结构及规律,返归于太阳运转之道(白天为阳/黑夜为阴),且以"气"(取象于生命存在的本源)为动力,推动阴—阳(黑夜/白天)的辗转循环,呈现人之真实世界;前者扬弃了客观大千世界的繁杂性,紧紧把握住抽象的"数理—几何"关系,以数的抽象形式,进入于神明的"占卜"世界。老子的分蘖图式,易接近于人的形下世界。《易》之分蘖图式,通过"占卜"功能,极易走向形上境界。前者是人文智慧,后者是数理智慧(其不同于西方的数理智慧,全在占卜境界与本体世界的区别上)。

我们无意去考察两种增殖图式的优劣,只想集中说明一点:《易》与老子思想,都是中国哲学的源头(不管其发生时间何者为先,何者为后,或者是否相互影响),它们关于创造世界图式的方法论,都是简括明了,大刀阔斧而又一览无余,反映了主体人对客体未知世界把握的巨大智慧与信心。

世界图式的生成,既然如此了然于心,那如何去把握它呢?于是便以"取象"意识,作为揭示秘密的工具与武器。

《易·系辞上》曰:"是故法象莫大乎天地;变通莫大乎四时;悬象著明莫大乎日月","天垂象,见吉凶,圣人象之";"《易》之为书也,广大悉备,有天道焉,有地道焉,有人道焉"(《易·系辞下》)。这里的"象",不是外在世界事事物物的象,不是"小象",而是"天地"、"四时"、"日月","天道、地道、人道",并能显示吉凶之"大象"。因而它是构成世界图式之基本"形象"(大象)。"大象"的存在与对人的呈现,是人之所以能活,事物之所以能生的"严父"、"慈母",其"象"只有圣人才能取之为法,"圣人有以见天下之赜,而拟诸其形容,象其物宜,是故谓之象"(《易·系辞上》)。圣人取象的三个步骤:见(天下之赜)—拟(容)—取象(象其物宜)。这就是易之取象意识体系的基本范围与方法(或说是圣人取象的一个极为高明的选择)。应该说,取象于天地、日月、四时,或天道、地道、人道等等,其原型之动力,都是农业社会的实践使然。至于如何做到"象其物宜",那是圣人能否"见天下之赜"能否"拟诸其形容"来决定的。无疑地,这是取象主体诗性形上之道的巨大诗性智慧;"见—赜""拟—容",是诗性显象的方法与通道;"象其物宜"是诗性显象的成果。整个过程,都是诗性智慧(含数理智慧)产生巨大效应的过程。

这些天地、日月、四时、天道、人道、地道等方面的"大象"(诗性形上之道),全都浓缩在爻、卦的基本"形象"中,而在爻、卦形象更深之背后,则包含着人生的"终极关怀":"观变于阴阳而立卦,发挥于刚柔而生爻。和顺于道德而理于义,穷理尽性以至于命"(《易·系辞下》),在这里同时也反衬出取象主体(圣人)对于"象"的深刻的价值选择。这便是"象"背后之"意"了。

以上所说,是《易》之"取象"意识体系的基本设计与目标。

那么,《易》取象之方法论原则,又是怎样的呢?

"古者包牺氏之王天下也,仰则观象于天,俯则观法于地,观鸟兽之文,与地之宜,近取诸身,远取诸物,于是始作八卦,以通神明之德,以类万物之情"(《易·系辞下》)。这便是古代圣人具体的观象—取象的时空视野(仰、俯、远、近),及视点之选择(鸟兽之文、地之宜,诸身与诸物),亦即能体现天地人三才之道的种种形象。这说明,圣人之取象,一方面是从现实生活中观察到的"真象",而不是出于大脑的虚构;另一方面,它又不是机械之模仿,而是"类万物之情"("象"与"意"之交融)。取象之效果(或别人观象之后的效应),要达到"通神明之德"。因而,这种取象意识,有深刻的"意识意向性"。于此,我们借用了胡塞尔现象学的观念,但要注意区别胡塞尔的这个命题,是仅就"现象"(对峙于"本体")的概念系统而言。而《易》之"通神明之德",是由象征性的"象"导引而来的,故有"象也者,像也"之说。"象",是由于酷似对象而来,它不能离开对象之"象形",故既不能是象的异形异态,也不能是一种抽象概念,只能走一条狭窄之道:即"像"(酷似)也。"像"之道虽狭窄,然而又不是死胡同或无可举步之路。因为,它的功能不是摹仿,而是象征,被统摄于取象意识体系。故曰:"其名也小,其取类也大,其旨远,其辞文,其言曲而中,其事肆而隐。"(《易·系辞下》)其方法论源头,则有人说,是《诗经》之比兴思维方式(章学诚),但亦有些学者说,《易经》中之象并不等于成形之象,而是显示吉凶的一种"征兆"[1]。其实应说是:泛指征兆。因为"征兆"之显示,不能凭空,全靠"象",无象则无所谓"征兆"。这是一体二面。

由此看来,《易》之观象—取象方法论原则,既不是古希腊的摹仿论,也不是单纯的一种比兴写作方法。由于它是象征,故从本质上区别于摹仿论,又由于它是全局性,结构性的象征,有牵一发而动全身之功能,故它区别于比兴之写作方法(比兴只有句段的局部效应)。如果说,《诗经》中诗性思维方式,是以比兴机制表现出来,那么,《周易》中的诗性思维方式,则是以取象意识体系(通过象征)表现出来;如果说,前者是中国思维方式之胚胎形态,那么,后者则是中国诗性思维方式之成熟形态。取象意识要成为

---

[1] 参见王振复:《周易的美学智慧》,湖南出版社,1991年,第169—170页。

一个体系(一种有机结构)，达到贯通于人事—社会自然万物之间，就必须有一个严密而多向的象征系统，使之成为一个能蕴含丰富关系的网络结构。否则，所取之象，仅是一个孤立的象，其功能即使再完备，象之形更完美，也无济于事。因之，整个《说卦传》，都是在阐释、言说"八卦"(八象)之理，即使之纵横相贯，上下交织，也使之"类万物之情"、"通神明之德"。

下面依次看看"象征"之巨大网络系统。

1. 自然现象象征功能

"天地定位，山泽通气，雷风相薄，水火不相射，八卦相错"(《说卦传》)，"雷以动之，风以散之，雨以润之，日以烜之，艮以止之，兑以说之，乾以君之，坤以藏之"，"神也者，妙万物而为言者也。动万物者莫疾乎雷，挠万物者莫疾乎风，燥万物者莫熯乎火，说万物者莫说乎泽，润万物者，莫润乎水，终万物者莫盛乎艮，故水火相逮，雷风不相悖；山泽通气，然后能变化，既成万物也"，"乾，健也；坤，顺也；震，动也；巽，入也；坎，陷也；离，丽也；艮，止也；兑，说也"(《说卦》)。这是把万事万物、乾坤世界的功能，按"象征"意向，冶于一炉了。

2. 家畜之象征系列

"乾为马，坤为牛，震为龙，巽为鸡，坎为豕，离为雉，艮为狗，兑为羊。"这里除了"龙"之外，都是农业社会中的家畜。"家畜"不是"人"，但都是"人性"的一种伸延，成为另一方面的"属人"系统，生成为另一种整体象征性结构。

3. 人体五官之象征系统

"乾为首，坤为腹，震为足，巽为股，坎为耳，离为目，艮为手，兑为口。"(《说卦》)

此外，尚有家庭成员的夫妇、男女之象征，以及"乾天，坤地，震雷，巽木……"纵横交织的种种物象、事象的累加、叠合，带有相当牵强附会的性质，那是说卦者企图把八卦说成是万事万物的绝对真理及其全幅图象。如果我们把说卦中牵强附会的地方剔除掉，细心体察其对自然现象及其关系的把握(即上面所列举的第一方面)，确是一种长期实践的成果。

所谓"八卦"，是以自然界的八种常见事物为象征：天地，雷风，水火，山泽。除了发见八种事物的自身功能之外，尚能发见其两两之间的相互关系，尤其是"水火相逮，雷风不相悖，山泽通气"。乾君坤藏，相互生辉。这分明是把世界(自然界)一体化、功能协调化的一种智慧与卓识。这是"天人感应"的一种具体物象图式。有了关于自然界真实功能(人生实践之成果)的识别作为基础,再加上卦象显示的各类不同的"时空—际遇"意识,才能使占卜达到一定的有效性,从而指导人的行为(避凶趋吉)。这种意识在今天看来,无疑是有点幼稚的,但在现象后面却显示了古人思考问题的基本框架、模式,与今天的文明人无异。首先,取象要从与人的生命活动密切相关的重要事件中选择(八卦之象即是);其次,对这些事物现象的功能及其在整体结构(天地)中的关系,有细致而准确的观察与实践总结;再次,思考卦象时空意识所显示出来的"时机—际遇"(机缘之选择);最后,以吉凶决定行为导向。以上是关于古代人行为的四个步骤:取象—析象—时空机缘的选择—吉凶导向。而现代人的行为步骤则是:前人经验/思虑谋划—时地条件的选择—实现目标(理想)。后两个步骤古代人与现代人无大区别,所不同者在于前面两个步骤。古人"取象"而又"析象"(建基于各种自然现象的基本功能与相互关系),今人则通过符号信息系统吸取前人的经验成果,然后思考谋划(决策分析)。今人之有利条件是"符号信息系统"的真实性与丰富性。索之容易,选择也不难。但古人只能"取象—析象",这是没有符号系统介入的绝对经验主义,今天的行为决策与步骤,已相当现代化了,然而,古代人的"诗性智慧"及其蕴含的审美人文情思,亦已脱净。

以上我们把易之取象意识体系,分为三个方面(层次)来论述:一、取象的时空格局与规范(天地、日月、四时/天道、地道、人道);二、取象之方法论原则(既区别于摹仿论,又高于比兴论,是一种象征型的诗性思维方式);三、象按其功能、基质而组合的庞大系统(万物相生、相激、乾父坤母),为人的行为提供"智囊团"。总之,易之取象,不是个别的、偶然的、摹仿的,或近于比兴的,它是一种"意识体系",故曰:取象的意识体系,它以实践经验为基础,把象征功能推向高峰,把万事万物,天下众理,熔于一炉。因而,既有占卜(以捕捉偶然显必然)的异已之处,但往往也有实践经验支撑的"必然性"的曙光。总之,不管是《易》之"黑点"与"亮光",都是中国古代人的一种"诗性智慧"以及寻求的形上之诗性之道,亦是中国古代人象征性的思维方式。

我们既然谈到了中国古代人的"取象"意识问题,那么,就不可避免地要涉及"言—象—意"三者的关系问题(或"言—象—意"三一式结构的哲学问题)。这在中国古代哲学中,不是一个可大可小的问题,更不是一个枝节问题,而是涉及到思维方式的大问题。

《易·系辞上》说,"子曰:'书不尽言,言不尽意',然则圣人之意,不可见乎?","子曰:'圣人立象以尽意,设卦以尽情伪,系辞焉以尽其言'","故夫象其物宜,是故谓之象"。这里的"言—象—意"关系,不存在逐层扬弃的关系,不是"一个中心"说,而是"系辞"(尽其言),"立象尽意"(象其物宜),这里没有明显地说明"言—象"关系,其实也不是扬弃关系,因为"系辞"不仅能尽言,且能"立象尽意",至于"言—象"亦是一致的。在《易传》的基本思想中,"象"是"言—意"两者的中心,是《易经》思想之核心。一旦扬弃了"象","象征"体系便失去了依托。《易》中之"意"仅是吉凶之兆,不是普遍形态的"道"。

而在王弼玄学中的"言—象—意"关系,其最初形式,在庄子哲学中便露出端倪。《庄子·外物》云:"筌者所以在鱼,得鱼而言筌;蹄者所以在兔,得兔而忘蹄。言者所以在得意,得意而忘言。"这便是"得鱼忘筌"、"得兔忘蹄"之说。兔者(鱼者),意也;蹄者(筌者),象也。老庄道家哲学与儒学哲学对峙而互补。在儒家看来,无"蹄"哪里可以得"兔",没有"筌",哪里可以得"鱼"?故有"圣人立象以尽意,设卦以尽情伪,系辞焉以尽其言"之论。"象"足可尽"意",卦象足可尽"情伪","系辞"足可"尽言"。其间之关系,不存在逐层逐级的扬弃、最后以"意"为终结的关系,而是相互独立而又等价的关系。故儒家诗学不但是"言志",还得"远取诸物,近取诸身"、"多识于鸟兽草木之名","物—身—鸟兽草木之名"均是一种丰富、生动的"象"。

玄学家王弼则说,"象生于意而存象焉,则所存者乃非其象也;言生于象而存言焉,则其所存者乃非其言也。然则,忘象者乃得其意也;忘言者,乃得象者也。得意在忘象,得象在忘言。故言象以尽意,而象可忘也,重画以尽情,而画而忘也"[1]。王弼的"言—象—意"观,是逐层扬弃的终端(意)中心说,"意"是"象"、"言"之真谛,他以此极力反对汉代的象数之学,虽不无一定的合理成份,但是作为一种"言—象—意"的逐层扬弃观,很明显,是失去了"言"与"象"的感性基质,成为一种颇具主观渗入成分的"得意忘象"之说,有向纯"玄"(境界)方向过渡的明显迹象。

王弼的"言—象—意"观,是开拓中国哲学中的境界形而上学(象外之象,弦外之音)的重要契机。但又与《易经》之"言—象—意"观显然是大异其趣的。其所以如此,那是由于"取象"意识体系机制决定的,也即是由于诗性象征型思维方式来决定的。

以上我们多方面论述了《易》之取象意识体系,足以见出其显示之诗性

---

[1] 王弼:《王弼集校释》,中华书局,1981年,第609页。

倾向与特征。最后,要涉及《书》与《春秋》文本中的"诗性"问题。

六经体系,除了诗—礼—乐—易之外,尚有"书"与"春秋"。前四者的诗性审美倾向,既有集中之表象,也有独特的开拓,对形成中国人的象征型思维方式,起了奠基之作用。从上面的论述中,我们可以看出:从《诗经》的比兴型思维方式,发展至《易》之取象意识体系,即象征思维方式的全面拓展,在机能、形态等方面,均已走向成熟、完善;从"风雅颂"的多层次、多维度汇聚而来的诗性社会存在,到《易》之物象的"世界图式",功能系统,也大大地向前跨出一步。至于那"礼—乐"一体化的诗性社会存在,从《诗经》母体中分化出来之后,在社会实践功能上显得更为纯粹化、专业化、因而中华文明及其产生机制,都可名之曰:"礼乐"文明。这是中国文化蕴含着浓烈的诗性芳香的原因。

《书》与《春秋》是"史",但在上面我们已从各方面论述过,在中国古代原始文明结构中,"史—诗"是一体结构。钱穆说:"中国古代有两部古书,有韵的称《诗》,没有韵的称《书》"[1],接着又说,"文史之学背后,则每有一种艺术存在,或说精神存在"[2]。因而史与诗之间的关系,便是"亦史亦诗","亦诗亦史",后来之发展则导至"史的诗化"。所谓"史的诗化",就是从诗的"空灵"性高度,反摄于史,把史净化,升华为人类精神世界中的诗,这便是钱穆说的,"文史之学背后,则每有一种艺术存在,或说精神存在"。《书》之"神/祖—巫—人"一个世界中的纪录(《书》文本)是"诗—歌—舞"一体化的社会存在的更为客观、也更为深层的积淀与证明,所以后人大凡讨论艺术—审美的相关方面,都离不开拓流溯源而回到尧典中诗性社会存在之纲领。

"帝曰:'夔!命汝典乐,教胄子,直而温,宽而栗,刚而无虐,简而无傲。诗言志,歌永言,声依永,律和声。八音克谐,无相夺伦,神人以和。'夔曰:'于!予击石拊石,百兽率舞。'"(《尚书·尧典》)尽管有的史学专家说,《尚书·尧典》是战国时人的伪造,但上面引出的这段话,却反映了中国古代文明"诗—歌—舞"一体性的巫师文化的真实,特别是进入"一个世界"中的形上境界:"神人以和"。历代文论的解说者,对这里的"神人以和",都缺乏足够的重视。其实,这就是"神/祖—巫—人"一个世界的直接贯通,从而成为和谐的一体性存在。这既是诗性社会存在的最初形态,也是产生它的直接

---

[1] 钱穆:《中国史学名著》,三联书店,2000年,第1页。
[2] 钱穆:《中国史学名著》,三联书店,2000年,第1页。

契机。

《春秋》的出现本来是远远迟于六经中之其他著作,一开始也未进入六经之列,"春秋齐于诗、书、礼、乐者,其说始于孟子,定于荀子"[1],《春秋》是后来加入六经体系中的(《易》入六经体系,本来也是后起之事,但《易》之占卜原理、体系,却是极为古老的,故它不同于《春秋》)。《春秋》与六经体系的内在关系,如果的确存在的话,就是明代焦竑的观点:"《诗》与《春秋》,异体而同用。"这,上面已论述过,所谓"异体",即一为诗,一为史;所谓"同用",即"一个世界"中的巫师"精神现象学"(颂王者之迹)。孟子对《春秋》有重要评论:"王者之迹熄而诗亡,诗亡而后春秋作。"这便是《诗》与《春秋》出现的背景与原因,"孔子成春秋,而乱臣贼子惧",这是指历史审判精神,也是诗所必具的历史精神。由于孔子是儒家文化的创始者,礼乐文化(文明)的继承人,因而孔子是"亦诗亦史"二重结构的真正主体,故而他深深地感叹道:"春秋,天子之事也。知我者,其惟春秋乎?罪我者,其惟春秋乎?"换一个说法,《春秋》是孔子,亦是《论语》。但是要从《春秋》中,揭示出与"诗、礼—乐、易"同类的诗性思维方式,是困难的。但钱穆指出的思想,对诗性社会存在不无意义:"所谓历史批判,一部分是自然的,如此则得,如此则失,如此则是,如此则非,谁也逃不出历史大自然之批判。而另一部分则是道义的,由自然中产生道义。自然势力在外,道义觉醒则在内。孔子《春秋》则建立此一大道义,明白教人如此则得,如此则失,如此则是,如此则非。此项道义,论其极致,乃与历史自然合一,此亦可谓天人合一。"[2]这就是《春秋》背后的"艺术存在"与"精神存在"。从广义来说,此即诗也,亦曰:诗性之社会存在。

中国文化中之六经,以诗/书二经最为古老,其间《诗经》则最具中华民族的诗性/哲性智慧,甚至成为中国人思维方式之根源与民族诗性智慧之发端。牟宗三说:"中国文化智慧的根源是两首诗,一首是……'天生烝民,有物有则,民之秉彝,好是懿德'。孟子引这首诗证明性善。还有一首是《诗经·周颂·维天之命》:'维天之命,于穆不已。於乎不显,文王之德之纯'(天命—心性相贯通)。这两首诗是儒家最根源智慧的发源地。源远流长,这可谓中华民族的文化有本,这个本就是这两首诗。最根本的文化生

---

[1] 钱穆:《国学概论》,商务印书馆,1997年,第25页。
[2] 钱穆:《中国史学名著》,三联书店,2000年,第18页。

命的方向就在此。"(《康德第三批判讲演录》第十讲/第八讲)以诗性发端的民族大慧,影响中国文化发展至深至远。牟宗三之卓见,非雕虫小技之声可比也。

以上所论,是六经文本中的诗性。

五、汉字结构中的诗性智慧及其形上之道

文字的起源是象形。在中国则有书画同一之说,文字和语言一样,都是人的一种思维方式和审美情趣。

汉字不同于拼音文字,其特征主要是方块结构,它的灵魂—幻象,永远都是由象形之神操纵着的。所谓汉字六书,即象形、指事、会意、形声、转注、假借。前四者为"体",后二者为"用"。最主要的是"体","体"中的关系(源头)是"象形"。就指事而言,本是一种抽象,但其中也不乏"象形加记号"式的指事(如 ⼒—刃),这仍保留了象形的本质特征和审美特性(故《汉书·艺文志》,又曰"象事")。就会意而言,是"比类合谊,以见指投诸四拟,是会合两体或两体以上的字,以成一新字,不管是同文会意(从—从),还是对文会意(从—北),也仍保留了象形的本质特征和审美特性。(故《汉书·艺文艺》曰"象意")就形声而言,则是形与声的结合(江—江),且形是义的导航线,这与象形亦无本质差别(故《汉书·艺文志》又曰"象声")(当然,就文字的发展方向而言,引入"声"素,这是一个飞跃)。有人作过统计,《说文解字》(许慎著)共收汉字9353个,其中象形字364个,指事字125个,会意字1167个,形声字7697个。由象形和形声构成的字占百分之八十以上。[1]

汉字的基本特征是象形。不过,这里的"形",要作必要的界定和分析,它不同于别的民族文字的象形,而自有独特的体系——它同构于《易经》的哲学思想体系。这种象形是一种总体设计,或者说是一种世界观、方法论,它是久远历史的积淀物。"古者包牺氏之王天下也,仰则观象于天,俯则观法于地,观鸟兽之文,与地之宜,近取诸身,远取诸物,于是始作八卦,以通神明之德,以类万物之情"(《系辞下传》第二章)。这里导出了两个重大问

---

[1] 张光宾:《中华书法史》,台湾商务印书馆,1984年,第6—7页。

题:一、象形(八卦)的取材来源(观象于天,观法于地;观鸟兽之文,近取诸身,远取诸物)二、象形(八卦)的功用与目的:"通神明之德""类万物之情"(在这里应当说,"类万物之情"仍是一种手段,"通神明之德"才是真正的目的。这和布留尔关于原始思维的神秘的"互渗律"完全一致)。因此,"圣人立象以尽意"、"易者象也,象也者像也"(《系辞下传》第三章)。这是王者以象来治国平天下的实践思维。

作为一种总体设计,一种世界观和方法论的"象形",不是具体的事物,而是一种充满了数学与诗相结合的抽象,即八卦图。但这还是初始的尚未发展的形式,它的完成形态应该是后人一直推崇的、理想化的"河图"和"洛书":"天生万物,圣人则之。天地变化,圣人效之。天垂象,见吉凶,圣人象之。河出图,洛出书,圣人则之。易有四象,所以示也。系辞焉,所以告也。定之以吉凶,所以断也。"(《系辞上传》第十一章)

据后人恢复的河图、洛书看,其间的数字与阴阳的排列有奇妙的巧合,颇得天然机遇之情趣(数与诗的融合)。然而也正因为如此,它们才充满了"宇宙之迷"和神秘。作为一种世界观和方法论,八卦—河图—洛书,这种象形只不过是原始人的"原始丰富性"而已。但是作为一种结构形态和中国民族的审美情趣(发展为方块文字,即是证明),则是颇令人寻味的。不管是阳爻、阴爻或由其组成的卦象,都是相当对称、充满数的排列规律,其叠合的象征又都是囊括天地万物的(一种全面性)。这是一种有组织有意蕴的数学叠合结构(上下结构)。从卦象发展到文字,不管其间有多少中间环节,但两者间的"结构"联系,却是一目了然的,是可以直观的。如果用卦象的思维方式来审视"思"字、"志"字,不必多加解释,人们都会直观到这两个字的同一性的内涵和意蕴了。故有学者说,八卦是最原始的文字。

因此,我以为中国人整体直观的、诗性的思维方式,是直接发源于《易经·八卦》的,发源于我们祖先的那种"仰天观象,俯地观法,观鸟兽之文,近取诸身,远取诸物"的观察方式和诗性情趣。

汉字的本体结构是方块体,方块体的典型框架是一个对称匀整的"田"字,或说汉字就是一个田字结构体。这种结构从左右看,是左右结构,且上下均分之;从上下看,是上下结构,且左右均分之。十分匀称、美观,并且显得稳定、落实。现在的中国一年级小学生,一开始学字,首先便要有汉字的结构意识,而且要达到相当自觉的程度,才能为写好方块字打下基础。语文教师教方块字的最有效手段,也是从多方面去强化学生的这种"结构意识",才能收到练字的最佳效果。这是笔者曾经作过相当长时间的教学实验才证实了的(但这与其说是书法的要求,毋宁说是审美的要求)。

方块字从外形看,是一种结构。但从形、音、义的三相性相关系统看,既有结构问题,也有非结构问题。汉字的形、音、义与拼音文字的形、音、义有很大的区别。拼音文字的"形",是一种纯粹的符号(其起源处,也许有例外)。但汉字的"形"不管抽象到何种程度,成为什么样的符号,它始终都被"义"所"纠缠"着。汉字"形"的本质是象形,它通向"义"的最深层。这种"义"在两种不同层次上存留于汉字身上,一是整体性象形,一是部分性象形——即存留部首之中。任何汉字,察其部首,便知道了这个汉字的一半意义,或其意义的发端与归属。如 ⿰氵工(江)字,即使外国人不知道汉字"江"字指什么,但察其形傍,即可知其词根义。因此,紧紧把握汉字的部首意识,则可从根本方法上,消除中小学生的错别字现象。所以汉字的部首意识,不是一般的词源学思想,而是词语自身的一种生产意识(或曰,自我意识同一性功能),这和我们祖先"仰观天象,俯察地法"的世界观、方法论、审美情趣,千丝万缕地联系在一起。

意大利的历史哲学家维柯说:"例如中国人至今还用这种方式从十二万个象形文字中选出少数字母(字母即汉字部首),都归结到这些少数字母(部首),好像就归结到总类一样。"[1] 维柯进一步赞扬汉字的这种部首意识,"这种发明(指创造部首——引者)确实不是凡人的心智所能做的"。因此,人们都"认为字母(部首)是神明的发明"。[2] 维柯对汉字的这种特殊结构(部首形傍规定)给以很高的评价,认为"不是凡人的心智所能做到的",那是一种"神明的发明",等等,我以为这是一个外国人的客观评价。称汉字部首是一种"神明的发明",不属"凡人的心智",这正是从重要方面揭示了《易经》哲学对中国民族思维方式审美情趣的深远影响。

从思维方式上看,部首一方面是类的归属,以少统多(部首远远少于字数),训练了操汉语(文字)者的特定演绎归类方式,另一方面,又是类的"象形"——词的意义、情感色彩直接显示于形傍——部首上,这就培育了这个民族的特定的认识、体验"形象"的方式方法。例如"山"字与"水"字,既是部首,又是字词。按其象形构图,分别是 ⛰(山)和 ⽔(水)。对山与水,中

---

[1] 维柯:《新科学》,朱光潜译,外国文学出版社,1986年,第469页。
[2] 维柯:《新科学》,朱光潜译,外国文学出版社,1986年,第469页。

国人有特殊的认识与体验,它们在中国人的深层心理结构中有重要意义和深刻的内容。所以孔子在《论语》中,便有这样的警句:"知者乐水,仁者乐山。知者动,仁者静。知者乐,仁者寿"("乐"读去声,爱好之意)。对上面的话,朱熹作了这样的注释:"知者达于事理而周流无滞,有似于水,故乐水;仁者安于义理而厚重不迁,有似于山,故乐山。动静以体言,乐寿以效言也。动而不括故乐,静而有常故寿",程子评价说:"非体仁智之深者,不能如此形容之。"[1]知(智)者,善通晓事理、似水无滞,心力常动,能把握事物的客观规律(真),亦即"知者不惑"而明识也(同上书)。仁者体味于义理(伦理道德),厚重不迁,故似山之稳重,性情常静(善),亦即"仁者不忧"而存博爱也。

"乐山"与"乐水"其实是中国民族两种不同的"智慧—情感"类型,后来姚鼐则归纳为阳刚之美与阴柔之美。如果在这里也用阳刚—阴柔的概念类型去区别"山"与"水"的"智慧—情感"类型话,那么,"山"为阴柔(静态),"水"为阳刚(动态)。当然,这只是相对概念。智与仁虽为两类不同范畴概念,两种不同类型的智慧—情态,但两者既可对举,又可互通、转化,"知极即仁,仁即大智,故仁知实一物。唯自表面立场观之,则其象之水与山,体之动与静,效之乐寿,自有显著之异点也"。[2]

中国的山、水概念、智慧、情趣,随着时代的发展,后来出现了山水画、山水诗,并且成为重要的艺术风格和艺术流派,这都与其不同类型的智慧、诗性形上之道、情趣感知—审美方式颇有关系,尤其当二者融合在一起的时候。

"山"与"水"在汉字中既是部首,又是独体字词,二者之间是可以互相丰富的。作为部首,它关涉凡一切"山"的形傍的汉字,均有其"安于义理而厚重不迁"的品格,如"岩"字、"岗"字、"峻"字……凡一切"水"之形傍的汉字,均有其"达于事理而周流无滞"的意蕴,如"波浪"、"渊源"、"淋漓"……反过来,有限的部首,又可从众多而具体的字词中,提炼出更为丰富的内涵,从而加入部首的增殖层。"岩"、"岗"、"峻"等字词可由其具体词义意蕴,而从不同方面丰富"山"(作为部首)之共性;"波浪"、"渊源"、"淋漓"等字词可由其具体词义意蕴,而从不同方面丰富"水"(作为部首)之共性。在

---

[1] 朱熹:《四书章句集注》,中华书局,1983年,第90页。
[2] 张守白编:《论语白话新解》(线装本),第80页。

这里，便出现了汉字与其部首间的"语义环"互逆运动，即"部首⇌字词"之间的互逆增殖运动。这是汉字语系中，特有的文字（语言）对意识的难分难解的"纠缠"。

汉字作为一种排列、叠合的方块字，是数与形（诗）的统一，这是一种"美的结构"。台湾书法学者张光宾说："比如，福、寿、龙（龍）、（鳳凤）等单字，本身点画形质、倚斜、屈直、修短、舒合、虚实、佚宕、种种形质美的表现，即使不识中国字的人见了也会兴起美的感情，而每一个字又代表着，多福、多寿、龙腾、凤鬻、龙凤呈祥，许多精神上的崇高的美意。因此，在认识中国文字的人来说，从它们所蕴含的意义，与生活经验相结合，就更觉得有声有色，自然兴起无穷的美的感受，使此纯抽象的点画线条，立刻成为有生命，有色彩，俨然与一幅笔墨苍润形色俱足的画毫无二致。"[1]汉字这种"美的结构"，的确是方块体的一大特点，它具有八卦图运算的基本法则：布阵疏密相间、刚柔相济、阴阳相配，借用物理学的语言来说，那是一种"有序结构"。它一方面具有数学排列组合的神秘诗意（潜意），另一方面又有"象形"的天象、地理的信念，给人以哲学—艺术方面深刻的启迪。

在这里，我们很自然地会联想到"羊"字作为"美"字的部首了。按许慎《说文解字》的解释："美，甘也，从羊，从大，羊在六畜主给膳也。美与善同意"，[2]这是"羊大为美"说。有的论者认为，"美与善同意"，且又是"给膳"之"甘"，因而美即实用。此为功用说。另一解释（今人肖兵）是"羊人为美"说，即以羊角形象作为装饰（带魔术性），这是装饰说（虽有神秘性，但仍注重形式美）。两者的解释不同，但我以为两者完全可以统一起来。审美就其最初起源来说，无疑地是因功利而引起（这点鲁迅和普列汉诺夫都作过众人皆知的论述，从略），但是后来的历史发展，却是形式因素的不断加重，乃至成为独立之形式结构体，于是，审美形式完全从功利中独立出来。从基本发展阶段上说，可以把功用与形式的结合关系分成三大阶段（或三种组合结构）。第一阶段，是纯粹功用阶段，缺少形式因素；第二阶段，功用—形式相渗，第三阶段，形式独立性阶段（已失去或掩盖了功用因素）。由此看来，"羊大为美"之说，可看作审美起源的初始阶段，"羊人为美"之说可看作第二阶段（魔术之神秘说，不是纯形式感的第三阶段）。不管是"羊大为

---

[1] 张光宾：《中华书法史》，台湾商务印书馆，1984年，第2页。
[2] 许慎：《说文解字》，中华书局，1985年，第78页。

美",还是"羊人为美",二者都深深地涉及审美的本质(功用与形式)。两说都不能离开"羊"字作为形傍(部首)。在这种情况下,如果能从"部首"意识入手,在"部首⇌字词"的语义环中,作另一层次的深入考察,也许更为全面一些。我们仍是看《说文解字》如何解释作为部首的"羊"字,"羊,祥也。从ᴥ(ᴥ,羊角也),象头角足尾之形(Ϋ或Ϋ),孔子曰,牛羊之字,以形举也"(同上书)。这个解释有两义:一、象征着祥。"祥者,福也,亦云善"(同上书)。二、象羊之形。这是一种形式。因此,"羊"字作为形傍本身,便有两种含义,既是善,又是形式,很难绝然分开。"羊大为美"之说,忽略了"羊"字部首的第二个含义,"羊人为美"之说,忽略了"羊"字部首的第一个含义。由上看来,我们只有充分展开部首意识,才能把握字词的语义网。这里既有表层的东西,然而更多的是深层的东西(注意:以羊字释美的起源,不是中国美学之途〔1〕)。

  汉字的"词根"意识并不明显,倒是部首(形傍)意识取代了词根意识。因而汉字部首意识,则是通过总括归类,象形示义,滋育了中国民族的字源艺术哲学观与象形审美观,也积淀了中国民族的深层的文化心理结构。符号哲学家卡西尔说:"如果我们想要发现把词语及其对象联系起来的纽带,我们就必须追溯到词语的起源。我们必须从衍生词追到词根,必须去发现词根,发现每个词的真正的和最初的形式。根据这个原理,词源学不仅成了语言学的中心,而且也成了语言哲学的基石。"〔2〕汉字的词根意识并不分明,但卡西尔所说的无非是追溯字词的"真正的和最初的形式"。就汉字的"最初形式"来说,就是象形本义,是由宇宙观方法论的"象形"("俯—仰"协合)而成为类的部首。因此,部首系统,就是汉字的最初的形式。

  中国民族诗性意识的深层化石,我以为就应该追溯至汉字结构中的部首意识。揭示部首的深层意识结构,这就会出现一种语言哲学和语言美学,所以克罗齐说:"普通语言学,就它的内容可化为哲学而言,其实就是美学。任何人研究普遍语言学,或哲学的语言学,也就是研究美学的问题;研究美学的问题,也就是研究普通语言学。语言的哲学就是艺术的哲学。"〔3〕这是语言探索的三个连续层次:语言学——语言哲学——美学。最

---

〔1〕 详见劳承万《中国古代美学(乐学)形态论》一书。
〔2〕 卡西尔:《人论》,上海译文出版社,第145页。
〔3〕 克罗齐:《美学原理·美学纲要》,外国文学出版社,1984年,第153页。

后的一层就是一种语言结构的深层探索。揭示汉字的部首意识就是属于这层探索。

第三节 学派体系中的诗性形上之道

从远古的神话原型（太阳神崇拜），到六经综合体系（思维方式）的定型，中华文明的格局、类型，基本形成，再伸延至诸子百家的哲学学派，这种文明格局、类型之统一体，又走向分化、重组，那表现诗性的思维方式与社会现实生活相结合，显现了很不相同的倾向与色彩，但它们（各学派）"相反而又相成"、"相灭而又相生"——互补互动，呈现为历史运动中新的统一体。

从六经体系中的诗性源头—本体与现象，到诗性形上之道，有一个转化的机制与区间。所谓"诗性"，是尚未显型的智慧潜流；诗学（或诗性形上之道），则是进入下一层次的实践范畴，成为学说体系的特殊符号系统，具有统一而定向性功能，且把"诗性智慧"（倾向、特征），全都"翻译"出来，成为后世各种诗论、文论，画论等等具体"艺术理论"的直接依据。

由于在下面，我们还要较为详细地论述儒道禅三家的诗学方向及其形上之道，所以在这里我们只能从礼乐文化传统中的对峙互补性中去分析相关的学派，突出从六经体系到学派的分化中，中国诗性智慧的潜流走向等问题，作简要的论述。

上文已经说过，中国亦是崇拜太阳神（天）的民族，同时由于身处农业社会，人（靠天吃饭）对太阳的崇拜则更为热烈、深切；对"日出日落"，光明—黑暗，春种秋收，四季运转等等周而复始、循环往复的"圆环"时空体验，都积淀在人们的心理结构中，在这些"圆环"性的时空体验中，对峙、相反的倾向是非常分明的。对"白天—光明—春夏……"一派繁复景象，感受深切，其显示生命力的基本方向，是"奋发有为"、"生生不息"，这是儒家哲学的原型观；相反，对"黑夜—玄冥—秋冬……"一片枯藏景象，感受深切，其显示生命力的基本方向，是"无为"与"顺乎自然"，这是道家哲学的原型观。简而言之，儒家是"白天"的入世哲学，道家为"玄冥"的出世哲学[1]，

---

[1] 参看叶舒宪《中国神话哲学》、《诗经的文化阐释》相关章节。

前者为"进"的哲学,后者为"退"的哲学(钱穆)。因而儒—道哲学,是一种互为"圆环"的哲学,今人称之为"互补"哲学,这是一种既能"离",又能"合"的哲学,是"合璧"(阴阳结合)生辉的哲学。由此观之,那种只能阳、不能阴,只能进、不能退,只能入世、不能出世的哲学(或文化),及其精神结构都是残缺的。一代美学大师朱光潜先生深有卓识,独具慧眼,大力提倡:中国人应该"以出世的精神,做入世的事业"。他首先要求自己,这是谙熟儒道哲学的人生策略,把儒道哲学的"圆环"性,融合在文化心理结构中。在中国土地上活着的人,只入世而不出世,或只出世而不入世,那人格与心理结构,恐怕都是残缺而不完美的。

儒道两家哲学,相反而相成,互补而又互动,构成中国文化传统的"环型"一体性结构。他们以自身的独特功能与动力契机,从上古原型思想中(器具之实用与虚灵),从庞大的六经体系中,吸取向度不同、色彩各异的诗性智慧,终于形成了:儒家的"入世"之乐,道家的"出世"之乐;或说,儒家倾向于阳刚之美,道家倾向于阴柔之美。

墨家有相当的苦干实践精神,但又近于"名家",且竭力反对"乐"(艺术),认为"乐"是一种奢侈,荀子批评道:"夫乐者,乐也,人之所不能免也,故人不能无乐","是先王立乐之方也,而墨子非之"(《荀子·乐论篇》)。很明显,墨家远离"礼—乐"社会结构,因而大大偏离了文化传统,它将不可避免地要从"礼—乐"社会存在的运转中抛将出来。因此,对墨家在中国文化传统中的消失,不必惋惜。其次,从中国诗性思维方式的角度看,墨家由于失去思维方式中的"诗性"本质,热衷于抽象的"名学",因而它在中国文化背景中也必须会枯萎。抽象地看,墨家作为一种哲学倾向,它的存在具有合理性。因为哲学总要探索"人的存在"(或"社会存在")的种种可能性,这是它的天职。问题在于它与这个民族的文化传统、思维方式是否同质、同向,否则就会失去"空气"与"养料",自行消失。墨家即此也。

儒道两家是中国哲学的双轨主干(儒主道辅,是秦汉以后的事,即使如此,其间亦有起伏交织),两者都主张"天人合一"观。儒家所主张的"天人合一",是合于"人";道家所主张的"天人合一",是合于"天"。各有侧重,也各有自身的深入境界与精妙。儒道两家,任何一方的开展都有助于"天人合一"观的进一步发展。但儒家哲学在自身的发展中,分化出孟荀二家。孟子主张"知人尽性知天"说,开中国心性哲学的先河,是人的"向内翻"的学说(牟宗三);荀子主张的"天人相分"(人定胜天)说,开中国"格物致知"、实现"闻见之知"的新路向。从知识论的观点看,这是一大突破,对中国文化传统极有"纠偏"之动力,但终于"曲高而和者寡"(本质上也是偏离文化传统了),这是历史的遗憾。牟宗三先生贬朱熹为中国心性哲学的"别子为宗",是"荀学—《大学》"一路发展之结果[1]。慧眼独见,但其贬有欠公允处。墨子倡名学,属西方的"小巫";荀子"天人相分",属西方的"大巫"(几乎是西方的传统了)。不管是"小巫"、"大巫",也不管其合理成分如何,但都在中国强大的文化传统冲击面前,难以立足。荀子亦主"礼—乐"论,但他把"礼"等同于"法","乐"也就失去传统的养料了。"法"一旦扬弃了"礼","礼—乐"社会存在便趋于瓦解。荀学成为法家的母胎,这都并非偶然耳。从法家的历史发生及其历史命题看,亦可反证出荀学已在文化传统的歧路上(或许这是一种将来的"曙光")。

《汉书·艺文志》云:"诸子十家,其可观者九家而已……其言虽殊,辟尤水火,相灭亦相生也。仁之与义,敬之与和,相反亦相成也。《易》曰,'天下同归而殊途一致而百虑'。今异家者各推所长,穷知究虑,而明其指,虽有蔽短,合其要归,亦六经之支流与流裔。使其人遭明王圣主,得其所折中,皆股肱之材也。仲尼有言,'礼失而求诸野'。今去圣久远,道术缺废,无所更索,彼九家者,不犹愈于野乎?若能修六艺之术,而观此九家之言,舍短取长,则可以通万方之略矣。"班固在这段话中,实际上提出了两个考察诸子百家的基本原则,一是依"相灭亦相生","相反亦相成"的一体化功能原则,即"天下同归而殊途,一致而百虑"的统观视野;一是"使其人遭明王圣主,得其折中","观此九家之言,舍短取长"的长短优劣综合原则,亦即按照"礼失而求诸野"的搜集方法。前者,可以称之为近似于"逻辑"的研究方法,后者,则是"历史"研究方法。两种研究方法是不同的,对于时间久远而材料又阙如的历史,只能以逻辑研究方法为主(跳过缺史的鸿沟,抓西瓜、丢芝麻),必要时辅之以历史研究方法作为补充,才可能获得真实。

但在上面这段话中,班固又提出一个极有价值的原则,即通过"修六艺(六经)之术",再去"舍短取长"。何谓"修六艺(六经)之术?"那无非就是把六经视为古代文明综合系统与一体性结构,把其间的结构层次,功能动力弄清楚。关于这些,在上文我们已作了较多的考察,在这里需要强调的是:从其"相灭亦相生"、"相反亦相成"的互补互动的功能性考察中,才能把众

---

[1] 参阅牟宗三:《心体与性体》(下),上海古籍出版社,1999年。

多的诸家,归结于儒道两家统率之下;反之,如果以历史研究方法,去"舍短取长"、"得其所折中",那么很容易失去一体性结构与功能,九家之说,也终难以统一。因此,我们认为:诸子百家的哲学,只有置于一个互补互动的一体化结构中,才能看清其本来面目、及其流向,反之,也只有通过互补互动的"三棱镜",才能识别哪是主干,哪是枝叶。故而,本书从中国文明源头中,去把握儒道哲学的一体化功能。我们视两者都统一于一个"圆环"结构中,所不同者,是色彩与人生情调之不同,是阴阳向背的差异。

冯友兰在其青年时代所写的《中国哲学史》中曾说:"儒家之六艺,本非一人之家学,其中有多种思想之萌芽,易为人所引伸附会。此富有弹力性之六艺,对于不同之思想,有兼容并包之可能。儒家独尊后,与儒家本来不同之学说,仍可在六艺之大帽子下,改头换面,保存其存在。"[1]冯友兰的看法,有保持传统看法之一面,即"六艺"(六经)"富有弹力性","有兼容并包之可能",知道这是中国文明的总源头,但不确切之处是如下看法:"儒家独尊后,与儒家本来不同之学说,仍可在六艺之大帽子下,改头换面",此说也许曾有益于历史真实性,但绝不是主流,更不能以此去看"互补互动"的道家。

如果把这种"大帽子"学说推广开去,一部中国哲学史真是杂乱不堪的了。理论之矛盾往往是这样的捉襟见肘:从六经到六艺,本来是儒家使然,但六经又包罗非一家之言。把六艺等同于儒家之后,再抛给六艺(六经)一顶"大帽子",然后进行统属儒家理论的推演,因而对其他学说的出现使有"改头换面"之结论。很明显,如果把道家也看成是在"大帽子"下,对儒家学说的一种"改头换面"的结果,那显然是不对的,即使是对后来的法家、阴阳家来说,也不能作如是观。冯友兰以上看法的根本缺陷,是失落了班固说的六经功能"相灭亦相生"、"相反亦相成"的整体观,因而把六经的统一结构,仅视为一种"有弹力性"、"兼容并包"的静态潜能。这是只见树木,不见森林。

在这里顺便厘清一个观点。多年前曾有人提出"道家主干"说,以此反驳"儒家主干"说。笔者认为,如果中国哲学确是一个"相反相成"、"相灭相生"、互补互动的有机整体哲学,或曰"圆环"型哲学,那么,提出单边主干说(不管是以儒为干,或是以道为干),都是有失偏颇的。单边主干说一旦成

---

〔1〕 冯友兰:《中国哲学史》(上),中华书局,1984年,第488—489页。

立,相反相成、相灭相生、互补互动的结构功能,便消失殆尽,中国哲学则是一个无生命的躯壳了。

准确的说法应该是:"圆环"一体说,或"双轨"主干说(如果一定要寻求"主干"的话)。但历来人们又有儒家中国文化之主流说,应该怎样去看这个问题呢?应该从两个方面去分析:"主流"者,生活中之"生生不息"之进取也,是"日出江花红似火"的"白天"世界,属"阳"向现象。这是儒家在儒道互补结构中的"正向"。这是出于原型表象的结果,是一种通俗语言的称谓,自然无可厚非。此其一。但如果从严格的结构、功能,从历史的作用以及完美人格的生成等方面去看,说儒家为主干,道家为枝丫,这就很不确切的了。凡把互补性结构,看成单边倾斜的存在物,都失去了统一结构的生命力。这正如把右利手、大脑左半球视为人体、大脑结构的主流(主干)一样的荒谬。

笔者认为,只有紧紧把握住:相反相成、相灭相生、互补互动的结构功能之原则,去处理中国文化现象及各家学说关系,才可以减少许多不必要的争论,且还可以把中国哲学特有的互补结构梳理得更为清晰,使之更完美,从而颉颃于西方哲学"对立—斗争"、"正—反—合"的线性结构。只有这样,才能从这个最高视点上,来反思与总结我们的传统文化,并能立足于我们的"互补结构"的强大二向性功能,去消解一切困难和精神障碍,我们不必拿别人的"正—反—合"的对立统一说,来剪裁自己的一切;也不必以我们的"体用"论,去品味西方的舶来品(不管是"中体西用",还是"西体中用",都是名副其实的"牛头对马嘴",这是国人思想贫乏的一种表现)。近代以来,西方用大炮轰开了我们的国门,弄得国人昏头转向,无所适从,其根本原因是由于没有弄清楚我们文化传统中"相灭亦相生"、"相反亦相成"的功能性结构,即缺少了有机整体观。

言归正传,本节所论,是学派结构中的诗性蕴含与流向(即诗性形上之道)。基于以上所述的"互补结构"说,我们认为从经中所演化出来的"诗性智慧",在儒家中,成为入世之乐,属阳刚美;在道家中,成为出世之乐,属阴柔美;它们都统一在诗性象征型思维方式之中(禅宗是隋唐以后才形成的,虽由"佛"而来,但以儒道两家为本。在其本质中已汲取了儒道融合的新成分,"佛"性也已儒道化,禅血肉之躯的个体,也趋实践化,于是悟道即在"挑水砍柴"中)。墨家由于从本根上"非乐"(反对艺术),叛离文化传统,故而中途消失;荀学主"天人相分"(人定胜天),本是突破之论,但一方面由于儒道两家均主"天人合一",故而亦退为历史的潜流;另一方面,"礼—乐"诗性社会存在,由于荀子的"礼"之法化,故亦大有减色。荀子学说,在中国文化中,是颇为复杂的现象,于此从略。

第二章　中国诗性本体与诗性方法

第一节　诗性本体

一、感性真理观

马克思在巴黎手稿中说,"人在对象世界中,不仅通过思维,而且通过一切感官来确立自己"。那个直接把黑格尔颠倒过来的费尔巴哈则说,"艺术表现感性事物的真理"(《未来哲学原理》)。因而,就思维方式来说,可大致分为两类:一类是通过概念的抽象达到结论,这是玄学思维方式;一类是通过一切感官来获取真理(故"艺术表现感性事物的真理"),这是诗性智慧,即诗性思维方式。在上面,我们已对这两种不同类型的思维方式进行了论述。

吕思勉在《理学纲要》一书中指出,"中国哲学本质上是'事'论,而不是'理'论(指探求事物背后之终极原理)","以事喻事,进行一轮以事论事的大循环"。这是发源于《易经》之取象意识体系及其结构功能的"事"论。梁漱溟先生在其《东西方文化及其哲学》一书中亦指出:中国哲学的本质是直觉,且是一种人生哲学(所谓人生哲学,即是感性生命的哲学)。牟宗三先生则把这"直觉"推至最高层,曰"智的直觉"(与"诗性思维方式"相通)。"五四"时代涌现出来的一批大师,对中国哲学的理解多有卓见,且极易达成共识。从这个侧面也表现中国哲学的诗性特征是很明显的。中国人的

"诗性智慧"与诗性形上之道并不仅仅表现于诗的现象世界中,且蕴含于诗性的哲学本体中(中国哲学是"体用一如"的哲学),以及诗性发生的源头——六经中。

《易》之取象意识体系、"诗、书"之"亦史亦诗"二重结构、"礼—乐"的诗性社会存在论、《春秋》的历史审判精神、严肃的褒贬义,等等,其背后所跃动的那种生命力、以及所蕴含的那种从原型而来的同一性,把它们抽象出来,并对峙于现象界,这便是中国哲学的诗性本体存在。这是由现象返溯于本体的过程是寻求动力、契机的过程。如果调转一个方向,从主体对客体的把握过程与特征看,则是一种"异质同构"的诗性思维方式。在这里,诗性本体与诗性思维方式,是一个问题的两个方面。"诗性本体",是从客体对象出发的;"诗性思维方式",是从主体功能出发的。前后两者,是"异质同构"的关系。

"本体"与"思维方式"的"异质同构"性(或"同型同构"性),在"即体即用"中表现出来,是主体与客体在历史长河的物质交流活动中的产物,亦即多种生产活动的实践综合产物。应该说,任何民族文化传统中(含哲学传统中),都存在着这种"异质同构"的二向性关联。因而,背离"思维方式",去探寻的"本体",或反之,背离其"本体",去探寻的"思维方式",都极易失真而成为玄虚之论。有鉴于此,本书侧重的还是主体方面的"思维方式",这对中国传统文化来说,是比较通俗而确切的说法;但一旦指向纯粹而玄虚的"本体"领域游离"体—用"论套式,则完全是西方"味道"了;同时,中国人惯熟的"体—用"结构也随之散架。这里的"用"直接与中国人的思维方式关联着,"体"则不能等同于西方的哲学"本体论"中的"本体"。钱穆、张君劢等人,均认为西方哲学这个"本体"实质就是西方人之上帝或阴影。故张东荪说:中国没有本体论。而熊十力反驳且维护的"本体论",也仅是一种超绝的穷玄探源之方法而已,充其量也不过是"体用一如"中的"体",并不是西方本体论中的"本体"。故本书主张:要谈"本体",就必须与"思维方式"同构(其中介环节是"工夫"),在同构关系中展开(体用一如,即体即用);或者,摈弃西方式本体论中的"本体",以中国的"体—用"论中之本体代之或错位,都是不幸的。

二、中国哲学是境界形而上学

中国境界形而上学的最后完成(儒家是内在而超越的心性道德形上学

之境界,道家是齐物—逍遥形上学之境界。前者为实有境界,后者为虚无境界。或说儒家是入世之道德境界,道家是出世之艺术境界),并不在哲学学说中,而是在艺术—审美学说中,即在王国维的境界说中,王国维酷爱西方哲学形而上学,如康德、叔本华的哲学形而上学。但他无法在哲学向度上完成这种富有诗性特征的形而上学的建构,而只能从中国的诗词"现象学"中去寻求。故,境界形而上学,本质上是诗性智慧的一种发展与哲学升华。

关于中国哲学是境界形而上学的共识,早已由贤人智者达成,无须多加评论。稍要提及的,是如下这些哲学家的观点。

冯友兰说:"人对于宇宙人生底觉解的程度,可有不同,因此,宇宙人生,对于人底意义,亦有不同。人对宇宙人生在某种程度上所有底觉解,因此,宇宙人生对于人所有底某种不同底意义,即构成人所有底某种境界。"[1]他把宇宙—人生的境界四分为:自然境界—功利境界—道德境界—天地境界[2]。只有最后的境界,才是最高境界。所谓"天地境界",即"天人合一"之境界,这是宇宙人生之最高境界。

唐君毅把宇宙人生境界分为九境,目的是为"立人极之哲学","为欲明种种世间、出世间之境界(约有九),皆吾人生命存在与心灵之诸方向(约有三)活动之所感通,与此感通之种种方式相应;要求如实观之、如实知之,以起真实行,以使吾人这生命存在,成真实之存在,以立人极之哲学"[3]。

牟宗三则从道德理想主义(道德形而上学)之高度,确认这种心性(仁学)为至高境界,颇有超越西方理性主义的强劲势头。因而,中国哲学的本体特征,不是过程性的,或物质性的,而是境界性的(对应于诗性思维方式/就原型表象来说,是"神人以和"的境界—"通神明之德"与"类万物之情")。境界之"象"(佛教云:"各人有各人的世界"),虽有外来之佛教示出,但在中国古代的"神/祖—巫—人"的一个世界中,便已蕴含着了。那巫师的狂烈礼仪与玄思,把人们引向亦神亦人的未知世界,亦即既虚幻而又真实的世界。同时,以象征性思维方式所推演开去的,亦是一种"通神明之德"的最高境界。

中国诗学从本体上说,是从属于中国哲学的。在中国古代文明源头"神/祖—巫—人"的一个世界中,占卜的探求与对"神/祖"形象的信仰,属

---

[1] 冯友兰:《贞元六书·新原人》,华东师范大学出版社,1996年,第552页。
[2] 冯友兰:《贞元六书·新原人》,华东师范大学出版社,1996年,第552—567页。
[3] 唐君毅:《文化意识宇宙的探索》,中国广播电视出版社,1992年,第481页。

于哲学内容,"诗—歌—舞"的狂烈气氛及其音响、韵律节奏,则构成诗学方面的内容。当然,两者之间是不可分割的,否则便不属于"一个世界"了。正因为二者间不可分割,所以中国哲学与诗学实际上是"一体二用",或说是"一体二相"(呈现为两种不同的形态)。诗为六经之首,"不学诗,无以言",足见诗在中国诗学体系中的位置。进一步说,这就是"诗哲学"。"诗哲学"从形而上维度看,便是境界形而上学。这是从文明源头的"一个世界"中的关系方面去论述的。

其次,"诗哲学"的性质,还来源于《尚书·尧典》,这是中国诗学一体两面极为重要的纲领。一面是动机性的被朱自清誉为诗学开山纲领的"诗言志"说,一面是终极目的性的"神人以和"说。"诗言志"说的"志",有许多不同的解释(史、记录、志向、意志等)。归纳起来,无非是:"志"是以"人心"为基础(为开端/为动机),即表现人的全部心理、意绪,而这些又是历史之反映。此说也可推演为"诗者人也",即"诗言人"说,这和后来的"文如其人"说有同一性。因而"诗言志"说,在中国古代文明体系中,既是史学命题(诗即史也/亦诗亦史),也是哲学命题(史即诗也/史的诗化/春秋大义)。后来"诗言志"说的种种不同解释,其根源都出于两个方面:一是失去"诗言志"说文明源头体系的直接背景,因之对"诗"的理解过于狭窄,对"志"的把握也过于表层;二是在古代文明源头体系中,"文史哲"一体,难以分家,"诗言志",其实就是"诗(史/哲)言志"。因而"言志"说,即可为诗学命题,也可为史学与哲学命题。真可谓"从心所欲不逾矩"!

"神人以和"终极目的说,并没有引起多少人的特别注意。在春秋战国之后,更没有人把它和"诗言志"说等价起来或联系起来,甚至可以说,诗的"神人以和"终极目的说在后来便慢慢的隐退了。为了确切地了解,我们还是把《尚书·尧典》的定义引出来:"诗言志,歌永言,声依永,律和声;八音克谐,无相夺伦,神人以和。"其实,两说都是极为重要的诗哲学命题。"诗言志"说,是诗学流程的开端;"神人以和"说,是诗学流程的终结,前者表现为个体动机,后者表现为"一个世界"中的"天人感应"的圆融。"诗言志"说,一旦失去"神人以和"说的终极关怀,则变成内涵极为狭小的命题,也将失去其诗哲学性质。

当我们在谈论中国诗学从属于中国哲学时,如果不从文明源头上去发掘、梳理(不从本体存在上去分析),极易变成一般"诗论"(等价于"文论")。目下不少的关于中国诗学的论著,大体上都缺少这种视角。此外,当我们在谈论中国诗学从属于中国哲学时,牟宗三的"智的直觉"说,是万万不可丢掉,或避而不谈的。笔者认为,以"智的直觉"说把中国诗学与中国哲学统一起来,是最好的办法,也是概括中国诗学的最高成就与最后归宿。

三、诗现象呈现的哲学形而上学境界

大凡中国的伟大诗人、词人,在其诗词之背后,均可发见深邃、厚重的哲学意识与形上的哲学境界。"白日依山尽,黄河入海流",一往一返的极目远眺视野,辽阔的天际与无边的大地一齐涌来;"欲穷千里目,更上一层楼",这种"登高"、"奋发"意识,成为中国人自强不息、奋发向上的千古名言。诗的广袤时空观念与平凡的绝对真理融合为一,开拓了哲学难以攀附的形上境界。至于陈子昂的《登幽州台歌》:"前不见古人,后不见来者。念天地之悠悠,独怆然而涕下",则更有这种"人生有限"而"时空悠远"的意识。这种高远的视界,广袤的时空观,与人性的深刻体验,是哲学极难进入的领域,但它又是哲学的理想境界。今天人们大力宣扬的海德格尔存在主义哲学,强调人生"此在"的绝对价值,这仅是一种心理学的描述(或现象学的阐释),它逊色于诗学的庄严身价与诗学的深层蕴含。不管人们如何去吹捧海德格尔的"诗学",这比中国诗现象所呈现的形上境界,要低得多。应该看到,所谓海德格尔"诗学"(含现代西方的所谓哲学"诗学"),仅是对抗理性主义(尤其绝对理性主义)的一种手段,或说是一种"对着干",并非一种本真的诗性哲学—诗性思维方式的自然产物,即体用圆融的产物。

在中国,情况很不一样。即使是那个在舞台上画了白脸的曹操,人们又称奸臣。他不是绝代皇帝,也并非独一无二的伟大诗人,然而他毕竟是那个动乱时代世事沧桑的经历者与感受者,他的"对酒当歌,人生几何"的感性及时行乐观,与那"东临碣石,以观沧海"的"歌以咏志"之诗魂("东临碣石,以观沧海,……秋风萧瑟,洪波涌起。日月之行,若出其中。星汉灿烂,若出其里。幸甚至哉,歌以咏志")都从不同方面,真切地展示了人生中平凡而又深邃的秘密(一种人生情调),它不亚于《三国志》的历史观念与人生体验。毛泽东到秦皇岛时,面对苍茫的大海以及渺茫的中国历史,首先涌到他面前来的,便是"东临碣石有遗篇"的感慨。这都不是偶然的,其间包含着令人寻味的深厚的历史意识与诗性哲学的形上境界。

上面已经说过,在中国,"史的诗化"现象,首先就体现帝王身上。中国

古代的帝王,其诗性的文化基因,可以追溯到"一个世界"中的巫师身上。巫师在巫术礼仪的狂烈气氛中进入诗学哲学的形上境界,这是他们的"本能"与"职业"。一旦失去对"神/祖"的追思玄想(其实是久远时空观与现实人生观的一种诗性统一),那么"天人感应"的结构体系,便会趋于瓦解、崩溃。故而,中国古代文明源头体系中的诗性哲学(诗性形上之道),便为后来的诗现象所呈现的形上境界,开拓了前景。

以上所述之哲学境界形而上学,与诗现象的形上境界,是异途同归。形上境界是中国哲学与中国诗学汇合之地、合璧之所。两者共同显示了中国诗性智慧及其形上之道的灿烂光辉。

四、中国哲学是体验型哲学

哲学,按古希腊人的概念,是爱智之学,亦称玄思之学,属抽象概念推演之学,它与情感体验之学分道扬镳。当然,这是西方哲学的特征(西方的所谓"体验哲学",仅是论体验的哲学)。中国哲学,由于在古代文明源头的原型中,已经"史化"与"诗化",因而"亦诗亦哲"(与"亦史亦哲"一样,春秋大义是史,亦是哲)。故而,与之对应的文化心理结构,也必然是同构性的。"诗性哲学",其外在方面是"形象—境况"的再现,其内在方面则蕴含着一种象征性的思维方式。论语、孟子、老子、庄子等文本均是如此。对此,所以西方哲人难以入其门,即使是那个伟大无比的黑格尔亦不能例外(细看他的《哲学史讲演录》即知)。

说中国哲学是体验哲学,并没有什么新发现,仅是把客观存在的诗性哲学转换一个角度,从接受者的心理向度去看的,当然与作者的心理向度也必然是同构的。

其次,说中国哲学是体验型哲学,那是从情感方面入手的。诗性,多与人的情感体验维系着;境界,也是与人的情感交融在一起的。但中国人的情欲系统本来就是情理一体,都是哲学化的,颇有"度"(中庸)的控制:"喜怒哀乐之未发谓之中","已发谓之和",一个"度"字的要求,就把"未发—已发"之全部(全部)系统都统辖住了,其经典定义是:"发乎情,止乎礼义"。这都是一种极为得体、得度的"情—理"结构。面对这种"情—理"结构,除了"将心比心"、"心同此理"的象征、隐喻办法之外,别无他途可以进入其核心。牟宗三上世纪30年代在北京和冯友兰一起,在其师熊十力处座谈,说到王阳明学说的"良心"(良知)到底是什么时,冯曰"是一种假设"(仿康德之"物自身"说),顿时引起熊的愤斥:"那不是假设,而是呈现。"这是一句震破乾坤的肺腑之言。熊氏以伟大中国哲学家无限忠诚的情感,全幅地呈现了"良心"是什么?孟子开拓了中国心性哲学的先河,其发端情结是"孺子将入于井"的事件,其心灵的"万象"之端,是人之"恻隐之心"与"不忍人之心"。孟子将其心性哲学"发射台"的根基,扎得深深的,然后再"十字打开"(即开出"四端"说),由此而织成中国心性哲学之大网。你要把握住"心性哲学",在起点上(动机上),就得面对"孺子将入于井"的心理测试:是内于其父母,还是誉于乡党与朋友,或者是"恶其声",或者是出于"绝对律令"?在路向上就得对"恻隐、羞恶、辞让、是非"(仁、义、礼、智)之心同构对应。"以心比心","心同此理",经过反复"呈现",才能达到主客同一的境界,这就叫做中国的"体验型哲学",也叫对哲学体验。因之,中国心性哲学,亦即境界形而上学,亦即诗性哲学,亦即体验型哲学。

再次,中国哲学,从六经体系(《易》)开始,便提出了"言—象—意"关系,发展至魏晋玄学,王弼则重构"言—象—意"关系,提出"得象忘言"、"得意忘象"说,于是便有"意"如何把握的问题。"意"的阈限,综合了中国文学、诗歌、绘画、戏曲、小说、书法等艺术领域中的"空白"(虚无)意识与本体界的诗性存在。诸如:"言外之意","弦外之音"、"象外之象"、"画外之画"(画中之空白)、"无中之有"等等,这些"象外"的广阔领域,人们描绘为"言有尽,而意无穷"(只能意会,不能言传。发展至严羽时,则有"不涉理路,不落言筌"之论。升华起来看,这实质上是"诗哲学"问题,亦是中国诗学的大问题。唐代绝句仅是四句28个字,但它所开拓的时空意蕴,却难以穷尽,不管诗家再怎么阐释,都是"欲说还休"。"象外"领域,与维特根斯坦的命题:凡是不能言说的,都必须保持沉默(语言是真理的绝对界限),构成相反的哲学(命题)。重构与伸延"象外"的诗哲学领域,从客观对象上说,为中国心性哲学的新发展(儒道合流,汲取佛学),开拓了肥沃的疆土,亦为通向境界形而上学的"彼岸"世界,架桥铺路;从主观心理功能上说,为后来禅宗的"见性成佛"、"顿悟成佛"心理结构的形成,拓开大门。魏晋玄学的最大历史意义与王弼的最大贡献,笔者以为即此也。

儒家哲学重"言"与"象"的真实本体,(能指、所指一体化),认为"系辞焉以尽其言","圣人立象以尽意"。在"尽"的等价度量上,显出其价值观与人生观,其所把握的是一个相当"稳定"的现实世界(一种真实的存在)。

"言"与"象"自身就是充满光辉灿烂的"可言可视"的"白天"世界("一阴一阳之谓道"的阳向世界);而那扬弃了"尽"性的度量功能,开拓与重构"象外"世界,其所握的是一个"阴阳不测之谓神"的世界(一个变幻莫测的世界),其自身就是一个玄冥而幽暗、不可言不可视的世界。前者是儒家哲学的价值观、功能观与诗学观;后者是道家哲学的价值观、功能观与诗学观。魏晋玄学在重构文化传统中的"言—象—意"关系,及开拓其伸延领域时,实现了思想史的大转折任务,也为中国诗学——意境说、感悟说、神韵说等等"心性"诗学领域,开拓了前景,其功不可谓不大矣。

与"言—象—意"关系密切相关的另一个中国诗学问题,是"形—神"问题(诸如神灭论与神不灭论/贵形似与贵神似等)。这是诗学哲学史上更为复杂的问题。笔者持同样的观点:如果离开中国哲学一体结构中的"相灭相生"的互补互动功能,那将有无休止的论争,这种论争也不会有什么积极的意义。不过,就诗学领域来说,"贵形似"的诗学观,终于敌不过"贵神似"的诗学观,所谓"传神写照,正在阿睹中"(顾恺之),苏东坡则说,"论画以形似,见与儿童邻。""神似"说的胜利,正好是中国诗学(哲学)取象意识的"空灵"性反应(不是西方的摹仿说),亦是"言—象—意"说的"象外"领域的一种"破译"与补充。

与"言—象—意"问题相关联的还有一个汉字六书中的"会意"的问题。象形—指事—形声,均与"会意"有密切联系。《汉书·艺文志》把"指事"说是"象事",把"形声"说是"象声","会意"则是"象意"。由此看来,这里的"象"字并不等价于对象的实体本身,或是对象的"镜式"映象,它不是西方的摹仿论,而是以"意"为核心与标准,去提炼、升华与简化客观对象之"形",使之具有与"意"同构的"空灵"性。此即是钱穆所说的,汉字的象形,并不是呆板的写实,而是一片空灵,妙在其中。汉字六书(转注、假借,人们称之为"用",象形、指事、会意、形声,称之为"体")"体"中的根本问题,是"象意"("象其意")的问题。这是决定"象"的本质和取象方向与路线之问题。这尚不属"以象尽意"的关系问题,更不属"象外之意"的问题。这是"象"之功能问题,即以对象之"意"(空灵性),区别于对象之实体性问题。但从根本上说,当可列入儒家的"尽言"、"尽意"说("圣人立象以尽意")。但由于中国古代文明体系中,《易》的取象意识之"象征"性功能,把"意"置于一个与"象"既相连而又不相同的"模糊"而陌生领域。因而,依据这象,而又必须扬弃这象,去探索这个"模糊而陌生的领域",自然就成为一个哲学问题,同时也就成为一个诗学问题。正是在这里,魏晋玄学取得了深刻的哲学依据,也获得了智慧的启发。这也许就是王弼等人注释《周易》和《庄子》的重要原因。

作为汉字六书"象意"说的一个重要源头,是《易》之八卦。人们把河图洛书铸成中国古代文明的总源头,既象形直观,又神秘奇妙。于是为汉字六书中的"象意"说(含象形、象事、象声),设置了一个取之不尽,用之不竭的"黑箱",任由人道去。许慎也仅是其中的一家,至于考证、训诂之学,在中国成为一大学问,这也就不奇怪了。何以然?"意"之模糊而又陌生的存在是也。

以上我们简述了,中国哲学为什么是体验型哲学的主要原因。我们从感性真理观、境界形而上学(含诗现象所呈现的形上境界)、以及中国哲学是体验型哲学等等方面,论述了中国哲学中的"诗性本体"。这种"诗性本体",从实体方面上看,是一种"象征性的思维方式(一种体验过程)。从前者到后者,是同型同构地生成的存在物。前者的现象形态,表现为感性(艺术)真理,与境界形而上学;后者的现象形态,表现为一种"天人感应"的人生情调和"得意忘象"的宇宙意识,前者是一种诗性"意识结构",后者是一种"情理律动"。因而诗性本体及其形上之道又可以从如下两个方面去把握它:从内在方面看,是一种象征性(诗性/取象性)意识结构,所以"亦诗亦哲";从外在方面看,是把"天人合一"的时空观浓缩为一种"节奏律动"("一个世界"中"诗—歌—舞"的狂烈律动与时空意识合一体)。其深层是哲,其表层是诗。前者为"体",后者为"用"。这种"诗性本体",实是一种极端的抽象,即从哲学与诗学的交叉结构中"取样"出来,然后觅取其"诗—哲"同型同构功能所积淀的两面。由点见面,使我们有可能从中窥见:中国文化体系中思维方式的诗性特征。

第二节 诗性方法

诗性本体与诗性方法,是合二而一,由一而二的过程与结构。按牟宗三的观点,西方的"理念"本体与其方法,都是分离的("即存有而不活动"),前者是一种静态存在,后者才是一种动态的应用。中国哲学与西方哲学相反,表现了"理念"与"存有"的一体化,按照牟氏的说法是:"即存有即活动"。任何"本体"一旦存在,它便以活动的方式呈现出来;也只有在同构性的活动中,它才能成为与之对应的"本体"。在中国哲学中,既没有"无活动"之本体,也没有"无本体"的活动,因而"存有⇌活动"便是一个同构的整体结构。当我们在论述诗性方法时,也就是进一步揭示诗性本体;而前面所述诗性本体,也昭示了诗性方法的基本原则了。

从"一个世界"的启示中,诗性方法无疑地应由三大环节组成:一是"观象—取象"的意识体系(作为诗性方法论的动力契机),二是对所取之"象"的组织与布局(诗性方法论的"象"性选择),三是由伴随一、二环节而来的音响韵律节奏(诗性方法论的同构性音律选择)。任何民族的诗性方法论,都必然包含以上三个方面:诗性方法论的的动力契机—诗性方法论的"象"性选择—诗性方法论的音律选择。后两者的特征是由前者的特征来决定的,因而方法论本身又是一个自足性的整体。第一环节的主要表现是《易经》中的象征思维方式;第二环节的主要表现是:按相反相成的互补性功能进行组织与布局;第三环节的主要表现是:对偶对仗、节奏韵律,前后左右、两两相关,抑扬顿挫、平仄相协……形成"大珠小珠落玉盘"的"热闹"景象。关于第一环节上面已作了较详细的论述。在这里主要是论述第二、三环节。

人生观、价值观都是来自人对宇宙的看法与体验,这叫做宇宙观。宇宙观的核心问题是:"宇宙是如何生成的?"(或曰"宇宙之道"是如何来的)。在古希腊文明中,宇宙生成的基本元素或水、或火、或数等都是源于一种物质因素("数"是对物质的一种抽象),这是宇宙观的一元论与"纯粹"性。但在中国古代文明中,宇宙生成则是另一番景象:《易·系辞上》说,"立天之道,曰阴与阳;立地之道,曰柔与刚;立人之道,曰仁与义",此即宇宙生成在于道,又曰:"一阴一阳之谓道。"对应地排列起来,则是如下形式:

$$
\text{宇宙生成论} \begin{cases} \text{立天之道　阴与阳（阴/阳之道）} \\ \text{立地之道　柔与刚（阴/刚之道）} \\ \text{立人之道　仁与义（仁/义之道）} \end{cases} \begin{matrix} \text{阴柔/阳刚之道(审美/艺术之道)} \\ \\ \text{……………社会/人生之道} \end{matrix}
$$

"天地人"又曰"三材",其实是"天—人"二元结构,由于"天—人"又是一个相互感应的整体结构,故二元又曰一元。但这里的一元,与西方的基质单细胞型的一元,很不相同的。中国的一元是由"二元互补"才呈现出来的。因而"互补"(或"相反相成")功能是宇宙生成的动力契机。在宇宙生成的总体结构中,一旦失去"互补"性功能与动力,则会成为一堆无灵气的死物。因而,紧紧地把握住其间的"互补"性功能,是理解中国文化体系中"本体与方法"的关键。

由《易》之定义"一阴一阳之谓道",即见出阴阳之对峙互补功能,它可以上透中国太阳神崇拜的原型(白天为阳/黑夜为阴),下接学派哲学(儒家为"阳性"哲学/道家为"阴性"哲学)。在上面的排列形式中,明显地可以看到:道之原生形态是"一阴一阳"之道。天地结合,则有阴柔与阳刚之道,这就是由姚鼐所归纳的审美艺术之道(阴柔美与阳刚美),而"仁义之道",则是"人生、社会之道"。这是次生形态(这与"天人一体"、"天道一心"相贯通的原则,命题并不矛盾)。

从道之原生形态到次生形态,到再次生形态,将组成一个庞大的"道"(或"理")之网状结构系统,它同时就是中国文化现象的庞大系统。欲把握这个庞大而复杂的网络系统及其本质,除了解剖、追踪其"互补"功能与效应之外,别无他途。从这个功能性(互补性)的焦点上去看,所谓诗性本体及其形上之道,即是"互补互动"的功能性存在物;诗性方法,即是"互补互动"存在物之功能性。前者是"存在",后者是"活动"。诗性本体与诗性方法的"体"与"用"的合一性,就是"即体即用",或"即存有即活动"。因此,我们则可以推演出如下的结论:中国诗性本体及方法(诗性形上之道与诗性形下之器),就是"互补互动"一体结构的二相性存在。具体地说,就是指具体现象中已达成共识的诗学大律:二元相关律与相反相成律。中国的诗现象,尤其是成熟形态的诗现象,都是在上面所说的"二律"孕育下出现的"诗化"形态。

诗性的人生情调与宇宙时空意识的律动,全都浓缩在诗行中。就诗性的空间结构特征来说,表现为对偶、对仗、对称、对联、逢双押韵,平仄协合的处理等等,这是诗性的"深层语法结构"。当它走向日常生活实践的时候,则是以使用"筷子"(吃饭)为特征,如好事成双,成双结对等一切"对称"性现象。

就诗性的时间结构特征来说,表现为各类不同的韵律节奏:抑扬顿挫,轻重缓急,循环往复……当它走向日常生活实践的时候,则是周期意识分明,日常生活节奏的调整与协调,知足而常乐……

诗化形态,还直接体现于中国古代文体类型中,除了正宗的诗行形态外,还有辞赋、骈文,等等。

总之,在中国古代社会生活中,生民通过"日出而作,日入而息"的生活方式,去体验"上下四方"的空间(宇),与"古今往来"的时间(宙),从而形成了"生生不息"的人生情调与循环往复的宇宙律动意识,前后二者互为表里,从总体上构成中国诗性方法论的基本方面。

第三章 儒道禅的诗学形上之道

首先简要地勾勒一下中国哲学基本派别的诗学方向(反衬于中国诗性哲学的存在)。目下学人所特别注重的,也只儒道禅三家的审美—艺术倾向。

在探索三家的诗学方向之前,首先要对儒道禅三家的关系,作一大体上分析。只有在层位上摆好它们之间的关系,其各自的诗学方向才会有准确而可靠的依托。

儒道关系,我们在前面已作了比较深入的探索,认为两者间并非主干与非主干的关系,而是"相反相成"的"互补互动"的关系。在魏晋以前的中国历史中,禅宗尚未形成,其跻身于中国哲学主流,那是隋唐之后的事。因此,不管是从历史发生的先后去看,还是从"互补"关系去看,禅宗也是不能与儒道对等并列的,禅宗依其本质,实是儒道两家的共同产物。当然,佛教的传入,也是一个条件,但条件不是本质。故有人说,"禅宗思想是大众化的老庄哲学"[1]。如果是就道禅两家的关系而言,此说有相当真理,但缺少了儒对禅影响的另一面。范寿康说,"原来,禅宗可以说综合着三教,它虽名属佛教,暗里却包摄着老庄与儒家。换句话说,禅宗实在把老庄的思想与风格摄入于生活的内部,同时又把儒教的礼乐吸收到寺院的礼仪中。所以儒释道三教确可以说是为禅宗所统一着……在宋初,有人如欲谈道,就不得不先修禅。魏晋的清谈是一种游戏,而宋代的禅机却系修道的体验。当时人士如不知禅风或禅机,差不多就无论究哲理的资格。宋代的文人学士殆无一不多少具有修禅的经验。第一流的儒者之注重静坐,在于宋代已成通例,周濂溪如此,二程如此,陆象山、朱晦菴亦莫不如此。这班儒者都是由静坐内观之功把佛老思想吸入于儒学之中,然后来创立他们的崭

---

[1] 参见麻天祥:《中国禅宗思想发展史》,湖南教育出版社,1997年。

新的儒学……禅宗的思想,一言以蔽之,要在'即心是佛,是心作佛'……所谓参禅者禅不外是亲参名师冀见性明道"[1]。我们在引言中所说的禅宗是"儒道佛"三教的产物,尤其说到宋儒更是接受禅宗的影响。这似是把关系倒过来了,不是儒对禅的影响,而是禅对儒的影响。其实,这是一种相互感应与吸收的问题。儒家亦有原儒与宋儒之别,禅宗在胚胎期,一是吸收老庄的思想与风格,一是接纳原始儒家的礼乐礼仪,以及心性哲学的影响,最后才能成为"中国化"的东西。因此,从思想史的主流看,禅宗其实是中国思想文化的产物,而不是佛教自身的必然性产物(禅宗有"呵佛骂祖"之名言,并自誉自称为"教外别传")。这个分界十分重要。如果认为禅宗在本质上是佛教的产物,仅是接受儒道的若干影响而已,并持此观点去看儒道禅三家的关系,无疑是不符合历史事实的(国内学界持此观点者,实在不少)。只有把禅宗的出现,放在中国思想史、哲学史的全幅画面上分析,视外来佛教为一种机缘、条件,才能看清其本来面目。这好像与禅宗传钵的历史不合,即:

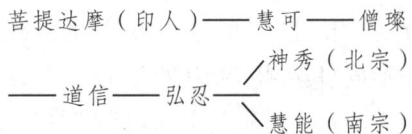

其实这是表层的人物事迹的历史,一种外部机缘、条件。其深层则是六朝之道生与谢灵运,早已拓开"禅道"了。道生之"忘筌取鱼"说,既是庄子之说的继承,也是王弼玄学"言—象—意"说的发展。谢灵运云,"学之所谓得与悟不同,积学之人亦需一悟方能达此最高境界",悟即是"以心传心不立文字"之法等。禅法亦已具备,经过唐代初期的发展,当六祖慧能一旦以"不立文字,直指人心,见性成佛"为宣言与宗旨时,禅宗便庄严宣告诞生了。

禅宗与老庄的关系,人们一看便知,所以便有"禅宗思想是大众化的老庄哲学"观点出现。这无疑有对的一面。但禅宗的儒家幽灵又在哪里呢?先看钱穆的分析,"禅宗的精神,完全要在现实人生之日常生活中认取,他们一片生机,自由自在,正在从宗教束缚中解放而重新回到现实人生的第一声。运水挑柴,莫非神通。嬉笑怒骂,全成妙道。中国此后文学艺术一

---

[1] 范寿康:《中国哲学史通论》,三联书店,1983年,第386—387页。

切活泼自然空灵脱洒的境界,论其意趣理致几乎完全与禅宗的精神发生内在而很深微的关系。所以唐代的禅宗,是中国历史上一段'宗教革命'与'文艺复兴'"[1]。禅宗出现后,"从此悲观厌世的印度佛教,一变而为中国的一片天机,活泼自在,全部的日常生活一转眼间,均已'天堂化','佛国化',其实远不啻是印度佛教之根本取消"[2]。陈、隋之际出现的天台宗,"他们根据人类心理,兼采道家传统庄老哲学,而创生了一套新的精神修养与自我教育的实际方法,他们虽未脱佛教面目",但"他们已偏重在现实人生之心理的调整上用功夫,这已走入了中国传统文化要求人生艺术化的老路。再由天台宗转入禅宗,那个趋势更确定、更鲜明了"[3]。

在这里,钱穆既看见老庄思想对禅宗的影响,更看到儒家哲学对禅宗的影响——一切都集中于"日常生活"中的变革,走上孔孟的知心尽性与人生艺术化的传统老路。这个看法是颇有见地的,也是超群的。禅宗思想的金科玉律和全部信仰就汇聚在下面这句格言(偈)中:挑水砍柴,无非妙道。这句话由两部分组成,前者"挑水砍柴",是儒家的"日常生活"(知心尽性),后者"无非妙道",是儒道禅三家的共同理想与"躯壳"(目标/境界),与共同趋向(从道器不离去看是儒家之"道";从形上为道、形下为器去看,是道家之"道";从"道者,天国也"去看,是佛之"道")。由此可以看出,禅宗的立足点,已不在"拈花微笑"上了,而是来到真真实实的人生面前,亦即"柴米油盐"(挑水砍柴)的日常人生面前了。所以冯友兰说,"如果挑水砍柴是妙道,何以'事父事君'不是妙道?"这就是"宋明理学的使命了"[4]。应该说,下面是两个等价的命题:

挑水砍柴无非妙道(禅宗)
事父事君无非妙道(宋明道学)

其实,儒家思想既事父事君(这是伦理日常实践),也不排斥"挑水砍柴"(这是日常生活的实践),往往是兼而有之,才是完美的儒家人格。但禅宗尚未进入中国的"孝悌"领域,而仅止于"孔颜乐处"。由此而再下推一

---

[1] 钱穆:《中国文化史导论》,商务印书馆,1994年,第166—167页。
[2] 钱穆:《中国文化史导论》,商务印书馆,1994年,第167页。
[3] 钱穆:《中国文化史导论》,商务印书馆,1994年,第166页。
[4] 冯友兰:《中国哲学史新编》(中),人民出版社,1998年,第671页。

步,道家在这种特定语境中,要有怎样的路向才是"妙道"? 我们一般都极为重视道家的"无为而无不为"以及"坐忘心斋"的惯常行为。于道家,能否说就是:"坐忘心斋,无非妙道"。如果此命题可以成立,那么儒道禅三家便在共同的语境中汇聚"碰头"了:

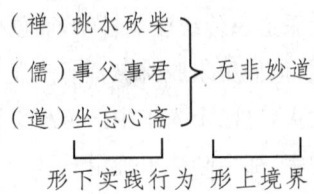

因之,笔者认为,要把握儒道禅三家的关系,非从主心眼上用功不可。不要把禅与佛(印)的关系,看得过重过密,仿佛离开了从印度来的菩提达摩,就不会有中国的禅宗;离开了印度之佛教哲学,则无从谈禅宗思想。笔者认为,佛的传入,这是禅宗出现的一个机缘和条件,仅此而已。禅宗思想不能放到印度佛教哲学全幅画面上去"考证"、"训诂",而只能置于中国儒道哲学史、中国思想史的全幅面上去审视。

由此看来,儒道禅三家的关系式,应该是下面的二层次递进关系式:

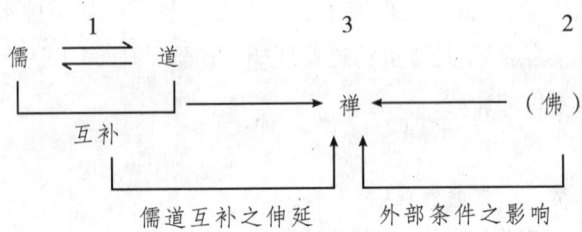

上图所示者,首先是儒道两家的互补互动关系的存在,成为中国哲学思想的"双轨"型主流,且是一个总体结构。这是第一层关系,然后才是"吸佛"、"吐禅"——"禅"是儒道互补交融后的伸延;"佛"仅是外来的影响。

从中国文化传统的立场上看,面对上面三个"妙道"关系式,能否把握其相容性? 能否统一在血肉个体身上? 由此出发,才能真正区别三家的关系。从禅宗来说,"挑水砍柴"与"坐忘心斋",是完全可以相容的,因为"面壁、打坐",正是其"顿悟"之方法;从道家来说,虽不能"事父事君",但总忘不了

"神/祖"之辈和超凡的圣人系列(这是超越的"事父事君"),虽不常作"挑水砍柴",但一旦断绝"挑水砍柴",命也活不了,且常有"庖丁解牛"(养生之道)之专业实践精神;从儒家来说,"挑水砍柴"是他们的日常生活、实践精神,"事父事君",是他们的日常伦理(前后二者都是他们的正宗行为与家常便饭),二者都统一于儒家的知心尽性之中,至于"坐忘心斋",则会偶而为之,作为"自强不息"的一种补充,亦未尝不可,或说,作为"内圣"修身、反省自我("吾日三省吾身"之一种方式),也是有益的。正因为在儒家哲学的整体结构功能中,潜藏着这种可能性(或潜能倾向),所以宋明道学诞生时,几乎所有大儒都首先进行这种"坐忘心斋"式的自省洗礼,也就毫不奇怪了。

据说,明末佛教僧人憨山,就可以说是三教融合论的典型人物。他著有《中庸直指》、《老子解》、《庄子内篇注》等书,思想已是畅行于儒道思想之中。他在《老子解》的卷头就说:"余尝以事自勖:曰不知春秋,不能涉世;不知老庄,不能忘世;不参禅,不能出世。如此,可以言学矣"[1]。中国哲学的本质,贤人智者,早有卓见与共识,曰:人生哲学也。所谓"人生哲学"(伦理哲学),就是面对人生之三维:"往世──现世──来世"之哲学,即考察与体验"人生之时变"的哲学。如果站在中国全局性之立场上看,那么,视界就既能穿透人生的现世,也必然能穿透往世与来世,只要对现世的观念立足得稳而深,那么对往世和来世的态度,也就能"一而贯之"。憨山之三世观:春秋入世—老庄忘世—禅宗出世,正是统一于儒道哲学的互补结构中。本来老庄是"出世",与儒家的"入世"构成直接的"互补"关系,禅宗应该是由"空"而来的另一种"出世",实际是一种更有距离、也更为纯粹的"出世"。这只说明"道—禅"在人生艺术化的层面上更为融合一致,成为中国哲学思想总体结构中之另一方面,即与"阳"向相对峙的"阴"向方面。

以上所述,如果一旦把禅宗视作儒道互补总体结构的伸延与发展,并把它纳入儒道互补结构的主流之中,那么,儒道禅三家的关系,乃至它们的诗性倾向,便一目了然。禅宗思想能纳入中国哲学发展的"双轨"型主流中,这是中国哲学作为"人生哲学"、或"有机生命的哲学"的一个必然的结果,也是中国哲学发展中的新胜利。所以人们都有一个共识,若无禅宗的宗教桥梁,宋明理学是难以出现的,即使出现,要达到儒家从所没有的高峰,亦是不可能的。因此,从发展了的宋明理学的成熟形态去反观禅宗思

---

[1] 转自范寿康:《中国哲学通史》,三联书店,1983年,第390页。

想的历史功绩,无疑是很有价值的:它一方面把儒道"圆环"合璧的哲学推进一步,另一方面又把中国哲学总体结构中的潜在功能引发出来,成为中国哲学吸取外来文化思想的典范。

中国哲学牟宗三等人又称之为"心性哲学",从对象结构上说,是直接面对心性本体;从方法论上说,把握对象全靠整体直观。"心性本体",既可以是儒家、道家的对象,也可成为佛禅的对象,后来则发展成为禅宗的"不立文字,直指人心,见性成佛"总纲领。方法论的"整体直观",就是儒道两家的象征性思维方式,或曰"智的直觉",发展至禅宗,则是:"顿悟"(神秀是渐悟)。他们用"如人饮水,冷暖自知"来表达。所谓"终日吃饭,不曾咬着一粒米;终日穿衣,不曾挂着一缕丝"。从自觉意识上说,这是把握对象的直观整体性;从非自觉意识上说,即把握对象的"非用心也"(即潜意识作用)。因而冯友兰说,"学佛最根本的一条就是无著,不要有著心","执著更甚,就是痛苦的根子太深"[1]。"直觉—顿悟—无执"是一个问题的三个方面。直觉,是以"视"(空间)为起点,对对象的整体把握;顿悟,是以"时"(时间的瞬间)为单位,对对象的整体把握;无执(无痛苦),就是以"乐"起点的、对对象的整体把握。概括起来,则是以心情之乐(无执)去把握时空中存在的一切对象。这是诗性方法论。从这个角度来看,禅宗在诗化的道路上,确实比儒家和道家驰得更远,也更微妙,所以引起众多诗学之徒的注意,但要紧紧把握住的,是禅宗的诗性方法论的优越与微妙,禅宗并不在诗性本体上冠绝于儒道两家。如果混淆不清,必然喧宾夺主,这也许亦是目下"禅宗美学"泛滥的原因。当然,后来(禅宗之后,出现的"神韵"说、"以禅喻诗"说等等,严羽概括为"铃羊挂角,无迹可寻","不涉理路,不落言筌")。如此,则把禅宗思想及其诗性方法论置于诗魂的核心中去了。

以上所述,只不过把儒道禅三家置于一个总体结构与流变中,才能更准确地厘清它们之间的真实的历史联系,也才能见出其主要的诗学方向与诗性之道。这是我们分别论述儒道禅三家诗学(诗教)的基础。

---

[1] 冯友兰:《中国哲学史新编》(中),人民出版社,1998年,第638页。

第一节 孔孟儒学的诗学形上之道

一、孔孟儒学之诗学的基本形态

诗学的基本形态是由相关的哲学基本形态分析而来。在中国哲学总体结构中,从诗性哲学到诗性艺术与审美,是一个伸延的过程,是从本体到现象的一个方面。

孔孟儒学的诗学基本形态,或曰其诗学运转的轴心,是"礼—乐"诗性社会存在本体论的形态。关于这个重大问题,上文已作了较为深入的论述。这里要补充的是:"礼—乐"结构是二元性的互补互动的统一结构,"礼辨异,乐统同","礼主秩序,乐主和谐","乐由中出,礼自外作","明于天地,然后能兴礼乐"(《乐记》)。这是儒家的一种"天人合一"观,亦可谓诗性"天人合一"观。其次,"礼—乐"是一对哲学、美学范畴,作为一个整体结构,它融合着中国古代文明的音乐智慧、数理智慧与哲学—伦理智慧,它滋润与养育了中国民族的诗性文明,并积淀了这个民族的诗性心理结构。"礼—乐"关系,又是一种社会存在方式,"凡音者,生于心者也;乐者,通伦理者也","知乐则几于礼矣","礼乐皆得谓之德"(《乐记》)。周代文明继商起后,周公制礼作乐。周代的衰退。来源于"礼崩乐坏",但作为一种文明精神核心结构,一个民族的精神骨架,它是永存的、不朽的,所以孔子要"克己复礼",要把"礼—乐"精神内化于"仁"学结构中,并使之伴随这个古老的民族永垂不朽。中华民族的文明贯之以"礼乐"文明的称号,或作为这个民族文明精神的代表,这都充分地证明了,"礼—乐"结构作为一种社会存在方式,是极有魅力与诗意的。《尚书》中"德"("正德利用厚生")观念,恐怕比"礼—乐"观念发生更早,层次也许更高。"德者,得也",即人能合理存在,亦谓之"得"(德)。因而,在《乐记》中,曰"礼乐皆得谓之德",这是对"礼—乐"社会存在本体论的进一步提升,使之成为人之合理的存在方式。这种"礼—乐"和谐有序的存在方式,是人生的最大享受,是最具诗性的存在方式。这就是"发乎情,正乎礼义"的"情—理"结构。一部《诗经》由此即可概而言之。儒家培养后代的"以诗为教",实可取代"以政为治"的强权。由此足见诗性"礼—乐"社会存在本体论之深刻精神。其次,孔子又特别看重"乐"在人生性情与知识结构中的重要地位。"知之者,不如好之者,好之者不如乐之者"(《雍也》)。朱熹引张敬夫言:"知之而不能好,则知之未至也;好之而未及于乐,则是好之未至也。"这是孔子处理"知—好—乐"三者的关系时,而最后落脚点在"乐"上。其实,这也是儒学的落脚点、立足处,故有"不学诗,无以言"之论。最后形成了心性哲学体系中的"孔颜之乐"。

以上所论孔孟儒学的基本形态:是诗性"礼—乐"社会存在,并在"礼—乐"结构中,展开其诗学的大网络;其次,对于艺术精神(乐)在"知(知识)—好(心理)—乐(艺术精神)"三层关系中,突出"艺术精神"(乐)的最高境界与人生终极性。

二、"心性"之诗与性理之诗

儒家哲学,又曰"心性哲学",它直接发源于孔子的"克己复礼为仁"之说,亦即把"礼—乐"社会结构内化于"仁"的心理结构之中,至孟子的"四端"说"十字打开"之后,心性哲学始为巨流,蔚为壮观。

"鸟语花香"的世界是一种"诗",然而人的"心性"世界,更是一种"诗"。周敦颐的《爱莲说》即为证(其不除窗前草,更有诗意)。莲花之所以比别的花草更为可爱,全在于其"出淤泥而不染,濯清涟而不妖。中通外直,不枝不蔓,香远益清,亭亭净植,可远观而不可亵玩"。其实,这是一种品德,是儒家一种"心性"的象征。中国文学艺术中之所以没有"悲剧",没有"崇高",全在于"心性"海洋的一碧万顷、波光粼粼,那打上中庸烙印的人生情调,那"未发—已发"的礼义控制,使中国心性哲学无法掀起狂波巨浪,但它能清彻见底,一片透明闪亮。孟子"四端说""十字打开"之后,沿着"知人—尽性—知天"的循环路线,重铸了儒家的"天人合一"观,使"礼—乐"的诗性社会存在本体论,升华为"心性"世界的一片穆静与光明,相似于古希腊时代的那种"日神精神"。所以把握着"心性",也就是深刻而又有诗意地把握着"人",反之亦然。"正如'天'、'人'、'物'三者中间,有一个共同一贯的道理。也可以说是一种共同相似的倾向。天、人、物三者间因有这一种共通的道理和倾向,所以才能形成这一个共同生息的宇宙。这一种道理或倾向,儒家称为'性'。物之性太杂碎,天之性太渺茫。莫切于先了解人之性。

要了解人之性,自然莫切于从已之性推去。因为'已'亦是一'人','人'亦是一'物'。合却天、地、人物,才见造化神明之大全。这是中国思想整个的一套。"[1]这就是孟子"心性"论的"物—人—天"的循环统一观。其发生学基础,是"一个共同生息的宇宙",也即是说:性者,是一种"生生不息"的生命力,是一种向上奋斗的功能,或者是一种"知其不可而之"的顽强精神,这便是人之"心性"。如果从境界形而上学的高度来俯视这种心性。或者说,把这种心性推向境界形而上学的高度,难道这不就是人间最美好的诗么?! 康德关于"美"的定义是:"美是道德的象征"。绝代伟人只说出了一大半真理。道德只有融化为人的心性本体,具有贯通天地、拓通人伦、化成"神明之德"、"万物之情"时,才是人间的艺术和诗。这也就是人生艺术化的心理结构的深层化石。由此而衍生出"颜回之乐":"贤哉!回也!一箪食,一瓢饮,在陋巷。人不堪其忧,回也不改其乐"(《论语·雍也》)。这是现实个体之乐,一种生活方式与人生态度。"饭疏食饮水,曲肱而枕之,乐亦在其中矣。不义而富且贵,于我如浮云"(《论语·述而》),"发愤忘食,乐以忘忧,不知老之将至云尔"……如果说"礼—乐"是一种抽象出来的结构,那么这种"颜回之乐",则是由儒家心性哲学养育出来的血肉个体的人生态度与生活方式。这是一种诗化与艺术化的人生态度与生活方式。中国人的人生格言是:知足常乐。"知足"是人的"向内翻"(牟宗三),就是把握自身的"心性";"常乐",是人生艺术化。

由"心性"哲学开拓出的孟子的"我善养吾人浩然之气"(《孟子·公孙丑上》),其"至大至刚"、"塞于天地之间"的发展势头与节奏,一方面把心性哲学导向人生化、个体化。另一方面开中国艺术—审美之"文气"说、"志气"说的先河,实是"文如其人"的哲学源头。朱熹在《四书章句集注》的《孟子序说》中,特引程子之论:"仲尼只说一个'仁'字,孟子开口便说仁义。仲尼只说一个'志',孟子便说许多养气出来。只此二字,其功甚多"。故朱氏说"孟子性善、养气之论。皆前圣所未发。"[2]"气"是什么? 气是由生命释放出来的一种巨大力量,故"气"由"道"生,由"义"发。"其为气也,配义与道,无是,馁也",[3]"道"是体,"气"是用。孟子所拟诸的"浩然之气",实是心性哲学的个体化—生命化,即把抽象的心性哲学,内化为人的生命过程,

---

[1] 钱穆:《中国文化史导论》,商务印书馆,1996年,第225页。
[2] 朱熹:《四书章句集注》,中华书局,1983年,第199页。
[3] 朱熹:《四书章句集注》,中华书局,1983年,第199页。

也正如把心性哲学的开端,诸拟于"孺子将入井"的事件一样,这种内化与隐喻,不但闪烁着心性哲学的本体光辉,而且放射着心性哲学的诗性光辉,这也是一种人生—艺术的形上境界。读孟子之文章,能深深吸纳到"气"(心性)之伟大力量与振撼乾坤的屈强精神——"富贵不能淫"、"威武不能屈"、"舍生取义"……人之"心性"潜能,一旦升华到这种境界,且成为一派不可阻挡的"气"势时,谁能说,这只是哲学、伦理道德,而不是"诗"呢! 恩格斯的名言"愤怒出诗人",不就道出了其中的深刻真理么! 当然,"愤怒"不就是"诗","愤怒"是一种情感,是一种潜藏于内部的心性。这正是诗之所以是诗的基础和原因。所以孟子的心性论与养气说,是心性哲学的一体二面。这正是中国诗性哲学的功能及其巨大包容量所至,亦是中国诗性象征思维方式的审美呈现。

三、"知(水)—仁(山)"型的诗性特征

"知者乐水,仁者乐山,知者动,仁者静。知者乐,仁者寿"(《论语·雍也》),"知者不惑,仁者不忧"(《论语·子罕》)。朱熹说,"知者达于事理而周流无滞,有似于水,故乐水;仁者安于义理而厚重不迁,有似于山,故乐山","动静以体言,乐寿以效言也,动而括故乐,静而有常故寿"。[1]

在中国文化中与思维方式中,所谓"智者见智,仁者见仁",这是关于主体世界与对象世界的"二分法",这不是对立之二分,而是整体结构之类型性二分,亦即互补性与共生性的二分。很明显,把人的"德性"与"智慧"("德性之知"与"闻见之知"),以山、水为之象征取喻,以动、静为个性标志,让人一看,即能瞬间得获得"全息性"的感受。要知道,山—水是农业社会的象征,直接地是人的生命存在的依据(中国后世的山水诗、山水画的总根源及其哲学依据即在于此)。在中国人之"乐"(艺术)中,有"游山玩水"之说法,这并非只有山和水才可以玩,而是山与水的互补互足,可以成全一个人性灵的完美结构(与农业社会的山水观同型同构)。应该说,这是中国人艺术与诗的特有领域(外国人也有山有水,但决不能如此地成为性灵的完美合璧结构,更不会成为这种结构的二型互补智慧)。故有后世的"山水诗"、"山水画"等,它亦是冠绝于世的艺术。如果要寻根溯源,我们则可以

---

[1] 朱熹:《四书章句集注》,中华书局,1983年,第90页。

清楚地看到:从神话原型而来,经过久远农业社会的养育滋润,中国人的诗性智慧,表现为一片生机、苍翠欲滴的"山—水"智慧,实在是一种极其准确而又生动、亲切的象征。而朱熹作为一代大哲圣人,他的把握深有见地:"智者达于事理而周流无滞,有似于水","仁者安于义理而厚重不迁,有似于山"。朱熹的分析,直指诗性智慧之类型。水,象征事理,似水之流动不滞,这是知识型智慧,它是专门获取"事理"(取之于物的现象)的,因之,"理"以"物"转,这大约就是"闻见之知";山,象征"义理",似山之厚重不迁,这是德性类型智慧,是专门获取"义理"(心性本体世界)的,因之,"理"与"山"合,这大约就是"德性之知"。在儒家哲学传统中,"闻见之知"与"德性之知",构成一个圆环结构。尽管发展到宋明理学,有极大的"非互补(对立)"性论争,但并无损于其一体结构之圆环功能,与灵性之光辉。我们只有回到中国哲学一体结构中的互补互动性功能上来,才能尽情欣赏这两种类型之诗性智慧。水(事理),是流动性,是一种动态美;山(义理),厚重不迁,是一种静态美。动静相生相存,正如"一阴一阳之谓道"一样,属阴阳协调故能把握变化之大律。这是中国人的人生艺术化之两面。相映成趣,相互生辉,正如在日常生活实践中,游山必须辅之以玩水,玩水必须辅之以游山。这才是不至于偏颇、厌倦的最大之乐。

如果要对"智(水)—仁(山)"二型智慧作进一步分析,就要另取参照系了。

"知—仁"是孔子思想的产物,这是历史成果,但作为一种有系统的理论结构,则是孟子开其端。就"知—仁"二者的理论发源处—发端结构来说,是源于孟子的"孺子将入于井"的"不忍人之心"。它"十字打开"为四端说,"恻隐之心,仁之端也;羞恶之心,义之端也;辞让之心,礼之端也;是非之心,智之端也"(《孟子·公孙丑上》)。由此看之,这里的"仁—义—礼—智"都产生于"不忍人之心",面对"孺子将入于井"的伦理道德说之考验,所采取的心性对策。"知—仁"即是其中(四者)之二策。但(四端)的总源头又出自"不忍人之心",本质上又是孔子的"仁"("礼—乐"结构的内化)。孟子的"仁"(德之一目)虽然比孔子的"仁"(大德或全德),在内涵上要狭窄得多了,但是也更为具体与深化得多了。孔孟仁学,内涵有差异,但形态一致。于是,"仁"学便统辖"四端"说,亦即"仁"可统辖"仁义礼智"。如此,则"德性之知"(以仁为首)便成为最高的层次与境界,它要统辖"闻见之知"(知)。这是中国心性哲学的总体思路。故老子曰:不知之知(德知),为最大的知。说到这里,我们必然会联想到康德的"道德的绝对律令"。什么是"道德的绝对律令"?它不是"知"(知性)的对象,而是"思"(信仰)的对象;它不是某种由知性而来的规律型知识,而是一种实践行为;它不是理论理性,而是实践理性。如果一定要把"绝对律令"解剖一种"知"那则是"天之知"、"逻辑先在的知"(或"先验"之知),说到底,还是老子的"不知之知"(前一个"知"指知性之知;后一个"知"指天之知或""先验之知")。中国圣人早已发见了,"德性之知"与"闻见之知"的这种关系,对中国心性哲学来说,"德性之知"是高于一切、统辖一切的。"闻见之知"只能依附其下。时至19世纪的康德,才恍然大悟,在西方认识论的当头,看见还高悬着另一盏更为光亮的明灯——"实践理性"、"道德律令"(它比"灿烂的星空"〈自然规律〉更为深邃、伟大)。然而绝代伟人(康德)却难于发见与沟通二者间的关系("德性之知"与"闻见之知"之间的关系),从知性如何过渡到"道德律令"(实践理性)?实践理性的本体世界是什么?作为前者的解答,康德提出了"美学"(第三批判),作为后者的解答,康德提出了三个设准(灵魂—自由—上帝)。他把整座西方"认识论"的哲学庙宇弄得摇摇欲坠,一片"哥白尼革命"的撕杀声振撼云霄。然而,这一切在中国心性哲学中(在老子的"不知之知"中,在孔子的仁学结构中),却是如此的"温柔敦厚",一片诗意与波光粼粼。怪不得牟宗三处处贬斥康德之"神学"意绪(尽管是理性神学)及其不通透(但牟对康德又极为崇拜),而又时时提高中国心性哲学的身价(公允是否,另行讨论)。

　　言归正传。中国山水二型智慧或说"知—仁"一体结构智慧,完全不同于西方(康德)心理结构三分法:"真—善—美"("知—意—情")。西方的"真"大体上对应于中国的"知";西方的"善",比中国的"仁—义"要狭窄得多,那根源都在其背后的哲学依据。中国的二型智慧,根源于中国心性哲学(或说在中国诗性哲学);康德的三分心理结构,是根源于西方的认识论哲学(或说西方的逻辑理性哲学)。因此,按照西方关于"美学"的概念,在中国心性哲学中"照着"套,其结果必然是"乱套"的。笔者认为,在中国根本就没有西方式的"美学",更没有"认识论"中的美学。如果一定要把西方的"美学"移植过来,就必须站在西方美学的最高成就上(康德美学),遵循"美是道德的象征"的方向才能移植(这是牟宗三先生一大功劳,可惜国人视而不见或未视未见)。时下的"中国美学"论著不少,"照着"套的居多,大体上都难以自立。中国的美学,潜藏在中国礼乐哲学(诗性哲学)之中,这里的"山—水"型智慧,即是一大启示。

自儒家哲学开创了这"山—水"型智慧之后,中国的诗性智慧及其形上之道便沿着这两支巨流奔腾向前,蔚为壮观。在文化精神之内部,山水诗、山水画的审美情趣以及"见仁见智"之思想方法论,则积淀为国人认识世界、欣赏艺术的一双"慧眼",这是中国民族诗性的心理结构的双星座,正如鲁迅所说,"一部《红楼梦》,儒家看见《易》,道家看见淫,才子看见缠绵,革命家看见排满,流言家看见宫闱秘事"[1]。应该说,这是中国人的审美阐释学。反之,"见仁见智"说("乐山乐水"说),又从同构性的审美现象中,炼就了中国人诗性心理结构的互补性、功能合璧性,并使之融合于中国哲学的巨流,孔孟对中国诗性的贡献可谓大矣。

四、学诗之路向与学诗之方法论

据说孔子是删过《诗经》的人,因之,他不但对中国人的诗性智慧与诗性之道有深入的了解,而且对诗性本体有相当的把握,故而对学诗的意义、路向、方法等这一套诗学理论均具慧眼。

所谓"兴于诗,立于礼,成于乐"(《论语·泰伯》),由诗而入,经过礼之调节,最终归宿于"乐"(艺术)的境界中,这与孔子的另一观点一样,"知之者不如好之者,好之者不如乐之者",知之—好之,终不如"乐之"。这是"礼—乐"社会存在的有机部分,亦是中国诗性智慧中最为活泼的成分,因为中国没有艺术科学的名称,只有一个"乐"字(钱穆)。在"生产⇌消费"的循环结构中,"乐"既是终点(从生产到消费),又是新的起点(从消费到生产),这是"生产⇌消费"循环结构中,心理质量与能量的增殖,这便是马克思说的"消费创造生产"的过程,对于"乐"(艺术精神)在人类活动中的心理位置,孔子又有另一种表达法,"志于道,据于德,依于仁,游于艺"(《论语·述而》)。这里所述,由"道—德—仁"之大端开始而终结于"艺"(乐)。这是孔夫子把心性哲学之大律融化于血肉个体的艺术(乐)精神与个性中。孔子重视"以诗为教",其哲学依据即此也,朱熹说,"游者,玩物适情之谓。艺,则礼乐之文,射、御、书、数之法,皆至理之所寓,而日用之不可缺者也,

---

[1] 鲁迅:《鲁迅全集》(八),人民文学出版社,1981年,第145页。

朝夕游焉,以博其义理之趣,则应务有余,而心亦无所放矣"[1]。因而"乐"作为中国艺术的总源头,则是融合了中国心性哲学(诗性哲学)的巨大历史流程的。

学诗不能从诗本身开始,作"乐"也不能由乐本身开始。诗以言志,乐以心气和平。在儒家的作乐之道中,"乐"是一个终端环节与终极形态,它必须贯通于"道"与"德",或贯通于"仁"。其实这里的"道—德—仁"都是乐之所以为乐的根本原因。只不过,"道"是就内心之充实而言(故曰"志于道");"德"(得)是指道存之于心而不失,且能执着于它,有"苟日新,又日新"的进取精神;"仁"是"私欲尽去而心德之全也",功夫至此,天理尽收。具备了以上之深厚基础,才可言"游于艺"。"游"者,为"玩物适情"也,是由中国心性哲学滋润培育的极为深刻的主体品尝契机,亦是获取诗情意绪的审美方法;"艺",则小物不遗而动息有养"(朱熹)的"无所为而有所为"的精神,此又谓之"乐"的精神。故曰:儒家诗学系统中之"艺"(乐)处,实为儒家之道(心性哲学)的归宿点,此亦即儒家哲学的终端形态(或曰"理想形态")。

从志之"道"开始,经过对"德"与"仁"(义理)的执着,最后才能进入"乐"(艺术/诗)的境界。这些环节与过程,与其说是学诗赏乐的过程,无宁说是儒家诗性哲学在展现中国诗性智慧的内在结构与生命力的过程。从六经体系去看,则是"亦诗亦史","亦诗亦哲"的一种同构性功能的产物。转换一个角度看,在中国,诗与艺术,乐与审美,都是以深厚的哲学意蕴作为背景的(一是"礼—乐"社会存在的要求,一是"发乎情,止乎礼义"的要求),或者说,是相映成趣的。在中国古代文明体系中,作为一种人生智慧,是诗性智慧;作为一种形上探求,是一种境界形而上学。据于前者,极易走向"人生艺术化"的实践之途;据于后者,极易与禅宗、老庄同流,开创历史的新局面。宋明理学的鼎盛,即是证明。

"不学诗,无以言"(《论语·季氏》),"诗可以兴,可以观,可以怨,可以群。迩之事父,远之事君,多识于鸟兽草木之名"(《论语·阳货》),朱熹在注释这两段话时说:"事理通达,而心气和平,故能言","人伦之道,诗无不备","其余绪又足以资多识","学诗之法,此章尽之。读是经者,所宜尽心

---

[1] 朱熹:《四书章句集注》,中华书局,1983年,第94页。

也"[1]。上面的话可分为三个层次,一是"不学诗,无以言";二是诗之社会效应;三是诗之外在特征,是多识于鸟兽草木之名。第一层,是基于诗是六经体系中的"入门券"(《诗经》亦列首位),指出《诗》之"亦史亦哲"的多功能包容性。第二层,是说诗之应泛效用,归根结底又是诗("礼—乐")之社会存在的基本内容;且与事父事君结合起来,走上一条更为广阔之路。第三层"多识于鸟兽草木之名",不仅是朱熹所说的"以资多识",更是农业社会中"诗之所以为诗"的根本象征,它直接与《易》之取象意识体系贯通起来("仰则观象于天,俯则观法于地,观鸟兽之文与地之宜,远取诸物,近取诸身。以通神明之德,以类万物之情")。这是中国诗性智慧与诗之道的"取象"方法,从而构成象征性的"物象—意象"体系,呈现了诗性智慧的一种象征性思维方式。从这个基本观点上看,朱熹所说的"学诗之法此章尽之",是完全对的,但这里的"学诗之法",应由写诗之法拓展、溯源到"成诗之法"(以"游于艺"作为终结)。

总之,孔孟儒学的诗学方向,基本上是围绕"礼—乐"社会存在本体论的方向旋转的。如果向内深挖一步,此即儒家哲学之心性本体,这是"知人尽性知天"的巨大生命力,更是一种诗性精神(亦哲亦诗);如果向外拓展开去,则是由象征性思维方式呈现出来的"多识于鸟兽草木之名"的诗现象。儒学的诗性智慧及其诗性形上之道,按中国哲学的互补互动功能,又可大别为两种类型:以"水"为象之乐,和以"山"为象之乐,山水(智/仁)之乐,可谓乐之至极矣!

第二节 老庄道家的诗学形上之道

一、老庄学派自评其思想特征

我们在论述老庄学派诗学形上之道之前,首先要把老庄道家诗学发生的思想基础有大体的把握。否则,很难得出合理的结论。就目前学界的情

---

[1] 朱熹:《四书章句集注》,中华书局,1983年,第178页。

况来说,对老庄(尤其庄学)的诗学性质谈得特多,几乎把庄子看成是一位绝代诗哲,甚至有誉为"诗圣"的势头,仿佛一部《庄子》就是一部中国诗学。笔者认为,老庄道家的诗性观念,必须置于双重背景之下,才能透视清楚。一是中国思想史的整体背景,尤其是儒道互补互动的背景,二是老庄道家自身发展历程中的背景。否则,很难对老庄道家的诗学形上之道(尤其庄子的诗学性质),作出合理而客观的解释。

我们还是先从老庄道家对自家学说的评述中,攫取其体系的诗性闪光点。

庄子的《天下篇》,多数论者都认为是庄子本人的著作,只不过按惯例,排在全书之后而已,而且全篇所述之内容,实际上是先秦诸子百家的学术史。因而,《天下篇》就成为打开老庄道家思想宝库的大门。其中,庄子既谈到关尹、老聃的思想特征,也谈到庄子自家的思想特征。笔者认为,这是分析老庄道家思想特征最重要的依据。

先看《天下篇》对老子的分析。

"悲乎,百家往而不反,必不合矣!后世之学者,不幸不见天地之纯,古人之大体。道术将为天下裂。"(《天下篇》)

庄子在这里提出了分析先秦诸子百家思潮的方法论与总原则:"百家往而不反,必不合矣。"何谓"百家往而不反"? 这就是钱穆等人所说的,中国古代哲学思想的"进—退"原型(或说"进—退"状态)。他们把儒家哲学称为"进"的哲学,把道家哲学称为"退"的哲学。前者为动态哲学,后者的静态哲学。二者结合成为一体,即是完美的既能进,又能退的主体实践哲学(或说两种实践功能);二者的拆离,则是两败俱伤的主体悲剧。庄子在这里说的"百家往而不反",即是指的道家之外的各家,都是从属于"往"(进)的哲学,此即是由主体的"知"与"欲"支配,向前(向外)获取人生价值(或审美情趣)的哲学,所谓"不反",即未能从"往"的历程中,返归到自家的原始本性中来,回到人生行为的"自本自根"的起点上。而道家则是在批判"往"(进)的学派中,返归于虚静无为的原始本性,是属于"返"(退)的学派。从这里可以看出,庄子是把中国古代哲学的原理区分为方向相反的两大类型:向前"往"(进)的哲学,与向后的"返"(退)的哲学。前者则以儒家为代表,后者则以道家为象征。于是庄子在客观上提出了一个巨大的历史课题:"百家往而不反,必不合矣"中的"合"的问题。在一条直线上方向相反,如何才能"合"? 这就是:由"方以智"向"圆而神"转化的契机问题。深一层看,就是民族精神的总根源及其发生的原点问题,因而"儒道互补"的总体观点,即是"合"之必然与表现。

《天下篇》接着说:"后世之学者,不幸不见天地之纯,古人之大体,道术将为天下裂"。"往"者,只是随着自己的知与欲向前追逐、攫取,主体自身便成为知与欲的附着物,失落了自己的本性,故而"不见天地之纯",与"古人之大体"。而庄子所说的"原天地之美,而达万物之理"的同构物,是"虚静—无为"的人之原始本性。"返"之哲学,其所追求与归宿者,即此也。由于各学派所追求的,方向相反,就不可避免地"道术将为天下裂"。老庄道家的历史任务,似乎就是要通过对人(或"道")的"自本自根"的本性的复归,将"分裂"开来的"道术",融通起来——"道通为一"。

在庄子的"自本自根"(或"虚静—无为")的本性观念中,蕴含着一个巨大的"悖论":人从动物发展而为人,是经过漫长的历史过程的。人之本性之所以不同于动物的本性,全在于"向前"("往")的社会实践中,即物质生产中。只有这个实践过程,才能塑造区别于动物的、人之本性。"向前"(往)是"人化"过程。如果把"人之所以为人"的历史起点,设为一个静态的、先验完满的存在物,那是历史唯心主义。从这个方面看,庄子所持的这种观点,无疑地,是没有什么历史价值的。但他之所以要强硬地返回这个人生本性的起点(实际上不存在),那是出于对那个时代的"知"与"欲"所形成的混浊局面的抗议与批判,尤其是对儒家"礼—乐"社会的批判(孔子与盗跖等价)。如果从这方面看,庄子的批判与抗议又有合理的一面(同时在"返"回的历程中,见出了许多观照诗性—艺术的原则与方法论,这方面下面详谈)。很明显,庄子以"不合理"(人之原始本性根本不存在)的设想,对"不合理"的现实境况进行批判、抗议。这是属于"以毒攻毒"的思想类型,不属于时代前沿的思想家。笔者认为,庄学的思想本质,就应首先划定在这种界限(范型)之内。做到既不贬损太过,也不褒之过甚,确守界限,不超越范围。准确的说,如果从思想史的社会观而言,庄学并不是时代的鼓角,而仅是一种消极的批判武器(一种解构方式)。但这并不妨碍我们对庄学历史价值的探索,更不掩其诗性的光辉。

从人的原始本性出发,庄子在《天下篇》中,指出老子的思想骨架:"以本为精,以物为粗,以有积为不足,澹然独与神明居"。这里的"本",即人之原生本性,亦即道家的"道";这里的"物",亦可对峙于"本"而析为"末",是知与欲所追逐的东西。由于老子思想是属于"返"之哲学,因而对知与欲的"心私"(心计)不以为然,其所重者,是以"无为—虚静"的"淡然"心态,独与

"神明"居处。这便是老子的"不争之争","无为而无不为"的思想(这也是老子诗性观念储藏之所)。这种处理"本—末"关系的哲学,在社会生活中的进一步展开,即是"建之以常无有,主之以太一,以濡弱谦下为表,以空虚不毁万物为实"(《天下篇》),"人皆取先,已独取后,……人皆取实,已独取虚,无藏也故有余,岿然而有余。其行身也,徐而不费,无为也而笑巧。人皆求福,已独曲全,曰苟免于咎。以深为根,以约为纪,曰坚则毁矣,锐则挫矣。常宽容于物,不削于人,可谓至极。关尹、老聃乎!古之博大真人哉!"(《天下篇》)。无疑地,庄子深刻地把握着老子哲学观察、处理事物之二重性,选择了彼此对峙的"彼"一面。如果说,一切都可以概括为"一阴一阳之谓道",那么,"往"的哲学则属于阳,"返"的哲学则属于阴。老庄哲学依阴看阳,以阴透阳,故而"人先我后",人实我虚,人求福,我曲全,让阴阳互为一体。

现在,我们看看庄子对自家学派思想观念的分析。

1. 宇宙观与人生观

"芴漠无形,变化无常,死与生与,天地并与,神明往矣。芒乎何之,忽乎何适?万物毕罗,莫足以归。古之道术有在于是者,庄周闻其风而悦之。"(《天下篇》)这便是庄子在《齐物论》中的基本思想,即"天地与我并生,而万物与我为一"。人与物都归于"道"的绝对同一性。只有这最后的存在("道通为一")与归宿,才是世界摈弃外装后的本真。故而,在本真境界中,天地相并,生死同一,神明交融。这是一种关于宇宙和人生的透视。[1]

2. 老庄哲学思想的表达形式

"以谬悠之说,荒唐之言,无端崖之辞,时恣纵而不傥,不以觭见之也,以天下为沈浊,不可与庄语(端庄地谈论)。以卮言为曼衍,以重言为真,以寓言为广。独与天地精神往来,而不敖倪于万物,不遣是非,以与世俗处。其书虽瑰玮而且连犿(宛转连缀)无伤也。其辞虽参差而淑诡(奇异玄妙)可观。"(《天下篇》)

庄子把中国哲学前此的一切思想表达形式,分类为"卮言—重言—寓言"三种。寓言是以小故事的形式,表达深刻的哲理观念,这是中国先秦时代诸子百家所共创的文化辉煌,它是中国思想史、哲学史上的璀璨明珠,也

---

[1] 徐复观在《中国人性论史》中说,老庄学派所述之宇宙论,是要落实到人生论上去的,二者为一。故区别于西方哲学的宇宙论,也区别西方的人生论。这大约便是"天人合一"的观念所致。

是中国民族诗性智慧(象征性思维方式)的一种特有创造;重言,是前人圣贤之言,具有经验真理的历史价值;卮言,是个体活泼个性、自由思想的独特创造,亦是庄子哲学的特有风格,即所谓"谬悠之说,荒唐之言,无端崖之辞"是也。应该说,这是对一切定型的行为规范(尤其是"礼—乐"规范)的反叛,对人自身的一种特殊的抽象与奇特设想,企图将人从历史—社会、时间—空间的束缚中解脱出来。庄学的表达形式,则是以卮言去统辖重言与寓言,因而庄子书中的圣人与盗跖、端庄与丑陋,都在同一价值观念上呈现:千奇百怪,无所不具。这就是独特的思想需要独特的方式和语言来表现。

3. 庄子思想学说之根深叶茂

"彼其充实不可已,上与造物者游,下与外死生,无终始者为友。其于本也,弘大而辟(通达),深闳而肆。其于宗(大道)也,可谓稠适而上遂矣。虽然其应于化而解于物也。其理不竭,其来不蜕,芒乎昧乎,未之尽者。"(《天下篇》)这是庄子对自家学派思想的整体透视,"上与造物者游,下与外死生、无终始者为友",天地与我并生,万物与我为一。其本其宗都是源于道之本体。其来其去,都可谓:"调适而上遂",其理不竭,且深远窈冥。这便是庄学中"气"与"道"的存在方式,是"返"(退)的哲学,"退"到原点之后的理想景观。

从以上所引《天下篇》对老子、庄子哲学思想的分析中,我们可以看到老子与庄子的共同特点是:一、两者都是属"返"(退)的哲学,同时区别于"百家往而不返"者;二、两者都持"原天地之美,而达万物之理"的返本归根思想,回到"人的自然本性"中去;三、以虚静无为为宇宙(道)的本体。其不同点是:一、老子更庄严、规范一些,庄子则更诙谐活泼一些(老子缺乏那恣纵的"谬悠之说、荒唐之言、无端崖之辞",而仅有哲理诗性格言);二、客观地说,老子思想更形上一些,庄子思想更形下一些。

不管《老子》成书于何年代,也不管《庄子》成书于何年代,二者合璧成一岭双峰,成为中国"返"(退)哲学的完备体系,与儒家体系学说("往而不返"的"进"的哲学)相对峙,成为中国哲学的双轨主流。

二、从老子到庄子的过渡区间

从老子到庄子,其间的变化,构成一个奇妙的过渡区间,这尚未引起学人的足够重视。一般人的主要视点,只放在"儒道互补"及其不同点上。但要把握老子与庄子的真实,忽视这个过渡区间,则会"恍兮惚兮",老庄齐一了。我们还是看看徐复观先生在其《中国人性论史》一书中的基本观点,以之作为一种参照系是很有意义的。

1."道"转化为人生境界

"庄子主要思想,将老子客观的道,内在化而为人生的境界,于是把客观性的精神,也内在化而为心灵活动的性格"[1]。道在老子那里,是极为抽象的形上意向,仅是一种不可名状,无可触摸的混沌("道可道,非常道,名可名,非常名"、"有物混成,先天地生"、"视之不见","听之不闻"),极少人间烟火味。时下学人把它比附于黑格尔的"绝对理念"(是否恰当,另作评论),但从运行方式与生产结构上说,有一定的类似性,但黑格尔的"绝对理念"纯属一种逻辑运演(逻辑生产)与理性辨证法,不存在"唯恍唯惚"的性格。而老子的道,是遵循宇宙论的内在结构,"人法地,地法天,天法道,道法自然",道"可以为天下母","玄牝之门,是为天地根",是"知其雄,守其雌"的"雌"性哲学。这不是逻辑运演,理性生产,而是一种自然力的繁衍,更具人类学生命本体论的特征。先贤们早就指出过,中国哲学是"生生哲学"。这应该包括儒家的"自强不息"的生命哲学,也包括道家的"守其雌","可以为天下母"的"雌性"哲学。否则,中国哲学就会失去其原型之统一性。徐复观是以研究中国古代思想史享有盛名的,在这里,他的慧眼,是见出庄子"将老子的道,内在化而为人生境界……内在化为心灵活动的性格"。简单的说,便是"道"的人生观(具体化)。

2."道"的落实是"明至人之心"

"其实,一部庄子,归根结底,皆所以明至人之心,由形上之道,到至人之心,这是老子思想的一大发展,也是由上而下,由外向内的落实"[2]。道的人生化,就是把混沌的道,透明化、生命化,见出其原始的归宿地——体现于"至人之心"中。极为有趣的是:儒家的道("礼—乐"社会存在论),体现在圣人(孔子)之"仁"中,所以孟子则可以"十字打开",建构了儒学的庞大系统;道家的"道"("虚—无"论),则蕴藏于"赤子"、"婴儿"的绝对纯洁未萌的心中,庄子则升华纯化为"至人之心"(或"德人之心"),成为人之自然本性的绝对理想状态,从而把道家体系"返"归(推至)人之本性的原点和发

---

[1] 徐复观:《中国人性论史》,上海三联书店,2001年,第345页。
[2] 徐复观:《中国人性论史》,上海三联书店,2001年,第345页。

端之处。儒道的"往""返"之间,形成巨大的张力结构。

3. 老庄道家哲学的全部"功夫"在于"无己"

"'至人无己,神人无功,圣人无名'……无己是功夫的顶点……亦是忘的功夫顶点。实际,还是虚静到了极点的心。无己的观念,是老子'无知无欲'的观念进一步的发展。至人无己三句话,乃庄子的全目的、全功夫所在。《庄子》全书,可以说都是这几句话多方面的发挥"[1]。中国哲学,不是思辨理论哲学,而是人生伦理实践哲学。儒家是"礼—乐"实践,道家是进入"虚—无"的实践,这种虔诚的实践(如心斋、坐忘),又称为"功夫"。道家的功夫,是进向物我同一,是非泯灭,达于超越与忘却自我(忘己)境地,才能与"道"合为一体。人只有通过"忘己",才能与道合一。于是,无己便是人与道之间的中介环节。反之,道的本体,也可通过"无己",还原于人的本体。

再看徐复观的分析。

"庄子的无己,只是去掉形骸之己,让自己的精神,从形骸中突破出来,而上升到自己与万物相通的根源之地,也是立脚于道的内在化的德、内在化的性;立脚于德与性在人身上发窍处的心"[2]。这便是由忘己—见出精神—立脚于心(内在的德与性)—在根源处与万物相通(人的本体与道的本体的融通为一)。因而"忘己"的功夫,是过渡到对方的关键(或说是相互过渡的关键)。抓住此一中介环节,对探索庄学奥秘有极大的意义。徐复观认为:忘己(无己)有两条进路,一是"忘",一是"化"。"无己即以'忘'与'化'为其内容,绝不同于原始性的浑沌"[3]。所谓"忘"(无),即"忘乎物,忘乎天,其名为忘己"(《天下篇》)。"化",亦为两个方向:一是身外之化,二是身内之化。前者是"观化",即对外物变化采取一种"观照"(静观)态度,不参与其实践过程(这相近于西方的审美态度);后者为"物化"(随物变化)无执于己,不滞于我,进至"独"与"游"的境界。忘己(无己),"是使心不随物牵引而保持其灵府灵台的本质,以观照宇宙人生的境界,亦即绝对的自由境界","这是'自本自根'的'无待'境界,亦即绝对自由的境界"[4],"无己的境界,即是同于'道'的境界"[5],简言之,即是如下的几个等价式:忘

---

[1] 徐复观:《中国人性论史》,上海三联书店,2001年,第345页。
[2] 徐复观:《中国人性论史》,上海三联书店,2001年,第362页。
[3] 徐复观:《中国人性论史》,上海三联书店,2001年,第354页。
[4] 徐复观:《中国人性论史》,上海三联书店,2001年,第353页。
[5] 徐复观:《中国人性论史》,上海三联书店,2001年,第356页。

己之后人的灵府灵台的本质=观照宇宙人生的境界=绝对自由境界=无己境界=道的境界。牟宗三先生把中国哲学,不管是儒家,还是道家(还有佛禅),都称之为"心性哲学",这真是"挖井及泉"的卓识。这里庄子的"道"的"灵府灵台的本质",实际上可归属于"心性哲学",其不同于儒家者,是方向上的不同("一为往,一为返")而已。故而,有艺术修养的人,都一致认为庄子哲学,是中国诗性—艺术最丰富的宝库。

从以上三个方面来看,徐复观先生确是比较真实地梳理出了从老子到庄子的脉络走向,从骨架子上找到一条由老学到庄学的生命展开之路,老庄道家不再是一团雾,叫人"囫囵吞枣"了。

徐先生在梳理从老子到庄子的区间奥妙中,功力甚笃,但他又得出三个令人费解的结论,在这里顺便附上一笔,既表善敬,也让读者能更完满地了解徐氏观点,而不以偏概全。

1. "庄子是反俗儒之所谓仁义礼乐,而非反仁义礼乐之自身……"[1]

首先,应该明确,在原典时期,是没有"俗儒"概念的,这是后世儒学发展中的负面概念;其次,庄子所反对的正是孔子的仁义礼乐。如果不把握好这个大前提,便会黑白不明,真假难分。费解的是:"仁义礼乐之自身"与"俗儒之所谓仁义礼乐"前后两者的区别到底在哪里?如果把"俗儒"的俗字去掉,那么儒家之仁义礼乐又有何区别?如果有,那么"仁义礼乐之自身"到底又是指的什么?趟说,道家亦有"仁义礼乐之自身"观念,那么道家批判、反对儒家的"礼义礼乐"(而非仅仅是"俗儒"),那不就是:以"仁义礼乐之自身"去批判、反对"礼义礼乐"么?这可以简化为:以物的"自身"去反对"物",以人的"自身"去反对"人"。这种"曲说",恐怕不太合理,此外,如果道家真的亦在追求"仁义礼乐之自身",那么,它还是"道"家么?在"往"与"返"的方向上还能相反么?推进一步说:只要儒家回到"仁义礼乐"之自身,那么,儒道便不再是互补而为一体(相反相成),而是大家都在"仁义礼乐之自身"上合流而成一体,这恐怕不是儒道两家之实际与本真。

2. "他(庄子)在掊击仁义之上,实显现其仁心于另一形态中,此与孔孟的真精神相接……这是我们古代以仁心为基础的伟大自由主义的另一思想形态。"[2]徐氏此一观点与上面所引的第一点是相联系的。在笔者看

---

[1] 徐复观:《中国人性论史》,上海三联书店,2001年,第356页。
[2] 徐复观:《中国人性论史》,上海三联书店,2001年,第368页。

来,庄子掊击仁义礼乐,就是为了要复归于"自性""本根",是与"往"相反的"退"的策略,这与"仁心的另一形态",在方向上是完全相反的,更谈不上与"孔孟的真精神相接"。儒道两家的关系,只能是对峙性的互补互动关系(前文已作了很多论述),绝不是同一方向的深层同一性(在"仁义礼乐之自身"上融通起来)。徐氏把我们民族精神的总根源(儒道得以产生的同一原因),归根为"仁心",也许亦有偏差,因而把道家思想说成是"仁心"的"另一思想形态"。果真如此,道家的"虚静—无为"的道本体则完全销声匿迹了。在这里,徐氏无疑地是以儒家的精灵消解了道家的本体存在。以徐氏之见,似乎道家只是与"俗儒"相悖,而与"真儒"(圣儒)相通。这种理解方式,既无助于儒家的伟大,也无助于把握道家的真实。其实,这是以"儒"说"道"的阐释方式。

3. "老庄之所以值得称为正宗(道家之正宗——引者),主要在于他们否定了现实的人生社会后面,却从另一个角度,另一层次,又给以人生社会以全般的肯定。换言之,他们虽以虚无为归趋,但他们是有理想性的虚无主义,有涵盖性的虚无主义,这亦称为上升的虚无主义;他们的气象、规范,是非常阔大的。"[1]徐氏的这一观点,是上面第一、第二两点的进一步发展,是老庄道学儒家化的最后转换。上面我们之所以重于引述庄子《天下篇》对自家评述的观点,目的是为了堵塞各种"见仁见智"说,在学界这种"见仁见智"方法论,真可谓泛滥成灾。欲见老庄哲学的真精神,只有确凿地回到老庄的文本中,回到老庄的自评自述中。从中可以看出,老庄哲学与"往而不反"的儒家哲学在大方向上是完全相反的,其所追求者,并不是儒家哲学中的表层或深层的东西,更不是儒家的影子或幽灵。他"自本自根",从人的"本性"原点上生发一切,回视一切,亦时有超越与飞跃(对人生之超越的意向)。庄子以道体的"虚静—无为"批判与消解儒家之"仁义礼乐",怎能说得上是"否定人生社会的后面","又给人生社会以全般的肯定"? 除非把"人生社会"再设想为一种"虚静—无为"的世界,"邻国相望,鸡犬之声相闻,民至老死,不相往来"的小国寡民世界。然而这种"老死不相往来"的"人生社会"在现实世界中并不存在,只存在于陶渊明的《桃花源记》中,说到底,这仍是徐先生站在儒家立场上,戴上儒家的"眼镜"去看道家的结果。

---

[1] 徐复观:《中国人性论史》,上海三联书店,2001年,第369页。

笔者之所以在这里花较多的篇幅去论述徐复观的观点,目的是要选择一条较为开阔、通畅但又必须真实的路子进入老庄的哲学体系中去。徐氏的思路、观点有极大的可取性,他企图撇开表层的语录串连与就近比附的俗套,径直进入深层,觅取本质;他抓住中国哲学的"生生"本性与功能,其所论不乏卓识与慧眼。但不足之处,是左右视线相交,视焦叠合,以"儒"说"道",这是中国历代评论者的通病。所以"任何历史都是现代史","任何阐释都是某主体的阐释",以此看来,中国传统思想中的"见仁见智"说,仿佛又有其自身的某些合理成分。如果从这方面的观点出发,对徐氏也无可苛求了。

三、老庄学派关于知与欲的界限及其悖论境界

老庄学派主张虚一无、恬淡、谦让,反对被"仁义礼乐"所扩张了的知与欲。但人本身又绝不能做到彻底的无知无欲,与名副其实的"心如死灰"。人之所以为人,就在于"人是情欲的存在物"(马克思),"人为万物之灵"(《尚书·泰誓》)。人的知与欲,伴随着人的自然本性是在社会实践中不断变化、发展伸向未来的。这是一个连锁形的复杂过程,与水乳难分的结构。老子庄子学派所批判与反对者,仅是复杂社会生活加在人之自然本性上的"过知"与"过欲"(知欲超越界限),因之成为叛离原生本性的追逐、营谋。故老子曰:"罪莫大于可欲"(《老子·四十五章》);庄子则曰:"上诚好知而无道,则天下大乱矣","天下每每大乱,罪在好知","夫好知之乱天下也,自三代以下者是已"(《胠箧》);"五色令人目盲,五音令人耳聋,五味令人口爽,驰骋田猎,令人心发狂"(《老子·十二章》),"不见可欲,使心不乱"(《老子·第三章》),"智慧出,有大伪"(《老子·十八章》)……所有这些知与欲,都是由复杂的社会生活所引发出来的。但老庄哲学又持"无为而无不为"的观点,虽"无为"但在"无为"中有"大为"。因而老庄哲学的知与欲,并不是单一性结构,而是有着分明界限的二重结构,即:知有自然本性的知;欲,有自然本性的欲。否则,人便不复是人,人的生命也难以存在。但知与欲一旦叛离人的自然本性,走向追逐、营谋,"往而不反",裹挟在名利的浪潮中,这在老庄学派看来,便是一种"恶",一种灾难。因之必须反对。因而,在这里便划出了一大界限:融合着人的自然本性的知与欲,与"往而不反"追逐名利的知与欲。对于这条界限,徐复观看得很清楚。他说:"老子主张的无欲,并不是否定人生理自然的欲望(本能),而是反对把心知作用加到

自然欲望里面去,因而发生营谋、竞逐的情形"[1],只有划分界限,才能维护老庄哲学的"人学"性质。否则,便是绝对虚无的灰色哲学。学界研究老庄哲学,多有"灰色哲学"的倾向,其根源多出于对知与欲的界限没有划分。欲维护老庄道家哲学的"人学"性质,除了划分这种界限之外,别无他途。

正是在这种"界限"的意识中,老庄哲学又提出了一个新问题、新意向:这就是所谓"无欲之欲","不知之知"。我们决不可以把这种"否定+肯定"的句式内容,等同于原点上之人的自然本性,或等同于一种"无"。老庄哲学在这种"否定+肯定"的句式中,展开了一种深刻的哲学思维,企图从现象飞跃到本体——由返回原点之后,进向绝对的超越,寻求远离原点的某种"理想境界"。我们围绕"知不知,上"(老子)来探索一下其所指向的到底是什么。

按老庄哲学思路,实际上便提出了如下三项式:自然本性的知与欲(A)—营谋竞逐的知与欲(B)—无欲之欲/不知之知(C)。A、B两项上面已述,现在需要探索的是C项。老子曰:"知不知,上。不知知,病"(《老子·十七章》),"吾言甚易知,甚易行。天下莫能知,莫能行。言有宗,事有君。夫唯无知,是以不我知。知我者希,则我者贵。是以圣人被褐怀玉"(《老子·七十章》)。庄子则曰:"不知深矣,知之浅矣;弗知内矣,知之外矣","弗知乃知乎,知乃不知乎!孰知不知之知?(《知此游》)。很明显,这里的C项("知不知"或"不知之知"),却是"圣人之怀玉",它既不同于A项的自然本性的知(或欲),也不同于B项的"营谋追逐"之知(或欲),对B项的否定、批判,包括对儒家仁义礼乐的否定与批判,以及对儒家的超越。因而,它不仅仅是回归自然本性,故庄子曰:"至礼有不人(视人若已),至义不物(物我不分),至知不谋,至仁不亲,至信辟金"(《庚桑楚》)。这是对儒家仁义礼知信的绝对超越,在绝对超越中否定,因而它区别于一般的批判与直接的否定,它开示了另外的新境界。与其说,C项的"否定+肯定"句式之所指,是滑头老庄的"不知所云",毋宁说,是以悖论的形式(新的思想形式),启开了新的大门。老庄学派为什么都提倡这种绝对超越的"不知之知"("知不知")呢? 看来,实是出于一种深刻的哲学智慧与人生追求,不完全源于时代的伦理道德批判。老庄哲学虽标示为"无为",但却"无为而无不为",颇有"生生"哲学的奋进力量,庄子说"知士无思虑之变则不乐,辩士

---

[1] 徐复观:《中国人性论史》,上海三联书店,2001年,第302页。

无谈说之序则不乐,察士无凌谇(责问)之事则不乐,皆囿于物者也"。(《徐无鬼》)知士、辨士、察士之乐,都是主体自身"生生"力量的奋发。知士必须在"思虑之变"中,寻求快乐(贝多芬交响乐是黑格尔的辨证法,反之黑格尔的辨证法也就是贝多芬的交响乐);辨士必须在"谈论之序"中显示自身,才能成为快乐;察士必须在诸多质疑、责问中,才见出其才能与本性,也才能成为快乐。他们不是单纯的在"物"上寻求快乐,而是以显示主体活跃的思维特征为快乐。因之老庄的"知不知""不知之知"之类的思维方式,实是老庄哲学思维的一种"思虑之变"与乐趣,本质上是一种哲学智慧的形上探索,它根本不同于"白马非马"的诡辩论(尽管"白马非马"论亦属"知士"的"思虑之变"之乐,但仅是概念的游戏之乐,而非形上思虑之乐)。

从康德哲学看来,"现象"属知性的"可知"领域,而本体界则是不可知的领域,却是"可思"领域。老庄哲学的"知不知"、"不知之知",即是对本体界的一种深刻领悟,他们把"不知"(应译为"不可知")看得很重,比"知"更有意义,也更有价值,故庄子曰:"不知深矣,知之浅矣","孰知不知之知?"翻译过来则是:不可知的本体世界,高深莫测;而可知的现象界(为知性所把握的世界),又何等的浅陋呵!谁能去把握那不可知的本体世界呢?

由C项开拓出来的对本体世界的境界性领悟,同时也开辟了"象外之域"(境界说),由象通向象外,使之言有尽而意无穷。这给中国哲学、诗学带来新的曙光和新的生命力,笔者认为,这是老庄道家哲学的一大贡献,以及由此而带来的诗学贡献(下面详谈)。

老子哲学的形上性质,基本上是由这种"对本体世界"(确切地说,应该是物自身世界)的领悟形成的。老子以一种深刻的形上智慧,把握住这种"知不知"(知道那不可知的本体界的存在)的悖论机制。康德用"可知"(知性)面对现象界,用"可思"(不可知/上帝存在)面对本体界。这是以不同范畴,来表示不同层面的内容,述说不同的对象。但"知不知","不知之知",却是以相同的范畴概念,来表达不同的层面的内容,并述说不同的对象,这极易令人迷惑,失去其精思精意之所在。从人类思想史—认识史的发展轨迹来看,人类智慧与认识发展到一定程度、一定阶段之后,人类知性的局限性,必然会出现,也即必然会遇上"本体界"的困扰,形成认识上的"悖论"。面对"本体界"的困扰,西方人(康德)分而治之(现象与本体划分开来),中国古代哲人,则以"整体直观"领悟,不分彼此,无所谓现象与本体"一条鞭"地追踪下去。仅以"知"与"不知"来划分世界,肯定"不知"的一片佳境。

四、老庄道家的诗学形上之道

1. 老庄道家诗学的基本形态

上文已说到孔孟儒家诗学的基本形态,是围绕"礼—乐"社会存在所展开的"入世"之乐,是伦理道德的一种诗性形上境界,其哲学根基是"君子自强不息"与"知其不可而为之"的顽强进取精神;知人尽性知天,在"天人合一"中,人有通透天地的作用,故"合一于人"。这是"往而不反"的"进"的哲学,其诗性形态亦然。老庄道家的诗学形态与孔孟儒家的诗学形态,正如他们的哲学体系一样,构成一个圆环型的互补互动结构。老庄道家诗学的基本形态,是反照于"礼—乐"社会存在的"虚静—无为"道体存在。这种道体(虚—无)本体特征,带有浓烈的诗性(详下),故亦可谓道的诗性本体。如果说,儒家哲学的"礼—乐"社会存在,是发源它的伦理道德世界,那么,道家哲学的道的诗性存在,则是发源于它的"虚—无"恬淡的艺术境界。关于这,方东美先生曾这样说过:

> 中国形而上学……讨论世界或宇宙时,……要不断的加以超化。对儒家言,超化之,成为道德宇宙;对道家而言,超化之,成为艺术天地;对佛家言,超化之,成为宗教境界。[1]

方东美在这里说的是儒道释三家形上探求的归宿点,亦是他们讨论宇宙和世界的目的所在。上面我们已详述过,中国哲学在本质上是一种诗性哲学,他们的思维方式是象征型的诗性思维方式。因而,他们的诗性探索,也必然融合在形上的探索中。儒家超化的成果是"道德宇宙"(知人尽性知天);道家超化的成果是静观无为的"艺术天地",佛家超化的成果则是"明心见性"的"宗教境界"。

儒道诗学之道的互补互动,由两种不同性质("礼—乐"/"虚—无")的诗学本体引出,形成了鲜明的对峙:一为肯定性的本体,一为否定性的本体;一为"进"(往)的哲学,一为"退"(返)的哲学;一为"天人合一"于人,一为"天人合一"于天;一为入世之乐,一为出世之乐;一为功利艺术(诗可兴

---

[1] 方东美:《生生之德》,台湾黎明文化事业公司,1989年,第288页。

观怨群),一为超功利艺术(至乐)。道家的超功利性,是超越于是非、生死之上的同一性形上境界,即"物我齐一"、"道通为一"的"天倪"(天钧)境界。儒道两家开创了中国诗学—艺术的两大源头。儒家诗学,人们称之为现实主义;道家诗学,人们称之为浪漫主义。(这与西方 19 世纪两大文艺思潮的颉颃相仿佛,这种比附,仅有一定的合理性,但并不贴切)。因之,我们可以简单的说,儒家诗学的基本形态,是一种功利性的审美与艺术;道家则是非功利(超功利)性的审美与艺术。这种"功利与非功利"的协合统一结构,成为中国文明、中国诗学和艺术向前发展的两个轮子,这正如诗行的阴阳平仄,对偶对仗、拗救相协的韵律节奏一样,缺少任何一方都不可。这是中国民族精神的一种诗性律动:一平一仄;一山一水;一阴一阳;一功利,一非功利;一儒一道……小则协合成为悦耳动听的诗行韵律节奏,大则协合成为中国民族精神的二极性结构。这就是中国文化中的"一阴一阳之谓道"的大本精神。

老庄道家的"道"之本体,其涵盖性是非常广泛的,其玄冥深奥亦难以穷尽。人们如果执意欲问老庄的"道"到底是什么,或把它视为一个静态的存在物,那在方法论上就出了问题。前文我们已经说过,儒道两家哲学的神话原型,一为阳性的"白天"景观(白天的太阳);一为阴性的"黑夜"玄冥沉思(黑夜的太阳)。前者可见可视,后者只能推测玄想;前者侧重于现象界(不语怪力乱神);后者则侧重于"玄之又玄"的本体界(道"无为而无不为")。周公制礼作乐,孔子"克己复礼为仁",孟子对仁学结构的"十字打开",形成了一个源与流紧紧接连的生成系统,其哲学中的"道"较有确凿性,可视性(可表象性);而老庄的"道",则是"道可道,非常道",最后落实到"虚—无"上,但"无"比"有"更重要,把"无"推至虚境,形成"虚—无"境界论、"玄之又玄"论,最后进至"大"、"至"、"独"、"彻"、"游"的境界,对"实体"与"静态"的彻底否定。"虚静—无为"与"玄",从其存在形态来说,是虚;从其功能效果来说,是"妙"。围绕"无"与"虚"、"妙",老庄哲学极尽"谬悠之说,荒唐之言,无端崖之辞"的游说力量,使用"寓言—重言—卮言"(尤其卮言),去进行得意的"逍遥游"、"齐物论",摧毁现存的一切价值系统,圣人与盗跖等价,超越是非生死,大有"物质以太化",返本归根的抽象倾向。然而,其道又并非一种胡乱猜想,或空穴来风,而是有其过程性与环节性的,成为一种"思—诗"协合运动,有轨迹可寻,有方向可思。

"明于天,通于圣,六通四辟,于帝王之德者,其自为也……圣人之心静乎!天地之鑑也,万物之镜也。夫虚静恬淡寂漠无为者,天地之本而道德之至,故帝王圣人休焉。休则虚,虚则实,实则备。虚则静,静则动,动则得矣!静则无为,无为也则任事者责矣。无为则俞俞,俞俞者忧患不能处,年寿长矣。夫虚静恬淡寂漠无为者,万物之本也……无为也而美,朴素而天下莫能与之争美。"(《天道篇》)

庄子在这里以环圆性哲学思维方式,去解释"虚静—恬淡—寂静—无为"及其循环、转换的关系,做到"道通为一",落实到"虚—无"处,推出"静"的境界来,从而把握"大本"。

老庄哲学为什么提出一个"道"本体来? 其目的是寻找精神解放的总契机,对这一点,徐复观有一个很好的解释,即对"悬"与"桎梏"的解脱:"庄子认为在战国时代的人生,受各种束缚压迫的情形,有如用绳子吊起来(县),或用枷锁锁起来一样。因为县(悬)、是枷锁,便很迫切地要求'解县',去'枷锁',所以《养生主》便说,'古者谓是帝之县解也',《德充符》便说,'解其桎梏'。由此可以了解庄子对不自由的情形,感受到如何的痛切。得到自由解放的精神状态,庄子称之为'游',亦即开宗明义的'逍遥游'"。[1] 这是道德伦理层面的解释。如果推至哲学本体层面,则是一种齐是非、无死生的"至乐"的导引("知士无思虑之变则不乐,辩士无谈说之序则不乐,察士无凌谇之事则不乐"),是"知士"返本归根的形上探求(其乐出于"思虑之变"),因而老庄道家的"道",真是"众妙之门",持之可作"逍遥游",怀之可作"齐物论",有"令人解放的性质",亦即审美性质。黑格尔说,"审美具有令人解放的性质",而老庄道家的"道",所具之令人解放的性质,比黑格尔之说,有过之而无不及矣。在某种程度上说,老庄哲学(道的本体哲学),就是思想解放,精神自由的哲学,亦即审美的哲学,艺术的哲学。

2.求道实践行为的艺术方式——人生艺术化

老庄哲学并非绝对的虚—无,而是顺乎自然本性,遵循"无为而无不为"的旨意的。那《逍遥游》中行为的洒脱、飘逸,实际上是一种"艺术"游。我们细看《养生主》中的几个故事,使我们突然醒悟:老庄哲学的"无为"还是"有所为"的,即劝告人们如何"保身—全生—尽年"。请看庖丁解牛的实践过程:"庖丁为丈惠君解牛,手之所触,肩之所倚,足之所履,膝之所踦,砉然响然,奏刀騞然,莫不中音,合于《桑林》之舞,乃中《经首》之会"(《养生

---

[1] 徐复观:《中国人性论史》,上海三联书店,2001年,第347页。

主》)。庖丁解牛的"手、肩、足、膝"等一系列动作,及其协合过程,活像音乐、舞蹈节奏,真是一种艺术享受,这和小提琴家、舞蹈演员、音乐歌手的气韵动作毫无区别。"文惠君曰'譆,善哉!技盖至此乎?'庖丁释刀对曰:'臣之所好者道也,进乎技矣'"(《养生主》)。技术的至善要进展到"游"的境界才能得"道",故"以无厚入有间,恢恢乎其于游刃心有余地矣"。这与其说是技术之至善,无宁说是深切地把握"道"的过程。主体一旦得道,便同时获得了自身的解放与自由。人的这种实践过程,实际上是人生艺术化的过程,也是求道、得道的过程(这一点与儒家相通)。

《达生篇》写著名工匠工倕人的劳动过程是这样的:"工倕旋(运转)而盖(超过)规矩,指与物化,而不以心稽,故其灵台一而不桎。忘足,履之适也;忘要(腰),带之适也;忘是非,心之适也;不内变,不外从,事会(遇事)之适也。始乎适而未不适者,忘适之适也"。工倕的技术极其熟练,"指与物化",不以心稽,心中是闲悠悠的,因而生理上的足腰、观念上的是非都置之度外,技道和谐一致,劳作即是一种艺术享受。

木匠梓庆以木做乐器,比工倕更为灵妙,"梓庆削木为鐻,鐻成,见者惊犹鬼神。鲁侯见而问焉,曰:'子何术以为焉?'对曰:"臣工人,何术之有?虽然,有一焉。臣将为鐻,未尝敢以耗气也,必齐(斋)以静心。齐(斋)三日,而不敢怀庆赏爵禄;齐(斋)五日,不敢怀非誉巧拙;齐(斋)七日,辄然忘有四技(肢)形体也。当是时也,无公朝,其巧专而外滑消。然后入山林,观天性(树之质性),形躯至矣,然后成见(显)鐻,然后加工焉;不然则已,则以天(匠人真性)合天(木材匠性),器之所以疑神者,其由是与!"(《达生篇》)。技术的至善,并不单在对象一方,而是在主客双方,即"以天合天",这也就是庖丁的"官知止而神欲行"的境界。梓庆做成的乐器(鐻),能达到"鬼斧神工"的地步,就在于斋戒静心,然后"入山林,观天性",做到"以天合天",与"道"通为一,于是:道者,艺术也。由此看出,技术(实践)至善—艺术享受—道之境界三者同一。前两者(技术与艺术)是"无为",后者(道)是"无不为"。

把人生实践行为,化成艺术,显现心灵的自由,思想之解放,这就是"道"。老庄哲学的诗性特征,充分地体现在这个"取道"(得道)的实践过程中。

3. 审美—艺术的"静观"心态

"静观"概念,是西方美学的概念,那是指与实践功利概念相对的一种审美概念。在这里借用指老庄哲学的"无为而无不为"、"虚静—无为"、恬淡、寂寞、谦让等态度。

在传统的研究者中,对于老庄学派的"虚—无"静观心理状态,都是十分重视的,而且应用得相当广泛。老庄学派中的这个特征处处可见,十分触目。诸如老子的"致虚极守笃静"(《老子·十六章》),"无为而无不为"(《老子·四十八章》),"我无为,民自化;我好静,民自正;我无事,民自富;我无欲,民自朴"(《老子·五十七章》)。庄子《逍遥游》中的"无己",《齐物论》中的"丧我",《人间世》中的"心斋",《大宗师》中的"坐忘"等,都对"虚静—无为"作了极为深刻的论述,认为这便是"归根"("夫物云云,各归其根。归根曰静,是曰复命"《老子·十六章》),这便是他们所追求的"道"。人们一旦进入这种"虚静—无为"状态,便能获得"道"。因而对老庄学派来说,这种道就其"玄之又玄"的方面来看,即是形而上的本体,而虚静无为的心理状态,则是特定的现象,前者(本体)为一,后者(现象)为多。庄子的寓言—重言—卮言,均是这种道的现象呈现,使人真切地感受到庄学的"无为而无不为"的旨趣,及其万物归一的同一性。故庄子《天道篇》提出了关于"虚静—无为"(其间蕴含着本体与现象)关系的总纲:"圣人之心静乎!天地之鑑也,万物之镜也。夫虚静恬淡寂漠无为者,天地之本而道德之至,故帝王圣人休焉。休则虚,虚则实,实则备矣。虚则静,静则动,动则得矣。静则无为,无为也则任事者责也。无为则俞俞,俞俞者忧患不能处,年寿长矣。夫虚静恬淡寂漠无为者,万物之本也……静而圣,动而正,无为也而尊,朴素而天下莫能与之争美"(《天道篇》)。庄子把"虚静恬淡寂漠无为"六个范畴,(道的不同侧面与不同现象),看作是"天地之本","无为"取得人世间至高至尊的地位,"朴素",则"天下莫能与之争美"。从这里我们大体上可以看见庄学"道"体的运动形式,及其环园型的思维方式。老庄主张"无为""朴素",且以之作为出发点,但又必须"无不为",走向"至尊","莫能与之争美"的地步,才能成全道体的一个圆环(一个小圆圈)[1]。老庄哲学也许是由许多这样的小圆环相套扣而成,否则,就很难理解如下这些推论:

(1)休则虚,虚则实,实则备。
(2)虚则静,静则动,动则得矣。

---

[1] 列宁在论述黑格尔《逻辑学》中的认识论时,就认为其认识路线是螺旋上升的小圆圈,圈圈相接,相套,以至于无穷。参看列宁《哲学笔记》。

(3)静则无为,无为也则任事者责矣。

(4)无为则俞俞,俞俞者忧患不能处,年寿长矣。

从推论(1)到推论(4),环环相扣,循环往复,一旦走向自身的对方,进至"静而圣","动而王",道体则完成了一个良性的增殖循环圈。这真是"圆而神"——虽"玄之又玄",但却是"众妙之门"。

由此看来,庄学的"静观"心理状态,又完全不同于西方美学的"静观"(如"距离说"),它要在静观(虚—无)中,实现道体的良性增殖循环。这就是老子所说的,"道之为物,唯恍唯惚。惚兮恍兮,其中有象,恍兮惚兮,其中有物,窈兮冥兮,其中有精,其精甚真,其中有信"(《老子·二十一章》)。"惚兮恍兮",即是"虚—无"的本真态,是出发点,但其中有"物—精—真—信",是"虚—无"的对方,亦是循环的历程,是至高至尊的境界,因而是圣人、帝王之事业(静而圣,动而王)。

于"静观"(虚—无)中,实观"不静观"的"精—真—信"意向。这是中国哲学—"生生"哲学的生命精神,是中国哲学的"人学"精神。极有意思的是:标示儒家哲学精髓的所谓"内圣外王"路线与精神,不由孔孟道出,而由老庄道出("静而圣,动而王"/"天下大乱……是故内圣外王之道,暗而不明,郁而不发"——庄子《天下篇》)。因之,从深层看,老庄哲学的"人学"性质、"生生"性质,是生动活泼、至为深刻的。

于"静观"中,实现"精—真—信"的"不静观",是老庄哲学——美学/诗学的重大命题。开拓这一哲学—美学命题,将使我们获得许多深层的东西,也将把我们引导到儒道哲学既可互补而又可汇通的"原点"上。这是民族精神的深层、整体性开掘。

如果此项工作做得深入、系统,将使中国哲学、美学立于不平凡的光辉顶上。话又要回到"静观"心理状态问题上。另一个极为有趣的构思是,"心斋""坐忘"两个"纯而又纯"的道家范畴概念(命题),不是由老庄自家述说出来,而是借颜回与孔子的对话展示出来。

所谓"心斋",并不是颜回所说的"不饮酒不茹荤的""祭祀之斋",故仲尼曰:"若一志,无听之以耳,而听之以心,无听之以心,而听之以气……气也者,虚而待物者也。唯道集虚。虚者,心斋也。"(《人间世》)心斋,不是感官对现象的感受与认识,而是由心对道本体的感悟,这就是"听之以气"的诀窍。而"气者虚也",虚者道也,故"唯道集虚",心斋才能呈现。说到底,心斋是一种绝对"归根"("自本自根")的心理状态、功能与动力,是自由主体进入本体境界的过硬"功夫"和得力手段。

所谓"坐忘",并不是颜回随感所说的"忘礼乐","忘仁义"。在仲尼的"蹴然"启示下,才意会到坐忘就是"堕肢体,黜聪明,离形去知,同于大道"(《大宗师》)。很明显,庄子在这里是运用"重言"客观性、历史经验性,借儒家之口,道出了"坐忘"既是对仁义礼乐的拒斥,也是对自身感性(俗性)存在的拒斥,乃至对一切现象界的拒斥,回到玄冥的本体界,回到"大通"中,即"道"中。

如果我们弄清楚了老庄学派的总目的,是"道通为一",对各种"往而不反"的现象都能持"返朴归根"的态度,那么,对其虚静无为,恬淡寂寞、心斋坐忘的"静观"态度,则能有"一而贯之"的理解。换一个角度言之,老庄哲学的"静观"心态,实际上就是老庄哲学关于"道"的现象论,亦可以说是诗学现象论;而"唯道集虚"(道通为一),则是道的本体论,亦可谓审美(艺术)的形上境界。这也就是"官知止而神欲行"(《养生主》)中的"神"态。

如何达到"静观",庄子哲学所采用的手段、方法,除了上面说的增殖循环圈的思维方式之外,还有一个单向的现象批判论,即对"塞道"的拓通。

"彻(毁)志之勃(乱),解心之谬(缠),去德之累,达道之塞。贵、富、显、严、名、利六者,勃志也;容、动、色、理、气、意六者,谬心也;恶习、欲、喜、怒、哀、乐六者,累德也;去、就、取、与、知、能六者,塞道也。此四六者,不荡胸中则正,正则静,静则明,明则虚,虚则无为而无不为也"(《庚桑楚》),最后通于道。这是由静观之本体走向静观现象的批判;拒斥功利之累,返回非功利之纯虚,故最后又回到"虚静一无为"的原点上。庄子哲学中的这种"良性增殖循环圈"与"现象批判论",构成其哲学系统鲜明的二重结构。这往往就是庄学的本体的显明与现象的批判。前者带有乌托邦的性质,后者却有浓烈的火药味。庄学的这种二重色彩,颇令知士着迷。沿此路向去开拓庄学,比那些语录串连、就近比附的即兴思维研究方式,要好得多,亦是当前庄子研究向纵深进展的要着。

要从深层把把握住老庄哲学的静观态度,还得认真思考其哲学基础,即从多返归于一,从现象回溯本体。这便是"道"体的"气"化。在老子那里,则是"道生一,一生二,二生三,三生万物。万物负阴而抱阳,冲气以为和"(《老子·四十二章》)。这里的"冲气",就是空虚之气,其和谐之状态就是道。庄子曰:"人之生,气之聚也;聚则生,散则死。若死生之徒,吾又何患！故万物一也,是其所美者为神奇,其所恶者为臭腐;臭腐变化为神奇,神奇复化为臭腐,故曰:'通天下一气耳。'"(《知北游》)这是"气"的生死观,亦即通过"齐是非"、"忘物我",走向"通天下一气耳"的绝对境界。故而,庄子丧妻,他则鼓盆而歌,不复是俗人(常人)之流泪矣。这种"气"的生死观,比康德的道德形上境界(绝对命令),更有本体的绝对同一性。这里的"气"(中国哲学中非常重要的始原性范畴),既非单纯的精神,亦非单纯的物质,而是亦精神亦物质(亦此亦彼)。它仅是"一",不是"多",是返朴归根的"根"("自本自根")。从思维方式来说,它是"道"的一种诗性形态。中国哲学的本体特征,其所以区别于西方哲学本体论特征,就在于它具有诗性,即具有一种"生生不息"的生命精神,绝非西方哲学中那种无血无肉的绝对抽象物或神化物。把握住这一点,对扣开中国哲学、诗学的深层大门,有至关重要的作用。

在老庄哲学中,不管是实践行为的艺术方式(如庖丁解牛),或者是达道的"静观"(虚—无)态度,都必须进展到一个绝对的自由境界,即庄子学说中"游"的境界,环圆哲学("始卒若环")才最后完成。其开阔气势和自由解放精神,正如《庄子》全书的开山纲领《逍遥游》所示,它解脱了一切时空的束缚,任由道体—天性的自由张扬,把"游"设定为一种神圣的界限("游方之内"为人世间,"游方之外"为世外桃园)。因而"游"之碑界,成为神化象征,至善至尊的自由精神,具有强烈的审美—艺术气息。一个"游"字,即蕴含着老庄哲学诗学的全部秘密。且看:

"以无厚入有间,恢恢乎其于游刃必有余地矣"(《养生主》)

"今子与我游于形骸之内,而子索我于形骸之外"(《德充符》)

"汝游心于淡,合气于漠,顺物自然而无容私焉,而天下治矣"(《应帝王》)

"立乎不测,而游于无有者也"(《应帝王》)

"人能虚已以游世,其熟能苦之"(《山木》)

"老聃曰:'吾游心于物之初'"(《田方子》)

"知游心于无穷,而返于通达之国"(《则阳》)

"胞(腹)有重阆(空旷),心有天游"(《外物》)

"上与造物者游,而下与外死生,无终始者为友"(《天下》)

这里的"游"多为"心游",次为"物游"。"心游"是精神的自由解放,是一种形上境界;"物游",是一种实践行为的艺术方式,寓道于技。心游是虚,物游是实。二者的结合,就是"以天合天"(主客双方的绝对同一)。

总而言之,庄学的实践行为艺术方式,与"虚一无"的静观态度,二者凝聚于"游"的绝对自由境界中,使老庄哲学体系,迸发出强烈的诗性—艺术光芒;其超功利性已从"人间世"进向形上的本体世界,而鲜明地区别于孔孟儒家的"礼—乐"审美观。老庄哲学由此而成为中国诗学—艺术的另一巨大源泉。可惜的是,历史上(当今学界亦然),人们极易被庄学的"实践行为的艺术方式—静观心态—游的境界"所打动、所陶醉,这是当然可以理解的。但最大的失误,往往是把儒道两家的诗性—艺术观(诗性形态),绝对的对立起来,以道家消解儒家,以道压儒,而不知它们是一体文明结构的双珠,是"进"(往)与"退"(返)相反相成的审美观,和环圆型思维方式的同构对应物,即阴阳(阴柔美/阳刚美)二相性的统一结构。

4. "至人"(真人)自由主体的塑造与呈观

沿着"实践行为的艺术方式—静观心态—游的境界"的纯化过程,必然是"天地之心"的呈现,是"至人""真人"的出现。

何谓至人?"孔子曰:'请问游是(物之初的境界)',老聃曰:'夫得是(达物之初的境界),至美至乐也,得至美而游乎至乐,谓之至人。'"(《田子方》)而成为至人的方法则是"喜怒哀乐之不入于胸次。夫天下也者,万物所一也","至人之德也,不修而物不能离焉,若天之自高,地之自厚,日月之自明"(《田子方》),"不离于宗,谓之天人。不离于精,谓之神人。不离于真,谓之至人"(《天下》)。至人,是获得至美、至乐的人。其本性,正如"天之自高,地之自厚,日月之自明",这是"无为而无不为"的极致与本真。

何谓"真人"?"真者,精诚之至也。不精不诚不能动人……真悲无声而哀,真怒未发而威,真亲未笑而和。真在内者,神动于外,是所以贵真者也……功成之美,无一其迹也,……真者,所以受于天也,自然不可易也。故圣人法天贵真,不拘于俗。"(《渔父》)"纯素之道,唯神是守;守而勿失,与神为一;一之精通,合于天伦;……故素也者,谓其无所与杂也;纯也者,谓其不亏于神也。能体(体察)纯素,谓之真人。"(《刻意》)真人,即"一之精通,合于天伦",足具"精诚之至",而又"纯素"之极的人。这种人与受过社会生活的知与欲所玷污的人(伪人),是完全两样,老子则返归于根,称之为"婴儿"、"赤子";"圣人皆孩之"(《老子·四十九章》),"常德不离,复归于婴儿"(《老子·二十八章》),"专气致柔,能婴儿乎"(《老子·十章》),"含德之厚,比于赤子"(《老子·五十五章》)。而在现实世界中,庄子则把关尹、老子称为"真人";"常宽容于物,不削于人,可谓至极。关尹、老聃乎、古之博大真人哉!"(《天下》)

很明显,真人、至人都是"无为而无不为"的主体结晶,是虚静、恬淡、寂漠、谦让……道体运行的"人化"成果。老庄哲学以"天"说"真",以"神(纯)"说"至",这都是"无为而无不为"的本性的"自高"、"自厚"与"自明",正如天、地、星辰一样。这与儒家的理想人物——圣人/君子,形成鲜明的比照。道家的理想人物,是真人/至人,是由"虚静—无为"的天性塑造;儒家的理想人物,是圣人/君子,则由"礼—乐"社会结构形成。前者是"退"(返)的哲学——返归本根的"人化"乌托邦;后者是"进"(往)的哲学——仁学"十字打开"后的"人化"要求。前者的亮点,极易成为审美—艺术的灯塔;后者的浪涛,也极易成为审美—艺术的园地。前者的诗性意识,归趋本体界;后者诗性精神,流注现象界。我们如果不明确二者的合璧,才是中华文明的一体性结构,那么,我们就无法理解唐诗、宋词的深层奥秘,也无法理解宋明理学(道学)和佛禅的深层奥秘。中国人论"做人",中国小说家论主人公(典型人物)都离不了儒道的两大标尺:一是真人/至人;一是圣人/君子。前者侧重于主体的本性自根,后者侧重于现实中仁学的"十字打开"精神。中国人骂人之绝招有二:一是骂"你不是人,是畜牲",这侧重的是以道家精神骂人(亦涉及儒家);一是骂"你无良心,祸国殃民",这纯是以儒家精神骂人。虽然这不太符合鲁迅常说的"国骂"(他妈的)精神。然而这才是真正的"国骂"。

5. "知"的悖论与"得意忘象"论

老庄学派中"悖论"(非逻辑悖论。这里的称谓是一种约定),往往就是由现象通向本体的一扇大门,是老庄哲学返本归根之后的一个飞跃。关于这个问题,上文已作了若干论述。在这里所要强调的是:由悖论所开拓的新领域,及其与象外境界的关系。

最明显的"悖论"是关于"知"(智)——认识方向的悖论。诸如老子的"知不知,上",庄子的"不知之知"、"不知深矣,知之浅矣",则是把对现象之知称作"知",对本体之知,称作"不知"。故"知不知",就是知"不可知"的本体;"不知之知",就是对本体之知;"不知深矣",就是"不可知"的本体,是很深奥的;"知之浅矣",而可知(知之)的现象是浅陋的。老庄是把现象界(可知)与本体界(不可知、不知)划分开来,成为"知"(现象)与"不知"(本体)的不同方面。它完全不同于诡辩派的"白马非马"论、"狗非犬"论,等等。本来"知士无思变则不乐,辨士无谈说之序则不乐,察士无凌谇(责问)之事则不乐"(《徐无鬼》)。庄子之"乐"还超乎其上,进向更高的境界。人的快乐,要表现在自己的特有活动中,"知士—辨士—察士"都必须在"思变"中,"谈论之序"中,"凌谇之事"中,才能求得乐趣。中国的诡辩派,无疑地也是属于"知士—辨士"之列,然而他们的"思变"之乐,与"谈说之乐",却是"饰人之心,易人之意,能胜人之口,不能服人之心,辨者之囿也"(《天下》)。而老庄哲学则是"返本归根","原天地之美,而达万物之理"(《知北游》)的"玄之又玄"的探索,实际是越过现象后的本体探讨,把我们引向对"不可知"(本体)的"知"(思),回到天地造化的大智慧(本体世界)。[1]

"人皆尊其知之所知(现象),而莫知持其知之所不知(本体)而后知,可不谓大惑乎?"(《则阳》)只知现象,而不知本体(实际是对本体的"思"),此即"大惑"也。其实,现象—本体之二分,是康德从认识论出发的一种严格划分,是认识论之限制,对道德形上学之开拓,但在中国心性—天人一体的哲学中,根本不存在这种界分,一切都在"整体直观"中、尽性中存活,但"本体"的显示,却有启示意义。

"知道易,勿言难。知而不言,所以之(至)天也,知而言之,所以之(至)人(尘俗)也。"(《列御寇》)知而至于天,这是对本体之知(思),知而至于人(人为),这是对现象的知。故而"道"(作为道本体)是容易思虑到的,但要用"知性"(具体规律)来谈论、解说它,那就很难了。

"人之于知(现象知识)也少,虽少,持其所不知(物自身之本体)而后知天之所谓也。知大一,知大阴,知大同,知大钧,知大方,知大信,知大定,至矣。"(《徐无鬼》)这里谈对本体之知(思),分为两个层次:一是由现象之知(少知)而觉察到本体之知(思),知道本体与现象间的界限("持其所不知而后知天")。二是,对现象与本体的共识,叫做大知(或"知大 X")、至知。"大一、大阴、大目、大钧、大方、大信、大定"等都是现象与本体共存共在的结构。"夫物,量无穷,时无止,分无常,终始无故(固),是故大知。"(《秋水》)无穷的量,无止之时,无常的分(得失之禀分),无固定的始终变化,这是本体挟带着现象的混一世界,即有限与无限的整全世界。知性之知,只

---

[1] 关于康德的本体—物自身的论述,参见劳承万:《学术研究》,2009 年第 7 期。

能把握有限的现象;"不知之知",才能把握无限与本体。只有在这样的大前提下,我们才能理解老庄哲学的"知者不言,言者不知"的"悖论"内涵,并由此而进入"本体"世界。本体可思(不可知),但不能言说,故康德在人之外,引入上帝(尽管是理性上帝),把本体—现象间的分裂强行捏在一起。

由上看来,老庄哲学除了对知性认识与现象论有确切的感触(不是理论分析和逻辑推演)之外,对实践行为的形上求解和本体界亦有深情的感悟,知道那才是人类之"整全"世界(大本,大德世界)。这是返本归根之后所迸发出来的自由意识———一种渴求!一线曙光!从思路上说,是一种飞跃,一种对现象的叛离与感悟。

康德用本体来指"不知"(本体不可知,只可思),以现象来指"可知"(知性与感性的结合),康德这种划分,标示了逻辑理性的界限,防止了知性独断论的出现,给西方哲学带来了革命,也为西方哲学的发展道明了方向。尽管后来的非理性主义、存在主义得以蓬勃发展,似乎落在康德哲学预料之中,但他们并未对"本体"(物自身)世界增加新的理解,从而使本体与现象相互沟通与协调起来,本体世界始终都是一个敬畏的对象。然而,中国哲学的"不知深矣,知之浅矣"、"知不知,上"、"不知之知"、"大知",等等,却充满了对"不知"(本体界)的赞歌与渴求,企图以"真人""至人"的身价(抛开上帝与神)及达于那个全新的领域,即现象界(可知)之外的领域。这是中国哲人极为难得的关于"天人合一"的睿智。中国哲学后来以"体—用"范畴来表示关于本体与现象的意识,(但两者间仍有巨大差异)。但体与用不分隔,而是体用一如即体即用,即用即体;体只有在用中才呈现出来,用只有以体为依托才显出用的本质。体用一旦循环贯通,便消融一切障碍与黑暗,决无上帝(或绝对理性)的地位。

"知不知"、"不知之知"、"至知"、"大知"……到底是怎样的领域?怎样的境界?如果我们只有下面两种意识(知),那仅是"俗人"、"小知":一、"天下大乱,罪在好知"(知与欲一样);二是"知止乎其所不能知,至矣"。这里"知性⇌现象"概念,在老庄哲学看来,这是"浅知"、"小知",不能成为至人、真人。因而,在"道通为一"的哲学结构中,必然要通过"不知之知"、"大知"、"至知",来消解与融合小知与浅知,进向一个可信、未知的"整全"世界,即象外之象(无象之象)、言外之意、弦外之音的"恍兮惚兮,其中有物"的道本体世界。由于"不知"与"知"、"浅知"与"深知",不是拆分为二,而是统一在"道通为一"的"一"的世界中,因而具有意识的可把握性和通透性,它卸去了本体世界的神秘外装。一切都落在"知"与"不知"的焦点上。不另设范畴,不另立抽象,更不在本体之上设置上帝(上帝的出现,使本体彻底分离现象,完全陷于贫乏而绝对的抽象之中,即绝对理性的狡黠之中)。老庄哲学仅从知与不知的焦点上,设置了转换与飞跃的契机,一边是可知可见的现象,一边是"玄之又玄"的道本体。前者是"道之为物",后者是"唯恍唯惚"。两者间,靠"恍兮惚兮,其中有象"(有物、有真、有信……)来过渡与连接。正因为道本体的"玄之又玄",故为"众妙之门"。庖丁解牛,"道一技"一体,"官知止而神欲行",这种"得之于心,应之于手"的"无为而无不为"的感悟与意识,应该说,确是一种非常明睿的诗性智慧(而不是贫乏的抽象和理性的狡黠)。因之,我们把老庄哲学探寻本体界的诗性智慧,称之为"知"的悖论(悖论,一种约定)智慧。这种境界性智慧,依牟宗三观点,是真善美的合一说,为中国儒道佛三家所共同。故发展至王龙溪则有卓绝一世之"四元句":"无心之心则藏密,无意之意则应园,无知之知则体寂,无物之物则用神。"这里的"藏密—应园—体寂—用神",都是主观(心/意/知)为客观(物)的最高最境界与最后秘密。

在"知"的焦点上设置悖论,是哲学思维飞跃的准备,这正如康德划分现象与本体(物自身)的意义一样。这就是"得意忘象"说和魏晋玄学必然产生的一个重要原因。

下面论述"得意忘象"说。

在本书的前面,已经较为深入地论述了从《易经》到庄子、到王弼的"言—象—意"说,这里不再重复。但在这里需要强调的是庄子思想中"意"项的指向性(因为庄学更富有诗性审美特征)。他把至知、至善、至乐、至人作为"道"的一种饱满形态。一旦进入"至"的境界,其"意"(由"象"所示之"意"),除了以"道"(道之本体)表示之外,别无他"意"。

(1)"筌者所以在鱼,得意而忘筌;蹄者所在兔,得兔而忘蹄;言者所以在意,得意而忘言。"(庄子《外物》)这是"得意忘象(忘言)"说之发端。

(2)"道不可闻,闻而非道;道不可见,见而非也;道不可言,言而非也。"(庄子《知北游》)这便是老子的"道可道,非常道;名可名,非常名"。这是"道"之不可言,只能"意"会与感悟。

(3)"语之所贵者,意有所随。意之所随者,不可言传也……故视而可见者,形与色也;听而可闻者,名与声也。悲夫!世人以形色名声为足以得彼之情。夫形色或声果不足以得自动之情,则知者不言,言者不知,而世岂识之哉!"(庄子《天道》)由于形色名声不足以显示道之本体存在,故"知者不言"(难以言说),而"言者不知"也。这是世人难以达到的共识。故而"得意(得道)"之过程,是一个非常复杂、艰难的过程。道家之所以为"道"家,亦即全力求道之哲人也。

(4)"可以言说者,物之粗也;可以致意者,物之精也。言之所不能说,意之所不能察致者,不期精细焉。"(庄子《秋水》)"意"是物之精,这"精"自然包含着"道"在内。

(5)"无穷无止,言之无也,与物同理;或使、莫为,言之本也,与物始终。道不可有(以有表之),有不可无……言而足(圆满周全),则终日言而尽道;言不足,则终日言而尽物,道物之极,言、默不足以载,非言非默,议有所极。"(庄子《则阳》)这就是说,不但"物之极",言、默不足以载,"道之极"更不能言、默以载。因为"道不为物"也。道,虽言、默不足以载,但却可以"意"随。

道本体之虚无性,不存在于形色声名之中,因而"言"与"象"都大大限制了它,只有处于"意"的阈限中,才能"大通"。这种"大通"领域,也就是"无象之象"(象外之象)即弦外之音,言外之意也。

"无象之象"("得象忘言,得意忘象")与"不知之知",在能指上虽异,但在所指上都是等价的,都是哲学思维的飞跃与对原点的超越。"得意忘象"("无象之象")说,既是哲学命题,更是诗学命题;"知不知"("不知之知")说,是哲学认识论(悖论)命题,也是诗性道体本体论命题。前者在"象"外可拓出一个"似象非象"的诗性—艺术境界;后者在"知"(现象)之外引出一个"不知"的本体(道)世界,然而它却是真人、至人之所具,是大知、至知,是一种有浓烈诗性精神的乌托邦,是老庄哲学"虚静—无为"的"人学"精髓。故笔者把"得意忘象"说,与"知不知"的"悖论",并置起来,以见出其共同之处。这就开拓出了一个新的领域,新的境界,其根源是出于一种深刻的哲学诗学智慧。且看陶渊明诗:

> 山气日夕佳,飞鸟相与还。
> 此中有真意,欲辨已忘言。

(《饮酒二十首》)

从"得意忘象"说的角度看:一二两句即是"象",三四两句则是象外之象、象外之意。这是"得意忘象"说的新境界(为"真意"所重构的境界)。

从"知"的悖论角度分析:一二两句是现象界的"知",三四两句是道本体之知(不知之知),故尔不能言传(欲辨已忘言)。由道本体开发出来的"真意",亦是一个区别"山气—飞鸟"相交的新境界。

由此可以看出,在玄学家那里,或者在玄学诗人那里,"得意忘象"说,与"不知之知"的悖论,都是相同的哲学诗学命题,异途而同归。这也就反证了老庄哲学的内在诗学性质,及其诗学的哲学抽象。应该说,这是进入老庄道家审美—艺术观的最佳突破口。

6."至乐"人生境界说

儒家哲学有"礼—乐"论(或《乐记》、或《乐》论,与礼构成统一体),道家哲学则有"至乐"论(道本体的诗性特征)。在庄子一书中,《至乐》成为独立的一篇,与儒家的《乐记》、《乐论》(荀子)鼎足而立,足见其重要性。《至乐》篇实在是庄子的审美哲学论(或艺术哲学论)。其内容不但丰富,而且极具形而上之风格。

(1)"至乐无乐"(无为之乐)

"乐音,吾未知之乐也,亦未知之不乐也。果有乐无有哉?吾以无为诚乐矣,又俗之所大苦也。故曰'至乐无乐,至誉无誉'。"(庄子《至乐》)世人之俗乐,是"身安、厚味、美服、好色、音声",其所苦者,则适其反也。这是俗人所追求的形色声名之乐。这种乐既是外在的,又是变化无穷的东西,给人"大忧以惧","人之生也,与忧俱生,寿者惛惛(昏),久忧不死,何苦也"(庄子《至乐》),此是"亦愚哉",而"至乐活身,唯无为几存",真是以天合天,得其真乐,"天无为以之清,地无为以之宁,故两无为相合,万物皆化生。芒乎芴乎,而无有象乎!万物职职(繁多),皆从无为殖。故曰天地无为也而无不为也,人也熟能得无为域"(庄子《至乐》)。俗人之乐,是知与欲的营谋追逐的"大伪"("有为")之乐,其止于现象界的形色声名,故其乐亦瞬息万变,"大忧以惧",长寿昏昏,又何苦呢!而庄子哲学则是追求"虚静—无为"的道本体的至乐。其所谓至乐则是天地"两无为相合,万物皆化生"之大乐,是道本体的生命长存,亦是道本体的无忧无昏之"无为"境界。

"孔子曰:'请问游是(物之初的境界)',老聃曰:'夫得是(物之初的境界),至美至乐也,得至美而游乎至乐,谓之至人。'"(《田子方》)庄子把至美、至乐,看成是至人之所具。至人是老庄哲学的最高目标,这是至美、至乐进入"真人"境界后的本体呈现。在庄子哲学中,道本体的"美化""乐化",是至美、至乐;道本体的"人化",是"至人""真人"。这是"无为"的绝对存在,也是道本体的绝对境界。

(2)庄子妻死,"鼓盆而歌"之乐

庄子妻死,这本来是俗人的悲哀事,但从物我为一,天地两无为相合的观点看,这仅是一种"始卒若环"的变化过程而已。"察其始而本无生,非徒无生而本无形,非徒无形也而本无气。杂乎芒芴之间,变而有气,气变而有形,形变而有生,今又变而之死,是相与为春秋冬夏四时行也。"(庄子《至乐》)。这也就毛泽东所说的,人之死不可悲,应当庆祝辩证法(无生则无死,生死相继)的胜利。这是无生死之大乐、天乐(死生是忧惧之乐)。故庄子说,"生人之累也,死则无此矣","死,无君于上,无臣于下,亦无四时之事,从然以天地为春秋"(《至乐》)。故庄子妻死,非死也,是冬藏也,是变也,是对知、欲(有为)的解脱也,是进入"道通为一"的"大通"境界也。故而乐之,故而"鼓盆而歌"之。这是远离现象界,进入道本体(无为)界的一种诗性体验与感悟。庄子如果作为俗人(世人),妻死,应该哭,应该悲,但如果庄子作为真人/至人,作为道本体的哲学家诗人,则应该大乐,庆祝无为"辩证法"的胜利,应该"鼓盆而歌"。这是本体对现象的解脱与还原,是"一"的胜利。

(3)乐本体(道本体)的差异—己之乐不同于异类之乐

"昔者海鸟止于鲁郊,鲁候御而觞之于庙,奏《九韶》以为乐,具太牢以为膳。鸟乃眩视忧悲,不敢食一脔,不敢饮一杯,三日而死。此以己养养鸟也,非以鸟养鸟也……《咸池》、《九韶》之乐,张之洞庭之野,鸟闻之而飞,兽闻之而走,鱼闻之而下入,人卒闻之,相与还而观之……故先圣不一其能,不同其事。"(庄子《至乐》)这是乐的差别性,鸟兽不同于人,故鸟兽之乐也不同于人之乐。归根结底,这是道本体的人化特征所致。

著名的成语典故"东施效颦"的故事,即由庄子的《天运》篇而来,"彼(丑人)知?矉之美而不知矉之所以美"。这是本体之美。

(4)圣人之天乐

"圣也者,达于情而遂于命也。天机不张而五官皆备,无言而心说(悦),此之谓天乐。"(《天运》)"圣人者,原天地之美而达万物之理,是故至人无为,大圣不作,观于天地之谓也。"(《知此游》)其实这种"圣人之天乐",也就是无为的至乐,于虚静—无为中,"原天地之美而达万物之理"。其实"天地之美"与"万物之理",都储藏在诗性的道本体中,谁能自本自根的进入道本体中,谁就能"原天地之美而达万物之理",谁也就获得"天乐"。

7. 老庄诗性哲学特有的表达方式:"寓言—重言—卮言"相交融

老子的哲学文本,是简括的韵文与诗,既有哲学的深刻性,形上性,也有诗的句式齐整,对偶对仗,以及节奏韵律与意象。

庄子的哲学几乎全由寓言—重言—卮言(简称"三言")表达。所谓寓言,是借小故事的形式(情感客观化的形式),来表达深刻的哲理。此是先秦诸子哲学的共同创造,亦是中国哲学的特有诗性形式。寓言,在庄子哲学宝库中,则有活泼的生命力,其所谓"谬悠之说,荒唐之言,无端崖之辞",多在寓言中使用。

所谓重言,即历代圣贤之言。是历代经验之积累;所谓卮言,是任天的个性之论,"和于天倪"之言。故庄子曰:"寓言十九(十句有九句让人相信),重言十七,卮言日出(天天更新)和于天倪。"(庄子《寓言》)如果从真理观上去分析,则是:寓言,是故事中的真理,"藉外论之",有不可抗拒的客观性;重言,"人而无以先人,无人道也。人而无人道,是之谓陈人(陈腐无用之人)"(庄子《寓言》)。故先人圣贤之言,是历史经验所积累的真理,故"十七"(十句中有七句可信)。卮言,是哲学主体个性睿智的发挥,淋漓尽致,故"和于天倪",那是个体智慧所获取的自性真理。简言之,三言中的真理观是:故事中的客观真理—前贤积累的经验真理—创作主体的个性真理。这是一种全面的真理观。

在外观上,庄子多是以寓言去布局重言和卮言的,但在思想根源上,却是以卮言去统辖重言与寓言的。一切都在寓言中呈现。庄子在《天下》篇中自评道:"以卮言为曼衍,以重言为真,以寓言为广",故其书则带有如下鲜明特征:"独与天地精神往来,而不敖倪于万物,不遣是非,以与世俗处。其书虽瑰玮而连犿无伤也。其辞虽参差(已不同于老子的三言、四言句式了——引者),而諔诡可观。彼其充实不可已,上与造物者游,而下与外死生,无终始者为友。其于本也,弘大而辟,深闳而肆;其于宗也,可谓稠适而上遂"(庄子《天下》)。三言所达到的"独与天地精神往来","上与造物者游"的境界,及其所获得的至乐,那是诗性智慧的巨大创造。

黑格尔辨证法的微妙,虽然亦具贝多芬交响乐的旨趣,但与中国哲学宝库中的"寓言—重言—卮言"的灿烂光辉比起来,虽各有千秋,但稍逊一筹。前者仅是逻辑—理性的单向韵律,后者却放射出诗性创造的灿烂光辉。表达方式的不同,来源于思维方式的差异,彼此本无可苛求,但就"诗性"(哲学中的诗性)一端而言,就只有中国哲学(尤其庄子哲学)独占辉煌。即使受过"本体论"思维训练的大脑,哪怕再大的天才,在康德哲学中欲寻求本体(物自身),都会昏昏然(关于此,牟宗三先生深有体会),但一旦处于庄子哲学中,寻求本体则有无限的乐趣与享受,即老子所云,虽"玄之又玄",然而却是"众妙之门"。这是中西哲学、诗学在精髓上的差异。

第三节 佛禅的诗学形上之道

印度佛教传到中国来,最后出现中国佛学,将近成千年的历史。这一辉煌的文化成果,其内在结构及历史生成过程,都是相当复杂的。作为真正的学科研究,应该从两个方面展开:一是历史生成过程的梳理(印度佛教与中国传统文化的交织融合),二是中国佛学(佛教)成熟、诞生的内在结构的分析。前者是"历史的方式",后者是"逻辑的方式"。这仍是恩格斯一贯所提倡的研究方式。

综观当今学界的情况,距离"两种方式"的研究要求,尚有相当的距离。原因是多方面的,但在笔者看来,主要有三。一是客观对象本身,时空跨度阔大,问题异常复杂;牟宗三先生说,"从中国哲学史底立场上说,这三阶段主流的思想内容都是极不容易把握的,而佛教一阶段尤难。魏晋一阶段难在零碎,无集中文献。宋明一阶段已有集中的文献矣,而内容繁富,各家义理系统底性格不易领会。佛教一阶段难在文献太多,又是外来的独立一套,名言熏习为难。即使已习惯于名言矣,而宗派繁多,义理系统性格以及其系统不同而又互相关联之关节亦极难把握"。"一部大藏经浩如烟海,真是令人望洋兴叹。假使令一人独立地直接地看大藏经,他几时能看出一个眉目,整理出一个头绪?即使略有眉目、略得头绪,他又几时能达到往贤所见所达之程度?是以吾人必须间接有所凭借,任借往贤层层积累的称述以悟入。"[1]面对外来面陌生的佛学文献,只有令人望洋兴叹矣。

二是"谈佛色变"的"灭度"感,如果缺乏纯学术心态,那是无法接近的领域;即使接近了,我们的学术武器——"核"库存,也只是"唯物—唯心"的

---

[1] 牟宗三:《佛性与般若·序》,台北学生书局,1977年。

二分法。这是名副其实的"门外文谈"。

三是我们能够接受的"遗产"似乎太少了,尚未接受过严格训练的大脑,早已潜伏着非康德式的"先验批判"狂热,致使学术触角钝化、质变。老实说,我们当今的研究,不管是在考证(包括亲证)方面,还是思辨(思想飞跃)方面,能与五四时代的前贤们相比者,寥寥无几。比如胡适吧,我们早已把他骂得"狗血淋头",从 50 年代的大批判,一直至今未止。在笔者看来,如果中国佛学研究撇开了胡适,或者吸取欠充分,态度欠认真,都是莫大的损失。

因此,本书不可能涉及过多问题,也不能过分展开。但是欲谈一个思想流派的"诗学之道"(感性—艺术地把握世界的方式),若不涉及其思想的核心结构,动力契机,只弄些就近此附的语录串连,随机发挥,这似乎又太肤浅,不像学术研究。这是一种"二难"。解决"二难"的妥协办法,只有使用"粗线条"的方式了。

一、佛教大智慧对照中的世界文明及其批评模式

印度佛教冠绝一切宗教之上的巨大智慧,是支撑世界文明结构的一根大柱子。这是牟宗三先生研究中西方哲学之后的一个总体性感受。我们先看牟先生是怎样说的:

"就哲学而言,佛教的启发性最大,开发的新理境最多。所牵涉的层面也最广。"

"若不了解'缘起性空',就不能谈佛教。"

"'缘起性空'从缘起方面说是个普遍的观念,就是一般所说的因果性(causation)。西方哲学、科学中也喜言因果(causality),但并没有'缘起性空'的观念,可见思路大不相同。佛教讲'缘起'就必然涵着'性空',而西方人讲因果性却正好要证明'性不空'。科学中的自然法则、自然因果(natural law, natural causality)之作为法则,是为了要使自然现象可理解(intelligible),可说明;而'缘起性空'是由'空'来看因果律,正是要说明世界不可理解。例如'生'的观念就不可理解,现象世界都不可理解,故谓'如幻如化'。诸法不自生,亦不自他生,不共不无因,是故知无生,这表示'生'不可理解,也就是'无生法忍'、'体法空'这些词语的意义。西方人着实了来看 causality,因此从没有'如幻如化'之类的话语。这两种思路以及其文化背

景显然很不相同。""对此不同,我曾有两句判语。一般的世界哲学——即以西方哲学、西方传统为代表——都是'为实有而奋斗'(struggle for Being)。西方的科学、哲学、宗教都是如此。实有就是自性,就是性不空。自柏拉图开始就强调实有,直到最近海德格尔仍不断地讲 Being,可见 Being 是很难把握的。把握实有是个大智慧。佛教正好与此相反,正是'为去掉实有而奋斗'(sreuggle for non-Being)。去掉实有就是所谓'性空',就是'诸法无自性'、'诸行无常,诸法无我'。无常无我就是无自性,无自性就是空。但说'空'并不表示没有万法,万法仍是'有',但它无自性,故'空'。为什么万法无自性呢?因为它是依因待缘而生。缘生就涵着无自性,无自性就涵着空,因此'缘起性空'是个分析命题(analytical proposition),也就是 identical proposition,自同的命题,缘起就是性空。这也是个大智慧。Being 固然不易把握,不易了解,'空'同样地也很难把握与理解。我们天天讲'我',就是肯定自我;若把'我'的自性、或就人而言的人格性(personality)去掉,那么个体的灵魂,灵魂不灭当然就更不能讲了。肯定实有与肯定性空都是大智慧,即由此智慧见人类之可敬可贵。"

"西方哲学是为实有而奋斗,佛教是为去掉实有而奋斗,那么儒家和道家呢?儒家仍然肯定实有,也是'为实有而奋斗',但它是由道德处讲,因此仍与西方不同。道家很特别,不属于以上任一种形态,因此我曾用庄子的一句话来表示,这些话有些滑头,但却恰好能表示出道家的趣味。庄子谓'材与不材之间',这就是道家的形态,既不同于西方传统之肯定实有,亦不同于佛教之谓无自性,也不同于儒家之由道德确立实有,而是个居于三者之间的形态。"[1](引文中着重点是引者加的)

这是牟氏写完《佛性与般若》两大卷巨著之后的一段"旧话重提"。如何确凿而又客观地去评价印度佛教(或佛学),是一个复杂的问题,在这里不作讨论。笔者想就上面这一大段引语,谈谈三个问题。

1. 人类文明一体结构中的两类大智慧

牟氏认为,佛教的"缘起性空"是一个大智慧,西方哲学、科学、宗教的"因果律"也是一个大智慧。后者是"为实有而奋斗",前者则是"为去掉实有而奋斗"。牟氏在这里以独特的视界("实有⇌非实有"),和形而上的极高层次,把握着世界文明的统一结构,他撇开时下最时髦的范畴与分析

---

[1] 牟宗三:《中国哲学十九讲》,上海古籍出版社,1997年,第237页。

方法(诸如"现象与本体/精神与物质/唯心与唯物,等等"),从一个最单纯而又最透明的"窗口",进入庞大的"灰色"世界。研究过佛学的人,都知道"性空"是一个令人头痛的概念,但是也是令人开窍的概念;研究过西方哲学的人,也都知道"Being"是一个令人头痛的概念(尤其在海德格尔那里),但也是令人开窍的概念。"性空"与"Being"正好是"冤家对头",一阴一阳,共同凝成人类的大智慧。当然,牟氏也说过,所有宗教都是大智慧。但是彼此却有不同。前者是世界文明一体结构中的大智慧,后者(所有其他宗教)是就各别结构中的大智慧。层次高低不同,涵盖性、统摄力也不同。因而,笔者认为,要真正把握好佛学(或西方哲学),觅取最高境界、寻找最佳突破口,是首要条件。否则,只见树木不见森林,其成果,意义不大。

2. 中国哲学与"实有—性空"两类大智慧的关系

牟氏以上面的"实有—非实有(去掉实有)"为标尺,来把握中国哲学,也可说是开辟了一条理解与把握中国哲学的新路向。牟氏认为儒家哲学是属于"为实有而奋斗"的文明精神形态,但区别于西方者,是从道德层面进入的;而道家则既不是"实有"形态,也不是非实有(性空)形态,而是"材与不材之间"的第三种形态。

上面已经说明,把世界文明的一体化结构判析为"实有⇌性空(非实有)"的二重结构,这是对人类大智慧的高度抽象。如果这个命题是正确的,有用的,那么,一千多年的中印文化交流,则引导出一个巨大的历史课题:中国哲学(儒家与道家)以及后来的中国佛教(天台宗、华严宗、禅宗等等)在"实有⇌性空"二重结构中(批评的标准模式中),能否有效地"过滤"?换句话说,"实有⇌性空"二重结构的批评模式,其"大智慧"的本质,能否融贯于中国哲学结构中。不管是肯定,还是否定,都存在一个具体分析的问题。在这里,至关重要的,是要把这种"大智慧"的批评模式贯彻到底,方显其批评标尺的神圣与光辉。

读牟先生的书,常常令人惊喜,他有一种狂飙突进精神,但往往又在"狂飙突进"中,不免留下一些"裂缝"。就上面的问题而言,牟先生对儒家哲学的"实有—道德"层面分析,无疑地是顺理成章的,也是令人信服的。但对道家的分析,以及对中国没有佛教(只有印度一个佛教)的分析,多少都令人感到其理论之贯彻不彻底,实属遗憾。

我们还是回到具体问题上来。再看牟先生在《佛性与般若》中的分析:"西方哲学主要地是在训练我们如何把握实有(存有、存在之存在性);

而佛教则在训练我们如何观空,去掉这个实有。儒家训练我们如何省察道德意识,通过道德意识来把握实有,把握心体、性体、道体之创造性。道家则处于实有与非实有之间,道德与非道德之间,亦如庄子处于材与不材之间;它只是'如何'之问题,而无'是什么'(存在)之问题。它不原则上否定实有,亦不原则上肯定实有;它不原则上肯定道德,亦不原则上否定道德。就前一问题(即实有/非实有问题——引者)言,它开艺术境界;就后一问题(即道德/非道德问题——引者)言,它是作用地保存道德。它的'如何'之作用亦可通佛学之般若。"[1]

《中国哲学十九讲》是牟氏70年代末期的自家学术成果的综述,《佛性与般若》是牟氏70年代中期的巨著。从上面两书的引语中,我们可以看到,牟氏对"实有⇌非实有"的大智慧批评模式是非常清晰的,运用得相当娴熟而透彻。但对道家的分析却由详而简,步步退却,由"实"而"虚"、而"滑"了。在《中国哲学十九讲》中,对道家的分析,仅是"材与不材之间"的第三种形态(既非实有,也非性空)的寥寥数语。但在《佛性与般若》序言中,却讲述得颇为详细,令人有可捉摸之处(一是艺术境界问题,一是与佛家般若有可通之处)。牟氏在后来的学术综述中,之所以不再依前著之思路详说,也许实在是有难说之言,或者是尚未思虑透彻,或者是矛盾裹挟……在笔者看来,《佛性与般若》序中所述的道家则处于"实有与非实有之间,道德与非道德之间""它不原则上否定实有,亦不原则上肯定实有;它不原则上肯定道德,亦不原则上否定道德",上面这些话,即两个"之间"与两个"原则上不否定""亦原则上不肯定"的问题,应归属多值逻辑范围,而不能放在二值逻辑中讨论。牟氏既然是把"实有⇌非实有"的大智慧批评模式,作为打开世界文明一体结构奥妙的钥匙,那么就只能在"实有⇌非实有"两端进行选择,两端选择属二项逻辑,开辟第三领域属多值逻辑。牟先生的学术生涯是首先由精致的逻辑训练才进入哲学的,这种思维"油滑",不能说是逻辑混乱,而只能说是"智者必有一失"矣。

其次,牟先生思维中确有矛盾之处。道家既然都是在×××之间,原则上不肯定,原则上也不否定。但最后落脚点,则又是"它是作用地保存道德",这不就是"实有"了么?"第三种形态"是难以自圆其说的。无疑地,把道家等同于佛教,等同于"缘起性空",是不当的;或者把道家等同于西方哲

---

[1] 牟宗三:《佛性与般若·序》,台北学生书局,1977年。

学,等同于"实有",更是不当的。在它们之间,不存在直接等同的关系;这正如儒家在它们之间,也不存在直接的等同关系一样。问题是:儒家能轻而易举地在"实有⇌性空"之二重结构中找到了自己的位置,而道家为什么不能仿照儒家的路子进入同样的结构中呢?人们都明白儒道哲学是对立互补关系,一方以这种方式进入"实有⇌性空"结构中了,另一方为什么不能以另一种方式进入"实有⇌性空"结构中呢?牟先生在谈道家时,又得出这样的结论:"它(道家)的'如何'之作用亦可通佛家之般若",这似乎又打开了道家通"性空"之门。但牟先生又在定语"作用"的渺茫关系上关上了大门;这正如他把道家归属于"实有"的大门打开之后("它(道家)是作用地保存道德"),又在定语"作用"的渺茫中关上了大门。这真是逼得道家"无家可归"矣。

千百年的历史事实和客观的过程,都证明了道家(尤其魏晋玄学)是佛教(佛学)的天然伙伴,它们之间的相通、汇合之处最多。因而中印文化交流的结果,在中国便产生了"中国的佛教"(佛学),也就是说作为人类"大智慧"的"缘起性空"(非实有)文明,在中国也有丰富的宝藏,只不过缺乏印度佛教那种成熟的典型形态而已;这正如作为人类"大智慧"的"实有"(Being)文明,在中国也有丰富的宝藏,只不过缺乏西方科学、哲学那种成熟的典型形态一样。这样说,并不是贬低中国固有文明的"大智慧"。换一个视角(或者采用另一种"大智慧"批评模式),以"亦实有—亦性空"作为标尺去讨论人类文明,那又是另一个样子了!牟先生之所以对道家的归属把握不定,"欲说还休"、"既吞又吐",根子在于他对"中国的佛教"(佛学)的否定,他认为佛教只有一个,它在印度,不在中国,它即使在中国流布,那也只是印度的佛教。牟先生说:

> 近人常说中国佛教如何如何,印度佛教如何如何,好像有两个佛教似的。其实只是一个佛教之继续发展。这一发展是中国和尚解除了印度社会历史习气之制约,全凭经论义理而立言。彼等虽处在中国社会中,固而有所谓中国化,然而从义理上说,他们仍然是纯粹的佛教,中国的传统文化生命与智慧之方向对他们并无多大的影响,他们也并不契解,他们亦不想会通,亦不取而判释其异同,他们只是站在宗教底立场上,尔为尔,我为我。因而我可说,严格讲,佛教并未中国化而有所变质,只是中国人讲纯粹的佛教,直称经论义理而发展,发展至

圆满之境界。若谓有不同于印度原有者,那是因为印度原有者如空有两宗并不是佛教经论义理之最后阶段。这不同是继续发展的不同,不是对立的不同,而且虽有发展,亦不背于印度原有者之本质;而且其发展皆有经论作根据,并非凭空杜撰。如是,焉有所谓中国化?即使如禅宗之教外别传,不立文字,好像是中国人所独创,然这亦是经论所已含之境界,不过中国人心思灵活,独能盛发之而已。其盛发之也,是依发展之轨道,步步逼至者,亦非偶然而来也。何尝中国化?须知最高智慧都有普遍性顺其理路,印度人能发之,中国人亦能发之,任何人亦能发之。何尝有如普通所说之中国化?[1]

由上看来,牟先生持否定论的根据有二:一是"中国化"的佛教,仅是印度佛教的发展。中国佛教与印度佛教之区别,仅是发展阶段之不同,根子在印度,并无质的变化;即使是禅宗,也为印度佛教的经论所包含了的。禅宗的创造,也仅是"中国心思灵活,独能盛发之而已"。二是人类的最高智慧,面对普遍性问题,都能"顺其理路"走向"英雄所见略同"的境地,人人平等,无所谓"谁靠谁"的问题。牟氏的否定论据一,否定了事物发展中之时空区别;否定论据二,否定了中国佛教的创造性,特别是禅宗。当然牟氏的观点亦有许多合理之处,足供研究者再三思考,但总体结论"没有中国化的佛教",恐怕很难成立。例如中国的禅宗,到底是叫作"中国的佛教"好呢?还是叫作"老庄哲学的大众化"或者儒道佛哲学的混血儿为宜呢?"名不正,则言不顺"。这是探索中的另一个问题。

总之,由于牟先生对"中国化佛教"的根本否定,必然导至他对道家归属"实有"或"性空",左右为难、举棋不定。如果肯定了"中国化佛教"的存在,那么道家归属"性空"的路向便打通了;如果否定了"中国化佛教"的存在,那么道家归属"性空"的路向便关死了。因为谁都知道,道家与"中国化佛教"有千丝万缕的关系。结论也许是:道家相对于儒家归属于"实有"一极,它则应归属于"非实有"的另一极。问题是从什么层面进入为当(儒家选取了"道德"层面,是非常准确的),因而讨论的焦点和实质应当放在这里,不能以含糊的语言或者开辟第三领域,消解了一个极有意义的哲学命题,解构了一种"大智慧"的思维方式。这恐怕是牟先生当初所始料不及的。

---

[1] 牟宗三:《佛性与般若·序》,台北学生书局,1977年。

如果人类文明的确可以由"实有⇌性空"二重结构包览无余的话（或者看作两种文明发展成熟的极端形态），那么中国哲学的自身形态，只是"半截子"。从形而上一端看，够不上最高的形而上；从形而下看，也落实不到形而下的最深处；既不充分地"实有"，也不充分地"性空"。在近现代，我们拼命地追赶"实有"，崇拜"实有"，但我们却忘掉了那浮现"实有"的"性空"（非实有）。追赶"实有"当然可贵，忘却"性空"也必然悲哀。在这个问题上，牟宗三先生还是独具慧眼的：

> 西方的传统不能取消科学知识，即不能进退转动、来去自如，因此有泛科学主义、泛科技主义，而将人类带向毁灭的途径，这正是现代文明的趋势。佛教讲转识成智，就是要将识的执着化去而成智，因此，执与科学知识是可取的。但若佛自觉地要求科学知识的执着，则亦可由智的地位自我坎陷而落为识，那么这时的识所表现的无明就是"明的无明"，这是个诡辞，轻松些说即是所谓"难得糊涂"。[1]

西方传统的合理走向，应该是从"实有"一极过渡到"性空"（非实有）一极；佛教的合理走向，也应由"性空"（非实有）一极过度到"实有"一极。"实有⇌非实有"是一个人类文明的自足体结构。如果双方都"怒目而视"，单边膨胀自身的存在，那么走向自我毁灭的道路将是必然的。牟先生指出西方的泛科学主义、泛科技主义，正是走向毁灭的途径，确是西方所面对的严峻形势；佛教的"转识成智"也必然是一个大方向，但如何"转"，如何"成"，却是需要探索的。牟氏的"自我坎陷"方法，或者"难得糊涂"方法，不一定是最佳的方法，但是它启示了我们，必须"走向对方"才是出路和前景。

中国哲学在"实有⇌性空"的自足体结构而前，只有"左右开弓"、"双管齐下"，才能进展到新的境界。当然，这并不否定某个历史阶段、某种特殊时刻，都存在着一个相对的侧重问题与先后问题。不过，笔者认为，在探索"中国化佛教"的问题时，把握好"性空"一极是非常重要的，甚至对中国哲学的全局，都有至关重要的意义。推进一步，如果要谈论中国诗学美学、或禅宗美学，"性空"一极却是一盏明灯。

总之，牟宗三先生把"实有⇌性空"人类文明一体结构的批评模式，

---

[1] 牟宗三:《中国哲学十九讲》,上海古籍出版社,1997年,第236页。

移到中国哲学中来,实是开辟了一个新的研究路向,但是在道家归属的问题上尚欠准确与完满。

3. 人类大智慧"实有⇌性空"批评模式对人类艺术—审美的启示

"实有⇌性空"既然是人类文明的一体性结构,显示了人类相反相承的二极性大智慧,那么,其对人类的艺术—审美的指导意义,将是无疑的了。一个客观的艺术事实,证明了"实有⇌性空"大智慧批评模式的有效性:一是辉煌的佛教艺术,一是西方19世纪的现实主义(含自然主义)小说创作的主潮。前者归属"性空"类的艺术—审美,后者归属"实有"类的艺术—审美。二者的灿烂光辉,都可谓人类大智慧的巅峰,成为难以企及的标本、范型。

中国的艺术—审美,花开两枝:一是儒家的"礼—乐"型的入世诗学,一是道家、中国佛教的"虚静—无为"型的出世(忘世)诗学,它们共同打扮了中国艺术—审美大花园的春天。本节将要论述者,是道家、中国佛教(禅宗)的出世(忘世)诗学(详后)。

魏晋南北朝时代,儒道相会产生了中国玄学,印度佛教此时东渐,这给中国艺术—审美意识的契合、发展,带来了不可估量的意义。因而人们一致公认,魏晋时代,是中国文学艺术(审美意识)发展的自觉时代。下面这些艺术现象的出现,应当怎样解释才是妥当的呢:

  曹操 一代枭雄,乱世霸主,却居然吟出了绝代诗句:对酒当歌,人生几何。
  陶潜 很不得意,曾"不为五斗米折腰",却谱出了"采菊东篱下,悠然见南山"的世外乐曲。
  阮籍 深得"建安风骨"的大诗人,其"咏怀"之作,颇得《诗品》、《文心》之好评,却不免如此伤时感世:"开轩临四野,登高望所思。丘墓蔽山冈,万代同一时。千秋万岁后,荣名安所之。"
……

以上的艺术现象,以儒家"礼—乐"型的入世诗学(或说"实有—道德"大智慧批评模式),能解释得了么?不可避免地要"逼"出另一种解释模式来:即玄学、中国佛教的出世(忘世)诗学(或说"非实有—性空"的大智慧批评模式)。

中国艺术—审美意识的发展,经过唐诗、宋词的高峰,最后都浓缩在《红楼梦》中。"梦"中的事太多,且拿"好了歌"来欣赏一下,不管怎样的人生,也能轻松地划上一个句号:

> 世人都晓神仙好,惟有功名忘不了!
> 古今将相在何方,荒冢一堆草没了。
> 世人都晓神仙好,只有金银忘不了!
> 终朝只恨聚无多,及到多时眼闭了。
> 世人都晓神仙好,只有姣妻忘不了!
> 君生日日说恩情,君死又随人去了。
> 世人都晓神仙好,只有儿孙忘不了!
> 痴心父母古来多,孝顺儿孙谁见了?

唱此歌的道人说:"你若听见'好''了'二字,还算你明白。可知世上万般,好便是了,了便是好。若不了,便不好;若要好,须是了。我这歌儿,便名《好了歌》。"

对"好—了"的人生,儒家的"礼—乐"型入世诗学,能划上了句号么?无疑地,曹雪芹是把道家与中国佛学的精义融合在一起的,其所以能对"好—了"的人生划上句号,那全在"非实有—性空"的大智慧所致也。其实,这里的"好—了"歌,就是"性空"之歌,不过比起印度佛教来,尚欠彻底,尚未"空"到最高处,最尽处,因为这里尚有"好"的伦理评价,尚有"了"的时空约束。如果连"好"和"了"都取消得一干二净,那才是真正的"性空"和"非实有"。士隐对这《好了歌》作了解注,最后总结道:"乱烘烘你方唱罢我登场,反认他乡是故乡。甚荒唐,到头来都是为他人作嫁衣裳!"这个解注比道人退了一步,不但没有"空"下去,反而为"实有"开了大门。在"性空"中,是不能存在"我—你—他"的,更不能有丝毫的情绪显露:"故乡—他乡—嫁衣裳"。这是曹雪芹大脑中"实有—道德"层面的显示。由此可知作者曹雪芹,毕竟是中国人,其大脑中融合着儒道释精神,在这儿尽管"性空""非实有"成分占主要因素。

一部《红楼梦》,争了几百年,看来几百年之后也还得争下去。我们能否在"实有⇌性空"人类文明一体结构的大智慧批评模式中,多作点文章呢!或者说,调整一下视角,开阔一下视野,从那僵化的批评模式中解脱出来呢？或者说让我们的学术生命更有血气,也更生动呢！今天人们的说"梦",真是五花八门,千种万样,大有越说越糊涂之势,如果脱离智慧性的学术模式,去奇妙的说"梦",以求惊异,那是一种十足的无聊。当今中国学术界之种种论争,其致命处,并不是什么耸人听闻的"软伤"、"硬伤"问题,而是缺乏一种为最高智慧所规范的批评模式与动力。

二、中国佛教的特征

1. 分类

印度佛教传入中土之后,经过若干发展阶段,大体上可分为两大类:一是仍然因袭印度佛教思路,仅是易地发展;二是与中国儒道哲学融合,成为独创性的"中国佛教"。这是时下学界所认同的观点:

> 佛教宗派约可分为两类:一类基本上是继承印度佛教原型,结合中国传统思想甚少,因而思想也很少变化,如吉藏创立的三论宗、唐玄奘及其弟子窥基创立的唯识宗,善无畏和金刚智及其弟子不空创立的密宗。三论宗继承印度大乘佛教中观学派的学说,宣扬非有非空的双重否定的思维方式。唯识宗以繁琐分析为特征,它还一味恪守印度佛典的教条,硬坚持有一类人不能成佛的主张。这两宗都因不适应中国当时现实的需要,懂得的人越来越少,近于无形中断。密宗的一套,尤其是乐空不二的密法,与儒家伦理思想直接抵触,而被限制传播,只是在中国西藏地区获得流行。另一类是结合中国传统思想而创立的宗派,如天台宗,华严宗和禅宗。这些宗派中国化色彩很浓,禅宗尤为突出。净土宗系继承印度佛典的思想而创立,但在印度没有立宗,所以也是中国特有的宗教。这四个宗派,尤其是前三个宗派,可说是隋唐佛教的主流,中国化佛教的主体,在中国佛教史上占最重要的地位。[1]

方立天的分类,以及肯定有"中国的佛教"的看法,是时下学界大体上认同的,也是比较客观的。本书立论不采用牟宗三否定有"中国的佛教"的

---

[1] 方立天:《中国佛教与中国文化》,上海人民出版社,1998年,第393页。

观点,上文已述,不赘。由于本书所讨论的问题,主要是"佛禅的诗学之道",即禅宗的诗学形上之道,因而论述的网界必须紧缩,否则难于收拾。因此,只好忍爱把天台宗、华严宗、净土宗等其他的"中国的佛教"的相关论题割去,只看以禅宗为代表的一家足矣。这样作的原因有二:一是禅宗确是杰出代表,有普遍意义,它虽烙有"佛"记,但品位却是儒道产物。二是"禅宗美学"及其相关的艺术—审美问题,是近年年轻学人的热点,似乎里面有取之不尽、用之不竭的泉源。笔者认为,在"矿藏"不深、不厚的地方,大力开掘,是否值得?或者说:与其花大力,流大汗在"矿藏"的支脉上,不如在其源头上下功夫。

2. 中国化佛教的本质

本书在具体展开儒道禅的诗学形上之道之前,便首先考察了三个"性相近、习相远"的典型命题:

(禅)挑水砍柴
(儒)事父事君 } 无非妙道
(道)心斋坐忘

此命题(第一句)的语符与语义,本来都是禅宗的,颇得要领,且画龙点睛,人们也许忘掉了禅宗许多教理与语录,但"挑水砍柴莫非妙道",却是历史长河中的闪光之点,令人难忘。正因为如此,哲学史家冯友兰才摹仿禅宗要旨拈出儒家的第二句话来(即"照着说"),且由此而过渡到宋明理学。第三句话是笔者"照着说"所凑上来的。上面三个命题显然有点"同床异梦",但相通之处甚多,它们都是中国土地上的"连理枝"。行为实践方式虽然各异(挑水砍柴/事父事君/心斋坐忘),道也不同(禅道/儒道/老庄之道),但却被互补互动的深层精神结构所统一起来。正是这种相反相成,互补互动的动力契机,才把人类的大智慧,灿烂的世界文明统辖起来,开示了人文精神新的批评范式。如果我们以牟宗三开拓的"实有⇌性空"大智慧批评范式,来扬弃传统的批评模式,做到"欲穷千里目,更上一层楼",那么,我们对中国哲学的诗学性质、儒道释的诗学形上之道,将有崭新的视角与开阔的视野。这意味着什么呢?如果儒家归属于"实有—道德"一极,那么,道家将必归属于"性空—非实有"一极,而禅宗正好是"亦实有—亦性空"的来回选择,显示了一片生机,故而才会是"开宋明理学的先河"(冯友兰）。禅宗虽打烙上"佛"记，但却是儒道产物，它在历史上的呈现，仅表示它是中国哲学发展史中的"过渡"形态。它的兴亡令人深思也。

近年学界研道、研佛的热潮骤然而起，那是解除学术禁锢后之必然。中国人如果真正离开了道、佛生活下去，那实在苦不堪言，《红楼梦》的《好了歌》，并非什么"反动—颓废"，那是人生大智慧的另一极。人生总是由此一极到彼一极的艰难过程，停滞在任何单独一边，都是无限的悲哀。中国历代知识分子，极善于汲取这里的"人生智慧的另一极"，以保持自身的心理平衡和生命存在。鲁迅先生的《阿Q正传》，我以为就颇得人生大智慧之妙。正是由于承接了这样的文化传统，当今学界才有人直言：禅宗—老庄的大众化哲学（老庄哲学的大众化）。此论，似乎遥契了牟宗三的观点：没有中国的佛学（佛教）。

佛学研究家方立天先生说："中国佛教的根子在中国而不在印度"[1]，"快刀斩乱麻"一语中的。胡适于五四时期，也许是研究中国佛学（佛教）的最有功力的权威，他笃力从国内外搜寻过有关中国佛教的资料，他在《论禅宗史的纲领·答汤用彤教授书》中说，"禅有印度禅，有中国禅。……至唐之慧能、道一，才可说是中国禅。中国禅之中，道家自然主义成分最多，道一是最好的代表"[2]，胡适所说的"道家自然主义"，就是老庄的"虚静—无为"哲学观。既然是"最多"，那就不是全部。"最多"之外，即是儒家的影响。儒家的巨大的渗透力，来自两个方面：一是传统文化中的正统性强力提慑力量，它有"顺之者昌，逆之者亡"的威慑力。二是儒家心性与佛教（佛性）的交融。儒家的心性哲学，是就道德伦理世界中，活生生的"人"的心性而言，亦即"仁学"结构中的心性而言；佛性，则把活生生的"人"的心性，对象化于一个神圣的先验主体（佛）身上，成为人的"他在"的自性与本性。通俗的说，儒家的心性哲学中的"心性"，是活生生的人可以自我触摸的本性、"仁"性；佛性，则是镜中的人的自我本性。因而，禅宗所言的"佛性"则与儒家哲学的心性，则有千丝万缕的联系，而且后者也就成为前者所从出的深厚背景。由此观之，"中国佛教的根子在中国而不在印度"的论断，确是客观的事实。

此外，从习禅者的"成佛"历程来看，也确证了上面的论断。

---

[1] 方立天：《中国佛教与传统文化》，上海人民出版社，1998年，第379页。
[2] 胡适：《胡适学术文集·中国佛学史》，中华书局，1997年，第35—36页。

"中国佛教学者绝大多数在出家以前通常是先受儒家学说的洗礼,再经道家思想的熏化,然后学习、钻研、接受佛教理论,这种知识形成的层次、程序和结构,必然深刻地左右这些僧人对佛学的理解。这种情况,两晋南北朝时代的佛教学者尤为突出。如名僧支遁'雅尚老庄',他注释的《庄子·逍遥游》,独步一时,深得盛誉。又如慧远在追寻自己思想转变过程时说:'每寻畴昔,游心世典,以为当年之华苑也。及见《老》《庄》,便悟名教是应变之虚谈耳。以今而观,则知沉冥之趣,岂得不以佛理为先?'(《广弘明集》卷二七上),慧远由崇信儒家到服膺《老》《庄》,后转为信仰佛教,道家的潜在影响是很大的。僧肇也说:尝读老子《道德章》,乃叹曰:"美则美矣,然期栖神冥累之方,犹未尽善……至于东晋时代佛教般若学六家七宗,用玄学—新道学的不同派别的观点去解析'空'义,则是直接地反映了中国道家思想对外来的参透。"[1]方氏的概述是得当的。

北宗的神秀,出家后,到闽浙一带游历修学,对《尚书》、《周易》、老庄著作,以及其它经史,都广为涉猎,深入研究。其弟子普寂年轻时曾苦习儒学,以及《书经》、《周易》等,正因为深感传统文化之不足,故决定出家探儒。南宋的慧能成为六祖,他受儒道哲学的影响(研习儒道经典),史无记载,也许因为他是一个"不识字"的樵夫,然而他的心灵的底层结构如果没有儒道哲学的泉源,他能"明心见性","即心成佛"么,他能在"挑水砍柴"的日常实践活动中,去觅取那个"妙道"么! 这也从反面证明了中国传统哲学的强大渗透力和统摄力。

综观中国历史上儒道佛三家的关系,有许多令人深思之处。首先是:"儒—道"的互补互动关系(原始儒道关系),接着是佛教传入中土。此时的"佛"必须接受"主人"(儒道)的礼洗。佛接受儒道影响后,独创"成家"(隋唐时期),接着是宋明理学的兴起(伴随佛教的衰亡)。这里明显地显现出三个环节(历史阶段):儒道—佛禅—宗明理学。"儒道"和"佛禅"的关系,那是本土文化与外来文化的关系,"客人"必须接受"主人"的招呼与安排。成熟独立后的"佛禅"(中国佛教),又以自身的生命和力量,成为宋明理学出现的动力契机(儒道是深层的动力契机)。因而三环节中的"佛禅",则成为上承"儒道",下开"宋明理学"的中间环节。"上承"是接受传统,站稳脚跟,寻求发展的阶段;"下开"是成熟独立阶段。"上承"时,僧人禅者都广习

---

[1] 方立天:《中国佛教与中国文化》,上海人民出版社,1998年,第385—386页。

传统哲学,苦钻儒道经典;"下开"时,则是另一番景像,一切都倒了过来,二程、朱熹、陆王在创立学说之前,都坐禅、习道,几乎都是先禅后儒(尽管他们相互指斥时,都把对方斥为禅)。真是"青出于蓝而胜于蓝"了,然而问题就在于:宋明理学比佛禅要高大得不可比拟,宋明理学的"蓝"比"佛禅"的"蓝"也难以匹比,关键是宋明理学还有深层的根源,它的动力契机,除了"近水楼台"的佛禅之外,还有原始儒道的源头活水,似是长远主流与急汛支流的汇合,显得颇为开阔远大而壮观。

由上面所述"儒道—佛禅—宋明理学"三环节的历史过程及其复杂而微妙的关系,使我们得出三个结论:其一,中国传统哲学—儒道互补互动哲学,在任何情况下,都是历史的脊梁,也是中国哲学的骨干(隋唐阶段佛禅上浮,儒道伏流底层);其二,"佛禅"尽管汲取了许多儒道的奶汁,但毕竟是"别子为宗",有非正统之嫌,因而它的局限与衰亡,都是注定了的,其青春与生命的短暂性(并非夭折),亦是不可避免的。故而"佛禅"仅是特定时代中形成的中间环节,其历史作用,是为宋明理学的兴起,充当了最切近的动力契机而已。其三,"佛禅"是用印度佛教的外衣来包装的,但是它的血脉筋骨却是儒道的产物,不管是从"上承"的关系看,还是"下开"的关系看,莫不如此。

我们仍接着谈中国佛教的本质问题。

对中国佛教(佛禅)的较为准确的评价,我以为,还是胡适的观点,即"中国佛教是中国思想史"的革命运动——较为可取。

先看胡适是怎么说的。

本来1934年胡适以《中国禅学的发展》为题,到当时的北平师范大学演讲,就这样说过:"在七世纪末八世纪初,中国发生一个浪漫的大运动,使中国佛教又起一个大革命","总结起来,这种禅学运动,是革命,是反印度禅、打倒印度佛教的一种革命,自从把印度看成西天,介绍、崇拜、研究、选择,以致'得意忘象,得鱼忘筌',最后,悟到释迦牟尼是妖怪,菩提达摩是骗子,十二部经也只能拿来做揩粪纸;解放、改造,创立了自家的禅宗。所以这四百年间禅学运动的历史是很光荣的。不过,这革命还是不彻底。刻苦行脚,走遍天下,寻来寻去为着什么?是为着要解决一个问题(即"终极关怀"问题——引者)","这个生死大问题,只有智慧能够解决,只有智慧能够超度自己,脱离生死,所以火急求悟。求悟的目的也就不过是用智慧来解决一件生死大事,找寻归宿。这不还是印度宗教的色彩么?这不还是一个和尚么？所以说这种革命还是不彻底。从禅学过渡到宋代的理学，才更见有二大进步：一、以客观的格物代替了主观的心理，如程朱的今日格一物，明日格一物，今日穷一理，明日穷一理，辨明事物的是非真伪，到后来，便可有豁然贯通的一旦。这是禅学方法转变到理学的进步。二、目标也转移了。德山和尚教人做一个吃饭、睡觉、拉尿的平常人；一般禅学家都是为着自己的'腊月二十五'（即'终极关怀'的准备——引者），始终只做个和尚。理学则不然。……无不是从诚意，正心、修身做起，以至齐家、治国、平天下。超度个人，不是最终的目的，要以个人为出发点，做到超度社会。这个目标的转变，其进步更伟大了。这两点是值得我们大书特书的。总之，宋明理学的昌明，正是禅学的改进，也可以说是中国中古时代宗教的余波"。[1]

胡适在上面这段话中，触及两个大问题。一是"禅学运动"问题，二是禅学运动与宋明理学的关系问题。

关于第一个问题，最值得注意的是胡适的两个重要观点：其一，是把中国的佛教形成发展过程，称之为恰如西方的"浪漫的大运动"，是"禅学运动"。"运动"者，总是针对某种原定事物的一种"反动"。在这里，胡适分明是张扬了禅学的两种"反动"，既是对印度佛教（老祖宗）繁琐哲学的"反动"，又是对儒家哲学泯灭个体意识的"反动"（儒家群体意识的保守性）。禅学运动，其实是在中国封建社会中，张扬个体意识的革命活动，最终目的是要求得个体的绝对解脱，因而"禅学运动"就是一把"双刃剑"，一边对准佛教的无穷无尽的繁琐性，一边要对准儒家哲学的"保守性"。否则，禅学运动就不能称之为浪漫运动。其二，这种"禅学运动"带有二重性，既是中国佛教内部的革命运动，又是中国思想史上的革命运动。这种"二重性"体现在它的革命的"不彻底"中。胡适谓其不彻底，是非常有眼光的；其观念，也是非常超前的。对禅学自身来说，不管其怎样求悟、求脱，也不管其怎样动用自己的"智慧"，它都摆脱不了"印度宗教的色彩"和自己的孤家寡人的"和尚"身份，即使"桶底穿了"也仅是山中僧人孤独个体的"点丁"儿事。

关于第二个问题（开宋明理学问题），胡适见出了"禅学运动"的历史客观性及其启示性。所谓宋明理学的"二大进步"，则是由"禅学运动"即将坏死的"母胎"中开示出来的。进步之一，是"以客观的格物代替了主观的'心

---

[1] 胡适：《胡适学术文集·中国佛学史》，中华书局，1997年，第93—94页。

理'",这是划时代的号角转移。绝对自由而自我封闭的个体意识,在中国的土地上是绝对不能生存的,不管你是退隐在深山大林中,还是坐禅在古刹寺庙中。进步之二,是"目标也转移了"。由明心见性,即心是佛,进向"先天下之忧而忧,后天下之乐而乐",走到原儒的"内圣外王"(修齐治平)的大道上来。这是"惊天动地"的灵魂交响乐!

事过二十年之后,胡适身在台湾,却总是念着中国这个"禅学运动",因而,他又借纪念蔡元培八十四岁诞辰之机,发表了"禅宗史的一个新看法"的演讲。其文曰:"新的看法,禅宗是一个运动,是中国思想史、中国宗教史、佛教史上一个很伟大的运动","这个革新运动的意义是什么呢?佛教革命有什么意义?这可以分为两层来说。第一个意义是佛教的简单化、简易化;将繁琐变为简易,将复杂变为简单,使人容易懂得。第二个意义是佛教本为外国输入的宗教,而这种外来的宗教,在一千多年中,受了中国思想文化的影响,慢慢的中国化,成为一种奇独的、中国新佛教的禅学……这个新的佛教,在印度没有。"[1]胡适的这两点新看法,其实并不"新",在其三十年代的那场演讲中,已蕴含着,只不过没有明朗化,尚潜藏于思想的底层。他又说,"总结一句话,禅宗革命是中国佛教内部的一种革命运动,代表着他的时代思潮,代表八世纪到九世纪这百多年佛教思想慢慢演变为简单化,中国化的一个革命思想"(胡适认为,在当时这是一种"危险思想"),"经过革命后,把佛教中国化、简单化后,才有中国的理学……韩文公以后,程子、朱子的学说,都是要治国平天下。经过几百年佛教革命运动,中国古代的思想复活了,哲学思想也复兴了"。[2]

胡适的"新看法"可归纳为两点:一是强调了中国佛学对印度佛学的"简单化"和"简易化",最后以致于完全中国化,不再是印度的佛教。对禅学的这种"质变",胡适把握得很有深度。为什么"简单化"、"简易化"就是"中国化"了呢?大家都知道,中国哲学源头的《周易》,就是"简单化"、"简易化"的总根源(解构一切"礼仪"之繁琐),它规范着中国文化的运动和发展。其所以如此,则完全是由于中国的实践性的思维方式所制约着的。佛教在中国的传播、发展、则完全落入中国哲学的思维方式中。从另一角度说,欲判别中国佛教的本质特征,只有"简单化"、"简易化",才是聚焦点,才

---

[1] 胡适:《胡适学术文集·中国佛教史》,中华书局,1997年,第144页。
[2] 胡适:《胡适学术文集·中国佛教史》,中华书局,1997年,第151—152页。

是进入堂奥的最佳突破口;而离开"简单化"、"简易化"的其他千条万条,都可以忽略不计。胡适的这种强调,说直了便是中国哲学的实践性思维方式,有巨大的生命力,亦是我们民族得以独立于世界上的丰富"抗源"。

胡适"新看法"所强调的第二点,是把禅学运动、宗教革命的表层形式寓于"中国古代思想"和"哲学思想"的深蕴根源中,否则,便无从解释宋明理学的"壮丽日出"。上面说到,这是一个极为重要的看法,它独步于中国学术史。

胡适论述"禅学运动"的整体构思,是留给后人的宝贵遗产。在很多方面,他已摆脱"实证主义"的束缚,"拨开乌云见太阳"。具体地说,他把禅学运动的时段性,放在中国哲学思想史的长流中加以考察,不作孤立绝缘的分析,其得出的结论,是经得起考验的。何以见得?七十余年了,研究中国佛学者,能超越胡适者又有几人?

笔者在这里想顺便补上一笔,是胡适本来应当发挥而没有充分发挥的重要观点。

禅学运动为何在中国思想史的发展历程中有那么大的吸引力?除了大家都知道的所谓"社会根源"、"思想根源"之外,还有一个极为深远而又最原始的根源,那就是"宗教形式"——一种对人类意识本体的无穷拓展和形上悬吊的吸引力。印度之所以值得骄傲,全在于他的"佛教"大智慧上,在于他的"缘起性空"的灿烂景观上。世界文明的鼎足三立,印佛居其一。足见智慧的"宗教"形式,及其可以开拓的未知世界与精神动力,人类可以等闲视之么?中华文明也是世界文明三足鼎立之一,如果我们能够把印度佛教的大智慧"性空"宗教形式融合进来,我们岂不是获取了世界文明三足鼎立之"两足"么。宗教"性空"形式与形上意识的发展程度及其超越的阈限,正如"实有"形式与科学技术的发展程度及其跨越的领域一样,有同等的价值和意义。正因为如此,牟宗三先生才强调"实有⇌非实有(性空)"人类大智慧的二重一体结构的重要意义。

关于中国文化结构中的"宗教"形式和意义问题,胡适是这样说的:"我们古代宗教是很简单的。在春秋战国时代,我们虽然已有很高文化,在道德、伦理、教育思想、社会思想、政治思想各方面,我们已有很高的水准,——但是宗教方面却非常简单。当时只相信一个'天',或许是高高在上的天,或许是上帝,这苍苍之天与主宰的上帝,是第一个崇高的对象。其次是崇拜自然界的大力量,认为日月天地都有一种神的存在。第三是崇拜祖先。第四是在宗教崇拜下善有善报恶有恶报的报应观念。在佛教输入以前我们祖宗没天堂与地狱的观念,宗教原是非常简单的,印度教输入以后,他的宗教不但有'天',而且有三十三重天;不但有地狱,而且有十八层地狱,甚至有十六乘十六、再乘十六层的地狱,一层比一层可怕。这样复杂的情形,的确可以满足人民对于宗教的欲望的。结果,我们原有的简单宗教,与它比较以后,就不免小巫见大巫,崇拜得五体投地了。崇拜到什么程度呢?佛教中人把印度看作西天,看作极乐的世界。都是由于佛教的崇拜。"[1]

中国的简单宗教,其实并不是纯粹的宗教,而是准宗教。本书前面已论述到中国古代和文明原型模式,是"神/祖—巫—人"的天人合一结构。胡适在这里所说的中国古代宗教的"四要素",大体上可以统入这个原型模式中。"准宗教"的关键一环,是"人"(祖先)已进入那个绝对"非人"的世界,把纯粹的彼岸世界置于"人性"之中。因而,便消解了彼岸世界的纯粹性,把无尽无际的"未知",置于"将知"、"可知"之中。从牟宗三的观点看来,便是以"实有"道德性智慧,未经任何转化与中介,直接冲击了"性空"智慧,从而使中国文明的大智慧,只能混杂在"实有—性空"的张力结构中,这便是中国实践伦理得以优先发展的基础与件条。我们有我们的优势和长处,但同时也有我们的劣势和不足,在世界文明"实有⇌性空"的大智慧一体结构中,我们有两方面的先天不足:既缺乏西方文明的"实有"能力,也欠缺佛教的"缘起性空"精神。从历史发展的要求来看,我们应该进行两方面的补课。隋唐两宋,中国人的艺术—审美意识,可谓登峰造极,"前无古人,后无来者",印度佛教传入中土,"忽如一夜春风来,千树万树梨花开",国人对印度佛教,真是"崇拜得五体投地",把印度看作"西天",看作"极乐世界",艺术与宗教的联婚,既是天然的结合,也是历史的真理。如果顺向发展,以全副艺术魄力去夺取"性空"智慧,中国历史必然是另一番样子!换句话说,如果禅学运动改变"简单化""简易化"方向,朝着纯宗教的"性空"方向发展,以超越印度佛教的"缘起性空"为己任,那又将是怎样的景观? 这真是历史规律的二律背反:一方面,中国文明精神,由于"性空"智慧的先天不足,希望"补课"(健全自身的宗教自足形式),所以热烈欢呼印度佛教的到来;另一方面,中国文明精神的伦理实践智慧,又显示了它的攻无

---

[1] 胡适:《胡适学术文集·中国佛教史》,中华书局,1997年,第144—145页。

不克的卫道能力,与不可动摇的传统观念,把"性空"大智慧当作一个怪物抛开了,因而失去了完善"宗教"形式的最佳时机。鉴于以上所述,中国的禅学运动,到底应该怎样看?对历史规律的二律背反,应该怎样审判?牟宗三,一代大师,汇通中西哲学的大圣大贤,他否定有中国的佛教(佛教只有一个,那在印度),这是信口开河,还是另有深思?而胡适则肯定有中国的佛教(禅学运动),其历史价值仅是上承原始儒道,下开宋明理学的先河(禅学运动的终结,是呵佛骂祖,教人只做一个吃饭、睡觉、拉尿的平常人)。客观地说,中国佛教—禅宗最光荣的历史,是出现了一个不识字的广东砍柴佬—六祖慧能及其《坛经》。此份遗产,在中国人的精神结构—文明体系中,到底有多大份量?

无疑地,以佛教为象征的一千多年的中印文化交流,对中国的文学艺术、哲学等方面均有重大的影响,所有这些已成为国人共识的方面,都是无可争议的了。然而由于"禅学运动"的结果,我们遗弃了印度佛教大智慧的"性空"宗教形式,致使中国古代文明的先天缺陷,没有得到那珍贵而又伸手可得的"补偿",这是老大帝国的悲哀,还是那个不识字的广东砍柴佬(慧能)的目光短浅?

"性空"宗教形式,作为世界文明一体结构("实有⇌性空")中大智慧的一极,是人类精神的巨大张力,是由已知进向未知的最大可能性,本乎此,它才能成为"信仰"。中国人对"宗教形式"的理解,往往是等同于"迷信",至今都没有给这种人类大智慧的形上探求形式(超实践智慧的无限的空灵渴望),予以必要的"正名"。我们不必强求人人信仰宗教,也不必反对人人信仰宗教。但"宗教形式"所蕴含着的人类大智慧的精神张力和进向未知和彼岸的生命力量,与儒家"仁"学结构"十字打开"之后的"内圣外王"世界景观,是等价的。甚至在某种危机与艰难时刻,前者比后者更为重要。这种精神力量,在爱因斯坦身上结合得最为完善而足供借鉴。今天学术界的某些不甘寂寞的学人,在疾呼"宗教归来",其意是叫人信仰宗教,这与笔者的观点大异其趣。我们需要的不是"具体"信仰,而是"普遍"的信仰,对未知的大智大慧的信仰;前者,是一种无形的伽锁,后者是一种精神张力的渴望与解放。

好了,把话收回来。以上之赘言、评论,目的是为了给中国的佛教—禅学,予以必要的定位,消解那过多、过侈的光环,为客观展示和评价佛禅诗学作一"翻山涉水"的说明。

三、佛禅的诗学形上之道

上面我们花了很长篇幅为中国的佛教(佛禅)"定位"。其实,这是一个相当复杂的问题,笔者并不想发表什么标新立异之说,仅是为了讨论"佛禅诗学"的需要。近年来,学界有如下这些倾向:多是就艺术而谈艺术,就事而论事;只见表层,不见深层。就儒道两家诗学而言,道为主,儒为辅;就道禅两家诗学而言,禅是花,道是干。仿佛王维的禅诗制作、严羽的"妙悟"论说、王士禛的"神韵"理论等都因为得益于禅,故而身价倍高,于是佛禅诗学,足可与儒道两家诗学三足鼎立矣。我们需要的是客观的评论。

1. 心性/佛性与诗性

佛者,觉也。但有三义:"一是觉悟,二是使他人觉悟,三功德完满"[1],它与人的智慧、善良紧密联系在一起,它比中国哲学的心性概念,更有理想性,也更具有个体性。

从何处进入中国佛教的"佛性"世界?它有没有基本通道与范式规定?这是谈论佛性的至关紧要的问题。

方法论的起点范畴是"坐—禅";显示佛性的规范形式是"佛—法—僧"(三宝),或说是呈现佛性的主体三维结构。

何谓"坐—禅"?《坛经》曰:"一切无碍,外于一切境界上念不起为坐,见本性不乱为禅。"[2]"坐",是为了"自性本清净",隔绝外在环境的干扰,使"心念"服从"自性"。"禅",显现本性不乱,有自身的强大而丰富的约束力。"坐禅"的深远植根,可以追到印度佛教之前的"瑜伽"功,据胡适研究:

"在禅宗未起以前,印度便有'瑜伽'梵文为 yoga。此字是印度文与日耳曼文的混合语,在英文中为牛轭,引申起来,是管束的意思,即如何才能管束我们的心,训练我们的心,使心完全向某一方向走,而能于身体上、精神上和知识上发生好的结果","在印度未有佛教以前,即二千五百年前,已有许多人做这种'瑜伽'。释迦牟尼想到名山去学道的时候,遣人出去学道者二人,即为瑜伽师。古代'瑜伽'的方法,在印

---

[1] 杨曾文:《唐五代禅宗史》,中国社会科学出版社,1999年,第125页。
[2] 慧能:《坛经》,中华书局,1987年,第37页。

度很流行;佛家苦修,即用'瑜伽'的方法。后来佛教走上新的道路——"智"的道路,于是'瑜伽'遂变成了佛教的一部分。但无论任何修行的人,都免不了要用'瑜伽'的方法。后来佛家给以名字,便是'禅'。"[1]

"瑜伽",是原义的"牛轭",引伸为管束,训练心的一种方法,其目的是,"使心完全向某一方向走,而能于身体上、精神上和知识上发生好的结果"。其实,这就是一种"心术",或者说,类似于胡塞尔现象学的"意识意向性",但此两者都难以确保"于身体上、精神上和知识上发生好的结果",而"于身体上"尤难,这说明它已兼有中国人"气功"的性质了。佛教以"瑜伽"修道,贯之以"智"统辖佛教三学(戒定慧),"禅实在能包括'定'、'慧'两部分,如说禅是打坐,那种禅很浅,用不着多说。因为要用'慧'来帮助'定','定'来帮助'慧',所以有人合称'慧定'。在中国禅宗,'慧'包括'定','慧'的成分多,并且不包括'戒';在印度,则'定'包括'慧','定'的成分多"[2]。佛教传入中国之后,几乎所有的圣者贤人都"坐禅",隋唐之后的大儒,更是坐禅——只有"心意不起,本性不乱",然后才能完成内圣外王的大事业。胡塞尔现象学把这叫做"加括号"。世界的灾难,人的灾难,与其说是核武器的灾难,无宁说是'心神不安—情绪波动—意识混乱'的灾难。中国人打世界杯乒乓球,为了彻底丢开包袱夺取胜利,曾提出一个口号,叫做"一切从零开始",其实这就是一种禅法。人,是"类"的连续体,一切要从零开始,那是乌托邦;意识体亦然。佛,之所以具有如此严酷的监控力量,全在于它的"性空"大智慧的精神张力及其通透性。坐—禅,看来是训练心体的一种秩序和状态,其实是佛性目标(成佛)的玄冥吸引。佛性是什么?很明显,它不应该是具体的某物,而是一个特定的过程,且是"体验"性的。也就是说,从坐禅开始,到"成佛"都是体验过程。

显示佛性的规范形式"佛—法—僧",又叫"三宝",在禅宗是"自三宝"。"佛者,觉也;法者,正也;僧者,净也。自心归依觉,邪迷不生,少欲知足,离财离色,名两足尊;自心归依正,念念无邪故,即无爱者,以无爱者,名离欲尊;自心归依净,一切尘劳妄念,虽在自性,自性不染著,名众中尊……自性

---

[1] 胡适:《胡适学术文集·中国佛学史》,中华书局,1997年,第63页。
[2] 胡适:《胡适学术文集·中国佛教史》,中华书局,1997年,第64页。

不归,无所依处。"[1]"佛—法—僧"是佛性,由偶像变成智慧,功能化了—故而"自心归依觉,邪迷不生,少欲知足,离财离色";"法"者,正也,成佛不能作庄子式的逍遥游,那要遵守庄严的约束和规定,这就是法(法门)—故而"自心归依正,念念无邪";"僧"者,净也。成佛、法门,这都是无主体的抽象物,它们都必须统一在"僧人"身上,故而"自心归依净,一切尘劳妄念,虽在自性,自性不染著"。"佛—法—僧"从表面看,是外在的三维结构,但从深层看,三者归一,都显现在"自性"上,故而"自性不归,无所依处"。禅宗把传统的"佛—法—僧"规范形式,内化为绝对的"自性"形式,"佛是自性作,莫向身上求。自性迷,佛即是众生;自性悟,众生即是佛",禅宗由此告别传统印度佛教,开出了他的南宗佛学。

涉佛的起点是"坐禅"。但禅宗作出了崭新的解析:坐,不是结跏趺坐,不是一般打坐,而是"念不起":即不起杂念,妄念;禅,不是禅定,或静心思维,而是"见本性不乱","清静自性足",这是从杂多返归于一,从外在返归为里,从感受—体验的思维方式上看,这正是老庄哲学"返"(退)的路线,是抛弃知、欲干扰,返回到"虚静—无为"本性的原点上。

成佛或显示佛性的"佛—法—僧"传统规范形式,是宗教的硬件形式,亦是宗教的感性流布方式,只有这种规范形式,才构成庄严的宗教仪式,才能形成、汇聚浓烈的宗教气氛:"佛"的神化,"法"的妙化,"僧"的圣(人)化,三者配合起来,是众生个体难以承受的重负。但禅宗却道:"若言归佛,佛在何处?若不见佛,即无所归;既无所归,言却是妄"[2],一切都应归依"自性",万法都在"自性"上,即"性含万法,万法是自性"[3]。从思维方式上看,这仍然是从杂多返归于一,从外在返归于内在,从他在返归于自在,从他性返归于自性。这仍是老庄哲学开出的路子。

坐禅中"本性不乱"的"本性"是什么?"佛—法—僧"三维规范形式返归于一的"自性"中,这"自性"又是什么?"本性—自性"都是属于主体"人"的,明眼人一看便知:这是孔孟儒家开出的老套路。慧能在《坛经》中,一句断语,即全盘托出:"三世诸佛,十二部经,亦在人性中本自具有"[4],佛禅对中国传统哲学的对接,也正如柳宗元《赐谥大鉴禅师碑·并序》中所云:"其道

---

[1] 慧能:《坛经》,中华书局,1987年,第46—47页。
[2] 慧能:《坛经》,中华书局,1987年,第47页。
[3] 慧能:《坛经》,中华书局,1987年,第50页。
[4] 慧能:《坛经》,中华书局,1987年,第60页。

以无为为有,以空洞为实,以广大不荡为归。"此即对接道家也;"其教人始以性善,终以性善,不假耘锄,本其静矣"此即对接儒家也。

由上我们可以看出:从涉佛的起点"坐禅",到成佛的"佛—法—僧"三级规范形式,与印度佛教比起来,全都变了样。其感受—体验的过程,是老庄的大路;其终结与原点(本性/自性),是孔孟的原型。中国佛学(禅宗),看来确是中国儒道哲学的新产品。其新,比郭象、王弼高出一头,他们不作"雕虫小技"式的"注释"功夫,不作老书生,不做夜老鼠"啃书"充饥,而是对外来文化的大刀阔斧的"为我所用",把外来的大象当作牛来骑。这种对外来文化,采取"初生牛犊不怕虎"的挑战精神和智慧,是中国人应该永远记取的,它丝毫没有"外国月亮比中国的圆"的奴性,也没有拒外国人于千里之外的保守性(尽管未能完美地吸取印度佛教"性空"的宗教形式,成为历史的遗憾)。

以上稍加触及的是中国佛教的"佛性"与中国儒道哲学的"心性"问题(此论题不能展开,篇幅不允许),由点即可见面矣!

"心性"与"诗性"(诗学)的问题,上文已述,那么,"佛性"与"诗性",又是怎样贯通的呢?关于这方面的问题,学界所论多如牛毛。笔者只想指出:坐禅过程,以及"佛—法—僧"三级归一(归依自性)的过程。既可说是成佛的过程,也可说是诗文的创作构思过程,仿佛是一体两面。历史上发生种种事实,足以证明这是真理。大诗人王维,既笃佛信禅,又属山水诗(坐禅成果)首领,其诗云"空山不见人,但闻人语响。返景入深林,复照青苔上"(《辋川集·鹿柴》),这是"杂念不起"、"本性不乱"的绝对时空观。亦是返回"自性"的最佳环境和途径。最为有趣的是,中国人写诗作文,都要认真"推敲"句子的,这个关于"推敲"的佳话:"僧推(敲)月下门"的佳句,与其说应功于作者贾岛,毋宁说应该归功于"月下僧人"的启示。这个典故所涉及的含义是非常有趣的;"推敲"一词的专利权,无疑是属于贾岛的,但产品来源于坐禅人。自印度佛教传入中国之后。"僧人—禅人—诗人";"山水—寺庙—诗",几乎是一桩事。唐宋以后,大思想家,大儒者,大诗人,甚至大一统的某些国君,既能写诗,又乐于习禅—这已经渗入到中国人诗性思维方式的神经中去了。

朱光潜等人早已说过,中国的文学艺术,能冠绝于世界者,是空灵性的抒情小诗。这"空灵性"的内涵有二,一是指"心性",二是指"虚空",合言"性灵"。这两者的肥沃土壤都直接发源于中国心性哲学。佛禅,是中国心性哲学的进一步伸延,加之它又有得天独厚的自然环境(深山大岭,寺庙佛塔,僧人和尚……真是"桃花源"景观)在他们的眼中,总是物在情移:"山还是山,水还是水",第一次看和第二次看不同,第三次看比第二看又有不同……真是"风幡"之动的"迷",深入"人心"了。这是禅宗的"心王"世界。我们可直说:心的"禅化",就是心的"诗化"(即同构感应与塑造),中国佛教(佛禅),对中国诗学的最大启悟和贡献者,笔者认为即此也。故,中国心性哲学的"诗化"→"禅化"二级递进,成就了一个自足的感性精神世界,也许这就是中国式的"宗教"内涵,从而取代了真正的宗教。

2. 佛禅诗学的基本形态"心源"说与般若智慧

隋唐时代,是中国佛教的鼎盛时期,其影响力简直是"春风化雨",画家张璪把一代画论的要旨都概括为八个字:"外师造化,中得心源",因而唐代之后,艺术—审美中的"心源"说便以各种形式表现出来,把中国诗学的完美性推上了又一个新的台阶。

"心源"说的哲学基础,是本于心性哲学关于"心性"的本体论,这是最为深层而又丰富无比的依据。然而中国佛教(佛禅)对"心性"的重新耕耘、开发,使之明朗化、纯洁化、诗化,如"识心见性,自成佛道"、"明心见性、即心是佛"、"示道见性"、"自性清静"等等,这就是"直指人心""见性成佛"了。佛禅的这种"心—性—佛"一体化的伸缩张力,一是显示了其"简单化"、"简易化"的深刻的儒家哲学(知人尽性则知天)的内驱力的影响,二是显示了"人人成佛"的大众化"诗性"的满足。中国人的"成佛",就是"成仙",成佛—成仙,就是李白终其一生的"诗学归宿"。这是性善论的简化与诗化。孟子的仁学四端说,是康德式的绝对律令,颇具庄严的哲学深度;而佛禅的"见性成佛"("放下屠刀,立地成佛"),简直是审美—艺术意识的瞬时定向变幻。"真知"者,"艺术哲学"也。"心即是地,性即是王,性在王在,性去王无。性在,身心在;性去,身心坏"[1]。这个"心王—性王"范畴,在中国佛学中的呈现,把"哲学—诗学"的心源说,推到全新的境界。趋使没有'心王—性王'的灿烂光辉照耀,严羽、王士祯则难以抬出其不可捉摸的"妙语"说与"神韵"说来。

"心王—性王"说,禅师契嵩称之曰"妙心","《坛经》者,至人所以宣其

---

[1] 慧能:《坛经》,中华书局,1987年,第66页。

心也。何心耶？佛所传之妙心也。大哉心乎？资始变化而清净常若"[1]，"妙心者，非修所成也，非证所明，本成也，本明也"[2]。这是"妙心"的诗性整体直观——"资始变化而清净常若"，故为"至人"（圣人/真人）所具。何故也？"天之道存乎易，地之道存乎简，圣人之道存乎要"，"要也者，至妙之谓也。圣人之道，以要则为法界门之枢机，以无量义之所会，为大乘之椎论……是故坛经之宗，尊其心要也。"[3]"海所以在水也，鱼龙死生在海，而不见乎水。道所以在心也，其人终日说道，而不见乎心，悲夫！心固微妙幽远，难明难凑，其如此也矣。"[4]天道—地道—人道，三者都分别以"易—简—要"的实践方式，存乎"妙心"之中。孔孟仁心的严酷绝对命令、老庄"虚静—无为"的道体本心，经过"妙心"的"易—简—要"的蒸发、过滤，变得何等的纯洁、透明、通亮，又是何等的自在活泼，充满了伦理实践的感性光辉。这种"妙心"，距离"文心"、"诗心"尚有多远？故而，在张璪发出"外师造化，中得心源"的同样背景中，那个禅学诗论家司空图，便拈出了《二十四诗品》的"诗心"大观来了。

以上所言，"心—性—佛"的一体化和简易化，正是佛禅把握世界的独特方式，它开拓了从心性、佛性到诗性的巨大通道，说来也并不偶然：佛教传钵的专利项，除了袈裟之外，便是"偈"了。"偈"者，唱也，诗也，传授的主客体心灵之间，媒介为"偈"，但实质必须是"心有灵犀一点通"的妙微体验才行。北宗神秀的此一偈，南宗慧能的彼一偈，从深层看是两个体系的分水岭；从表层看，是两首诗在语语上的不同。由此看来，似乎"诗"与"佛"确有不解之因缘也。

宋代的禅师契嵩又在其《镡津文集卷八·寂子解》中说："儒者，圣人之大有为者也；佛者，圣人之大无为者也。有为者以治世，无为者以治心……故治世者非儒不可也，治出世非佛亦不可也。"在中国既有治入世之道，也有治出世之道；既有治入世之诗学，也有治出世之诗学。前者，是孔孟儒家的"礼—乐"型诗学，后者，是老庄道家的"虚静—无为"型诗学与禅佛的"自性—心源"型诗学，与其说这是鼎足三立，不如说是二型对应（儒道对应、庄禅同构）更为恰当些。

---

[1] 慧能：《坛经》，中华书局，1987年，第150页。
[2] 慧能：《坛经》，中华书局，1987年，第153页。
[3] 慧能：《坛经》，中华书局，1987年，第150页。
[4] 慧能：《坛经》，中华书局，1987年，第153页。

那么"般若智慧"与"心源"说,又有什么关系呢?这从牟宗三先生最为欣赏的般若智慧的"一心开二门"可以看出;一为生灭门,一为真如门。前者是愚、是迷,后者是智、是悟;佛性—佛心只此两种功能。禅宗也说:"般若是智慧","一念愚即般若绝,一念智即般若生","前念迷即凡,后念悟即佛"[1],"本性自有般若之智,自用智慧观照,不假文字"[2],《曹溪大师别传》,把般若智概括为"佛性无形,悟即显,迷即隐"。这是把佛性绝对功能化了,智慧化了,这是儒家伦理实践精神的巨大胜利,所以佛禅智慧萌发的大本营,均在"挑水砍柴"中,在一闪念的顿悟中,在机锋、话头中,甚至在棒喝中。他们从心境—语境中,"逼"出智慧来。这种妙语、顿悟之法,与艺术欣赏中的"开窍"都是一回事。

3. 顿悟说—艺术感受方式

中国佛教(佛禅)分两派,北宗神秀主渐悟,南宗慧能主顿悟。这是成佛之二途。两说均有诗(偈)为证。北宗神秀偈:

> 身是菩提树,心如明镜台。
> 时时勤拂拭,莫使有尘埃。

第三句"时时勤拂拭",即"渐修自性",故为"渐悟"说。南宗慧能偈:

> 菩提本无树,明镜亦非台。
> 佛性常清净,何处有尘埃。

第三句"佛性常清净"即是"迷来经累劫,悟则刹那间","一念若悟,即众生是'佛'","放下屠刀,立地成佛",故为顿悟说。

顿悟说的来历深远,约五世纪前半,道生和尚便有此思想了。其文虽已佚失,但慧远《肇论疏》对此有所论述,曰"道生法师大顿悟云,夫称顿者,明理不可分,悟语照极。此不二之语,符不分之理。理智恚(悉)释,谓之顿悟",道生的朋友谢灵运,也大力宣扬其顿悟成佛说,详考道生思想来源,其顿悟说,也并非全是佛性启示,且有庄、玄的"得意忘象"说,作为哲学基础。

---

[1] 慧能:《坛经》,中华书局,1987年,第51页。
[2] 慧能:《坛经》,中华书局,1987年,第54页。

道生说:"夫象以尽意,得意则象忘;言以诠理,入理则言息。自经典东流,译人重阻,多守滞文,鲜见园义。若忘筌取鱼,始可以言道矣"[1]。

上文我们已多次论述到从《易经》到《庄子》、到魏晋玄学的"言—象—意"说,可以看到逐级扬弃论的目的,是开拓"意"的新领域,攫取"象外之象"、"言外之意"、"弦外之音",实现"心欲"的大解放,此论与佛禅的顿悟说,是完全贯通的。

胡适说:"简单说,印度禅法是渐修,中国禅法重顿悟。二者恰恰相反,前者是从静坐、调息,以至于四禅定,五神通,最合魏晋时清淡虚无而梦想走神仙境界的心理;后者不然,是'放下屠刀,立地成佛'的办法,这是中国的佛学者力求简单化的结果。"[2]

胡适是颇有眼光的,他又把顿悟说与佛禅的"简单化""简易化"联系起来了。这是点睛之笔。

"顿悟"由于"明理不可分,悟语照极。以不二之语,符不分之理",实即是一种"直觉"("智的直觉"),与整体直观。禅学的这种悟道成佛的哲学方法论,其实也是一种艺术—审美方法论(美感方法论)(从"顿悟"说进入艺术、诗学的文章,多如牛毛,故不详论)。

在这里需要补充的,是谈谈禅宗的"转经"之论。《坛经》云:"心行转法华,不行法华转;心正转法华,心邪法华转。开佛知见转法华,开众生知见被法华转。努力依法修行,即是转经。"[3]"经"本来神圣不可侵犯,接受者本来是应该跟着它转的("经转人"才对),但禅宗则大逆不道,称为"心邪法华转";反之(人转经),则是"各取所需"了,但禅宗却称为"心正转法华",一切皆以"自性—本性"为最高标准,因而成佛入道却"不假文字",放下屠刀,立地成佛了,即一切经典教理都应该为我所转。契嵩说,"经诵三千部,曹溪一句亡"(契嵩本/宗宝本)。此论则下开陆象山的"六经注我"说。今人多觉得此为大逆不道,尤其对于经典,然而确是接受美学论者所证明了的真理,而且又是不可逃避的真理。说直了,这是实现"顿悟"说的必要手段,是"简单化"、"简易化"的一种应用。故而,"诵经背典",绝不可以代替"挑水砍柴"。

禅宗的"转经"之论,其实从属于他的顿悟说。"经转人",是一种繁琐

---

[1] 转自胡适:《胡适学术文集·中国佛教史》,中华书局,1997年,第77页。
[2] 转自胡适:《胡适学术文集·中国佛教史》,中华书局,1997年,第77页。
[3] 慧能:《坛经》,中华书局,1987年,第86页。

哲学;"人转经",则是按人的需要所进行的"简单化"和"简易化"功夫。前者是"模仿",后者是创造。真正的"简单化"、"简易化"只有在创造中、在实践中进行。

4. 偈(诗)的传钵及诗的表达形式

佛教(佛性)流布之处,都是灿烂的艺术风光,仿佛艺术与佛性有天然的关系。佛山、佛岭、佛寺、佛像……其艺术趣味,都令人叹为观止。中国敦煌艺术,就是典型的中国佛教艺术,它的灿烂光辉,成为难以企及的典范。为什么"佛教—佛性"总是与艺术有千丝万缕的关系呢?那必定有其深刻的内在根源。佛教是一种关于人生终极关怀的宗教,是人生如何从苦海中解脱出来的宗教;而佛学,则是一种涵盖性最为广阔的人生哲学,形上探求,极具精神张力——它要满足一切个体的人生追求。然而,这种满足人生个体的追求,又不是抽象的,理论的,而是可欲可见的某种"绝对真实",只要我们放眼巡视一下东南亚一带的佛像窟、佛像群,尤其是站在那超凡高大的佛像面前,你就会感到:世界压缩在脚下,人生浓缩在眼前:千年历史只一瞬,万里江山只一现。人生是何等短暂……佛教之所以是大智慧,就在于它以具像的、充满激情的"性空"形式,去呼唤一切欲求"解脱"的个体,因而观音、菩萨,成为最高的善,佛寺成为最美好的殿堂(其实应当应该是"天堂",但只有通过僧人的中介,才可以到达)。"性空"的超度,依靠的是人的全副心灵和生命激情,它完全区别于西方的理论思维。因而佛教—佛学,是最充分的诗性哲学,也是最典型的诗性哲学。在中国哲学中,道家哲学比儒家哲学更具诗性,其原因也在于此。

佛教(佛性)的诗性形式,由内在而外在,内外返射回环,成为诗的"光圈"。佛经中的"偈",则是一种特殊的颂词、唱词,是代代代相传的佛法经典。菩提达摩,来到中国之后,其传授衣钵的方法有二,一是袈裟,二是四句"偈",代代如此,直至慧能六祖。神秀、慧能之争,北宗、南宗之别,袈裟毫无凭据,而四句偈,则成为确证,且是两个不同体系的象征,也成为后来的传奇式的典故。梁慧皎在《高僧传:鸠摩罗什》中云,"从师受经,日诵千偈,偈有三十二字,凡三万三千言",由此知诵偈之重要。"偈"是凝聚、浓缩"佛性"的诗的重要方式与手段,故"从师受经",必须"日诵千偈",正如中国人"熟读唐诗三百首"的学诗、作诗之殊途一样,由此可以看出,"佛教(佛性)"与诗,是表里如一的东西,在里为"佛"(性),在外为诗(偈)。这是由佛性的整体直观(或说顿悟直观)所决定的。即使是慧能这个广东砍柴佬,不识文字,也企求以诗(偈)来抗衡于神秀,因为除了诗(偈)之外,没有更好的手段。

佛教文献多有诗的形式。慧能的《坛经》大体上是散文段落,但多具诗性、句式,而且对中国传统诗句形式,如对偶对仗多有吸收,"相反相成"的诗性相关句式亦多有体现。最令人惊讶的,是关于中国诗性思维方式中的"对"(对偶、对仗,"相反相成"的二向相关句法),有齐备的记录和要求。禅宗在对弟子们传法时云:"若有人问法,出语尽双,皆取法对(对法)"[1]。何谓"对法"?

第一,是外境之对。"外境无情对有五:天与地对,日与月对,暗与明对,阴与阳对,水与火对。语与言对,法与相对十有二:有为、无为对,有色、无色对,有相、无相对,有漏、无漏对,色与空对,动与静对,清与浊对,凡与圣对,僧与俗对,老与少对,大与小对,长与短对,高与下对"[2],其中的"法"与"相",实在是佛性显现的灿烂世界,即佛性规范空间。

第二,是自性之对。"自性起用对有十九对:邪与正对,痴与惠对,愚与智对,乱与定对,戒与非对,直与曲对,实与虚对,险与平对,烦恼与菩提对,慈与害对,喜与瞋对,舍与悭对,进与退对,生与灭对,常与无常对,法身与色身对,化身与极身对,体与用对,有无亲(情)对。"[3]

两种"对"法相加,即为三十六对(实有三十八对):"言语与法相,有十二对;内外境有无五对;三身有三对(自性起用十九对),都合成三十六对法也(三十八对法)。此三十六对法,解用通一切经,出入即离两边"。

以上"对"的作法,简直就是一部诗句对法大全,颇为周密、齐全。此种"对"法,居然出于"不假文字"的禅宗大门,这就使人们不得不进一步思考:这是一种纯粹的语言形式呢,还是佛性的内在诗性脉络?是语言句法的技巧呢,还是佛教的一种诗性智慧?

从佛教(佛性)的整体直观,顿悟说的"真理不分二段",到四句偈的传教方法,终结于"出语尽双,皆取法对",似乎构成佛教(佛性),诗性显示智慧的全程(全图)。反之,如果接受者缺乏诗性智慧,或者缺乏诗性哲学的思维方式,要进入佛教(佛性)堂奥是非常困难的,要感受那"性空"的大智慧,也是非常困难的。正因为如此,中国人接受佛教(佛性),要比西方人

---

[1] 慧能:《坛经》,中华书局,1987年,第92页。
[2] 慧能:《坛经》,中华书局,1987年,第95页。
[3] 慧能:《坛经》,中华书局,1987年,第95—96页。

（具"实有"大智慧的另一形态的人），直接得多，容易得多。历史的事实是：佛教（佛性）进入中土之后，中国的文学艺术、或创作、或理论，都一齐涌向"佛"门，蔚为壮观。这是儒道诗性智慧与佛教诗性智慧的大联欢、大合唱。这证明了它们之间的微秒的"感应"性。

隋唐之后，禅性是中国人思维方式中的一根特有的敏锐"神经"，既充满音响节奏，亦充满诗的色彩和光辉。"参禅"成为贤者圣人萌发智慧的契机。不管是诗人，还是哲者；参禅成风，仿佛是老大帝国重现生机的新动力。

隋唐之后，中国诗学之道（包括理论与创作）有了"微调"，严羽的"妙语"说与王士祯的"神韵"说出台，把原有的"境界"说推上新的台阶，王维以禅入诗，参禅成诗的创作先例，拓开了"禅"与"诗"之间的通途，把禅性智慧与诗性智慧直接地融合起来，成为中国诗学之道的奇观。

禅学智慧给中国文人、知识分子的严酷人生打开了一点"性空"的"后门"。人生可进也，人生亦可退也；进有进的识见，退有退的设想。总之，这都完满地、融洽地归属于中国人的诗性思维方式，是中国人苦难生活中的一种"小康"追求。惜矣，只有那纯粹的"宗教形式"（代表大智慧的"宗教形式"），才是苦难生活中的"大同"享受！

禅宗，给我们带来了若干"佛性—诗性"的智慧享受，然而也抛弃了"性空"大智慧的纯粹"宗教形式"，这给中国智慧的形上追求，是否留下了天生的遗憾？！

下 卷

中国诗学之器论
中国诗教之实践方式(诗性流变与韵律节奏)

"诗者,声教也,出于性情。"
——郑樵《诗辨妄》

教者,"上所施下所效也"。
——《说文》

韵律是一个复杂的艺术事实。
——维戈茨基

韵律无时不刺激着诗人的智慧。
——泰戈尔

引 言

　　上卷所言,中国诗学的本质,并不是诗之为学,而是诗之为教。《说文》曰:教者,"上所施,下所效也";教者,又曰"觉"(学)也。从施到效,都是一种有依有法的实践过程,否则,难以达到"觉"(学)之目的。这里的"教"(施)与"效"(主与客)构成诗教(教胄子)的整体过程。如果说,教是一种实践过程,那则必然涉及到一套操作系统与相关手段(手之舞之,足之蹈之,言之,嗟叹之……)。上卷是"诗之道",属境界性形上系统;下卷属"诗之器",属实践形下系统。前者,以诗性理论为主;后者,以诗性操作系统之韵律节奏为主。但理论总是抽象的,只有具体的有序有律之操作过程,才是"施—效"系统中之复杂问题。故而,下卷"操作系统之韵律节奏",便是一个难以道尽的丰富的诗教感性世界,若缺少了它,形上系统则无所依存了。

　　人类感官所面对的是感觉世界,它是不可名状的、不可穷尽的混沌世界。如何使之秩序化,与形上之世界沟通为一体,这是诗学(诗教)的神圣任务。

　　按中国古代贤者的观点,诗有二途:"诗言志"与"诗缘情"。不管历来人们如何评论这里的"志"与"情",都不能否认诗是一种极为丰富的总体、复杂的结构,它最能体现出一个民族在感受事物中的情感智慧。这是一种实践型的诗教智慧。

　　因此,营造诗行,结构时空,可以说穷尽诗人毕生的精力。"诗性智慧"作为"诗性世界"的同构对应物,是漫长历史积淀的"感官"实践成果。

　　理查兹在《实用批评》中说:"'构思一首诗'是一切可行之事中最为棘手者。我们必须把无数转瞬即逝的不完全独立的冲动聚入短暂的巨大的复杂结构,其核心或胎基我们仅能从词语中获得。我们所'组织的'那种东西——脑海中那种短暂的颤动的次序,面临着无数不相干的影响。"[1]理查兹的结论:"'构思一首诗'是一切可行之事中最为棘手者。"那就是说,世界上最为困难的事情,便是作诗。这似乎是一种夸张,但事实上也的确如此。想想历史上那些不朽诗章、千古名句,为什么只能从某个人的智慧中产生出来,成为不能重复的现象——前无古人,后无来者,便可省悟其间的道理。理查兹分析了构思一首诗的最大困难在于下面几个方面:一、"必须把无数转瞬即逝的不完全独立的冲动聚入短暂的巨大的复杂结构"。这里的诗情"冲动"带有两个特征:一是"转瞬即逝",二是"不完全独立"。这是一种诗性灵感。作诗便是无数这样的灵感相互挤涌、撞击……诗人捕捉灵感之后,然后秩序化,凝聚为一个复杂的结构。二、这种艺术灵感的触发媒介和燃点,不存在于别的东西中,仅仅存在于诗句的"词语"中("其核心和胎基我们只能从词语中获得"),这是对艺术灵感引发的一种严格规定性。三、"我们所'组织'的那种东西——脑海中那种短暂的颤动的次序",是诗歌中难以名状的情感旋律,是节奏韵律的一种冲动。这种"旋律"与"冲动"要最终升华为"诗性艺术"(韵律节奏),必须排除一切非诗性冲动的干扰影响,这是"诗"升华和纯化自身的艰难过程。

由此看来,诗性的智慧及其实践过程可以集中地体现在"构思一首诗"的复杂历程中。这个历程,按理查兹在上面的分析,可以分成三个方面:一、把集群性的不稳定的诗性灵感汇聚于同一结构中;二、触发诗性美感的媒介与燃点只能是词语;三、情感旋律和节奏冲动要成为诗性艺术,必须排除一切非艺术冲动的干扰和影响,只有这种强烈的"排他性",才能把自身升华为真正的艺术。

诗性智慧(诗学或诗教),是人的一种情感智慧,或者说是由词语引发的情感运动的智慧与实践行为。它体现于复杂的诗行结构中,成为一种时空合一体。任何理论家,面对诗行结构的巨大秘密,都会觉得理论的贫乏和分析手段的拙劣。究其根源,诗歌艺术(诗性智慧)的客观化,是一种二重性艺术,一方面它获得语言艺术的精髓,另一方面又富有音响艺术的魅力。二者交融之后,便获得诗性艺术的独特功能和境界。因此,外行的理论家,总是容易忽视诗性艺术的这种二重性,或只作"语言"方面的分析,或只作"音响"方面的解剖。如果诗性艺术真的如此"一目了然",那么理查兹

---

[1] 转自苏珊·朗格:《情感与形式》,刘大基等译,中国社会科学出版社,1984年,第239页。

则不会把作诗说成是"一切可行之事中最为棘手者"。语言艺术和音响艺术的彼此交融,视觉艺术和听觉艺术(以及动觉艺术)的相互辉映,成为诗行结构的真正秘密。因此,理查兹所说构思一首诗的基本环节,可归结为:怎样升华和规范特定词语触发的诗性情感运动方式,使之成为纯诗性艺术与一种实践方式。在这之中,抓住诗性情感的节奏韵律,则是探究诗性智慧与一种实践方式的一大学问。

由于节奏概念的复杂性、广泛的涵盖性,所以它又可把韵律、和谐等协调概念囊括于其中。这是一个诗学概念(或意识论概念),而不是机械的"拍子"概念或时间的平均值,和诗歌技巧概念。这是生理能转化为心理能的得力手段,也是打开意识大门的有效途径。这是列宁在研究哲学中所遇到的一个难题。

论述节奏韵律问题,大致可以采取两种方法:一是形而下的方法,一是形而上的方法。二者结合,可能是较好的研究方式。形而上者谓之道,形而下者谓之器。道器虽是两方,但器不离道,道也难以离器。道器一体,才有合理之说明。本书在形而上和形而下的反复观照和综合中,求取韵律节奏的真谛。企图从另一个角度,打开中国诗教的大门。

下面,我把中国礼乐文化中的诗性基因,追溯为"神/祖—巫—人"一个世界中"诗—歌—舞"一体的狂烈节奏感,与易经哲学的"一阴一阳之谓道"韵律感,二者的合一,充分地融合在唐诗中,即融合在五言、七言的诗行大千世界中。唐诗的绝句、律诗,是中国礼乐文化诗性最饱满、最晶莹的物化品,应是中国诗学认真分析的对象。舍此而热衷于连篇空言或者离开"诗之为教"而言之,则有失正道。

欲进入中国诗行世界的大门,欲揭示中国诗行的"庐山真面目",或诗之教的一种奇妙的实践方式。没有诗之形而上之道与诗之形而下之器一体化之大视角巡视,是很难有找到切入的突破口的,关于中国诗行的论著,真是汗牛充栋,但多是俗见的不断重复,仅在"时代背景—主题思想—写作方法"之俗套上或"诵读"—"记忆"的接受层面上角逐,陈陈相因而难于自拔。

诗性"节奏韵律"论,实际上这是中国诗学的一项"细胞解剖"工作。探索诗行节奏韵律之"生理能"如何过渡到诗性之"心理能",这是诗学研究中的最底层的"化石"。只有"化石"研究充分展开,诗学的其他层次问题才会迎刃而解。在这一点上,"意识论"统合着"诗论"。方法(实践手段)只有返回奥妙的精神世界中,才能得到最后的确凿阐明。

第四章 节奏作为一种艺术与生命存在的方式多视角透视

第一节 关于节奏概念的研究:节奏的哲学思考

一、音乐中"超音乐"性研究的启示

若要从根本上把握节奏概念,我以为要从两方面深入思考:一是音乐中的"超音乐"性研究,二是节奏概念研究中出现的危机。二者的综合,将把我们的研究目光导向一个充满理性的高点。现在,我们先从第一方面开始。

为什么德国民族的哲学与音乐是举世无双的?历史学家们考察德意志的哲学时,总是以德意志的交响乐、奏鸣曲为参照系;音乐评论家们考察德意志音乐时,又总是以这个民族的哲学为背景。黑格尔的辩证法和贝多芬的奏鸣曲在人类精神世界中,都同样放射着等值的灿烂光辉。那么,从德国哲学到德国音乐(反之亦然)的"独木桥"是什么?也许这也是一个斯芬克斯之谜。作为一种历史现象(德国哲学与德国音乐的双璧辉煌),早已是贤者的共认,但作为理论的解剖与实证,恐怕的确要进行一番人类精神史的深入探索,才能揭示谜底。音乐美学史家科尔特在《论贝多芬》中说:"奏鸣曲形式的确立与发展,不仅在音乐史上,而且在近代文化史上也可以说是一件伟大的业绩。可以把贝多芬的中期奏鸣曲形式比作黑格尔的辩

证法。或者,也可以把奏鸣曲的全部历史比作德意志观念论,在影响之广泛及其功绩之受到千百万人的赞美方面来说,都是与奏鸣曲形式无法比拟的。然而,我宁愿用一种连克尔凯郭尔和现代存在主义立场都包括在内的、广义的辩证的思维,来和奏鸣曲形式相比拟。"因此,"总的说来,很难否认在音乐中有着某种超音乐的东西,那么,这种东西究竟是什么呢?"[1]显然,这位论者是把德国奏鸣曲提高到黑格尔辩证法之上。但相对于辩证法的广泛研究,论者的这种热情弘扬,我以为也是很有必要的。正因为如此,莎士比亚作为一个伟大的人文主义者,他在《威尼斯商人》中,揭示了恶人灵魂中没有音乐,音乐本质上是"善"的化身,"诗人会造出俄耳甫斯用音乐感动木石,平息风波的故事,因为无论怎样坚硬顽固狂暴的事物,音乐都可以立刻改变它们的性质;灵魂里没有音乐,或是听了甜蜜和谐的乐声而不会感动的人,都是擅于为非作恶、使奸弄诈的;他们的灵魂像黑夜一样昏沉,他们的感情像鬼域一样幽暗"[2],一个没有音乐的灵魂,是可悲的、恶的灵魂,是野蛮而残暴的灵魂。反之,一个把灵魂升华到音乐圣殿的人,把奏鸣曲看作是灵魂的波动、闪光的人,他便进入了哲学的境界。有卓见的哲学家们都说:在哲学探索的终点上,是诗的起点,是节奏、韵律、和谐的起点,也是音乐的起点。因此,哲学—诗与音乐—灵魂,是人们精神世界中的三位一体的神圣天堂。不难想象,一个伟大的音乐家,通过贝多芬奏鸣曲的体验,一定可以吸取到黑格尔辩证法观念;一个深邃的哲学家,也一定可以通过黑格尔辩证法发现贝多芬鸣奏曲的灵妙之处。当年恩格斯就中肯地评论过德国哲学与德国音乐的这种天然关系。

恩格斯说:"德国人是一个从不计较实际利益的民族。在德国,当原则和利益发生冲突的时候,原则几乎总是压倒利益。对抽象原则的偏好,对现实和私利的轻视,使德国人在政治上毫无建树。"[3]也正是因为"对抽象原则的偏好","原则……压倒利益",所以德国民族才是一个真正的哲学民族,产生了无与伦比的哲学巨人康德、黑格尔。哲学,是人的本真性与境界性存在,因而"只有熟悉德国民族发展的另一方面——哲学的人,才能理解这种完满的人性"[4](指歌德的"完满人性")。德国哲学是德国音乐的抽

---

[1] 野村良雄:《音乐美学》,金文达、张前译,人民音乐出版社,1986年,第60—61页。
[2] 《莎士比亚全集》(三),朱生豪译,人民文学出版社,1956年,第90页。
[3] 《马克思恩格斯选集》第3卷,人民出版社,1956年,第30页。
[4] 《马克思恩格斯选集》第3卷,人民出版社,1956年,第21页。

象形式,所以恩格斯又说:"的确德国人能欢迎和爱护音乐,在音乐中他成了一切民族之王,因为只有德国人才能从当前时代的深处把人类情感中最崇高和最具神圣的东西,即最隐深的秘密揭露出来,并且表现在音响中,同样地也只有德国人才能极其充分地感觉到音乐的力量,彻底地理解乐器和歌曲的语言",[1]"真"与"美"的高度统一,二者的相互过渡与融合,看来是德国民族对人类精神的独特贡献。

日本美学家野村良雄还说:"德国是高度追求纯音乐与绝对音乐性质的东西,而把音乐当成一种哲学式的东西来掌握的。"[2]我们把这段话中的"音乐"置换成"哲学",其结论也是无可辩驳的。难道德国不正是追求纯哲学与绝对哲学性的东西么?

我们现在需要探求的是音乐中的"超音乐"性东西,这种东西究竟是什么呢?从德国音乐中寻找"超音乐"的东西,我以为就是从德国音乐中寻求过渡到德国哲学的桥梁,就是一种从音乐到哲学的特殊研究。反之,我们可以同样提问,在德国哲学中,也有某种"超哲学"的东西,这东西便是通向德国音乐的桥梁,这是一种从哲学到音乐的特殊研究。从历史事实看,哲学与诗(或音乐艺术)的确是人类精神境界中的最高层次,也是最神圣的领地。在那里,一切都玄妙地联成一体。音乐中的"超音乐"性,哲学中的"超哲学"性,是一个崇高灵魂的两面,是它的绝妙的二重唱。人类如果要真正探索"什么是艺术"、"什么是哲学",我以为这是两个最佳的突破口。这包括,我们在本书中所要探索的"韵律、节奏、和谐"概念。因为这些概念与"音乐性"和玄妙的"哲学性"有千丝万缕的联系。在这个二极性套式(范式)之外,去探索单边的音乐(节奏、韵律)或单边的哲学,都是甚为片面之论,极易走向纯技术领域,而失去灵魂与要领。

什么是节奏?节奏概念的内涵是什么?这些问题,既要放在音乐(艺术)中考察,更要放在"超音乐"领域中考察。

二、节奏概念研究中的危机

"横看成岭侧成峰,远近高低各不同。"庐山为什么会呈现出这样的分

---

[1]《马克思恩格斯全集》第41卷,人民出版社,1985年,第306页。
[2] 野村良雄:《音乐美学》,金文达、张前译,人民音乐出版社,1986年,第90页。

歧视象? 那是由于视点不同。"盲人摸象"所道出的真理,仅是片面而已,并非全都谬误。历史上人们对节奏概念的探索,据说不下百十种之多,难以计算。有两位论者道出了自己的苦衷,一是瑞士文艺学理论家凯塞尔,一是日本的音乐美学家野村良雄。我们先看凯塞尔的论述:"什么是节奏呢? 这样一来我们就提出了一个最难解决和争论最多的问题——而且不仅包括文艺学。因为音乐也说到节奏,其他的艺术和科学也说到节奏,哲学家、心理学家、自然科学家,甚至于政治家也参加了关于节奏的讨论;柏拉图以政治家的身份谈到,他想知道一些被排斥在他的国家之外的特定节奏";"节奏是不是一种自然现象——浪的翻滚、风的吹动、雷的震响等等……或者是否说反过来刚好表示一种特别人类的特性,一种精神的能力……这种能力只有人类才能带进世界之中。我们可以不去提出和讨论几十种节奏的定义"。[1]

凯塞尔在这段话中突出地提出了三个问题:一是节奏问题的复杂性(是"最难解决和争论最多"和问题,乃至有几十种定义);二是节奏问题牵涉到多种多类学科领域;三是节奏特性——"一种精神的能力","这种能力只有人类才能带进世界之中"。

再看野村良雄的论述:"实际上自古以来,对节奏含义的理解之多已经到了令人十分吃惊的程度";"学术的危机与混乱的情况在节奏论方面表现得最为明显。人们对节奏这个词进行了如此多的理解、解释和使之理论化的情况,在其他术语方面是少有的。但是,现在不管人们愿意与否,至于节奏是什么、节奏的本质是什么,使人觉得有必要对此从根本上重新提出这个问题"。[2] 他的基本观点与凯塞尔是一致的,只不过他的目光更为锐利,看见的问题也更深更远;一是看出了节奏论探讨方面出现了明显的混乱与危机,二是指出"从根本上重新提出这个问题"必要。本书的立论,就是想"从根本上重新提出这个问题"。

凯塞尔和野村良雄,都是对节奏问题作了一番居高临下地考察之后,才作出这番议论的。他们提出的问题,应当是我们研究的起点。

贝多芬有一句名言:"前进,不仅要对艺术进行实践,还要探索它的底蕴。……只有艺术和学术才能使人类提高到神性。"古希腊关于"人"的理

---

[1] 沃尔夫冈·凯塞尔:《语言的艺术作品》,陈铨译,上海译文出版社,1982年,第361页。
[2] 野村良雄:《音乐美学》,金文达、张前译,人民音乐出版社,1986年,第46页。

想,是神性的人,现代人关于"人"的理想,是人性的神,把人提高到"神性"(不是梦幻般的非理性情节,而是理性的奇妙功能),看来是人类理性世界中一颗最灿烂的启明星。

本书下卷把节奏(含韵律和谐)作为突破口,试图从一个侧面进入诗性艺术(诗教)的"底蕴"世界,觅取那最为神妙的诗性智慧,体味其奇妙的实践方式,以小观大,以大观小,在"底蕴"世界中,陶冶我们的人生,并把它升为"神性"回到诗之道的形上世界中去。从最具体最确切方面体察、领悟中国诗性(诗教)之大智慧。

第二节 节奏概念

不管"节奏"怎样难于下定义,我们还得首先作出一个大体上的概念界定(范畴判别),然后才能展开研究,即使是一种假设,也是必要的。

凯塞尔对艺术中的节奏问题,进行了一番研究之后,认为"节奏"是这样的范畴概念:"充满韵律形式的整体性综合概念,就是节奏。"[1]尽管这个定义很抽象、空泛,但这个定义确有两个本质性要点:一、节奏是一个整体性的综合概念,而不仅仅是诗行、乐句中的孤立节奏本身;二、节奏的性质是"充满韵律形式"的,它包括韵律形式的诸多要素和内容,如节奏、韵律、旋律、和谐,以及对偶、对仗、呼应等艺术形式。如果进一步推演,还可以包括诗歌的"诗性"和音乐的"乐性",推而广之,还可以包括天地宇宙间的一切节奏,和谐运动……似乎可以得出这样的宏观视界:人是节奏与和谐的存在物;世界是节奏与和谐的世界;艺术中的节奏与和谐,是人的节奏与和谐和世界的节奏与和谐的交响乐、二重唱。看来,毕达哥拉斯用数与音乐构造世界,揭示秘密,在宇宙本体论的意义上,给人类前进开辟了一条"艺术"的道路。艾布拉姆斯在其名著《镜与灯》中,关于文学的四要素构图,那最高的视点便是"宇宙",他把文学的发生根源追踪至宇宙本体上。因此,从一定的意义上说,艺术之谜也潜藏在各种本体的交融点上,即宇宙本体上。

---

〔1〕 凯塞尔:《语言的艺术作品》,陈铨译,上海译文出版社,1982年,第121页。

如果节奏概念的确是"充满韵律形式的整体性综合概念",那么对"节奏"进行研究的有效方法,必须相应地采取"整体性综合"的研究方法,也即必须采取哲学—美学的视界来进行研究,舍此之外,似乎都会犯"盲人摸象"的错误。

"取法乎上,仅得其中"。所以我们的研究起点,便排除了时下人们关于"节奏"的具体概念与门类艺术的特殊规定,返回到节奏的普通抽象上,即"哲学—音乐"二极性关联的范式上,或节奏发生的精神结构之"原点"上,即放在宇宙本体论的背景上进行考察。此即形上考察。

第三节 节奏的研究方法及其内在结构

一、历史发生学方法:劳动结构的微观分析

黑格尔(或可连及叔本华)逝世之后,西方文化的体系性抽象构架方式即行终结。19世纪的后半期,仿佛是人类思想、文化又在飞跃的世纪。科学研究作为一种实证性研究(扬弃了抽象的形上研究)的触角前所未有地伸展到一切角落以及一切荒芜之地,从马克思的政治经济学到弗洛依德的精神分析学,从尼采、叔本华的非理性主义到达尔文的进化论,从古典力学到量子力学……在这一切的研究中,尤为令人注目的是人类学的研究,学者们把人类的丰富精神文明汇聚在"人类学"焦点上透视。以摩尔根的《古代社会》为伟大象征,连研究方法都发生了一场巨大的变革,那就是选取历史发生学方法去考察当代文明的来龙去脉。一大批富有才华的资产阶级学者,把研究视点从当代的纷变的现象转向物种发生的胚胎,试图把历史的过去再现出来。他们的功过我们当可自由评论,但由他们而形成的时代风气,却是学术走向繁荣的一种象征。

19世纪末期的艺术研究,汇聚了一批有卓识的学者,他们多把视点聚焦在"艺术起源"的追溯上。有意思的是,他们不约而同地都使用了历史发生学的方法。不管是英国的弗雷泽,还是德国的格罗塞,他们都在自己研究的领域中,树起了绝对的权威,成为后世的独一无二的范例。

历史发生学的时代升华与神圣归宿,是皮亚杰的发生认识论。如果说黑格尔的辩证法体系是逻辑研究方法的集大成者,那么,皮亚杰的发生认识论,则是历史发生学的最终完成。前者,一般称之为"逻辑研究方式",后者,称之为"历史研究方式"。这两种研究方式由分道扬镳到相互交织,对一切新学科的建设、创立,都起了非常良好的范导作用。

卢卡契作为卓越的马克思主义理论家,他对这两种研究方法,都是得心应手的。在人类审美特性的研究中,他非常出色地运用了这种历史发生学的方法。这一方面给他的学说带来了无可辩驳的理论力量,另一方面也带来了浓厚的历史感。

卢卡契对人类审美特性的研究,是建筑在前人研究成果基础上的。恩格斯早就提出了一个重要命题:"劳动创造了人"。要揭示美之谜,或艺术之谜,就得首先揭示"人"之谜。真正的"人"之谜,不是潜藏在斯芬克斯的谜语中,而是潜藏在马克思主义的劳动学说中。19世纪后半期,许多艺术学者把研究目光集中在人类的原始劳动上,这不能不说是一个有巨大开创意义的工作。从卢卡契的巨著《审美特性》中可以看出,他对毕歇尔的原始艺术研究是很感兴趣的。毕歇尔为了研究原始艺术,对人类的原始劳动进行了认真、细致的动态性结构考察,于1909年写出了《劳动与节奏》这一专著,他考察了节奏在原始人的劳动中的重大意义。其结论基本上表现为两个方面:就劳动者个体来说,是劳动简化和轻松化的契机,同时导致前后动作的协调一致;就劳动群体来说,主要是复杂系列的协调,如两个铁匠打铁,既有呼应性的音响,又有整合性的协调动作,这种"音响—动作"的协合性功能,是改进劳动的一种"内在方式",是使劳动走向合理化、文明化的强大杠杆。

人类的一切艺术及其诗性表现,都与原始劳动相关。尽管艺术起源尚有巫术说、模仿说等等,但这一切均与人类的原始劳动(求生活动)息息相关。

1. 劳动结构的演进模式

人类学家一致认为,人类原始劳动,并不是现代意义上的纯粹劳动。原始劳动结构是一个"巫术·劳动·宗教"的复杂混合体,是一个多重结构,可称之为三位一体的混合结构。这是一个人类文明赖以发生的母胎性结构,在那里,一切都盘根错节,血肉相生。因而,在孤立意义上的"纯宗教"不存在,"纯巫术"也不存在,"纯劳动"更不存在。它们之间的关系是同向性的协调,你中有我,我中有你。唯有这种混合力量,才能使原始人获得生存,才会有灵与肉的统一。"巫术·劳动·宗教"三位一体混合结构,形成原始人类精神世界中的深层结构,负载着亿万年的沉重历史包袱。它要走向分化,哪怕是越出微小的一步,都要付出高昂的代价,这是历史的严酷规定,而不是任何个人的主观要求。然而,老是困守于这个三位一体性的混合结构中,人类的希望也是渺茫的。于是,不管历史前进的步伐如何沉重,但那艰难的一步,总是要跨出去的。这"跨出去"的动力和契机就是劳动的"纯粹化"倾向。历史进步的标尺,就是以扬弃巫术与宗教的纠缠,以劳动纯粹化倾向来衡量的。这就是现代意义上的"劳动一般"与未来社会的"艺术性劳动"(马克思称那时的劳动是一种"乐趣",又是人的生命必须)。我以为,这便是"劳动"在人类社会演进中的粗线条轨迹,即如下环节:

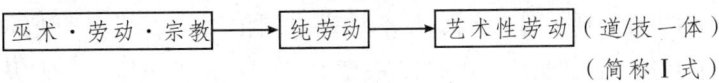（道/技一体）
（简称Ⅰ式）

从"巫术·劳动·宗教"三位一体性的劳动结构中分化出来的劳动,即走向纯粹化的劳动,当然是一个漫长的历史过程,需要历史学家、人类学家去描画,但从逻辑上看(历史反照逻辑),卢卡契认为分化的契机却是对劳动本身(劳动本体)的自觉意识,即把劳动当作人的一种主动性的行动,一种人性追求(区别于动物的被动性和适应性),劳动者为了超越动物界,就要对劳动进行"人性审视",达到"人性自觉"。卢卡契把劳动中人的这种"觉醒",称之为"世界史的飞跃":

> 在动物那里,在节律状态中产生的是对环境的生理适应,而在劳动中节律产生于社会与自然界的物质交换。在这里不要忘记,轻松化与节律的一般联系是由自然中产生的,在劳动中"只是"自觉地应用而已。这种"只是"(应该说是"人的自觉"——引者)标志着世界史规模上的一种飞跃。劳动着的人的运动——劳动节奏的一个决定因素——越是人工的,越少由生理的自发性产生,劳动就越发展,这一点极其明确地说明了这种区别。歌德清楚地看到了这一点,并且指出:"动物是由它的器官教它的,而人教会他的器官并支配着这些器官。"

歌德这里所说的人是指通过劳动而形成的人。[1]

卢卡契在这段话中,提出了历史发展、演进中一个极为重要的命题:"劳动着的人的运动,越是人工的,越少由生理自发性产生,劳动就越发展。"因而,人在劳动中的这种人性觉醒,就标志着"世界史规模上的一种飞跃"。为什么是一种"世界史……的飞跃"? 这需要对劳动结构进行深入剖析。我们可以把劳动结构中的自然节律—生理适应方面(与动物一致的方面),称为劳动的自在方面;而把劳动结构中心理积极定向(审美节律)—人性觉醒方面(超越动物的方面),称为劳动的自为方面。这样,劳动结构便可以简化为一种反映文明尺度的、彼消此长的二重结构体。到未来社会,这种二重结构体将在其内部产生质的飞跃:审美节律的自为方面变成主导的方面,生理节律的自在方面,将不断受到"同化"与"人化",不断地向着自为方向转化。这便是劳动中的"自我意识"及其生成的历程。于是,从劳动的三位一体混合结构,到二重结构体,再到未来社会的"艺术性劳动",又可具体地展开为如下图式(把Ⅰ式置换为Ⅱ式):

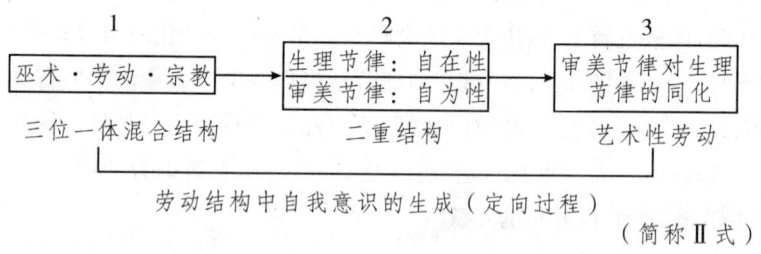

劳动结构中自我意识的生成(定向过程)

(简称Ⅱ式)

从上图的第一环节(三位一体混合结构)到第二环节(二重结构),其中有两个重要问题值得深入研究和分析,一是从第一环节到第二环节的分化契机是什么? 二是第二环节中,"心理定向"的主要目标和内容是什么?

关于第一个问题,卢卡契认为,分化的契机是因为节省精力使劳动轻松、协调,而显现出来的人的愉快情绪(或者说,对劳动愉快情绪的体验,一种自我意识)。"如果我们考察审美由日常实践中分化的过程,我们在这里可以看到一条路线,它是由单纯直接有用通过由此而中介或产生的愉快发

---

[1] 卢卡契:《审美特性》第一卷,徐恒醇译,中国社会科学出版社,1986年,第207页。

展起来的。几乎所有被达尔文至斯凯尔特玛称为'美'的东西都属于这一类。只有到这一阶段,审美才发展成一种独立的原理","从这里开始当初大量有用的和引起愉悦的产物才按这样的要素来选择,在这种要素中多少可以感知到明确的审美意图。这种意图具体说来——对于各种具体情况下的结论不可能有一个统一的人类学的、心理学的或生物学的解释假说——可能有极其不同的分化契机,它不可避免地带有某种偶然性的痕迹"。[1] 从实用到审美的分化契机,就在于"愉快"情绪,它根植于人类的情感世界。三位一体混合结构的社会功用,全在于维系人的生存,当人在为生存而进行的复杂斗争中,体验到情感的愉悦时,"审美意图"便开始萌芽了,而且成为人"选择"行为的一个标准,其结果则是导致"独立原理"(审美)的出现,于是便进入了劳动的二重结构环节,审美节律成为一种强大的自为力量。

节奏作为劳动中的一种生存性情感愉悦形式,不管是在生理上,还是心理上,在三位一体的混合结构中,都有极其重要的范导作用。几乎所有人类学家和原始艺术研究者都认为,"诗·歌·舞"作为古代社会的一体性艺术,是充满节奏感的,并且在混沌意图上带有浓烈的巫术性。原始人的狂热歌舞伴随着强烈的节奏,可以废寝忘食,日以继夜,表现了节奏的神秘性功能(人类学家们说,原始人的狂热歌舞,多是没有语义的,只是节奏本体的神秘刺激),所以柏拉图和亚里士多德都认为,节奏是有神秘魔力的。

节奏的巫术性功能,在长期的社会实践中,升华为人类精神世界中不可言说的韵律—艺术要素,而且作为人类精神深层结构中的文明的化石层,日新月异地影响着后来的艺术形式。现代节奏之谜,在相当大的程度上,也许不在纯粹劳动倾向的结构中,而在"巫术·劳动·宗教"三位一体的混合结构中。因为三位一体混合结构,是一个"非透明系统"(普里戈津用语),其中混合着人的"天地鬼神"世界和灵肉世界,是一个巨大的混沌。它相对于动物世界,却属于人的世界,但相对于真正的"人"的世界,它又属"动物性"世界。这是一个从动物过渡到人的"人—兽"历史环节,是从动物过渡到"人"的中介结构。现代艺术家们,用尽一切手段去描绘节奏功能、效用,甚至还可以不绝地罗列下去,开掘下去,如果不把节奏的性质、功能,深深地追踪至三位一体的混合结构中,不见出其整体性混合功能,那么,这

---

[1] 卢卡契:《审美特性》第一卷,徐恒醇译,中国社会科学出版社,1986年,第263—264页。

一切都是表层的、肤浅的。从大脑神经的解剖结构来说,只有追踪至三位一体的混合结构,才能见出节奏的"化石"层——已内化为"爬虫体"结构的神经功能。

劳动作为"人"与"自然"的一种物质交换过程,它携带着节奏从三位一体的混合结构中分化出来,并且还开辟着人类前进的广阔道路。这是人类历史进程中的一个重大分化。接着,历史又准备着下一层次的分化,即节奏升华为非劳动要素和品格,以一种成熟的异质形式从劳动中独立出来,走向普遍化、抽象化,然后又以"相反相成"的辩证感应力从遥远的高空(艺术形式)反作用于它的母体。

这个分化过程,是极为复杂的历史演进过程。卢卡契作了两个递进层次的考察,一是节奏从劳动中分化出来,取得一种独立功能;达到它自身的普遍化:"节奏的审美特性在原始人的日常生活中只存在到这种地步,作为付出较少劳动同时取得较好成果的轻松化的乐趣,成为自身和劳动对象的主人以及劳动过程的主人,产生前面规定的第一种的自我意识(即自为劳动——引者)。只要这种情感只是直接伴随任一劳动过程出现,这种萌芽的审美自在存在在客观上和主观上就是潜在的。它的发展还需要有引起进一步分化的各种契机,使节奏由与具体劳动过程原来不可分割的联系中分离开来,在人的生活中产生一种独立的功能,使之——在劳动本身之外——进到它的普遍化和在不同领域的应用。"[1]这是节奏的审美特性演进的基本过程:由劳动轻松化的乐趣发端,通过"潜在"的审美自在性,推进到审美的一种独立功能,走向普遍化。

二是节奏的审美特性在分化中最后取得重大的成果,是给它自身的"独立功能"和"普遍化""找到了简单的形式性本质特征"(反作用于情感):"节奏一方面不仅变得分层次和多方面,而且不断在内容上丰富起来;但另一方面在这个过程中——与思想和情感的内容相比——它保持了那种简单的形式性本质特征。这种——相对说来——简单而纯粹的形式性直接而有力地强调了情感的东西。"[2]

节奏的审美特性,一旦取得"简单的形式性本质特征"(它所"保持"的是一种萌芽形态的东西),便走向"纯粹"化的新境界,成为真正的艺术形

---

[1] 卢卡契:《审美特性》第一卷,徐恒醇译,中国社会科学出版社,1986年,第210页。
[2] 卢卡契:《审美特性》第一卷,徐恒醇译,中国社会科学出版社,1986年,第222—223页。

式。只有这种成熟而发达的"形式",节奏的审美特性才能是"直接而有力地强调情感的东西"。

如果以节奏自身的发展为线索,则可以把上面的 I 式置换成下面的发展环节:

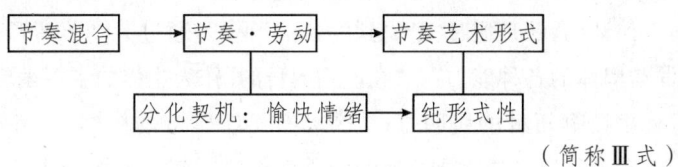

（简称Ⅲ式）

要真实地描述这些过程,也许并不算十分困难,最困难的恐怕倒是寻找从前一环节到后一环节的分化契机。只有抓住了分化契机,才能揭示历史发展的动力与本质。卢卡契在艺术学、美学研究的方法论上给人最大的启示,我以为莫过于去寻找历史前进(或学科形成)的动力契机。上面已经说到,从三位一体混合结构到劳动二重结构,环节间的分化契机是人的愉快情绪(或对劳动自觉的自我意识),本来毕歇尔、斯宾塞等学者,早已考察出劳动节奏的基本功能是"省力—轻松",但他们到此止步,而没有像卢卡契那样全面地揭示出真理来,即没有把它作为一种审美的自我意识来考察,没有把节奏审美功能的全历程揭示出来。

在这里要说明的是:"纯劳动"从三位一体混合结构中的分化历程及演进线索、模式,与"节奏"从劳动中的分化历程和演进线索、模式,是两条并非全部重叠的线索,也并非完全同一的范畴概念。但是,二者的相互纠缠、交织却是难分难解的,血肉相生的,因此二者的精细区别,由于篇幅所限,就只好从略了。现在,我们将劳动结构的考察转到另一面。

对劳动结构的分析,是马克思研究《资本论》的重要开端。马克思的观点,是揭示劳动结构内部秘密的唯一钥匙。

劳动结构的本质是什么?这个结构内部具有怎样的特征?马克思说:"劳动首先是人和自然都参加的一个过程,在这个过程中,人凭自己的活动作为媒介,来调节和控制他跟自然之间的物质交换。人自己也作为一种自然物质来对待自然物质。他为着要用一种对自己生活有利的方式去占领自然物质,于是发动肉体的各种自然力,例如肩膀、腿以及头和手。"

劳动过程是主客体间的一种物质交换过程,是客体的主体化和主体的客体化过程,中间的一切"主观性"只有融合在"自然物质"中,才能进行"交换"。这种"物质交换",从客体方面看,只是被"掠夺";从主体方面看,则是如何"发动肉体的各种能力",使之达到历史所规定的最高水平。这中间存在着一个结构中的内部矛盾,即"肉体"的自然节律如何与最佳劳动效率的结合达到最高效应的问题。人作为主体,他对这个"最佳"结合,是通过两个方面来保证的,一是通过"意识到的目的",一是通过劳动节奏轻松而省力地"发动肉体的各种能力"。"意识到的目的"作为主体的主观表象性,是劳动进程中披荆斩棘的照明灯;被劳动节奏统辖着的肉体的"各种自然力",是劳动者得以完成物质交换的物质基础。二者的结合,既是主体的最佳生命存在方式,又是劳动结构走向合理化、完善化的契机与目的。二者的契合运动,使人类历史闪烁着无限的光辉。

马克思在这里虽然没有论述到劳动节奏的范畴概念,但是怎样地"发动肉体的各种自然力,例如肩膀、腿以及头和手等",则必然地与劳动运动联系着,而劳动运动的整个过程,都是一种节奏律动。节奏律动的人化过程(而非动式的适应过程),则是节奏律动的协调与意识的觉醒。在马克思的劳动结构中,人的"肉体的各种自然力"本来就是被"意识到的目的"所统摄着的,或者已经"以观念的形式存在着了"。这就是一种充分觉醒了的人的自我意识。劳动过程的这种特点,使劳动者"从劳动中感到运用肉体和精神两方面的各种力量的乐趣"(《资本论》),这就是艺术得以诞生的真正根源,也是劳动节奏(作为艺术的一种单纯而抽象的形式)蕴含无限丰富,以及得以独立发展的根本原因。

马克思的"劳动结构"论是考察现代社会的出发点,也是考察艺术发生(含节奏的审美特性)的逻辑结构的起点。前苏联有卓识的学者如捷普洛夫依据马克思的劳动结构论,提出了考察节奏的根本方针:"最早的原始事实,不是'一般节奏',而是劳动运动的节奏,即由劳动过程的内部逻辑引起的有内容的节奏。从劳动节奏中后来发展出艺术节奏——音乐节奏、诗歌节奏、舞蹈节奏等等,艺术节奏也表现一定的内容。"[1]

节奏作为运动的特征,存在于一切发展变化的事物中,宇宙中没有事物不存在节奏运动。在茫茫世界中,"节奏"得以充分发展,最后导致普遍抽象并作为独立的艺术形式出现,那只有在"劳动结构"中寻找它的发生根

---

[1] 捷普洛夫:《音乐能力心理学》,人民教育出版社,1982年,第188页。

源,才是真实的根源。捷普洛夫在上面这段话中最有慧眼之见,是看中了劳动过程的"内部逻辑",并且认为节奏的"内容",就是由这"内部逻辑"引起。那么,这"内部逻辑"是怎样的呢?我以为就是马克思所展示的劳动结构的二重矛盾(即"意识到的目的"与"肉体各种自然力"的契合运动)。"内部逻辑"就是"自调系统"。如果我们要把人类的"劳动"进一步具体化,那便是使用工具的劳动(否则与动物无区别)。因此,所谓劳动节奏,也就是劳动者运用劳动工具进行物质变换的节奏,是"人—工具"之协合节奏。诗论学者乔治·汤姆森指出:"人类把节奏加以人化,就是说,使它发生社会的作用","不难看出,这种人化节奏是起源于工具的运用的"。[1] 劳动工具是历史进程的文明标尺,因此,工具型节奏,无疑包含了更为丰富的历史内容和更为普遍、抽象的艺术形式的特征。

由上看来,人类劳动过程的"内部逻辑",应该具体化为人类使用工具进行劳动的"内部逻辑",这就更符合历史的真实。作为一个有巨大历史内容(含文明标尺)的劳动结构,虽然相当复杂,但如果使用马克思主义的唯物史观和辩证观念去透视它,无非就是一个以劳动工具(石器——→铁器——→机器——→电脑)为核心的、能自我运动的二重矛盾结构体(它不需要上帝般的"第一推动力")。这个二重矛盾结构体,就是人的主观表象"意识到的目的"(自我意识)与充满工具节奏感的"肉体的各种自然力"之生命过程。只有从这个唯物—辩证的视角去透视节奏(作为一种艺术形式)的产生、发展以及起点与归宿,才会得到合理而科学的说明。

综合以上所述,我们可以得到这样的简明结论:马克思的"劳动结构",是现代人的"劳动一般",是侧重从逻辑方面进行剖析的。卢卡契考察节奏发生、发展的"劳动结构",是不同历史形态的"劳动结构",是侧重从历史发生学方面去考察的。按"人体解剖是猴体解剖的一把钥匙"的方法论要求,无疑地,马克思的"劳动结构"理论,是加深理解卢卡契劳动结构理论的不可少的依据(成熟形态的反照作用)。此外,两者的共同点都是对"劳动结构"的自我意识(包括审美意识)进行哲学考察,把劳动结构(及其不同形态)置于自我意识(或"意识到的目的")的最高境界中进行总体性透视、观照。而卢卡契作为一个卓越的马克思主义理论家,他紧紧抓住"劳动结构"作为理论起点去梳理人类的"审美特性"(含节奏特性)的起源、发展,是很

---

[1] 乔治·汤姆森:《论诗歌源流》,作家出版社,1982年,第19页。

有见地的。

按卢卡契的观点,从哲学上考察审美的历史发生,既要抓住劳动过程的不同历史形态,作正面的演示,也要拨开考察审美起源理论的乌云迷雾。

从日常生活实践到审美实践,这是一个质变历程(前后二者是不同的实践方式)。黑格尔严格区分开日常生活实践与审美实践二者间的质的区别,有相当的合理性。但也有不少学者则把二者等同起来。卢卡契把等同论者称为相对主义;与此相反,另一类学者揭示人类审美的历史起源则专注于人类的天性,认为人能天然地审美,卢卡契把这类学者称为独断论者。不管是相对主义还是独断论者,都撇开了人类劳动的"内部逻辑",因而也就撇开了人类审美的真正历史起源。所以卢卡契说,"这是从哲学上揭示审美历史起源的严重障碍"。[1] 由此看来,要从内在根源上或哲学上,考察节奏、韵律的发生,既要抓住劳动结构的内部逻辑,又要在理论上与相对主义和独断论者严格区别,求取一个完美的认识境界。

2. 艺术节奏的历史起源及其功能、效应

节奏作为一种抽象而纯粹的艺术形式,是从劳动结构中分化出来的,从本质上说,是现实劳动的反映。"毕歇尔指出,它(节奏)的主要形式绝不是由诗人随意'杜撰'的,绝不是它的实践的僵化规则,而是由劳动的逐渐变化为诗歌因素的。它是由夯的声音和打击节奏形成的,在原始的劳动歌声中人的声音只能服从并伴随着这种节奏。他具体地指出:'抑扬格和扬扬格是打夯的方式,脚踏的一弱和一强。扬扬格是打击的韵律,只要两个人交替地敲打就很容易了解这一点。扬抑抑格和抑抑扬格是锤击的韵律,直到今日在每个村舍的打铁作坊中都可以看到,工人在每次锤打烧红的铁时,在其前和其后总是跟着两下短促的敲击。锻工称它为让锤子唱歌'。"[2] 鲁迅说的"杭育派"文学的起源,也是持这个基本思想。

很明显,劳动节奏就是艺术节奏的母型。"打夯—打击—锤击",乃至"杭育"……都是一种节奏运动,都是"声"与"力"的协调、合作,因而这是一种歌唱("让锤子唱歌")。在这里,"声"的意义和作用就在于"力"的运用,即如何使之更轻松、自然、一致、有效。"声"的这种呼应、中节,是自我意识的一种生成和萌发方式,它积淀为"声—义"系统中声律方面的深沉结构,

---

[1] 卢卡契:《审美特性》第一卷,徐恒醇译,中国社会科学出版社,1984年,第263页。
[2] 卢卡契:《审美特性》第一卷,徐恒醇译,中国社会科学出版社,1984年,第263页。

最后抽象为一种稳定的声律模式（如西方的长短律与中国的平仄律）。"声—义"系统中的声律模式，与"语义"内容，虽然构成诗句对立统一的两个方面，但是声律的稳定性、深层性是难以分析的（内涵是难以穷尽的）。声律积淀的历史内容是绝对的"非透明系统"，其间既有约定俗成的联系，也有各种条件反射和随机联系，偶然与必然、存在与幻想、历史与现实等等千丝万缕的联系都齐集在一起，当它一旦取得"民族文明共同体"的地位，其抽象形式的绝对性，便会发挥出自身的独立作用，显示了"形式"的巨大威力，所以诗是不能翻译的。失去了原有声律的诗不是诗，仅是原来"声—义"系统中的语义方面，那是残缺了半边的诗，在某种程度上说，是失去灵魂的诗。

劳动节奏升华为"声律"（纯音响运动），最后成为一种灵妙的审美判断力（卢卡契认为节奏是一种审美判断力），它的独立功能与"巫术·劳动·宗教"三位一体混合结构中的魔力和神秘感紧密相联，因而出现了节奏（声律）的巨大作用，不管是在审美方面，还是在社会学方面。

席勒在写作《华伦斯坦》时遇到了散文与诗歌的问题。他借助高度抽象力，特别是审美的抽象力，把自己创作的难点普遍化为节奏对诗歌内容的反作用，提到这样一个高度上来。就此他写信给歌德说："我还从来没有像在目前的创作中这样明白地确信过，在诗歌中题材与形式（即使是外在的）多么精确地联系着。自从我把自己的散文语言改变为诗节奏以来，我具有了一种完全不同的判断能力……我们应该在诗歌中（起码在开始时）去构想所有要超越平凡的事物。因为在朗读出来的写作方式中，平庸的东西就无地自容了"。[1]

卢卡契总结了席勒美学思想上的两个大发现：一是席勒"把自己创作的难点普遍化为节奏对诗歌内容的反作用"；二是"诗节奏"具有一种特殊的审美判断力。因此，在席勒的审美实践中，节奏就有至高无上的神圣作用。

席勒在给歌德的信中，还说道，"节奏由此迫使诗人和他的读者由性格的区别中达到某种普遍的东西，即纯人性的东西"，这就是节奏审美特性的最高升华；同时他还指出，节奏以人性的方式"构成了诗歌创作的氛围"。

---

[1] 卢卡契：《审美特性》第一卷，徐恒醇译，中国社会科学出版社，1984年，第225页。

任何运动一旦加入艺术节奏(高层次节奏对低层次节奏的同化),那就会改变事物运动的性质。因此,艺术节奏(诗节奏),具有自身强大的审美超越能力。具体地说,艺术节奏的作用(对艺术形象的作用)有三:一是使相互结合的异质东西同质化;二是节奏的意义在于选择重要的东西排除次要的细节(选择作用);三是节奏能为整个具体作品创造出一个统一的审美氛围。卢卡契对席勒的节奏审美观点进行了方法论上的总结,指出:"单从提出的这些观点就足以看出,节奏作为具体构成整体的一个具体环节,已经与节奏简单抽象的起源相去甚远,它现代所能胜任的各种职能,在它产生时甚至尚未含有这种萌芽。"[1] 很明显,节奏的成熟的社会形态(艺术节奏),在历史长河中形成了巨大而神秘的历史内容,因而"与节奏简单抽象的起源相去甚远",它取得了"声律"共性的强大生命力,就如军号对士兵的呼唤一样。从艺术节奏的反照中,我们可以看到,"节奏—声律"模式最后蒸发为一种普遍的情感,或深邃的思想象征,所以叔本华说,只要吟诵哀调,你就会流眼泪。

节奏从劳动中分化出来,由轻松省力转化为情绪愉快,再飞跃成一种审美判断力、一种"纯人性"……展示了"节奏"无限丰富的历史内容。艾里略说:"一个创造出新节奏的人,就是一个拓展了我们的情感并使它更为高明的人","创造一种形式并不是仅仅发明一种格式、一种韵律或节奏,而且也是这种韵律或节奏的整个合式的内容的发觉。莎氏比亚的十四行诗并不仅是如此这般的一种格式或图形,而是一种恰是如此思想情感的方式"。[2] 因此,节奏(尤其艺术节奏)的历程,就是人类情感形式化功能成长的历程,它具有极为深蕴的内容,比亚里士多德的"形式因"要复杂、深沉得多,"节奏和曲调会渗透到灵魂里面去,并在那里深深扎根,使灵魂变得优美"(柏拉图:《国家篇》)。节奏、韵律的奇特功能,几乎都引起过伟大智者和思想家的注意,引起他们的深深思考,叔本华就这样说过:"节奏和韵律是文艺所有的特殊辅助工具。节奏和韵律何以有难以相信的强烈效果,我不知道有其他什么解释,除非是说我们的各种表象能力基本上是束缚在时间上的,因而具有一种特点,赖此特点我们在内心里追从每一按规律而重现的声音,并且好像是有了共鸣似的。于是节奏和韵律,一方面由于我

---

[1] 卢卡契:《审美特性》第一卷,徐恒醇译,中国社会科学出版社,1984年,第227页。
[2] 转引自宗白华:《美学散步》,上海人民出版社,1982年,第15页。

们更乐于倾听诗词的朗诵,就成为吸引我们注意力的手段了,一方面又使我们对于(人们)朗诵的东西,在未作任何判断之前,就产生一种盲目的共鸣;由于这种共鸣,人们所朗诵的东西又获得一种加强了的、不依赖于一切理由的说服力。"[1]叔本华论述艺术节奏的深刻之处,就在于他看出了"人是时间的存在物"(或"人是节奏的存在物"),所谓节奏、韵律,就是人类文明通过心理律动积淀在时间上,或简直可以说,节奏、韵律就是人类文明在时间上的表象。因而"时间文明"作为一种心理抽象和成果,便处于人类文明系列的最高点上,能辐射和照亮其他人类文明。当节奏、韵律获得这种崇高品格之后,就会产生如下不可抗拒的结果:"在未作任何判断之前,就产生一种盲目的共鸣",和具有"不依赖于一切理由的说服力",所以诗词朗诵看来是平凡的事,但其间之妙悟却根植于人类久远的历史,反映着人类时间文明的灿烂光辉。

3. 关于节奏的本质

普列汉诺夫作为马克思主义的第二代理论家,他对19世纪关于艺术起源的热门话题从未放松过自己的探索。他既从马克思的历史唯物主义观点出发,又从当代生理学心理学的成就出发,他总想找出从物质生活(经济基础)过渡到上层建筑——艺术世界的中间桥梁和心理环节来,他研究的焦点,也集中在社会关系中的劳动结构,以及根植其中的人的生理、心理本性。普列汉诺夫说:"一句话,对于一切原始民族,节奏具有巨大的意义。对节奏的敏感,正如一般的音乐能力一样,是人类的心理和生理本性的基本特质之一。也不独限于人类。达尔文说:'这种纵使不是欣赏至少也是觉察拍子和节奏的音乐性的能力,看来是一切动物所特有的,而且毫无疑问,这是决定它们神经系统的一般生理本性'。"[2]

为什么节奏感会成为"人与动物"所共有的东西?且达尔文追踪至"神经系统的一般生理本性"?然而,"神圣系统的一般生理本性",却是皮层下的化石结构,也即千百万年来动物与人求生活动的一种内在生理成果,呈现为对时间的体验。看到这一点,当然是有意义的,但是节奏的本质,不管是从"纯劳动结构"看,还是从"艺术性劳动"结构看(抽象与普遍化为一种艺术形式),它却是人化的产物(席勒称之为"纯人性"),是人的自我意识

---

[1] 叔本华:《作为意志和表象的世界》,石冲译,商务印书馆,1982年,第337—338页。
[2] 普列汉诺夫:《没有地址的信》,曹葆华译,人民出版社,1956年,第39页。

（含审美意识）的一种觉醒。如果我们忽视了节奏的这方面的历史内容,则会失去节奏的真正本质。

那么,节奏的社会历史形态应该怎样确定呢？普列汉诺夫说,"原始社会的生产者所按照的拍子又是由什么决定的呢？为什么在他的生产动作中恰好遵照着这一种而不是那一种的节奏呢？这决定于一定生产过程的技术操作性质,决定于一定生产的技术。在原始部落里,每种劳动有自己的歌,歌的拍子总是十分精确地呼应于这种劳动所特有的生产动作的节奏。随着生产力的发展,生产过程中有节奏的活动的意义减弱了。但是甚至在文明民族那里,例如,在德国乡村里,一年的各个季节,按照毕歇尔的说法,都有它自己特别的工作声音,而每种工作都有它自己的音乐。"[1]因而普列汉诺夫得出了一个重要的结论："人的本性（他的神经系统的生理本性）,给了他以觉察节奏的音乐性和欣赏它的能力,而他的生产技术决定了这种能力后来的命运",所以,"自然给予人以能力,而这种能力的练习和实际运用则由他的文化的发展进程所决定"。[2]

归纳以上所述,普列汉诺夫提出了决定节奏发展的三个重要相关因素,即"神经系统生理本性—生产技术—文化发展"（后二者互为表里）。实际上可以把这个三项式归纳为二项式,即"生理本性──→社会本性",而且二者之间在历史进程中,呈现出自身的辩证运动。由此出发,还可以把这个二项式统入主客体的关系中,若再以马克思的"对象化"理论加以展开,则会成为关于节奏历史形态的比较完善的理论。显然,普列汉诺夫的视野越出了纯粹劳动结构,走向更广阔的社会网络系统（生产技术、文化发展等）。从远处看,这是对历史发生学研究的一种理论导引,但从近处看,它仿佛又冲淡了发生学研究的单一性、纯粹性,把问题弄得异常复杂了。卢卡契对节奏本质的研究,我完全相信他是会意识到这一点的,他似乎想避开普列汉诺夫的研究路线。因为他们两人的论述,都是以毕歇尔的研究成果作为起点的,而终点却异。但作为研究顺序,我以为首先要把"劳动结构"的"内部逻辑"弄清楚,然后才能扩展至劳动结构的"外部逻辑"及历史形态,最后把二者的关系统一起来,既放在"显微镜"中分析,也放在"放大镜"中研究,既进行微观剖析,也进行宏观审视,把历史与逻辑统一起来。

---

[1] 普列汉诺夫:《没有地址的信》,曹葆华译,人民出版社,1956年,第39—40页。
[2] 普列汉诺夫:《没有地址的信》,曹葆华译,人民出版社,1956年,第41—43页。

唯有如此，节奏的本质才会获得合理而科学的说明。

二、黑格尔的逻辑研究方式

在卢卡契关于节奏的论述中，已经揭示了主体对劳动节奏的体验，这是世界史规模上的一次飞跃，是人的自我意识的一种觉醒。黑格尔则从庞大的绝对理念体系出发，把人的劳动（以及劳动节奏）看作是绝对理念的一种显现，这种显现，也就是人的自我意识的一种觉醒。英国的黑格尔专家W·T·斯退士，在《黑格尔哲学》一书中，对黑格尔关于劳动节奏的本质进行了深刻的论述：

> 节拍（包括节奏、韵律——引者）的哲学基础和它对于心灵的特殊的吸引力的解释在于这样一个事实，即自我在其中发现了它自己的绝对副本（副本，即发生之原型也——引者）。时间本身是均匀的、未分化的、连续的流。这种抽象的连续性相当于自我的赤裸裸的普遍性，它是空无内容的。但自我的真实本性却不是这种抽象的普遍性，只有当自我把自身分裂为二，使自己成为自己的对象，并再次取消这种区别，从而回到自身，它的真实本性才被揭示出来。现在节拍在时间的抽象连续性中引进了相等的间歇划分。每一片刻，尽管这样与邻近的片刻不同，然而却又与它是同一的。因为时间的一个片刻与其他一个片刻是难以区分的。每一片刻都是一个现在。节拍把区别引入时间的纯粹连续，但这种划分又在这些片刻的绝对同一中被取消了。自我在这过程中发现自己（即自我意识的萌发与生成——引者）；因为它在那里发现了一个纯粹统一性，它自身区别，又回到自己的统一与同一之中。因此，音乐中的节拍引起了我们极大的满足"，"格律的哲学基础和音乐的节拍的哲学基础是一样的。韵脚和头韵使我们感到满足，因为同样的声音在不同的声音中的有规则的重复里，自我发现了和他自己的差别中的统一这种本质性相类似的东西。[1]

斯退士是通过节拍（节奏、韵律）的"哲学基础"，来展开黑格尔关于"节

---

[1] 斯退士：《黑格尔哲学》，鲍训吾译，河北人民出版社，1983年，第432—434页。

奏"的内部逻辑结构的。为什么节拍(节奏),使自我"在其中发现了它自己的副本"?也就是说,为什么节拍(节奏),是自我意识觉醒的一种实践?这就在于它自身的二重结构:一方面是通过对时间之流的划分,使客体呈现了差异;另一方面,这种差异又被节拍、韵律的统一性所统摄着,于是"差异⇌统一"则成为节拍(节奏)运动的自足结构,自我意识才得以生成。在这种自足结构中,主体通过对时间的"切割",把自身一分为二,然后又合二为一。这种往返历程,是人之自我意识觉醒与统一的过程,亦是人化过程,所以引起主体的极大满足。换一个说法,就是节拍(节奏)把时间的抽象普遍性(自在性)人性地转化为具体性(自为性),因而节拍(节奏、韵律、音乐等),把主体从差异性、异在性中回归到人之为人的统一性和自为性之中。一句话,节拍(节奏)的自我意识性(或哲学基础),就是自我从抽象同一走向具体同一。这是"自我意识"之自律性融化了他律性的深刻过程。

斯退士把黑格尔节奏的主体自我意识,称为节奏的哲学基础,我以为是很有启示的。因为寻求节奏韵律(作为一种抽象艺术形式)的哲学基础这个提法本身,就给研究者打开了广阔的视野,告诫我们不要就事论事,不要以小观小,而要切入节奏韵律的原生世界中去,并把它纯化为人类的一种"时间文明"(人类一切文明中的最高抽象)。只有在"时间文明"中,才能更集中、更清晰地看出人类的主体性功能(详见下文)。

对节奏本质的考察,如果说卢卡契和普列汉诺夫等人是从历史方式来考察的,那么,黑格尔则是以逻辑方式来考察的。两者的相互结合,才能使我们对节奏(作为一种抽象的艺术形式)概念、内涵、本质有比较深入的把握。

三、"声—义"结构的运动模式

我们要分析艺术节奏,就必须从最小的单位、最小的细胞开始。抓住了原生起点,然后才能顺理成章梳理出节奏的结构和运动规律来。

就汉语来说,不管是诗行还是散文,艺术节奏总是从字(词)开始的,字(词)便是最小的单位、最小的细胞。字(词),不管哪个民族,都有"声—义"两个方面,汉语则多一个"形"(外文的"形"没有汉字"形"的意义),所以有"形—声—义"三方面的意义。我们现在先从普遍性入手,分析字(词)中的"声—义"矛盾。

克罗齐说,"语言有两个要素,音乐的和逻辑的。诗人应使用前者并迫使后者引出个性的形象来"[1]"音乐"和"逻辑"的结合,是一种奇特的结合,然而在艺术世界中,又是一个普通的事实。"音乐"(节奏、声律)导引"逻辑"(语义、意境),"逻辑"推进"音乐"。黑格尔说:一方面"只有通过意义(词义——引者注),诗在音律方面才获得最高的精神方面的生气"[2]。另一方面,"韵把我们带回到我们自己的内心世界"。"逻辑—意义"使"音乐—声律"获得最高的精神生气,同时"音乐—声律"又把"逻辑—意义"引向主体的自我觉醒,并进入"自己的内心世界"。黑格尔深刻地洞察"声—义"系统中的辩证运动,但他在"诗论"中,更重视节奏、声律的作用,"诗音节或韵是原始的唯一的愉悦感官的芬芳气息,甚至比富于意象的富丽词藻还更重要"[3]。在这里,黑格尔提出了"音节"、"韵"与"意象"的比较问题,也即矛盾问题,这也可归结为一种"声—义"矛盾。

宗白华把"字"转成"声"(歌唱)的方面,称为"美"的方面;把"字"的符号意义、逻辑方面,称为"真"的方面。所以"声—义"的矛盾,也包括"美—真"的矛盾。

字的声怎样变化为"音乐"?中国文学起源的古老定义说,"诗言志,歌永言"。声要经过"咏",经过拖腔、曳意才能歌,才能见出其美。所以探索节奏、韵律的字声之途,与音乐特性之途,在本质上是一致的。声在音乐境界中,自然显出抑扬顿挫来,因而传达了人的细致的情绪与情感;而字的逻辑(义)方面,也在声律的范导下显出自身的面貌,传达了思想。"声"与"义"之间的关系,似是完全一致。但实际上并非如此,在人类的原始时代,劳动节奏的声律、音响方面往往压倒意义概念方面,很多劳动者狂热地跳着、唱着,但他们并不理解其所唱的含义是什么,起作用的只是有序而和谐的节奏。例如澳洲土著的《考劳伯芮舞》,便只有音响作用:"妇女们不参加跳舞,只形成一种乐队,一面敲着膝上的袋鼠皮,一面拖着嗓子随着舞的节奏歌唱,她们所唱的歌词字句往往颠倒错乱,不成文法,没有什么意义,她们自己也不能解释,歌词的最大功用在应和跳舞节奏,意义并不重要,有意义可寻的大半也很简单。""简单而狂热的情绪表现于简单而狂热的节奏。"[4]"据德国的毕拉歇克的研究,野蛮民族所唱的歌调毫无意义,他们

---

[1] 克罗齐:《美学的历史》,朱光潜译,中国社会科学出版社,1982年,第162页。
[2] 黑格尔:《美学》第三卷(下册),朱光潜译,商务印书馆,1981年,第79页。
[3] 黑格尔:《美学》第三卷(下册),朱光潜译,商务图书馆,1981年,第68—69页。
[4] 朱光潜:《朱光潜美学文集》第二卷,上海文艺出版社,1984年,第14—15页。

却欢喜唱它,欢喜听它,都只是因为音调和谐。儿歌也是如此,格罗塞在《艺术起源》里,也说'原始的抒情诗最重要的成分就是音乐,至于意义还在其次'。"[1]似乎社会越原始,"声"的作用就越强烈、鲜明,而"义"的作用则较模糊、薄弱,这也许与"巫术·劳动·宗教"三位一体的混合结构有关。"声"(声律、节奏)在三位一体混合结构中,有强烈的情绪表现作用,它的"意义"也许不是一些简单的"语义"("逻辑")所能表达的。我们不能说,因为"野蛮民族所唱的歌调毫无意义"、"字句颠倒错乱"、"不成文法",而完全否定了"声"和"意义"的关联(只不过,其中的秘密我们没有充分揭示出来)。当然"声—义"结构在历史的发展中,肯定会有不平衡状态,人类越是处于童年时代,"声"则越显优势,人类越处于文明时代,"义"则越显优越。我们要着重研究的,是"声—义"结构的典型状态(平衡状态),从中找到二者间的矛盾关系,对立双方如何相互过渡,亦即把"声—义"当作一个矛盾的统一体来研究。

　　首先,我们要有一个总体观念,字(词)总是表现思想情感的,不管是"声"还是"义"。只有在思想情感的统照下,"声—义"才结合成为一个特定结构,发挥着特定的作用。"声"的方面有自身的特征与发展规律,"义"的方面同样也有自身的特征与发展规律。但当这个结构处于特定的语境时,"声—义"两个方面将会发生很大的变动,声的度量,义的分寸,在相互交织和彼起此伏的关系中,产生无穷的组合样式,以满足语言主体的"情欲—语义"需要,达到"神人以和"的目的。

　　中国是诗的民族,尤长于语言的音乐性,从古老的双声叠韵开始,途经四声八病、平仄律,终止于宋元戏曲的既吟诵又抒唱……这一切的综合"素质",有人说可以代替音乐在中国的发展(见徐复观《中国的艺术精神》)。中国诗论家、文论家对汉语音乐性的研究,在世界上可谓极为罕有,他们的研究成果将为我们揭示"声—义"结构的关系,打开一条通途。

　　沈括曰:"古之善歌者有语,谓'当使声中无字'。凡曲,只是一声清浊高下如萦缕耳,字则有喉舌齿舌等音不同。当使字字举本皆轻圆,悉融入声中,令转换处无磊块,此谓'声中无字',古人谓之'如贯珠',今谓之'善过渡'是也。如宫声字而曲合用商声,则能转宫为商歌之,此'字中有声'也,善歌者谓之'内里声'。不善歌者,声无抑扬,谓之'念曲'。声无含韫,谓之

---

[1] 朱光潜:《朱光潜美学文集》第二卷,上海文艺出版社,1984年,第324页。

'叫曲'。"(《梦溪笔谈》卷五)这里的"声中无字"与"字中有声",说的并不是两种相互对立的情况,而是两种相互补充的情况。"字中有声"并不是指原始的自然的孤立的"声"(音),而是经过艺术规范的、统一于音乐境界的"声"(腔),这似乎可以直呼为"以腔统字"(或"字从腔调")。"声中无字",宗白华的解释最为妥贴,他说,在歌唱中把字取消,是指"把它(字)融化了,把字解剖为头、腹、尾三个部分,化为腔。'字'被否定了,但'字'的内容在歌唱中反而得到充分的表达。取消了'字',却把它提高和充实了,这就叫'扬弃'……这是辩证过程。"[1]取消字,那是一种转化与扬弃,即把它解剖为"头—腹—尾",化为腔,这就是从"字"过渡到"声"(腔),即如下图式:

字——腔——声
(头——腹——尾)

(简称 A 式)

要实现"字"的转化("声中无字"),必须要有一个中介环节,这便是"腔"。"腔"是对"字"的艺术加工,是一种扬弃。"腔"的本质是什么? 先看《毛诗序》的整体表述:"情动于中而形于言,言之不足故嗟叹之,嗟叹之不足故永歌之,永歌之不足,不知手之舞之,足之蹈之也。"这是情感运动的全过程:情──→言──→嗟叹──→永歌──→舞蹈。这里的"嗟叹—永歌"环节(又叫"长言"),便是"音乐"过程,便是"腔"的本质。清代学者袁仁林在《虚字论》中,把虚字的念法,叫做"拖沓其声以申意也'";"腔"的音乐性,一方面可归属于"拖沓其声以申意也","拖沓其声"是手段,"申意"是目的;另一方面,也因为"腔"是"清浊高下如萦缕",是表情的。表意与表情的融合,成为"腔"的两面。由此看来,字的音乐性在"声中无字"的原则里得到充分的发挥,进而从声(音)转化为"义",迅速地完成了一个"声—义"结构的审美全过程。"字"是就书面而言的,若就口头言,则是声(音);"声"是就拖腔申意表情而言,这实质上是对"义"的审美接受。因而 A 式又可变换为如下图式:

声(音)──→腔──→义

(简称 B 式)

---

[1] 宗白华:《美学散步》,上海人民出版社,1982 年,第 51 页。

经过这样的一番置换，使我们更清晰地看到"声—义"结构中的内在统一性。这是从音（字）到义（声）的正向过程。如果"声—义"结构真的是一个有内在联系的生命统一结构，那么它也应该有一个与"正向"等价的"逆向"过程，即"声"（义）能否转化为"音"（字）？董斐伯在《中乐寻源》中说，"曲调之声情，常与文情相配合，其最胜妙处，曰'务头'"，宗白华说"务头"是指精彩的文字和精彩的曲调的一种互相配合的关系。董斐伯说的"声情"（精彩的曲调）与"文情"（精彩的文字），是两个不同范畴的概念，声情是"声—义"结构中的正向过程，文情是"声—义"结构中的逆向过程。前者是由"字"（音）而"声"（义），后者是由义（声）而音（字）。因此，"声—义"结构是一个可以相互沟通、相互往返的互逆流程（古人有"声即义也，""声入心通"之说）。在这里，诗论家、文论家们又指出了一个中介环节，就是声情与文情的融合——"务头"，于是"务头"则成了"声—义"结构中相互过渡的中介环节，即：

$$声 \longrightarrow \underset{(声情与文情融合)}{务头} \longrightarrow 义$$

（简称 C 式）

B 式中的"腔"（中介）与 C 式中的"务头"（中介）是否等价？很显然，"腔"只是正向过程，"务头"不但含正向过程，而且还含逆向过程，它比"腔"要全面（多兼逆向过程），因此 C 式则可以成为阐释"声—义"结构的基本框架，可以把诸多的生动事例（或声重于义者，或义重于声者）放进这个框架中进行演绎阐释。例如席勒写《华伦斯坦》，是被诗的节奏所激动、指引，这是"声—义"结构中声重于义（声对义的选择与扬弃）；是声情（节奏韵律）对"义"的净化与升华。黑格尔说的"只有通过意义，诗在音律方面才获得最高的精神方面的生气"，可理解为"义"（主题、思想）对"声"（节奏韵律）的反作用，从而达到最佳效果，这"义"对"声"的创生与刺激是一种智慧的导引。

由上面的 C 式可以推演出节奏韵律与艺术形式与其内容的关系（或结构模式），扩展为更有普遍意义的解释框架。

四、主体节奏模型论

"声—义"结构，本质上是艺术节奏的一个细胞。上面我们已经考察了两种类型(两种不同中介环节)的"声—义"结构。但那是一种表层结构,是横向结构。由于"诗—歌—舞"的原始一致性,及其发生学的同根同源性,因此,艺术节奏带有深远、广袤的历史内容,并负荷着艺术主体的文化—心理要素,成为艺术主体文化—心理的积淀结构。这样,艺术节奏中"声—义"结构的中间环节,也就同时成为艺术主体文化—心理的深层结构,并蕴含着丰富而悠久的历史内容。正是在这个意义上,朱光潜对艺术节奏进行了全面的研究,他认为"声音节奏在科学文里不可深究,在文学文里,却是一个最主要的成分"。[1] 所以"节奏是一切艺术的灵魂"。

艺术节奏,不是绝对的物理事实,也不是纯主观的自身律动,而是心物交感的双向制约性相互适应性的产物,"我的对象只能是我的本质力量之一的确证……对我说来任何一个对象的意义……都以我的感觉所能感知的程度为限"。[2] 因此,艺术节奏中"声—义"结构的发展史,也可看作是艺术心灵的发展史。"声—义"结构中对立的双方对应性地体现出一定的历史尺度。分开来说,"声"演变为"声律"——音乐性系统,表示艺术形式成熟的程度及其自足的稳定性;"义"演变为"意义"——境界与概念符号系统,表示艺术内容(历史开拓)的深度和广度。因此,"声—义"系统一旦跃向高级的历史阶段,它就谱写了人类艺术史的新篇章。于是,节奏就成为艺术的灵魂。为什么艺术的灵魂反映在艺术节奏上?那是因为艺术的灵魂抽象为生命与心灵的一种律动的结果。这正如生命的存在,可以抽象为人体生命的"呼"与"吸"一样。生命的存在,有着丰富而多样的表现,但如果仅把它高度地抽象为一种"时空"(尤其时间维度)的存在方式,那么,这只能是"呼—吸"(一种节奏律动)了。无"呼吸"者,即死亡也。

朱光潜在艺术节奏研究上的一个突破性贡献,是向艺术节奏研究者奉献了一个艺术主体的"节奏模型",也即在"声—义"结构中揭示出一个具有深远历史内容的"文化—心理"中介环节。这对我们研究艺术节奏,揭开"声—义"结构的内部矛盾,极有启发作用。

朱光潜认为,艺术节奏是心物交感的成果。他看重的不是外在物理事实,而是心灵波动的"有意味的形式"(纯形式)与规律,他撇开宗白华那种关于节奏的泛神论式的诗性哲学视野,也不像卢卡契那样把节奏放在劳动

---

[1] 朱光潜:《朱光潜美学文集》第二卷,上海文艺出版社,1984年,第303页。
[2] 马克思:《1844年经济学哲学手稿》,刘丕坤译,人民出版社,1979年,第78—79页。

结构中作严密的考察,更不像黑格尔那样把节奏放在玄学框架中进行哲学思辨,而是专注于艺术节奏的"文化—心理"的生成与积淀,寻求节奏感受的规律性过程以及主体节奏感的一般范型。在中国现代哲学史和文化史上,善于从"主体方面"切入音律对象,而又取得相应成果者,我以为朱光潜还是第一个。

不管分析、剖解多么奥妙玄虚的道理,都善于从浅易的例子开始,这是朱光潜在理论写作上的一大特色,也是他思路的一个特点。如果把他所举的例子吃透了,也就大致接近了他的思路。现在,我们就从他所举节奏例子开始。

艺术节奏到底是个什么东西?对它的功用、性能怎样去体味?他以《诗经》中四句诗为例:

昔我往矣,杨柳依依;今我来思,雨雪霏霏。

如果把以上的诗译成现代散文,则是:"从前我走的时候,杨柳正在春风中摇曳;现在我回来,天已经在下大雪了。"朱光潜说,经过这一翻译,"原诗的意义虽大致还在,它的情致就不知去向了。义存而情不在,就因为译文没有保留住原文的音节",例如"摇曳"只是呆板的物理,"依依"却含声浓厚的人情味。其根本区别,就在于"事理可以专从文字的意义上领会,情趣必从文字的声音上体验。诗的情趣是缠绵不尽,往而复返的,诗的音律也是如此"。[1] 他的主要结论是:"诗的音律起于情感的自然需要。"[2]

朱光潜以上面这个例子,阐明了诗中的"声—义"关系问题。他把"声"的问题,归结为一种"情趣"和一种"人情味",而这两者如果要显示出自身的独特存在,都必需"原质"、"原态"地(即"音律"地)表现自己。音律中的情趣和人情味,或情趣和人情味中的音律,都是互不可代替的东西。"杨柳依依",就只有"依依"才能表现杨柳的情趣和人情味(作家个性),用"摇曳"去翻译"依依",则舍弃了音律,也就舍弃了相伴而来的情趣和人情味,即舍弃了作家特定的个性与文化传统。"依依"是音律系统的神圣灵魂,"摇曳"是"概念"系统的一般表述;"依依"是感觉系统的多功能多维度呈现,是一

---

[1] 参见朱光潜:《朱光潜美学文集》第二卷,上海文艺出版社,1984年,第98—99页。
[2] 参见朱光潜:《朱光潜美学文集》第二卷,上海文艺出版社,1984年,第98—99页。

个丰满的不可穷尽的结构体(特别是在具体的诗行结构中);"摇曳"是单一维度的概念表白,是一个表层的平面结构。因此,在"依依"的音律中(尤其作为一种文化传统,中国人对"杨柳依依"的灵性感受,是千古不灭的),蕴含着艺术形式(音律节奏)方面的巨大的秘密,既是"声—义"结构中金碧辉煌的殿堂,又是进入艺术节奏的一个突破口。

声律系统的秘密在于它是一种文化一心理成果。下面是朱光潜关于这个问题的主要看法。

1. 声律被艺术性灵规定之后,呈现出规律性和意向性

"七律、商籁之类模型的功用在节奏的规律化,或则说,语言的音乐化。情感的最直接的表现是声音节奏,而文字的意义反在其次。文字意义所不能表现的情调常可以用声音节奏表现出来……诗要尽量地利用音乐性来补文字意义的不足,七律、商籁之类模型是发挥文字音乐性的一种工具。"[1]

不说是诗,就是中国的古文,也有一种"模型"腔调,人们通过吟诵、摇头晃脑,才能进入境界,还能领悟概念系统之外的东西,即所谓"神韵"。古文句式就是一种语式的规律化,不但其语法、概念有明确之所指,而且声律也有约定俗成的某些意向。

2. 各种声律、乐调,都表现相对稳定的情感,或者说体现各种情感原型

"音乐仅摄取诸个别情感的共相,它所表现的只是情感的原型,好比名理范畴里的由普遍化及抽象化得来的概念。……音乐只能表现这种普遍的抽象的情调,却不能表现特殊的具体的情思。""音乐所引起的情绪随乐调而异,每个乐调都各表现一种特殊的情绪。这种事实古希腊人即已注意到。他们分析当时所流行的七种乐调;以为 E 调安定,D 调热烈,C 调和蔼,B 调哀怨,A 调发扬,G 调浮躁,F 调摇荡。亚里士多德最推重 C 调,因为它宜于陶冶青年。"[2]古希腊当时流行的七种乐调及其精神意向,这和郭沫若说的,所谓先扬后抑,表镇静;先抑后扬,表兴奋,观点大体一致。这是把乐调、声律等"声"的系统,看作是情绪的一种波动样式,一种情绪定型。

3. 艺术与人类同时诞生,艺术节奏具有民族模型

"诗的音律在各国都具有几个固定的模型,而这些模型也随时随地在

---

[1] 朱光潜:《朱光潜美学文集》第二卷,上海文艺出版社,1984 年,第 228 页。
[2] 朱光潜:《朱光潜美学文集》第二卷,上海文艺出版社,1984 年,第 315—316 页。

变迁,每个诗人常在已成模型范围之内,顺着情感的自然需要而加以伸缩。从诗律变迁史看,这是已往历史所走的一条大道。"[1]这里的所谓"固定模型",就是各个民族在性灵上、情绪上律动的一般模式与规律。例如黑格尔说意大利人的韵律性说唱技艺,是无与伦比的,任何艺术材料一旦落到意大利人手中,很快就会被演唱出来。声律"固定模型"的实质,是灵性、情绪的一种波动,所以共同地域的人,由于生产方式、地理环境的相同,情绪的表现也有共同的规律,这是艺术时空观的一种规定。当然,"固定模型"并不是封闭的预成结构,而是开放的渐成结构,诗人、音律家必须在这个既定范围内获取自由、表现自己的创造与个性。

从上可以看出,这种由文化—心理积淀的音韵声律原型、规律、模式等,就具有三个重要特点:其一,是"情趣"性。这是声律发生的基础。因为声律所表现的并不是可以言传的思想、概念,而是类似于语调、口吻性质的情绪显现,"诗者,声音之道也"(刘濂《律吕精义》内篇)。"诗者,声教也,出于性情"(郑樵《诗辨妄》)。其二,音韵、声律具有"审美态度"的性质,即具有净化作用。尽管描写的对象也许是淫秽的,但由于音韵声律的作用,与对象"拉开了距离","把一平凡粗陋的东西提高到理想世界"。[2]黑格尔同样认为,"如果对音律这种感性因素进行艺术刻划,就立即置身于诗所要求的另一领域和另一土壤。要进入这一境界,我们先要抛开日常生活和日常意识中的那种认识性和实践性的散文观念,同时对音律的艺术刻画也逼使诗人要说他所要说的话。有人认为音律不自然,应该废除,这种看法是极肤浅的"。[3]音律的审美特性,可以把诗人(或读者)推到"诗所要求的另一领域和另一土壤",进入审美的新境界,这也就是一种审美态度。其三,音韵、声律使"生理—心理"的审美感受一体化。人是灵与肉的统一体,思想、概念只能作用于人的"灵",而不能"浸"入人的"肉",但音韵声律,则能作用于人的全身心,使全副筋肉运转起来。朱光潜说,他有两个很深的体会,一是筋肉对声律节奏的感觉,一是声律节奏的审美判断作用。

先看筋肉对声律节奏的感觉:"领悟文字的声音节奏,是一件极有趣的事。普通人以为这要耳朵灵敏,因为声音要用耳朵听才生感觉。就我个人的经验来说,耳朵固然要紧,但是还不如周身筋肉。我读音调铿锵、节奏流

---

[1] 朱光潜:《朱光潜美学文集》第二卷,上海文艺出版社,1984年,第104页。
[2] 参见朱光潜:《朱光潜美学文集》第二卷,上海文艺出版社,1984年,第106—107页。
[3] 黑格尔:《美学》第三卷(下册),朱光潜译,商务印书馆,1984年,第69页。

畅的文章,周身筋肉仿佛作同样有节奏的运动;紧张,或是舒缓,都产生出极畅快的感觉。如果音调节奏上有毛病,我的周身筋肉都感觉急促不安,好像听厨子刮锅烟似的。我自己在作文时,如果碰上兴会,筋肉方面也仿佛在奏乐,在跑马,在荡舟,想停也停不住。如果意识不佳,思路枯涩,这种内在的筋肉节奏就不存在,尽管费力写,写出来的文章总是吱咯吱咯的,像没有调好的弦子。我因此深信声音节奏对于文章是第一件要事。"[1]

再看声律节奏的审美判断作用:"我喜欢读英文诗,我鉴别英文诗的好坏有一个很奇怪的标准。一首诗到了手,我不求甚解,先把它朗诵一遍看它读起来是否有一种与众不同的声音节奏。如果音节很坚实饱满,我断定它后面一定有点有价值的东西;如果音节空洞零乱,我断定作者胸中原来也就很空洞零乱。我应用这个标准,失败时候还不很多。"[2]

由上看来,艺术主体的音韵声律系统,本质上已积淀为一种特殊类型的审美心理结构,而且带有深层结构的性质。"诗与音乐的节奏常有一种'模型'(pattern),在变化中有整齐,流动生展却常回旋到出发点,所以我们说它有规律。这'模型'印到心里也就形成了一种心理模型,我们不知不觉地准备着照这个模型去适应,去花费心力,去调节注意力的张弛与筋肉的伸缩。这种准备在心理学上的术语是'预期'。有规律的节奏必能在生理、心理中印为模型,却必能产生预期。预期的中不中就是节奏的快感与不快感的来源。"[3]"预期不断地产生,不断地证实,所以发生恰如所料的快感。"[4]

朱光潜在这里实际上提出了一个比较完整的艺术节奏的审美感受过程,可简化为以下三个环节:

$$\underset{\text{心理模型}}{1} \longrightarrow \underset{\text{预期}}{2} \longrightarrow \underset{\text{适应方式(快感)}}{3}$$

"心理模型"环节,包括艺术主体的生理、心理两个方面。生理方面指筋肉张弛的限度,心理方面指注意力的松紧起伏回环等。"预期"的环节,

---

[1] 朱光潜:《朱光潜美学文集》第二卷,上海文艺出版社,1984年,第303页。
[2] 朱光潜:《朱光潜美学文集》第二卷,上海文艺出版社,1984年,第229页。
[3] 朱光潜:《朱光潜美学文集》第二卷,上海文艺出版社,1984年,第111页。
[4] 朱光潜:《朱光潜美学文集》第二卷,上海文艺出版社,1984年,第112页。

是一个"证实"的过程,即"中与不中","中"即是顺口、顺耳,是一种和谐;"不中",则是讷口、逆耳,是一种"拗"。其效果是使审声主体获得满足(预期)与惊讶(突进)。"适应方式"环节,是审美主体产生美感(快感),获得一种"形式化情绪"("有意味的形式")的享受。因此,我们可以把以上艺术节奏的审美全过程,称为一种深层的审美心理结构,也即由人类文化—心理积淀而来的感受形式(艺术节奏)的大脑定型。这样看来,在"声—义"结构之间,实质上存在一个"音韵声律型"的审美心理结构,如下图所示:

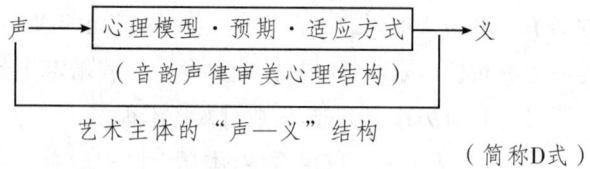

艺术主体的"声—义"结构 （简称D式）

由"声—义"结构的A式、B式、C式到D式,中介项不断地变化,由"腔"到"情"、到"务头",终止于"音韵声律的审美心理结构"。这是研究艺术节奏的一条发展线索。这条线索所标示的方向,为艺术节奏的研究打开了一条异常广阔的道路:把艺术节奏从"技艺"性的形下领域升华到"道"的形上境界,这是庄子哲学的"道—技"论。

从艺术学方法去研究艺术节奏,还可以在"声—义"结构的中介环节上,推扩到"风格"与"境界"的领域。

从一句诗来说,诗行的"声"通过改变诗行"风格"来变易全句情绪,达到"义"的移动。

欧阳修作《画锦堂记》,原文是"仕宦至将相,锦衣归故乡",后改为"仕宦而至将相,锦衣而归故乡"。修改前后有什么不同呢?"原句气局促,改句便很舒畅;原句意直率,改句便有抑扬顿挫。从这个实例看,我们也可以知道音与义不能强分,更动了声音就连带地更动了意义。'仕宦而至将相'比'仕宦至将相'意思多一个转折,要深一层。"[1]欧阳修在中国文学史上,是以阴柔风格著称的,因此,他的文章应该处处显现出他的风格特征。上面的原句,由于"气局促"、"意直率",因而有阳刚风格的特征;改句,由于"舒畅"、"有抑扬顿挫"、"多一转折""深一层",因而有阴柔风格的特征。欧

---

[1] 参见朱光潜:《朱光潜美学文集》第二卷,上海文艺出版社,1984年,第302页。

阳修改《醉翁亭记》开头一段的佳话也大致如此。据《朱子语类》(卷百三十九)记载,初说"滁州四面有山",凡数十字,末后改定,只曰"环滁皆山也"五字而已。"环"字的高度概括意义、境界塑造姑且撇开不说,光一个"也"字,便把全文的调子确定了,即由原来的阳刚性风格变为阴柔性风格,这是许多论者都公认的。

由于字音的变动(这里是虚词)牵涉到了韵律节奏,因而改变了语气风格,诗义也随之更动。可以简化为如下图式:

$$音(声)\Longleftrightarrow 风格 \Longleftrightarrow 义$$
$$(阳刚—阴柔)$$
$$(诗行"声—义"结构)$$

(简称 E 式)

把中国诗推进到超越境界者,是以下的原则:"得其环中"和"超以象外",也即"象内"和"象外"的矛盾对立统一。"象内"之意,为语言概念所包括,是诗的"有为"方面;"象外"之意(弦外之音),是节奏韵律所指、神韵所得,是"无为"方面。从象内到象外,是境界的一种超越与突破,把诗的灵魂升华到天国上去,这是诗性原始智慧(即感官和想象力的巨大潜能,维柯称为诗性玄学)走向成熟和转化的阶段。我们的感官一般只能品赏象内之意,而对象外之意(弦外之音),却需韵律、节奏携带着心灵才能获得。所以,就一句诗的整体性而言,从诗行音律到诗行"意义",其间有一个中介环节,即"象外"之意(弦外之音)的问题,它影响着"声—义"结构间的关系。如下图所示:

$$声\Longleftrightarrow 象外之意 \Longleftrightarrow 义$$
$$(超越功能)$$
$$(诗行"声—义"结构)$$

在艺术节奏研究中,使用艺术学方法,即寻求心物交感与积淀的主体节奏模型,是朱光潜诗论研究中的一大贡献。其关键之处,不是从对象出发,而是从主体审美感受的历史积淀(文化—心理成果)出发,抓住了"声—义"结构中的内在关系:"声即义"也。把"节奏是一切艺术的灵魂"的审美原则,推向新的历史阶段。节奏、韵律,作为诗的生命,我们一般只懂得它的形下之用,而不解其形上之妙,它既可变易作家的风格,也可把诗行境界引入天国(象外之意、弦外之音),把"声—义"结构(系统)的关系显现得异常灵妙,向深远方向拓展了诗行世界,终结于陶冶人的实践行为方式。

五、俄国形式主义的"情绪—逻辑"节奏

节奏韵律作为一种艺术形式,是艺术主体的一种主观创造。这种主观创造(作为一般艺术形式的创造),与俄国形式主义的艺术观(亦是一种主观创造)有什么不同呢?寻找它们之间的区别,对弄透艺术创造(尤其是艺术形式的创造)的本质将有极大的好处。

俄国形式主义的艺术创造观,从根本上说,是艺术创造观念中的一种飞跃与革命。它从两个方面区别于一般的艺术形式创造。一是对艺术总体的全新视界,二是艺术手法的"陌生化"(感受事物的"反常化")。所谓对艺术总体的全新视界,那是指对"艺术"定义的全盘改造。在俄国形式主义看来,艺术并不是什么"现实的反映",或某种历史事件的艺术装饰,而是现实、内容在艺术家大脑中的一种"程序"化过程。这种程序化是统一的艺术风格的象征。艺术的进化,并不是外在的、他律的,而是内在的、自律的,"艺术进化的事实被解释为发生在艺术自身中的过程:旧的程序逐渐衰老,正在丧失活力,习惯之物不再引起注意,转而变成无意识;离经叛道的新程序被提出来了,似乎作为对照,要从常见的无意识性引出意识。"[1]把艺术主体的主观创造,移到"程序"的更替与更新的焦点上,把"无意识"转化为"意识",化腐朽为神奇,是俄国形式主义艺术视界的一大特点。

所谓艺术手法的陌生化(反常化),从客观方面来说,并非是毫无规定的一派胡闹,而是"程序"化的转换过程,也即旧程序被新程序所代替的过程;是从"无意识"中涌现出"意识"来;从主体的艺术感觉方面来说,是增加感受的"难度"和"时延",让审美感觉日新月异。从心理学观点来说,这是"思维定势"的破坏与重构。

俄国形式主义对节奏韵律的观点奠基于他们以上的基本理论的,他们认为诗艺术既非纯粹的声音艺术,也非纯粹的语言艺术,而是声音艺术和

---

[1]《俄国形式主义论文选》,方珊等译,三联书店,1984年,第239页。

语言艺术的交融领域,是语言艺术的"音响"化,和声音艺术的语言(语义)化。这似乎说得很玄妙、很神秘,其实这正是他们的理论焦点之所在。

维克托·日尔蒙斯基说:"诗不应该用概念的语言来说话,它应该用词的读音,而不是用词的逻辑上的实质内容,来向听众暗示朦胧的抒情情绪。'诗力图用如歌的词组合向听众展示言词无法形容的情绪'。"[1]日尔蒙斯基明显地把诗句中的"词"作了两个方面的区分:

词 { "读音—情绪"方面(A)
     "逻辑—概念"方面(B)

诗句中"词"的 AB 二重性,应侧重在 A 方面,而不是在 B 方面;B 的存在,应融合在 A 中。俄国形式主义抓住了一个常见然而又未被世人所注意的关键方面,即所谓"朦胧的情绪"。因此,诗句中词语的"读音(音响)—朦胧情绪"系列(结构),则成为诗学理论中的一种神秘结构体,它与诗的生命力密切相关。俄罗斯的诗人费特说:

让不可言传的一切,
化作音响,向我的心灵吹拂![2]

于是,"音响—朦胧情绪"结构代替了"逻辑—概念"方面。应该说,这是开拓诗情世界的唯一通道。

日尔蒙斯基在《诗的旋律》中,对一系列诗人分别进行了研究,并对"音响—朦胧情绪"结构进行了多方面的探索。他认为勃留索夫的抒情诗,"在选择和组织词汇时,不是根据词语的意义量,而是根据其情绪洋溢的音调"。日尔蒙斯基在这里提出了"意义量"和"情绪洋溢的音调"两个相反方面。在对巴尔蒙特的抒情诗的研究中,他指出了作者遣词上的特征,"词实质上只是被一定情绪音调所渲染的声音合成物,后者同样存在于质料—逻辑意义极不相同的词中"。[3]这同样提出了诗中词语的两个对立而又相关的方面,"被一定情绪音调所渲染的声音合成物"方面,和"质料—逻辑意

---

[1]《俄国形式主义论文选》,方珊等译,三联书店,1984年,第 297 页。
[2]《俄国形式主义论文选》,方珊等译,三联书店,1984年,第 298 页。
[3]《俄国形式主义论文选》,方珊等译,三联书店,1984年,第 302 页。

义"方面。把他以上对两个诗人的分析结合起来,则是如下两个相关方面:

$$
词\begin{cases} 情绪洋溢的音调/情绪音调所渲染的声音合成物 \\ \qquad\qquad\qquad\qquad（简称"音调合成物"）\qquad (A') \\ 意义量/质料——逻辑意义\quad （简称"逻辑——意义量"）\quad (B') \end{cases}
$$

由于诗中的"音调合成物"所携带的信息是"洋溢的情绪",而不是"逻辑——意义量",所以一方面具有"朦胧性",不可言说性;另一方面则具有"歌"性,日尔蒙斯基把它叫做"诗的音乐":"诗人影响听众与其靠常常是不清晰和不确切的词义,不如靠情绪渲染过的声音,宛如诗的音乐。"[1]

以上的观点,似是把诗中词语的两个相关方面(即 A—A'方面与 B—B'方面)分割开来,或者说起码是强调了词语的 A—A'方面,相对地削弱了 B—B'方面。但细加分析,日尔蒙斯基所揭示的诗歌旋律的实质,是在以上两方面的交融中体现出来的,"正是这种情绪洋溢的色彩及与之相关的词汇逻辑意义和逻辑联系的模糊不清,使我们听到了诗歌富有激情的朗诵,即象征主义时代那种势必取代逻辑朗读的音韵铿锵的朗读"[2]。

在这里值得注意的是,日尔蒙斯基提出了诗句中词的三个相关要素:1."词的情绪洋溢的色彩";2."与之相关的词汇逻辑意义";3.模糊不清的逻辑联系。简化为如下三项:

$$
词\begin{cases} 情绪色彩(音调) \qquad\qquad\qquad\quad (A_1) \\ 逻辑意义(与 A 相关) \qquad\qquad\quad (B_1) \\ 模糊不清的逻辑联系(与 A_1 相关)\quad (B_2) \end{cases}
$$

A_1 和 B_1 两者我们比较容易领会(与上面的 A—A'、B—B'两方面相去不远),但 B_2 却需要有丰富的诗歌艺术创作经验,才能真实体会到,B_2 从 B_1 中分化出来,这是对 B_1 概念的极为重要的补充,这便是席勒常说的:"当我坐下来写诗时,诗里的音乐在我心中的鸣响,常常超过其内容的鲜明表象。对内容我并非总是有确定的理解。"[3]席勒在这里虽然没有明确指出 B_2

---

[1]《俄国形式主义论文选》,方珊等译,三联书店,1984年,第302页。
[2]《俄国形式主义论文选》,方珊等译,三联书店,1984年,第302页。
[3]《俄国形式主义论文选》,方珊等译,三联书店,1984年,第308页。

点,但是,"对内容我并非总是有确定的理解",这实质上就是一种被情绪色彩所渲染过的"逻辑联系的模糊不清"。

以上诗句中词语内涵的二重性(乃至三重性),及其运动方向,到底是怎样的呢?似乎这里存在一个三项式结构:

```
     1                    2                      3
    词义        ——→    情绪化        ——→     音调(音响)
(逻辑意义量)      (朦胧或模糊不清)        (被情绪渲染过)
```

一般的诗学理论,只抓住以上行列中的第一项和第三项,忽视了中间过渡项。有时走极端,要么只抓住第一项,专注于"逻辑—意义"分析,把诗和散文混同起来,或把诗(兼音响艺术性)和语言艺术相混同;要么则抓住第三项,专注于"音响(音调)"分析,把诗和音乐混同起来,或把诗(兼语言艺术性)和声音艺术相等同。在笔者看来,抓住中间项(情绪化),即抓住"逻辑—意义"的情绪化特征(或情绪化的语义对位)及其"朦胧"性、"模糊不清"性,不但是把握诗歌节奏韵律的关键,而且也是从深层结构把握诗学理论的关键。

词的"逻辑—意义"协合、纠缠着相关的心理要素、心理色彩,经过"情绪化"的扩展、泛化环节,走向特定的"朦胧"、"模糊不清"的境界,最后升华为一种奇妙的音响、乐调——和谐的节奏韵律。从生理心理基础来看,这是"理智—情感"、"逻辑—心理"的神奇化合物。因此,在诗句中词语的内在因素便包含着三个相关方面:"音—义—情"。其中,"情"的因素并非孤立存在,而是附属于"音—义"结构之中,即词的"心理色彩",从始到终都伴随着"音"与"义",形成诗句中特定的音响系统和特定的"逻辑—意义"联系方式。营造这种特定的音响系统和特定的"逻辑—意义"联系方式,并沟通它们之间关系,便是艺术主体的神圣职能,是诗人、艺术家的巨大任务。从这个意义上说,音乐家不是诗人,逻辑—语文学家也不是诗人,只有那些既具备音乐素质,又具备"逻辑—意义"能力的艺术家、心理学家,才能充当真正的诗人。

德国的语言学家埃杜阿尔德·西威尔斯认为,"在诗语里,音不仅是对内容的'本能补充'(Ungesuchtc·Beigabe),而且常常具有独立的、或者甚至是主导的艺术意义"。因此,他研究了"生动的发音",还划分出一种独特的

"声学印象成分",从而推论出"话语的旋律",即较高声调和较低声调的一定交替,或说是扬音和抑音交替,这便构成所谓"原文的旋律解释",它不会因为不同的读者而发生面目全非的"阐释"现象。诗人的"话语旋律"系统,经历过长期的创作实践,到一定的成熟阶段便积淀为一种"无意识",其功能是充当遣词作诗时的"调节原则":"旋律任务是通过词汇来实现的:抛掉那些可能破坏诗歌旋律风格的词语,而选择那些能够本能地实现该旋律的词语。读诗时,我们不由自主地被呈现于其中的语调系统所征服,并因此而感到作者的艺术主旨。"[1]很明显,从"生动的发音"到"声学印象",最后形成"话语旋律",这是诗人艺术家在"音乐"素质方面的发挥,但它又并非等同于纯音乐。日尔蒙斯基在《诗学任务》中说,"诗语是按照艺术原则构成的,它的成分根据美学标准有机地组合,具有一定的艺术含义……这样一来,诗语的音对于艺术家来说就有重要意义了,一个元音 Y(鸟)的特别音色——经与诗节的意思结合,就能为这首诗增添一丝忧郁和凄凉"[2]。诗歌中的音响(音调)是一个"合成物","它借以影响听众的并不是声音本身,而是发声的词语,亦即与意义相联系的声音;在诗歌抒情诗中,使我们为之激动并唤起抒情'情绪'的正是渲染着激情的言语。这种言语在逻辑上是不确定的、模糊的、神秘的和富于暗示性的;这种言语的声响渲染着一定的心理色调。只有这种心理成分才使我们话语的声音成为具有艺术含义、富于美学价值的事实"[3]。

使"逻辑—意义"结构增殖和变形的是诗人艺术家的"心理色彩"。这种"心理色彩"(心理情绪统摄功能)具有"全息性"和某种艺术境界的混沌整体性,它具有不可言说的、或"言有尽而意无穷"的特征。因此,被剥离了"心理成分"与纯"逻辑—意义"结构,或"绝对理性",与诗的本质相去甚远。

认真研究诗句中的音响程序(话语旋律)、"逻辑—意义"结构和"心理色彩",都是诗学理论中的巨大任务。但就其困难程度来说,对音响程序(节奏韵律)的研究,却是首位的,真正能在这个领域中说出有分量话的人并不多,有权威的经典分析更是凤毛麟角。然而俄国形式主义作为一个崛起的艺术学派,却能大刀阔斧、旗帜鲜明地进入这个领域,单就这一点来说,就有巨大的历史功绩。他们从这种超越的视界出发,研究了俄国 19 世

---

[1]《俄国形式主义论文选》,方珊等译,三联书店,1984年,第30页。
[2]《俄国形式主义论文选》,方珊等译,三联书店,1984年,第221页。
[3]《俄国形式主义论文选》,方珊等译,三联书店,1984年,第345页。

第四章　节奏作为一种艺术与生命存在的方式多视角透视

纪的大量抒情诗及诗人,对普希金和日尔蒙特的两种不同类型的诗,进行了深入的分析研究,找到了许多有价值的东西。他们在"诗的语音学"方面,研究了"音值"、"音质"和"音调",并系统化使之成为一门较为概念明晰的学问。所谓"音值",就是长短音、强弱音、重音和非重音的交替规律,他们称之为"韵律学"。所谓"音质",即元音、辅音的特殊选择与安排,它们是造成"艺术印象"的源泉。所谓"音调"(即升调或降调),是艺术地处理的语调,使之成为诗的旋律……[1]所有这些研究都揭示了诗句音响世界中的巨大秘密。

在俄国形式主义学派看来,诗的韵律节奏,就是话语旋律,是音响的特定程序化,它既和"情绪—心理色彩"相关,又和"逻辑—意义"结构的增殖、变形(逻辑意义及其联系方式的不确定性、模糊性)相关。因此,笔者认为,要揭开诗行韵律节奏的巨大秘密,俄国形式主义学派的成果为我们的研究指明了方向。

俄国形式主义学派对诗学研究的最大贡献,我以为就是在上面指出的理论框架中(三项式中),抓住了从音过渡到义(音——→义)、从义回复到音(义——→音)的中介环节,即"心理色彩—情绪化"环节,可简化为如下的模式:

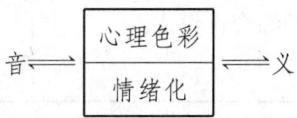

在如上图式中,一方面使"音"负荷着巨大的、混沌的、不可言说的信息量,另一方面又使"义"的"逻辑"联系方式蒸发为诗性的、"模糊不清"的东西,从而使"理智—情感"、"逻辑—心理"融为一体,积淀为一种具有相当深度的"秘密"。在"音⇌义"结构的转换、变形流程中,"心理色彩——→情绪化"环节,充当了诗学领域、节奏韵律领域的神秘"使者"。

俄国形式主义学派关于诗歌节奏韵律的研究,尤其是关于节奏韵律的理论框架的研究,和中国文论家、汉学家关于"声—义"结构的研究,不谋而合。我们在本书前面("节奏的本质"第二节)对这种"声—义"诗学结构进

---

[1]《俄国形式主义论文选》,方珊等译,三联书店,1984年,第226—227页。

行了比较详细的分析、评论,并指出了"声—义"结构演变的方向和过程,归纳为如下三个模式:

(1) 声(音) ⇌ 义

(2) 声(音) ⇌ 腔 ⇌ 义
　　　　　　（头、腹、尾）

(3) 声(音) ⇌ 务头 ⇌ 义
　　　　　（声情—文情相融合）

(2)式中的"腔"(可解剖为三个波动部分:头→腹→尾),这正是把"声(音)"演化为"情绪化"的过程、染上心理色彩的过程(反之亦然)。(3)式中"务头"概念范畴的推出,则进一步把"声情—文情"结合起来(声情寓共性于个性之中,突出个性;文情寓"逻辑—意义"于"模糊不清"之中)。中国学者所指出的"腔—务头"范畴,是一种描述性的总体性范畴,属艺术范畴;俄国形式主义学派所指出的"心理色彩—情绪化"范畴,是一种分析性的实证性范畴,属科学范畴。二者虽有范畴概念上的区别,但总体思路(诗中词的结构解剖)、视界("声⇌义"的互逆运动)和揭示的问题实质,又是如此地一致,真可谓"英雄所见略同"矣。

因此,我们可以把中国学者和俄国形式主义学派在以上问题的研究模式结合起来,成为如下的综合性模式:

中国学者	俄国形式主义
腔（头、腹、尾）	心理色彩
务头（声情—文情）	情绪化

声(音) ⇌ [上表] ⇌ 义

这是诗行节奏韵律的细胞解剖,要揭示诗行节奏韵律的秘密,就必须从这里起步,然后再扩展为多向性和多层次的相关研究。

六、维戈茨基的"对立定律"节奏论

1. "对立定律"节奏论的背景理论

维戈茨基不仅是一个首创型的神经心理学家,而且也是开拓型的艺术心理学家。他把人类神经能量的舒泄与艺术情感的特殊运动联系起来,对艺术的定义进行了重新的审定。他认为,艺术不是哲学认识论,也不是一般情感的表现(传统的观点认为艺术是一种对现实的认识、反映或一种情感的表现,这是相当古老而有权威的定义),而是人类大脑神经能量的一种舒泄,即机体和环境相互平衡的一种手段。这是一种机体内部的平衡,是能量——情绪的舒泄平衡,而非行为方面的平衡(这区别于皮亚杰发生认识论的建构性、行为性平衡)。维戈茨基把这种神经能量舒泄的"秩序"化叫做"节奏"(激情的秩序化舒泄,就是节奏运动)。这是生命有机体内部情绪平衡的一种"质"的飞跃。正是在这个意义上,他赞同心理学家冯特的观点,认为节奏本身只表示"情感表现的时间方式",因而"节奏成为激情的组成部分,它反过来引起这种激情"[1]。这样,他们便找到了节奏与激情之间的内在联系,即找到"节奏—激情"的运动方式。

维戈茨基把节奏的韵律看作是一种艺术形式,而不是某种机械节拍,"韵律原则也是艺术原则"[2],"幼稚地解释韵律的时代早已成为过去"[3],"韵律是一个复杂的艺术事实"[4]……其所以如此,全部根源在于节奏韵律是一种艺术形式。在艺术本体中,一方面是艺术形式与艺术内容构成对立的二元,另一面,相应地是主观创造与客观材料构成对立的二元。因而在"艺术形式—主观创造"与"艺术内容—客观材料"的矛盾中,前者则处于一种主导地位和统辖作用,席勒说,"大师的真正的艺术奥秘就在于用形式消灭内容"[5]。这里的所谓"消灭",并非抹煞掉,而是艺术形式把艺术内容升华了,升华为只有通过这个艺术形式才能观照到这个艺术内容。维戈茨基把这个升华过程,叫作"净化"。因而艺术形式,就不仅仅是一种形式,一种被动性的意识,相反,是一种艺术的主观创造性,是一种主

---

[1] 转自维戈茨基:《艺术心理学》,上海文艺出版社,1980年,第283页。
[2] 转自维戈茨基:《艺术心理学》,上海文艺出版社,1980年,第325页。
[3] 转自维戈茨基:《艺术心理学》,上海文艺出版社,1980年,第286页。
[4] 转自维戈茨基:《艺术心理学》,上海文艺出版社,1980年,第286页。
[5] 转自维戈茨基:《艺术心理学》,上海文艺出版社,1980年,第284页。

动性的创造意识和潜能。故而艺术大师的奥秘不在于"内容方面",而在于主观创造的艺术形式方面。

维戈茨基的"对立定律"节奏论,一方面来源于他的神经能量舒泄说(艺术情感舒泄说),另一方面也来源于他对俄国形式主义学派文学理论的吸取。维戈茨基把艺术从哲学认识论和一般情感论中解脱出来后,更注重于艺术形式中的音响世界,"在艺术中,每个时代都有它自己的翻来覆去的心理音阶——历史研究已对这一事实作了充分的阐明,恐怕谁也不会否认这一点了"[1]。这种"心理音阶"是什么?发端于何处?是从哪里来的?他的思考,便要追溯到俄国形式主义,"形式主义者是从强调诗的语音因素的首要意义开始的。他们断言,诗的语音因素具有第一重要的意义,甚至'诗歌欣赏通常也可归结为对它的语音原型的知觉……大家知道,我们对一些似乎最好懂的诗句内容领会得何其糟糕'"。"雅库宾斯基(1892—1945)根据这一完全正确的观察得出了完全正确的结论:'在诗歌语言思维中,语音登上了意识的大雅之堂;与此相关,产生了对语音的情绪关系,这种关系本身又要求弄清诗的'内容'和语言之间的一定依赖性;语言器官的表情动作也有助于弄清这种依赖性'。"[2]

在这里,俄国形式主义对艺术形式的音响世界,提出了如下几个很值得思考的问题:(1)"诗歌欣赏通常可以归结为对它的语音原型的知觉";(2)"在诗歌语言思维中,语音登上了意识的大雅之堂";(3)语音、语言器官对情绪的依赖关系。

我们分别论述上面三个问题。

把诗歌欣赏归结为对"语音原型"的知觉,这是明显的从语音表层结构分析走向语音深层结构的分析,即要揭示"音—义"结构的内在统一和历史生成性,这可叫做一种"语音人类学"的研究。什么是"语音原型"?这也许就是"语音人类学"的元范畴,它既是人类思想情绪的元结构,也是人类语音的元结构,或许也就是维戈茨基所说的人类历史阶段中"心理音阶"的初始结构和萌发契机。在人类世界中,大多数民族呼喊父母的声音皆为"爸"(ba)、"妈"(ma),其间的奥秘(内容与发音的这种绝对同一),也许就在这里。诗—歌—舞在原始社会里,三者同一(一个复杂的统一体),其奥秘恐

---

[1] 转自维戈茨基:《艺术心理学》,上海文艺出版社,1980年,第86页。
[2] 雅库宾斯基:《论诗歌的语言》,转自维戈茨基《艺术心理学》,上海文艺出版社,1980年,第82页。

怕也在这里。后来这个统一体虽然分化了,但人类原始的这个"知觉结构"(艺术感知结构)却作为一种深层的心理结构(亦属艺术的感知结构)积淀下来,成为艺术感知的某种"下意识"。在诗—歌—舞的统一体中,人的艺术激情分明地不在"义"的方面,而在"声"(音响)方面,在原始人类的狂歌狂舞中,即可发现俄国形式主义所说的"语音原型"的意义。

"在诗歌语言思维中,语音登上了意识的大雅之堂。"这是俄国形式主义学派艺术观的一个重要成果。如果语音内部结构,永远是绝对自我封闭的音响世界,那么,对"语音原型"的追寻和发掘,便失去了意义。从对"语音原型"的追寻,到考察"语音—意识"的内在联系、相关,这是一种飞跃。这在方向上是艺术辩证观念的展示,为揭示语音(艺术的音响世界)找到了正确的方向,也为维戈茨基的"对立定律"节奏论奠定了唯物主义的基础。

情绪、语音、语言器官三者间存在什么依赖什么关系?这可由"语音⇌意识"图式的背景理论来揭示。但诗歌中的"意识"多是一种"人类情绪"(朦胧而激切)。因此,人类情绪对语音、语言器官都有一定影响。俄国形式主义学派诗人巴尔蒙特在确定俄语字母的情绪涵义时说,"A"是最为痛快、最柔润、最亲切的音,"M"是令人痛苦的声音,"N"是惊惧的音状。[1] 尽管巴尔蒙特的"俄语字母的情绪涵义"分析尚欠充分的科学根据,但并不能抹煞其间存在着某种隐秘的、人们尚未发现的奇妙联系。不然,就不能解释,为什么人类大多数语言都称父母为"ba"、"ma"。

深入思考"语音⇌意识⇌情绪"统一体的三相性,我以为应该是诗学—人类学—心理学的共同课题,是尚未完成的伟大历史任务。维戈茨基,为考察诗歌的音响世界,指出了一个正确的方向,这是有很大历史功绩的。他对俄国形式主义艺术观的扬弃,足可为范,"语音在诗句中的价值决不像什克洛夫斯基所认为的那样是欣赏过程的自我目的,而是艺术结构的一种复杂的心理效果"[2]。因此,他认为"诗句语言结构的任务超出我们由语音所获得的感官快乐的范围"[3],他分明把诗句语音结构的超感官性和"复杂的心理效果"联系起来。这便把俄国形式主义关于语音的自我封闭性捅破了,把割裂开来的内在机制重新弥合起来。

---

[1] 参见维戈茨基:《艺术心理学》,上海文艺出版社,1980年,第83页。
[2] 维戈茨基:《艺术心理学》,上海文艺出版社,1980年,第84页。
[3] 维戈茨基:《艺术心理学》,上海文艺出版社,1980年,第84页。

2. "对立定律"节奏论的理论框架

维戈茨基的艺术观不但具有深厚的唯物主义基础,而且充满辩证观念。他吸取了普列汉诺夫艺术论中的"对立"观念,认为艺术是从现实的对立关系中产生出来的,"普列汉诺夫指出,艺术从来不是生活的直接表现,而是生活的对立"。[1] 由此出发,他十分重视艺术的主观创造,重视艺术形式的主体性。如果节奏韵律的确是一个"复杂的艺术事实",是一个"艺术原则",那么,它的自律性和他律性的双向关系是处于怎样的理论模式中呢?

这还得从俄国形式主义的诗学观点说起。日尔蒙斯基对诗学的节奏韵律提出了三个概念:"一、这一语言材料的自然语音特性;二、作为控制诗句强弱音交替的理想规律的格律;三、作为由于语言材料的自然特性和韵律规律的相互作用而产生的强弱音的实际交替的韵律"。[2] 这里提出的三点,其实可归结为相互对立、相互作用的两个方面,即"语言材料的自然语言特性"方面和诗句的"理想规律的格律"(这是一个规范标准,是永远不可能达到的)方面。两者的相互对立作用,才产生了实际的(而不是理想的)诗句韵律。可简化为如下的图式:

$$\text{对立定律} \begin{cases} \text{语言材料的自然化(客观性)(A)} \\ \text{格律结构的幻象性(主观性)(B)} \end{cases} \text{诗句韵律(C)} \\ \text{(主客观统一)}$$

在俄国形式主义看来,诗句韵律(C)不是一个静态存在,不是一个放之四海而皆准的东西,而是诗句中"主观⇌客观"相互对立、相互作用的产物。"语言的自然性"是一个客观存在的语音事实,缺乏定向性和主观规定性;"格律结构的幻象性"是诗句语音的一种主观规定性,它构成语音方向的某种"幻象"(统一体)。在诗行进展中,"A⇌B"之间展开了激烈的撞击,最后才形成现实诗行韵律的特定模式(C)。例如重音的读法,就因韵律模式的要求不同而有所改变,"格律要求与诗句的实际重音数量的不一致,可以由以下的情况得到弥补,即我们可以把多余的重音轻轻带过,或者相反,自行补加新的人为的重音,使我们的发音符合诗的公式。学校里

---

[1] 维戈茨基:《艺术心理学》,上海文艺出版社,1980年,第280—281页。
[2] 日尔蒙斯基:《韵律学引论》,转引自维戈茨基:《艺术心理学》,上海文艺出版社,第288页。

的孩子们就是这样读诗的,他们特别容易接受这一公式,他们把诗句人为地劈成韵步来读:

"При—бé—Жáли виЗбудéти"

("孩子们跑进了小农舍……"重音是引者加上的,бе 是人为重音)·

"事实上完全不是这么回事。我们的发音保留词的自然重音,结果诗句便常常违反韵律公式,别雷(俄国象征主义诗人)正是把违反韵律公式的全部事实称作韵律……这种违例的现象(违反语言材料自然性)显示出一定的正确性,形成一定的配合,别雷就是把这种违例现象的体系作为韵律概念的基础的。别雷的研究在最主要的方面已被证实。"[1]

维戈茨基说:"实际情况是这样的:我们能体会到单词的自然重音数量,同时也能体会到这一诗句所力求达到、然而却永远达不到的规律和规范,对格律同词的斗争以及它们之间的分歧、纷争、违例和矛盾的感觉便是韵律的基础"。[2] 维戈茨基在这里说的"单词的自然重音数量"、"词",就是语言的自然性,属客观方面;而"诗句所力求达到、然而却永远达不到的规律和规范"、"格律",就是"韵律结构的幻象性",属主观创造方面(中国古典诗词中的平仄律以及"拗"、"救"等观念,大体上也属于"主观创造"方面)。"词⇌格律"之间永远纠缠不清的矛盾斗争,维戈茨基也称之为"韵律的基础"。诗人的个性、风格,乃至诗学流派,便在这里诞生。萨朗也认为"任何诗句的形式都是两个要素——语言所固有的形式和音乐节奏——的内在结合或妥协的结果,同一种诗句形式的不同'风格'便是这一斗争的结果"[3] 为什么"语言自然性⇌韵律规范性"相互斗争的结果,便产生了"实际"的诗句韵律? 因而成为"复杂的艺术事实",反映了"历史的心理音阶"? 维戈茨基的创造性和深刻的见解,就在于他把俄国形式主义的观点和他自己的"情感舒泄说"联系起来,并把它推向"净化"的境地,他认为,"头两个因素(A 与 B)是互不协调的,是矛盾的,它们引起相反性质的激情,而第三个要素(C)——韵律——是前两个要素的净化解决"。[4] 不难

---

〔1〕 维戈茨基:《艺术心理学》,上海文艺出版社,1980 年,第 287 页。
〔2〕 维戈茨基:《艺术心理学》,上海文艺出版社,1980 年,第 288 页。
〔3〕 维戈茨基:《艺术心理学》,上海文艺出版社,1980 年,第 288 页。
〔4〕 维戈茨基:《艺术心理学》,上海文艺出版社,1980 年,第 288 页。

看出,维戈茨基想要指出的是:产生艺术的契机,不是生活的机械反映,不是情感的无规定的自由发挥,而是主观对客观的撞击,是主观的艺术规范(B)对客观的自然性(A)的对立、矛盾和改造,因而"净化"出来的第三种产物——艺术形式(韵律),便是远离 A、B 的新质存在,即净化了的艺术情感。因此,维戈茨基说:"诗学在诗句中发现的三个要素(即上面用 A,B,C 所指代的),就其心理学上而言,同我们始终谈到的审美反应的三个要素确实是吻合的。"[1]

维戈茨基从神经能量的舒泄出发,以亚理士多德的"净化"学说为导向,吸取俄国形式主义诗学(韵律)三要素说,对诗句的韵律节奏进行了"语音—意识—情绪(心理)"的全盘性考察,并把"对立定律"节奏论归属于他的"审美反应"学说中。

维戈茨基十分欣赏尼采的格言:"对古代迷信的部落来说,还有什么比节奏更有用的东西呢?当时,助借于节奏什么事都能做,能神奇般地帮助劳动,能使上帝显现下凡和倾听人们的诉说,能按照自己的意志修正未来,能使自己的心灵摆脱杂念,不仅使自己的心灵,而且使恶人的心灵也摆脱魔鬼的纠缠。没有诗,人就什么也不是,有了诗,人就几乎成了上帝。"[2]

节奏韵律的原型意义是何等的神奇!诗学理论以及节奏韵律的研究,最需记取的不朽格言,我以为永远都是这两句:

没有诗,人就什么也不是;有了诗,人就几乎成了上帝。

3. "对立定律"节奏论的身心原因及其生物学基础

节奏韵律不是某种应急的节拍,而是人类自身发展中心灵世界的一种必然产物。它不仅仅是一种单纯的艺术现象,而且是一种人类求生的生命现象。

本来在毕歇尔、格罗塞等人的原始艺术研究中,便发现了节奏韵律(紧张—放松)在劳动中的重要作用,这对后来的艺术理论产生了巨大的影响。但是,劳动仅是人类求生中的一种活动,一种手段;对劳动结构的研究也是一种对外在结构的研究,尚未进展到对人类基本生命结构的研究。

---

[1] 维戈茨基:《艺术心理学》,上海文艺出版社,1980 年,第 288 页。
[2] 维戈茨基:《艺术心理学》,上海文艺出版社,1980 年,第 327 页。

把艺术看作仅是"心"的产物,排除了"身"的需求,这是艺术走向哲学认识论的主要理论基础;把艺术看作仅是"身"的产物,排除了"心"的需要,这是艺术走向情感论的主要理论基础。在维戈茨基看来,"身"、"心"二元论不可能正确解释艺术的本质,只有一元论才能正确揭示艺术的本质及其人类学基础,即艺术是人类"身—心"的共同产物,"我们不是感到诗歌中韵律原则也是艺术原则吗,但我们却忘记了它的最简单的身心起因。揭示作为艺术基础的这些身心起因,指出艺术的生物学意义,就是对感染说(即情感说)的最好驳斥(同样也是对艺术认识论者的最好的驳斥——引者)"。[1]

艺术的身心起因,最终是由神经能量的消耗与平衡来说明,谢灵顿认为,人的神经感受区超过它的效应执行神经元好多倍,因此我们的机体所感受的欲望和刺激大大多于它所实现的欲望和刺激。[2] 谢灵顿把我们的神经系统比作大口朝世界、小口朝动作的漏斗(简称"漏斗原则")。世界经过漏斗的大口向人注入成千个呼声、欲望和刺激,只有其中很小一部分得到实现,就仿佛通过小口流到外面似的。显然,没有实现的这一部分生活,没有通过小口的这一部分行为,必须以这种或那种方式消除。机体和环境保持着某种均衡,必须搞好平衡,就像气压超过炉身的阻抗时必须打开阀门一样,"艺术看来就是在我们行为的临界点上同环境取得这种突发性均衡的手段。早就有人说过这样的想法:艺术仿佛来补足我们的生命,并扩大它的可能性"。[3] 归根结底,艺术是人类身心能量的一种舒泄与消耗。这和弗洛伊德的看法,有相同之处,即把艺术看作是调和两个敌对原则:"快乐原则"和"现实原则"的手段。

艺术的"漏斗原则"向我们揭示出:在正常中发泄不出来的无比强烈的激情,在艺术中可以得到消耗。这种可能性,维戈茨基称之为艺术生物学领域的基础。因而,艺术是生命的一种正常运动秩序。

根据"漏斗原则",我们的一切行为不外乎是我们的机体同环境保持平衡的过程,"我们和环境的关系越简单,我们的行为就越简单。机体和环境的相互作用越复杂、越细致,均衡的过程就越曲折、越紊乱。决不能设想这种均衡过程永远是和谐、顺利的,这种平衡总会出现某些摇摆,某种优势总

---

[1] 维戈茨基:《艺术心理学》,上海文艺出版社,1980年,第325页。
[2] 维戈茨基:《艺术心理学》,上海文艺出版社,1980年,第328页。
[3] 维戈茨基:《艺术心理学》,上海文艺出版社,1980年,第328页。

是不在环境方面,就在机体方面。没有一种机器能够彻底地工作,能够把所有的能量全部使在有用的活动上。总有一部分能量不能在有用的活动中找到出路。因此就必须不断地把没有使用的能量释放出来,给它以自由的出路,以便保持我们同世界的平衡。奥尔莎斯基正确地说道,情感本身'是我们平衡的加号和减号'。我们平衡的这些加号和减号,没有使用的能量的这些舒泄和消耗,就属于艺术的生物—学功能。"[1]根据艺术的这种生物学功能,我们可以看出艺术作为一种神经能量的消耗,它并不是一种"有用"(功利)的活动;相反,艺术倒是"不能在有用的活动中找到出路"的神经能量,是"无用之用",是一种"大用"。

艺术是神经能量的一种消耗与舒泄,但又并非是毫无规定的消耗与舒泄,"艺术本身尽管是爆炸和渲泄,它毕竟还是要认真地给我们的心灵耗费、给我们的情感建立起制度和秩序"。[2]这里的所谓"制度"和"秩序",就是艺术的节奏韵律。神经能量一旦得到"制度"性和"秩序"性的舒泄,这便是一种升华与"净化"。因此,作为艺术形式的节奏韵律,就具有净化情感的作用。

揭示艺术的生物学功能及基础,是寻求艺术的身—心起因及其一元论解释。艺术不是现代意义上的"装饰",而是人类的一种必须的生命活动,是机体和环境的特殊平衡器。正因为如此,尼采才说:"借助于节奏,什么事都能做。"只有对节奏韵律进行人类学的考察(而不停止于艺术学的考察),才能得到它的发生学的最后说明,也才能取得透视这个问题的宏观视界。

对节奏韵律的研究,从艺术学视角进展到更为宽广的人类学视角,这是一大飞跃。这也是维戈茨基作为神经心理学家对艺术研究的一大贡献。

七、皮亚杰"机能—智慧"节奏论

劳动节奏、诗行节奏,在漫长的历史阶段中,曾经引起过人们的格外注意,仿佛其中有什么神秘似的,几乎一切有造诣的艺术理论家,都侧耳谛听过劳动节奏、诗行节奏的奇妙乐音。

节奏观念的扩展,可以使人们"带着有色眼镜看世界",毕达哥拉斯认

---

[1] 维戈茨基:《艺术心理学》,上海文艺出版社,1980年,第327页。
[2] 维戈茨基:《艺术心理学》,上海文艺出版社,1980年,第331页。

为世界是由数构成的,世界是一个和谐的(充满节奏感的)整体。哲学家们则从混沌的世界中,看出它的和谐与秩序来,这秩序、和谐,便是节奏韵律。

我们不难发现,节奏韵律、和谐观念,也许是人类最原始、最纯朴的原型观念之一。我们如果再深一层去考察,节奏韵律、和谐等观念,原来就是人类的一种活跃的生命形态,或人类的一种机能形态,因而是人类智慧建构过程中的一种方式。皮亚杰作为一个心理学家、哲学家,他毕生的精力都放在对发生认识论的研究上。可以说,他对儿童的智慧成长阶段、认识过程的研究,获得了巨大的成绩。他在智慧发展的研究历程中,发现了三种不同类型的智慧结构。它们前后衔接,环环相扣,相互渗透,成为个体发生认识论的生物—机能性存在,皮亚杰说,"与智慧发展有关的各种基本结构或模式的连续顺序因而可能是:节奏、调节、集群方式"[1]这三种类型的智慧结构,按其发生的先后顺序,则是节奏结构—调节结构—集群结构。

"节奏、调节和集群方式因此成为发展机制的三个阶段,这个发展机制使智慧同生命本身的形态发展上的可能性联系起来了。"[2]三类结构在智慧成长中的关系,可以看作是由一个圆心向外扩展的三个层次,所以从聚焦点看,合三而一;一切都是由"圆心"扩散的;从外延看(从扩展历程看),一分为三,层次分明。因而节奏型结构在儿童智慧的成长过程中,有非常重要的作用,这是一种基础性智慧结构。

什么是节奏型结构?

在儿童的前运算期(七岁以前),节奏结构便出现了,"在本能的或反射的行为情况下,我们所面临的是,相对地完全的、呆板的和自行控制的、并按照周期性重复或节奏而进行的一种结构"[3]。皮亚杰把这种自行控制的、周期性重复的"本能"、"反射"行为和机能,称为"节奏结构","引起简单行为的机体需要或本能需要实际上是周期性的,因而遵循着一种有节奏的结构:如饥饿、口渴、性欲等……支配新生儿吮吸过程的那些相当复杂的反射,甚至婴儿行为所特有的冲动性动作,都显示出以明显的节奏形式而进行着的方式……动物的本能行为,通常是高度诗化的,也是十分确定的连锁反应所组成的,这种连续反应具有确定的节奏形式因为这些反应是按不

---

[1] 皮亚杰:《智慧心理学》,中国社会科学出版社,1992年,第174页。
[2] 皮亚杰:《智慧心理学》,中国社会科学出版社,1992年,第180页。
[3] 皮亚杰:《智慧心理学》,中国社会科学出版社,1992年,第174页。

变的时距而周期性地重复着的"[1]。不但人类婴儿具有这种节奏结构,而且动物也具有这种周期性重复的"节奏结构"。这大约便是节奏作为生命形态的一种特征,是生命寻求出路的一种强有力而又简便的原型方式。因而,节奏结构带有遗传性,皮亚杰认为"节奏的种种相反方向的反应,则受实际的内在(和遗传的)结构所控制,因而显示出一种极其呆板的、自行进行的规律性。……遗传节奏因而保证反应的一定守恒,这种守恒并不阻止反应的复杂性或较有灵活性"。[2]

这种前运算期的遗传性节奏结构,是通过从动物向人过渡的生命成果的形式,积淀在人的大脑结构中,成为人类的特殊智慧的基础性结构。它一方面是动物和人的生命的进化成果,另一方面,又是人类自身腾飞的起点。这种遗传性节奏结构的功能,一方面是"保证反应的守恒",使行为得到现实的确定性,另一方面它又是后继结构的"演化契机和联系方式"。"如果我们想要就智慧同许多生活'模式'的关系来考察节奏的话,节奏看来必定是心智中生来就有的一种结构,因为节奏涉及把各种成分联系起来的一种方式,而这种联系方式是高级心理过程特有的可逆性表现出来以前的一种简单表现。"[3]按皮亚杰的观点,很明显,遗传性节奏结构的功能有两个方面:①它是一种心理联系方式,所以它涉及把各种成分(智慧—心理成分)联系起来的一种方式;②它是高级心理过程(可逆性过程)的简单表现(原型方式)。

从心理机能上看,节奏结构具有"感受—效应"的二重性机能特征,"节奏是处于机体生活(遗传性)和心理生理交叉处的那些机能的特征,这是一种十分普遍的情形,因而甚至对于简单的知觉或感觉范围内感受性的测量,也显示出被试所完全意识不到的那种原始节奏的存在,节奏也是一切效应运演的功能的根源。"[4]感受(信息输入)与效应(信息输出)两种功能,均由节奏结构所控制,这必然影响到个体的心理机能,因而节奏结构则显现为儿童智慧发展的一种深远的动力。

通过儿童智慧结构的发展与转型,我们可以更深刻地看到节奏结构的前冲力量。我们在上面已说到儿童智慧结构的三级递进:节奏结构—调节

---

[1] 皮亚杰:《智慧心理学》,中国社会科学出版社,1992年,第175页。
[2] 皮亚杰:《智慧心理学》,中国社会科学出版社,1992年,第176页。
[3] 皮亚杰:《智慧心理学》,中国社会科学出版社,1992年,第175页。
[4] 皮亚杰:《智慧心理学》,中国社会科学出版社,1992年,第175页。

结构—集群结构。其中,集群结构即是"数学—逻辑"的运演结构,即形式运演结构("数学—逻辑"或可逆性结构),这是智慧本体中发生认识论的最高形式;调节结构,是节奏结构向集群结构的过渡形式(过渡性结构),"一切节奏可以看作是被组合成为一组连续成分的一系列交替进行的调节。至于调节,它因此也许是一个复杂节奏的各成分已变成同时性的时候的产物"〔1〕。但它更多地带有前者的特征,是相对平衡的形式(而不是永恒的平衡形式),显示出更多的呆板性、生物性,缺乏集群结构的"意向性"和"逻辑—数学"性。"节奏同智慧的可逆性(即集群结构——引者)所特有的那些相反的运演'之间有更大的差异,这些相反的运演,是有意向性的。"〔2〕这里的"意向性"是集群结构同其他结构的质的区别。

  生命发展与智慧发展的最高形式(或最后的类型结构),可以涵括它的萌芽形式(或结构)的特征。按马克思的观点,人体解剖是猴体解剖的一把钥匙,成熟形态可以反照萌芽形态。因而在节奏结构—调节结构—集群结构的序列中,集群结构成为智慧发展的最高形式(成熟形式)。这一方面说明心理成长机能的连续性、统一性,另一方面,也说明"数学—逻辑"的形式运演的可逆性,正是节奏周期性、重复性的高级阶段,即"意向"性阶段。人类的节奏韵律意识,只有通过这个高级阶段,才会带有更多的认识性功能和理智色彩。诗行节奏所带来的时间的可逆性,它的生物学基础就正好奠基在这里。当然,这并非否定"节奏结构—调节结构"中节奏功能的丰富性和多向性,相反,正好说明这些前行结构的节奏功能具有更深厚的生物基础,也更有混沌的、与生俱来的节奏体验性。诗行节奏的非认识性功能,可能更多地潜伏在这些机能中的。

  皮亚杰的发生认识论就其本质来说,是关于人与环境的平衡学说。平衡的内在机制是同化与顺应,即主体与客体的双向性融合关系,这种智慧—认识的建构过程(平衡过程),广义地说,正是一种节奏性的机能运演过程。皮亚杰所说的"我们必须把智慧看作既是生物性的,又是逻辑性的,而且以这双重性质为出发点",〔3〕这就是生物性(情感性)与逻辑性(思维性)相统一的观点,因此,也可称为"情感性"与"思维性"的统一。(苏珊·朗格)我们一旦把科学的发现和艺术的创造都放回到它们的诞生地——

---

〔1〕 皮亚杰:《智慧心理学》,中国社会科学出版社,1992年,第179页。
〔2〕 皮亚杰:《智慧心理学》,中国社会科学出版社,1992年,第176页。
〔3〕 皮亚杰:《智慧心理学》,中国社会科学出版社,1992年,第1—2页。

"生物—逻辑"、"情感—思维"机能中透视,很多看来是神秘的东西,便马上解除了封闭的外衣。诗行中的节奏韵律为什么如此神奇?为什么尼采说,"有了诗,人就几乎成了上帝"?不管从哪一个单向角度去说,都说不清楚,只有放回到人类的生命形态、机能智慧的本体中,才能得到较为清楚的认识和说明。

皮亚杰的发生认识论研究(对智慧结构的分析),也为我们分析、理解节奏的功能及其人类学基础,提供了一个全新的视角。皮亚杰对节奏结构的研究,虽是人类智慧建构过程的研究,从属于他的发生认识论,但是也可以看作是关于节奏的人类学考察的一个侧面,这也就是关于智慧结构的生物机能考察。

八、苏珊·朗格的悲剧、喜剧节奏论

苏珊·朗格作为哲学家、艺术理论家,虽然是一个新康德主义者,卡西尔的追随者,但是在理论上却有自己独特的创造。在她的艺术理论体系中,最令人注目者,是她的"基本幻象"(或"艺术幻象")学说。所谓"基本幻象",那就是艺术本体在想象中的特有组织状态,它是想象的产物与升华("幻象"是艺术主体虚构的一种模式体系)。音乐的"基本幻象",是词、曲、调等非音乐因素被"同化"(纯化)为绝对音乐的东西;舞蹈的"基本幻象"是人物、姿态、力等非舞蹈因素,被同化(纯化)的绝对舞蹈的东西。音乐的因素(作为一种特定的精神存在)对非音乐因素的"纯化"过程(相当于舞蹈的因素对非舞蹈因素的纯化过程),叫做艺术的"同化原则"。任何艺术的"基本幻象",都要通过"同化原则"这个中介。因而,在朗格的艺术体系中,"基本幻象"的形成依下面的模式(方向)进行:"现实材料——同化原则——基本幻象"。这种理论模式,也可涵括在维戈茨基的"对立定律"论中,因为"基本幻象"作为主观的艺术组织形态,虽然通过"同化原则"的中介环节,但它却是从客观的"现实材料"的对立中产生出来的。尽管如此,但朗格的"基本幻象"学说,比"对立定律"论更完善、更具体。前者强调艺术形象的本质构成,后者强调艺术形象形成的机制。

节奏韵律,是艺术的复杂事实,亦是一种艺术原则。在朗格的理论体系中,它是怎样进入"基本幻象"学说中的?苏珊·朗格的观点,可由以下两个方面来说明:

1. 生命活动的基本方式是节奏性

"生命组织是全部情感的构架,因为情感只存在于活的生物体中,各种能够表现情感的符号的逻辑,也必是生命过程的逻辑。生命活动最独特的原则是节奏性,所有的生命都是有节奏的。"[1]节奏是生命活动的表现形式,亦是情感的反应方式,即表现情感的一种"符号逻辑"。性冲动和性行为,是人类激情中最为成熟、亦最为细腻的情感体验,它的激情舒泄,是最富有节奏性的。这也是一种情感的"符号逻辑",成为性行为的激情反应。不难发现,节奏律动一旦取得自律效应,便成为一种升华了的"最高精神存在",从而进入艺术的"基本幻象"世界中。

2. 艺术家的自我体验确证了节奏的超越性、自律性

贝多芬说,"歌德的诗有驾驭我的伟大力量,这不仅仅因为它的内容,而且因为它的节奏。我被这些仿佛将自我升华为更高精神存在的作品、仿佛已包含了和声秘密的语言所激动,进入了创作的情绪中。它强迫我从自己热情的燃点开始,将和声倾泻在各个方面。我追踪它,再热情地压倒它……我不能与它分开,我不得不用最大的乐趣,在各种可能的变调上重复它,在结尾上重复它,我终于在音乐的构思上取得了成功"[2]。诗行节奏的潮动力量,终于使贝多芬"在音乐的构思上取得了成功"。这说明,诗行节奏的超越性"精神存在"与音乐节奏、构思的超越性"精神存在"有一致性。

节奏作为生命—情感的律动方式,本质上是一种符号逻辑,它能超越现实而升华为一种"更高的精神存在",它的前冲力具有想像功能,闻一多说,"诗的节奏,促进想象飞驰"[3]。朗格在《哲学新解》中也同样认为,"一个真正的艺术幻象,一个'各种力'的王国,在那里,发散着生命力的纯想象的人们,正通过有吸引力的身心活动,创造了一个动态形式的整体世界"。节奏韵律进入"基本幻象"领域,那就是因为它本身也是"各种力的王国",是一种身心活动,生命运动促进想象力的飞驰。从这一点上说,节奏韵律也是艺术的一种"同化原则"。节奏一旦取得"同化原则"的自律性,它便具有构造"基本幻象"的艺术功能。苏珊·朗格就正是基于以上的观点,才推

---

[1] 苏珊·朗格:《情感与形式》,刘大基等译,中国社会科学出版社,1984年,第146页。
[2] 贝多芬:《书信与谈话》,转引自苏珊·朗格:《情感与形式》,刘大基等译,中国社会科学出版社,1984年,第175页。
[3] 《闻一多论新诗》,武汉大学出版社,1992年,第20页。

出了"喜剧节奏"与"悲剧节奏"的新范畴。

我们先看朗格关于节奏的定义。

节奏的定义多如牛毛，但朗格只选择格罗塞和毕歇尔的定义（劳动节奏的定义）。钟的嘀嗒声，并非自身有节奏，而是人"听到了节奏，是人的心灵把它组织成一种时间形式"，"节奏的本质是紧随着前一事件完成的新事件的准备……是旧紧张消除之际新紧张的建立。它们根本不需要均匀的时间，但是其产生新转折点的起因，则必须内含于它前周期的结局中"。[1] 朗格节奏定义的要点是：一、节奏是一种被组织的"时间形式"，是人的一种感受，而不是物的自然存在（钟的嘀嗒声，在物的世界中毫无意义）；二、节奏的本质是送旧迎新的一种周期性转机（生机），"是旧紧张的消除和新紧张的建立"，前者是手段，后者才是目的。但"新的紧张"做完"功"之后，很快就要衰变为"旧的紧张"，于是目的又变成手段。目的与手段之间，相互因依，如此不断地反复、扬弃，不断地推演出一种增殖的良性循环结构，"生命体的全部自我调节依赖着这样的事实：行将消灭的生命过程诱发出一种矫正活动，在为新的消耗创造条件时，它们依次耗尽了自己"[2]，这便是人类改造世界的基本历程。

在朗格的观点中，节奏也是情感的一种特有反应方式，"一切生物学上的真理都可以在情感中得到反映"。[3] 节奏也是情感的符号逻辑。例如，音乐并不告诉我们明白的、一清二楚的东西，而是启动我们的情感世界，"音乐的最大作用就是把我们的情感概念组织成一个感情潮动的非偶然的认识，也就是使我们透彻地了解什么是真正的'情感革命'，了解作为主观整体的经验"。[4] 音乐情感是通过音乐节奏（与旋律）来表现的。

从生物学的生命图式看，节奏是生命功能的呈现（旧紧张的消除，新紧张的建立）；从人的感性存在看，节奏是情感的特有反应方式。在苏珊·朗格的理论体系中，生命—情感—符号—逻辑—节奏，相互因依、共存，融合成一个以生物学为基础的律动性庞大体系。

朗格对艺术节奏的思考，最令人注目的是她提出了喜剧节奏和悲剧节奏的大范畴、新概念。

---

[1] 苏珊·朗格：《情感与形式》，刘大基等译，中国社会科学出版社，1984年，第146页。
[2] 苏珊·朗格：《情感与形式》，刘大基等译，中国社会科学出版社，1984年，第147页。
[3] 苏珊·朗格：《情感与形式》，刘大基等译，中国社会科学出版社，1984年，第465页。
[4] 苏珊·朗格：《情感与形式》，刘大基等译，中国社会科学出版社，1984年，第146页。

什么叫喜剧节奏？什么叫悲剧节奏？二者的关系如何？二者的本质是什么？这都是一系列值得探索的问题。

朗格把人生（生命感知的真实存在）的起伏连绵，看作生命（情感的符号逻辑）的一种潮动；生命历程是喜剧节奏与悲剧节奏的统一体；对"生"的追求，对"死"的积极扬弃，构成生命节奏的巨大张力。这种"生命张力"的振荡，则构成生命节奏。故而，人生历程则有喜剧节奏与悲剧节奏之分："喜剧节奏是一种强烈的生命感，它向智慧和意志提出挑战，而且加入了机运的伟大游戏，真正的对手就是世界。"[1]喜剧节奏是一种生机勃勃的、持续不断的节奏，因此，"喜剧节奏就是生命的基本节奏"。[2] 概括起来说，喜剧节奏作为生命的基本节奏，是指生命的奋发向上律、蓬勃展开律，它面向现实世界，并取得连续平衡，可谓"一路锣鼓，一路歌"式的"生命感知"。

什么是悲剧节奏呢？

"悲剧节奏表现了生和死的意识，它必须使生命显得有价值、显得丰富而美妙，必须使死亡令人感到敬畏。"[3]"生命的价值展开，应该是获取关于生命的反思性意识，它经历着成长、繁盛、衰落的生命形式就是悲剧节奏，通过从自然活动转换为具有特色的人类活动，悲剧节奏被抽象出来。在人类活动中，悲剧节奏在精神和情感的成长、成熟、以至生命力衰亡的过程中有着典型的意义。在这衰亡中，存在着英雄的真正情操——把生活视为一种完成的过程，就是说，把生命视为一个整体，视为一种使他凌驾于失败之上的成功。"[4]"悲剧节奏完全摈除了任何自然场面，变成了一种可感知的形式。"[5]概括地说，悲剧节奏是指生命的完成律、终结律，它面对命运与衰亡，呈现为对命运整体的深刻感知。这是"夕阳无限好，只是近黄昏"的反思性"生命感知"。

喜剧节奏与悲剧节奏共同完成了人生历程的真正"生命感知"，这是"生命图式"的二相性和"生命张力"的二极性。"喜剧表现了自我保护的生命力节奏，悲剧则表现了自我完结的生命力节奏。"[6]喜剧节奏是"那种永恒生命的轻快进程；就是我们天天都在生动表现着的那种伟大、普遍的生

---

[1] 苏珊·朗格：《情感与形式》，刘大基等译，中国社会科学出版社，1984年，第405页。
[2] 苏珊·朗格：《情感与形式》，刘大基等译，中国社会科学出版社，1984年，第405页。
[3] 苏珊·朗格：《情感与形式》，刘大基等译，中国社会科学出版社，1984年，第422页。
[4] 苏珊·朗格：《情感与形式》，刘大基等译，中国社会科学出版社，1984年，第412页。
[5] 苏珊·朗格：《情感与形式》，刘大基等译，中国社会科学出版社，1984年，第417页。
[6] 苏珊·朗格：《情感与形式》，刘大基等译，中国社会科学出版社，1984年，第406页。

命图式";而悲剧节奏,则是"与简单的新陈代谢不同,个体生命在走向死亡的途程中具有一系列不可逆转的阶段,即生长、成熟衰落"。[1] 由此看来,人的生命历程,尤其作为艺为术的可感知的生命历程(经过主体性的强化和突现,才是可感知的),作为一个整体,是由喜剧节奏和悲剧节奏构成的,喜剧节奏表现了跌宕起伏的生命激流的律动。悲剧节奏表现了紧张的、迈向死亡的命运程序。前者是"生"的历程与运动,后者是"死"的反思与观照(当然,生命的"成长、繁荣、衰落"本身历程,也是一种悲剧节奏)。生命律动的二相性,形成了喜剧节奏与悲剧节奏。只有当生命的律动呈现为这种二相性时,才是充分的可感知的形式。

在生命的统一历程中,其"可感知"性,虽然呈现为两种不同的节奏形式,但并非二者分立无缘,"悲剧与喜剧这两种重要节奏,存在着根本区别,这一事实并不意味着二者是彼此对立、水火不相容的两种形式。悲剧完全可以建立在喜剧的基础上,而不失为纯粹的悲剧。这是十分自然的,因为在产生各种可感节奏的生命中,在每一个人类机体中,这两种节奏都是并存的,尽管社会成员,甚至其中最强有力、最优秀的成员,都要历尽生命、都要死亡(悲剧),但社会是连续不断的。而且即使每个个体实现了它所参加的悲剧模式,它仍处于喜剧的连续中"。[2] 如果从宏观看,悲剧的终点正是喜剧的起点(反之亦然),它们相互衔接,这正如人类的进化链一样。

概括地说,朗格的喜剧节奏和悲剧节奏,都是对生命运动的一种感知方式。喜剧节奏是对"生"的追求,悲剧节奏是对"死"的扬弃。"追求"与"扬弃"之间,构成生命感知的巨大张力,这张力的律动就是生命节奏。

扬弃生命的自然过程,把漫长的生命历程化作可感知的生命形式(情感律动形式),这似是许多哲人的共识。中国的孔夫子把人生发展历程,分作几个主体性跃迁的大阶段,即几个鲜明的可感知的形式:"十有五而志于学,三十而立,四十而不惑,五十而知天命,六十而耳顺,七十而从心所欲不逾矩。"这种对生命历程的划分法,是从属于伦理与心性的,而不是个体的生命与情感的律动。因此,它是正剧节奏,而非悲喜剧的振荡型节奏。

不管是悲剧节奏、喜剧节奏,还是孔子的正剧节奏,都是对生命图式的一种感知方式。这种特殊感知,也是对生命存在的一种直觉,它把漫长的

---

[1] 苏珊·朗格:《情感与形式》,刘大基等译,中国社会科学出版社,1984年,第406页。
[2] 苏珊·朗格:《情感与形式》,刘大基等译,中国社会科学出版社,1984年,第420页。

历史程序融铸为可以直觉到的时间节奏。詹姆斯在著名的《艺术家的意图》导言中说,"活……是生命的感觉,深刻而强烈,超出了精神关系而只能为直觉所把握。对于时间节奏的意义,可能被认为是活与生命的关系"。[1]詹姆斯指出的"活"是一种生命感觉,这便是"生"的喜剧节奏(生命的前冲力节奏),因而它是深刻而强烈的。对时间体验的这种方式,构成时间节奏的精髓。时间节奏的真正意义并非客观的平均值,而是"活与生命的关系",是主体机能的不断扬弃,是"送旧迎新"的一种"转机"(生机),这在孔子的人生节奏中,体现得最为分明(四十而不惑,五十而知天命……):"子在川上曰,逝者如斯夫。"把生命历程划分为可感知的时间节奏,正是为了生命对时间的进一步把握,"一万年太久,只争朝夕",俗话说"赢得时间就是胜利"。这里的"时间",是一种纯化物,是被生命与精神升华了的最高存在。这正如对世界短跑冠军来说,0.1秒时间是何等重要而紧凑的生命存在。所以席勒说,"在时间中消灭时间"(《席勒书简》)。古希腊的美少年那喀索斯,在水之镜中竭力要看清自己的美貌。在时间之河中,所有形式都转瞬即逝。他俯身对着这条时间之河梦想着:"哎呀,时间什么时候将停止飞行,允许这股潮流停息。"[2]在生命的激流中,"时间"呈现为可感知的艺术节奏,这正是为了"在时间(时节奏)中消灭时间(飞逝的时间)"。"时间"的意义、价值、内涵,全由主体的特定感受尺度来裁判。马尔库塞认为,"持久满足的死敌乃是时间,即内在的有限性和各种条件的短暂性。因此,人的完整解放的思想就必然包含与时间搏斗的见解。我们看到,俄耳浦斯和那喀索斯形象象征着对死亡的反抗,这是想阻制时间流逝的垂死挣扎,也是快乐原则的保守本性的体现。如果审美状态确定就是自由状态,那么它最终必须战胜时间的破坏过程……这是人类向更高形式的文明发展的最高任务"。[3]因而,一切智者、哲人和艺术家,都企图把时间呈现为某种节奏的形式嵌入生命的内在感知结构中。劳动节奏、诗行节奏、艺术节奏、自我意识运动节奏、生命节奏、宇宙诗性节奏……统统都在主体形式的时间概念中,呈现为一种特定的节奏与律动。"时间"是一种抽象纯化物,"节奏"是呈现时间形式的一种律动。只有生命,才能神奇地把"时间"和"节奏"联结起来,同时显现为一种可感知的形式。短暂、瞬间、

---

[1] 苏珊·朗格:《情感与形式》,刘大基等译,中国社会科学出版社,1984年,第337页。
[2] 马尔库塞:《爱欲与文明》,英勇、薛民译,上海译文出版社,1982年,第118页。
[3] 马尔库塞:《爱欲与文明》,英勇、薛民译,上海译文出版社,1982年,第140页。

飞逝都是难于感知的存在,只有把它们转化成为无限与永恒,才能得到确实的感知;周期、重复、可逆、守恒……本来都是呆板机械的东西,但一旦与生命—情感的跃动、奋发、舒泄联系起来,便会产生"满园春色关不住,一枝红杏出墙来"的颤动景象。一切节奏都是为了强化和内化主体的生命感知。这是一种自我存在的确证,亦是为了深化、澄明我的"此在"——为了在时间中消灭时间,也是为了"人类向更高形式的文明"发展。

九、中国诗性哲学的整体视界

中国当代一位颇有哲学素养的学者说:"大自然的和谐,物理理论的和谐,古典音乐的和谐,三者相通"[1],这就是宇宙的和谐结构。"试图从人类社会的历史和自然科学史听出一种节奏,看出一种结构,一种格局和一种形式的人,必定就是哲学家。"[2]

在西方哲学史上,众人皆知毕达哥拉斯学派就是能从宇宙看出和谐结构的哲学家。他们认为整个宇宙都是由数和音乐构成的和谐结构。在中国哲学史上,天人合一论,虽然不怎么精致,但论者们还是能从宇宙中看出一种"格局"来的。在现当代中国哲学史上,宗白华可说是一个有相当深刻体验的"宇宙和谐论"者,他以诗性哲学的眼光,对中国哲学、艺术进行了一番令人耳目一新的素描。他在中国哲学、艺术(诗、书、画)的交叉点上,作了很有深度、颇有价值的发掘,可说是中国哲学史、艺术史、文学史上光辉的一页。

中西方文化的差异,思维方式的不同,这已是人们的共识。然而,作为上层建筑体系的整体性特征,从形上到形下、从哲学到艺术……其间的脉络走向、相互关系等,中西方又有什么特点? 这并不是每个学者都能正确地回答得出来的。这既要哲学的脑袋,更需要诗性的神经。"你(郭沫若)是由文学渐渐的入于哲学,我恐怕要从哲学渐渐的结束在文学了。因我已从哲学中觉及宇宙的真相最好是用艺术表现,不是纯粹的名言所能写出的,所以我认为未来最真确的哲学,就是一首'宇宙诗',我将来的事业也就是尽力加入做这首诗的一部分罢了。"[3]这是宗白华在五四时代说的话。不管是郭沫

---

[1] 赵鑫珊:《哲学与当代世界》,人民出版社,1990年,第212页。
[2] 赵鑫珊:《哲学与当代世界》,人民出版社,1990年,第384页。
[3] 宗白华:《美学与意境》,人民出版社,1992年,第43页。

若还是宗白华,他们在哲学—艺术的关系理解上,都作了独特的体验,我以为这可以称之为"诗性哲学"体验。一般地说,不懂诗性的哲学家,充具量是半截子的哲学家;反之,不懂哲学的诗学家,充其量也只是半截子的诗学家。也正因如此,郭沫若才从文学走向哲学,宗白华才从哲学回归到文学。那原因就在于中国哲学在本质上是关于"天—地—人"的"三才"整体学说。"三才"学说的灵魂,在于用"礼—乐"结构、"中—和"结构凝聚成的生命律动,它表现为"道"的节奏与"气"的韵律,"中国哲学是就'生命本身'体悟'道'的节奏。'道'具象于生活、礼乐制度,'道'尤具象于'艺'。灿烂的'艺'赋以'道'以形象和生命,'道'给予'艺'以深度和灵魂"[1]。从形上至形下的视界,是哲学所采取的;从形下反照形上的视界,是艺术(诗学)所采取的。"水穷云尽处,隐隐两三峰","曲终接混茫,江上数点峰"。前者——"水穷云尽处"、"曲终接混茫",是哲学血缘;后者——"隐隐两三峰"、"江上数点峰",是诗的脉象。二者本来是生命一体,只不过视点略有区别而已。《易经》中的所谓"仰则观象于天,俯则察类于地"。"仰天观象",据说是天文学家、哲学家的本性(费尔巴哈),俯察品类是诗人、艺术家的品格(孔子说诗"迩之事父,远之事君,多识于鸟兽草木之名")。然而"仰"与"俯"又是一对矛盾,是中国哲人、诗家的两个连续性观察动作。"仰"是为了精神遨游,追求澄明的世界,超越于凡尘;"俯"是为了"包览天下",是人生价值的提升(立足点的抬高)。中国人喜欢登高望远——"一览众山小"。于是,中国哲学与诗性便在对象的"二象性"中统一起来了。从形上到形下,又从形下到形上;由大观小,由小观大;你中有我,我中有你……这种既有路向之别,又有血脉网络的关系,便是中国哲学与艺术(诗学)的特有关系。本书认为,要研究中国的"节奏"范畴(艺术的一种抽象形式),必须采取这种总体视界,这与卢卡契的历史发生学研究、黑格尔的逻辑方式研究、朱光潜的艺术学主体模型研究,等等,都是大异其趣的。

现在回到宗白华的观点上来。

1. 哲学—艺术境界—节奏的脉络走向

"中国画所表现的境界特征,可以说是根基于中国民族的基本哲学,即《易经》的宇宙观:阴阳二气化生万物,万物皆禀天地之气以生,一切物体可以说是一种'气积'(庄子说:天,积气也)。这生生不已的阴阳二气积成一

---

[1] 宗白华:《美学散步》,上海人民出版社,1982年,第69页。

种有节奏的生命。中国画的主题'气韵生动',就是'生命的节奏'或'有节奏的生命'。伏羲画八卦,即是以最简单的线条结构表示宇宙万相的变化节奏。后来成为中国山水花鸟画的基本境界的老、庄思想及禅宗思想也不外乎于静观寂照中,求返于自己深心的心灵节奏,以体会宇宙内部的生命节奏。"[1]这里值得注意的是如下三个要点:一、《易经》的阴阳二气宇宙观,是中国哲学和艺术发生、发展、变幻的总根源。二、八卦是宇宙万相的变化节奏(数的神秘定量组合),这与毕达哥拉斯的宇宙和谐论有异曲同工之妙。六十四卦象是宇宙万物的原型。三、老庄心灵节奏也根源于阴阳二气的"静观寂照"。由此看来,阴阳二气的交互变化、运动,是一切波动、节奏、和谐、韵律、音乐的总根源,中国艺术以"气韵生动"去统摄、灌注大千世界,深得形上之玄学和诗性的要领。

2. 宇宙的大和谐、大节奏:一阴一阳、一虚一实的生命节奏

宇宙(Cosmos)这个名词在古希腊就包含着和谐、数量、秩序等意义。宗白华说:"宇宙是无尽的生命、丰富的动力,但它同时也是严整的秩序、圆满的和谐。在这宁静和雅的天地中生活着的人们却在他们的心胸里汹涌着情感的风浪、意欲的波涛。但是人生若欲完成自己,止于至善,实现他的人格,则以宇宙为模范,求生活中的秩序与和谐。和谐与秩序是宇宙的美,也是人生美的基础。"[2]因而,"中国人感到宇宙全体是大生命的流行,其本身就是节奏与和谐。人类社会生活里的礼和乐,是反射着天地的节奏与和谐。一切的艺术境界都根基于此";"中国人抚爱万物,与万物同其节奏;静而与阴同德,动而与阳同波(庄子语),我们宇宙既是一阴一阳、一虚一实的生命节奏,所以它根本上是虚灵的时空合一体,是流荡着的生动的气韵。"[3]

宗白华认为,宇宙的秩序、和谐,是天下之大美,人是宇宙的缩影,故人生之美,必定从"大美"中来。这样,从大宇宙到微观的个体人生,无不充满着秩序与和谐,无不充满着阴阳二气的生命节奏、和谐与旋律。这是节奏韵律的宇宙论基础。所以,"在中国文化里,从最低层的物质器皿,穿过礼乐生活,直达天地境界,是一片混然无间,灵肉不二的大和谐,大节奏"[4]这便是

---

[1] 宗白华:《美学散步》,上海人民出版社,1982年,第110页。
[2] 宗白华:《美学散步》,上海人民出版社,1982年,第199页。
[3] 宗白华:《美学散步》,上海人民出版社,1982年,第239页,95页。
[4] 宗白华:《美学与意境》,人民出版社,1992年,第239页。

从宇宙论出发,终止于人生本体论,从形上到形下的"大和谐"、"大节奏"。

粗略看来,这似是一种泛神论(斯宾诺莎式),细细寻味,却是地道的中国诗性哲学。

3.气的宇宙论走向—气的艺术本体(本根)论

"气韵生动,这是绘画创作追求的最高目标,最高的境界","气韵就是宇宙中鼓动万物的'气'的节奏、和谐。绘画有气韵,就能给欣赏者一种音乐感。六朝山水画家宗炳,对着山水画弹琴,'欲令众山皆响',这说明山水画里有音乐的韵律。明代画家徐渭的《驴背吟诗图》使人产生一种驴蹄行进的节奏感,似乎听见了驴蹄的的答答的声音。这是画家微妙的音乐感觉的传达。其实不单绘画如此。中国的建筑、园林、雕塑中都潜伏着音乐感—即所谓'韵'。西方的美学家说:'一切的艺术都趋向于音乐。'"[1]。艺术家之所以能"内感"于这种宇宙的生命节奏,则在于艺术主体的特定视界,"画家的眼睛不是从固定角度集中于一个透视的焦点,而是流动着飘瞥上下四方,一目千里,把握大自然的内部节奏,把全部境界组成一幅气韵生动的艺术画面"。[2]

这是宇宙中阴阳二气的波动——气韵所形成的和谐、节奏对绘画艺术形式的普泛影响。当然,画面上这种和谐节奏(气韵),并不是每一个人都可以看得出来的,它需要有"和谐节奏"律动的心灵,才能体察得出来。由于阴阳二气化生万物,滋润万物,它的节奏、和谐、韵律,便以内外(显与隐)两种方式体现于主客体身上。主体心灵的和谐律动,与客体的律动节奏,均是由阴阳二气形成的同构性对应物,一切都在和韵律动中生成,也在和韵律动中消逝。"生成",是节奏的显态呈现;"消逝",是节奏的隐态呈现。"子在川上曰:逝者如斯乎,不舍昼夜。""如斯乎"的逝者,用"不舍昼夜"的眼光来度量,充满着和谐节奏。

宗白华把这个宇宙看成"虚灵的时空合一体",里面充满着哲学与诗的情趣,充满理性与体验。在他眼中的宇宙、世界、哲学、艺术……无不是一派活跃的生命,波荡着韵律、和谐的节奏。这是诗性哲学的一个伟大发现。

谈中国文学艺术的起源,最早的记载,研究家都追踪溯源于《尚书·尧典》,认为这是关于文学艺术起源的最古老的定义。

---

[1] 宗白华:《美学散步》,上海人民出版社,1982年,第43—44页。
[2] 宗白华:《美学散步》,上海人民出版社,1982年,第48页。

"诗言志,歌永言,声依永,律和声。八音克谐,无相夺伦,神人以和。"对这段话的解释,历来多种多样,而且着重在论述"诗"与"乐"的关系,认为中国的"诗",就是音乐性的"诗";乃至于诗在中国的发展,在某种程度上取代了音乐的地位。论者由"诗—乐"关系出发,揭示了诗的声律和谐以及节奏之美,这应当说,是有很大功绩的。但是,他们往往置"神人以和"的深远意义(一种"诗学目的论")于不顾。有的论者虽然提到了,但仍欠准确的分析。在这里值得一提的是,声律家何溥在《乐律管见》中的观点:"诗既成矣,其吟咏之间,必悠扬宛转,有清浊高下之节,然后可听,是之谓歌永言。当歌之时,欲和之以乐器之声,其乐声清浊高下必与歌声之清浊高下相应,是之谓声依永。至此则乐已小成矣。若并奏众音,清浊高下难得齐一,故须用律吕以齐之,如作黄钟宫调,则众音之声皆用黄钟为节;作太簇商调,则众音之声皆用太簇为节,然后清浊高下自齐一而不乱……八音克谐,无相夺伦,至此则乐乃大成矣。神人以和,则其用也。"何溥这段话把《尚书·尧典》的古老文学起源定义分成三个层次,一是乐之"小成",二是乐之"大成",三是乐之"用"。所谓"乐之小成",是指从诗到歌咏,再到乐声的配合,即"诗—乐"的第一个配合层次;所谓"乐之大成",指在"小成"基础上,用律管把"诗—乐"的清浊高下,协调起来,使"人声乐声莫不安顺和好"(八音克谐,无相夺伦);所谓乐之"用",即以"诗—乐—律"为体,而"神人以和"为其用。何溥的分析,我以为有一定的合理性,起码他分层次地看待"诗—乐"的起源。其不足之处,是未能将"神人以和"(实为"天人合一")的"神—人"目的论揭示出来(本书上篇已详论及)。其实这是"诗—乐"发生的最后根据。我们可以把"诗—乐—律"看作是"艺",而"神人以和"是"道"。在中国,道即是艺,艺即是道。二者的关系是互为表里的。

庄子有天籁、地籁、人籁之说,《天乐》篇以"天乐"为宇宙本体,这就是"神人以和"的另一种阐释。孔子说,"志于道,据于德,依于仁,游于艺",孔子在这里谈到"道—德—仁—艺"的关系,其中"德"与"仁"是"道"的内在依据,而表现和物化出来的却是"道",所以实际上,这仍是谈的"道"与"艺"的关系。"道"是内在的灵魂,艺是表现出来的艺术形式。看来,这是灵—肉、虚—实不二的东西,是"道—艺"的统一体。我们试看庄子《庖丁解牛》中所描绘的"道—艺"的绝妙关系。

"庖丁为文惠君解牛,手之所触,肩之所倚,足之所履,膝之所踦,砉然响然,奏刀騞然,莫不中音。合于桑林之舞,乃中经首之会。文惠君曰:

'嘻,善哉！技盖至此乎！'庖丁释刀对曰:'臣之所好者道也,进乎技矣'……'臣以神遇,而不以目视,官知止而神欲行'……吾闻庖丁之言,得养生焉。"

这段文章不但充满了韵律、节奏感,而且告诉人们的也是更为奇妙而神秘的人生节奏和生命律动。庖丁的手、肩、足、膝动作和解牛的奏刀动作,"无不中音,合于桑林之舞,乃中经首之会",这已经不是一般的劳动了,而是所谓"艺术性劳动"了。庖丁在"天籁"式的音乐舞蹈的大欢乐中,完成了劳动过程的双向性物质交换。当文惠君称赞庖丁的"技"时,庖丁作了深刻的哲学阐释:"臣之所好者道也,进乎技矣。"这哪里是在弄"技"呢,而是好"道"啊！道者"技"(艺)也,技(艺)者道也。庖丁以自身的"技艺"证实了"技艺"的本体生成——"道"的生成。

"臣以神遇,而不以目视,官知止而神欲行。"在"道—技(艺)"一体化的结构中,"神"与"目"(感官)的关系也得到净化与升华。艺术的创造本质上不是依赖于"官知"的,而是以"神"(道的境界)为凭依。这是从艺术创作行为中,反证了"道—技(艺)"的一体化过程。

"吾闻庖丁之言,得养生焉。"这似是讲的"养生"之道,其实在中国哲学与艺术中,"养生"之道,也即艺术生成之道,生命即艺术也,艺术即生命也。这比亚理士多德、黑格尔把艺术比喻为人之生命,要高明得多,奥妙得多,所以宗白华的话最为精当、深刻:"中国哲学是就'生命本身'体悟'道'的节奏。'道'具象于生活、礼乐制度。'道'尤具象于'艺'。灿烂的'艺'赋予'道'以形象和生命,'道'给予'艺'以深度和灵魂。"[1]这是关于"道—技(艺)"的总体性观念和一体性把握。从茫茫宇宙的无垠之大,到人的一举手一投足之微小,其间的和谐韵律、灵魂颤动,都是"道"之使然。反之,从一草一石的性灵闪烁到茫茫太空的诗情画意,都是"道"的本体存在与构成,这和西方哲人的泛神论和语言学家们的"拟人化"的修辞方法是不可同日而语的。这是一种特殊的、体现了民族思维方式、感受方式的"道⇌艺"互逆结构。这种民族诗性思维感受特征,我们还可以在灿烂的艺术中,得到充分的说明。

"希腊人像是着重在'体',一个由皮肤轮廓所包的体积,所以表现得静穆稳重。而敦煌人像,全是在飞腾的舞姿中(连立像、坐像的躯体也是在扭

---

[1] 宗白华:《美学散步》,上海人民出版社,1982年,第69页。

曲的舞姿中）：人像的着重点不在体积而在那克服了地心吸力的飞动旋律。所以身体上的主要衣饰不是贴体的衫褐，而是飘荡飞举的缠绕着的带纹（在北魏画里有全以带纹代替衣饰的）。佛背的火焰似的圆光，足下波浪似的莲座，联合着这许多带纹组成一幅广大繁富的旋律，象征着宇宙节奏，以容包这躯体的节奏于其中。"[1]

这是宗白华的论述，他清晰地看出了，在飞腾的舞姿中，从衣饰、带纹，到背景园光、足下莲座、全幅画"组成了一幅广大繁富的旋律，象征着宇宙节奏，以包容这躯体的节奏于其中"。如果说，庄子的"庖丁解牛"，是从动态中揭示"道—艺"一体性、节奏韵律和谐一体性，那么，在敦煌壁画中，则是从静态中显示"道—艺"一体性（通过节奏波动的一体化）。敦煌人像的全体洋溢着"道"的灵性，充满着节奏和谐与韵律，哪怕是带纹上的一个小节奏、小韵律，都凝缩着"道"的本体的灵性与神情，"在中国文化里，从最低层的物质器皿，穿过礼乐生活，直达天地境界，是一片混然无间，灵肉不二的大和谐、大节奏"[2]。这便是中国人的所谓整体性思维方式、"全息性"艺术感受方式，亦是"文以载道"的真正内涵。

在中国书法、绘画史中，最令人深思、体味的佳话，莫过于大书法家张旭学书于公孙大娘的舞剑和大画家吴道子学画于裴将军舞剑。"舞剑"与"书法"、"舞剑"与"绘画"到底是什么关系？张旭、吴道子从"舞剑"中"悟"到什么？真的是人们说的"法—术—势"的模仿关系么，悟到的是艺术手法么？我以为这是极肤浅之见。张旭、吴道子通过"舞剑"，所悟到的是应该是"道"。张旭悟到的是书之道，吴道子悟到的是画之道。"舞剑"不是模仿的原型，而是一个中介环节，下面是悟道的全过程：

$$书画 \rightleftharpoons 舞剑 \rightleftharpoons 道$$
悟道的全过程

这和上面所论述的"庖丁解牛"、敦煌画像的"道—技（艺）"关系，是同一个模式。因为书法、绘画都是一种"艺"（舞剑亦是一种"艺"），它们都体现"道"的灵性，因而下面三个二项式关系，都是等价而且可以相互沟通的：

---

[1] 宗白华：《美学散步》，上海人民出版社，1982年，第130页。
[2] 宗白华：《美学与意境》，人民出版社，1992年，第239页。

"道⟶书法"、"道⟶绘画"、"道⟶舞剑"。三者虽有共性,但也有个性,共性的方面当可直接吸取,个性方面,恐怕才是真正"顿开茅塞"的东西,也许公孙大娘与裴将军的舞剑是世人中之姣姣者,他们的技艺达到炉火纯青的地步,乃至不可企及,他们所悟之道,也必定比张、吴所悟之道更深、更妙,否则便不会对他们起到"悟道"的作用。请看郭若虚《图画见闻志》上的记载:"唐开元中,将军裴旻居丧,谓吴道子,请于东都天宫寺画神鬼数壁,以资冥助。道子答曰:'吾画笔久废,若将军有意,为吾缠结,舞剑一曲,庶固猛厉,以通幽冥!'旻于是脱去缞服,若常时装束,走马如飞,左旋右转,掷剑入云,高数十丈,若电光下射,旻引手执鞘承之,剑透室而入。观者数千人,无不惊栗。道子于是援毫图壁,飒然风起,为天下之壮观。道子平生绘事,得意无出于此。"吴道子本来是为了"助壮气"的,现在当他看到裴将军的"走马如飞,左旋右转,掷剑入云,高数十丈,若电光下射,旻引手执鞘承之,剑透室而入。观者数千人,无不惊栗"时,"道子平生绘事,得意无出于此"。这是艺术灵感的跃迁与净化,是"剑道"向"画道"的转化。

此外,在中国传统文论的模式中,论书法多采用"拟人化"手法加以印证、比喻(如宋人姜夔《读书谱》云:"点者,字之眉目……横、直画者,字之体骨……丿㇏者字之手足……亅者,字之步履……");论绘画,则把注意力集中在"一虚一实"上。这也许是关键之处,但需要深入分析才能发现。"拟人化"本质上就是生命化,即以生命之道来统摄书法(技艺)之道,也可以说,通过"拟人化"的中介,来把"道"显现出来;"虚实"是变易的契机,而"变易"也是气和生命的本性,即道的发生发展的本性,所以绘画从另一侧面来论证道之本体存在。如果说书论的拟人化手法是侧重从具象形态方面来论述道,那么,画论的虚实变易则是侧重从抽象的功能方面来论述道,二者可谓殊途而同归。

现在我们转到文艺理论和汉字领域,来看"道⟶艺"关系("神人以和"—"天人合一"目的论)。

《文心雕龙》的纲目体系,是一个"道—圣—文"系统,也是它的总纲(即文之枢纽),"道沿圣而垂文,圣因文而明道",刘勰分明地把"宇宙(自然、社会)—人—文"的本体内在关系,凝缩为一体性、通透性的"道—圣—文"流程关系。这也就是文学起源古老定义"神人以和"的另一种阐释。"神人"之间,只有"道"(道即艺、艺即道),才是可以"和"的对象。

汉字自足性结构,是"道—艺"一体化与"神人以和"的诗性载体。

董仲舒有一个十分机智的哲学虚构与假设,他认为"王"字的三横是代表天—地—人,而当中的一竖,是"一以贯之的道",只有"王者"才能以道贯之,把天—地—人三者贯串起来(见董仲舒《春秋繁露》王道通三篇)。这位胸阔气远的旷代哲学家,企图以一区区汉字的象形特征,揭开宇宙之谜。撇开别的不说,这种从"化石"沉积层求索的解剖精神,不失其哲学大师的方法论风度。他启示我们:汉字是一个自足的世界,是"天—人—地"关系,"三才"学说的缩影,也是一个由表层连及深层的生命结构。

鲁迅在《汉文学史纲》中说:"诵习一字,当识形音义三者;口诵耳闻其音,目察其形,心通其义,三识并用,一字之功乃全。其在文章,则写山曰峻嶒嵯峨,状水曰汪洋澎湃,蔽芾葱茏,恍逢丰木,鳟鲂鳗鲤,如见多鱼。故其所函,遂具三美:意美以感心,一也;音美以感耳,二也;形美以感目,三也。"我们可以把汉字这种审美完满性的特点,图示为一个特殊的自足体结构:

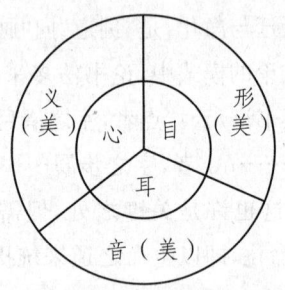

心,谓神,与"道"通;耳、目,谓官知,与"心"通。故"形—音—义"与"目—耳—心"的感受功能内在同构对应,一同实现着宇宙和谐、韵律节奏一体化的"大道"。

宗白华说:"字就是概念,表现人的思想,这是真,字要转化为声,声则歌,这进入美,字与声的关系,就是真与美的关系"。这就是说,在一个字之中,既含有真,也含有美,这是真与美的统一体。中国人有格言曰"文(字)如其人",但也有"文(字)如其物"之说,"元代赵子昂写子字时,先习画飞鸟之形'ᘉ',使这子字有鸟飞形象的暗示。他写'为'字时,习画鼠形数种,穷极它的变化,如ᘉ ᘉ ᘉ ᘉ。他写'为'字得到鼠形的暗示,因而积极地观察鼠的生动形象,吸取着深一层的对生命形象的构思,使'为'字更有生气、更有意味、内容更丰富。这字已不仅是一个表达概念的符号,而是一个表现生命的单位,书家用字的结构来表达物像的结构和生气勃勃的动作了。"[1]这是拼音文字所无而汉字所有的形体结构特征,不妨说是一种深层化石。一个汉字,自身有三个层次(形—音—义),可以各自通向"道"的整体,同时在那里汇合成为一个自足的"天地境界"。上面所举的"子"字(通鸟形)、"为"字(通鼠灵),就是汉字的"形下"与"形上"的两界,是表层心理结构与深层心理结构的贯通。汉字从抽象的"概念符号"返顾具象的"生命存在",这是"道—艺"一体性的特有功能,否则,"为"字就不能通过"鼠灵"而渗入到生命之中,从而体悟到生命节奏和道的节奏。

汉字不但可以由"形—音—义"三个层面各自通向道的本体,而且还可以横向相交,相得益彰,然后再进入道的境界,"从象形到谐声,形声相益,更丰富了'字'的形象意境,像江字、河字,令人仿佛目睹水流,耳闻泪泪的水声。所以唐人的一首绝句若用优美的书法写了出来,不但是使我们领略诗情,也同时如目睹画境"[2]。看来,中国人的审美器官(耳、目),在"形—声"结构的审美历程中,已冶炼、浇铸为一种二重结构体,不仅具有通感性质,而且具有"互动"性质;不但"闭目"可以"养神",而且睁眼远眺,才是更深的"养神"(幻象的浮现)。汉字由甲骨文到隶书、楷书、草书,直至狂草,无不呈现了中国人心灵的多向性、多维度的灵妙颤动。书法史,即是中国人的性命节奏、心灵律动史。

汉字的"形—音—义"自足体世界,是一个"道—艺"贯通的世界,也是一个真善美统一的世界(善,虽属意志品格,但统属于目的表象),更是一个天然地充满和谐、韵律、节奏的世界。书家每遇喜怒哀乐,无不以书法渲泄之(如张旭发怒);审视书法,无不可相应地引发同构性的深情。在当代,养生之道的一条大法,是以书法来练气功。书法即气功也,即养生也,即悟道也,即陶冶性情也,即活跃生命也,即大全也!

因此,由上看来,不管是从古老的文学定义看,从庖丁解牛的技艺看,从敦煌壁画的宇宙节奏一体化看,从张旭学书于公孙大娘舞剑、吴道子学画于裴将军舞剑看,还是从《文心雕龙》的文艺理论、汉字的"形—音—义"结构看,无不显示出一个绝对真理:在中国,道即艺,艺即道。宇宙道的和谐、韵律、节奏,即是衣饰、带纹的和谐、韵律、节奏。"志于道"、"游于艺",

---

[1] 宗白华:《美学散步》,上海人民出版社,1982年,第135—136页。
[2] 宗白华:《美学散步》,上海人民出版社,1982年,第138页。

不仅是艺术宫殿不可更易的座右铭,而且也是艺术本根论的光辉证明了宗白华的结论:"中国哲学是就'生命本身'体悟'道'的节奏。"这是对一代学人的警言。

下面从中国的"礼一乐"文明看节奏韵律的深厚文化背景。

中国上古三代的"礼一乐",是礼乐文明的一体结构。礼,是行为的一种法度、范式;乐,是由礼而来的一种心理享受(情感波动)亦具节奏性。古人的礼,大至郊祭、礼祭,小至日常生活之"礼貌",仪法规定,都一律统辖于"进退揖让,洒扫应对"、"以声色着心,声色配应"之法度中,这是一种充满"神/祖—巫—人"一个世界感的大节奏、大韵律,其一旦发展至"礼仪三百,威仪三千"时,这种统辖个体生命存在与活动方式之韵律节奏,简直就是全幅生命运动之大网了,舍此,不再有非节奏韵律之生命存在了。中国古人养心有两种方式:内在者,以"心性—天命"之道为循;外在者,以声色律动为辅,合内外之道以为天、以为美。

中国上古三代之久远传统是"声为律,身为度",身与声都融合一种节奏韵律的法度与范式中。《史记·夏本纪》曰:"禹为人敏给克勤;其德不违;其仁可亲,其言可信;声为律,身为度,称以出,亹亹穆穆,为纲为纪。"圣人夏禹,满身皆是德与礼,同时遍身都是"度"与乐,以"声为律,身为度",作为一种大法度之"为纲为纪",令"仁"可亲,令"言"可信。《礼记·玉藻》则有更细致的分析、记载,"古之君子必佩玉,右徵、角(佩玉所发之乐音),左宫、羽,趋(快步进门)以《采齐》(古乐),行以《肆夏》(古诗乐),周还(转圈动作)中规,折还(转弯)中矩,进则揖之(微俯),退则扬(抑)之,然后玉锵鸣也。故君子在东则闻鸾和(东铃之乐音)之声,行则鸣佩玉,是以非(非礼)辟(邪辟)之心无自入也也","君子无故,玉不去身"。这是古人生命活动之声律化,其目的是使"非辟之心无自入也",以声律节奏(叵以玉佩身则更加神妙)防奸防邪,而正心扉。故《诗经》云,"淑人君子,其仪不武(差)"。淑人君子,甚为讲究"其仪"。仪者,声色法度也,心性外在之道也。《汉书·艺文志》则总结道:"所以作乐者,谓八音,荡涤人之邪念,全其正性,移风易俗也。"中国古人君然体味到,以"八音"之韵律节奏,能"荡涤人之邪念,全其正性,移风易俗"。中国古人之诗性节奏乐趣,如此深刻地圆融人之思想个性,乃至成为一种统一民族风俗之法度、范式。这比以上诸家之论,则更为深刻了。中国古人这种心性哲学之韵律节奏论,发展至宋儒,则大为壮观了,这是中国心性哲学体系中"孔颜之乐"之大伸延。伊川云:"天下有多少才,只为道不明天下,故不得有所就。且古者,'兴于《诗》,立于礼,成于乐',如今人怎生会得?古人于《诗》,如今人歌曲一般,虽闾里童稚,皆习闻其说而晓其义,故能兴起于《诗》。后世老师宿儒尚不能晓其义,怎生责得学者?是不得兴于《诗》也。古礼既废,人伦不明,以至治家皆无法度,是不得立于礼也。古人有歌咏以养其性情,声音以养其身,舞蹈以养其血脉。今皆无之,是不得成于乐也。古之成材也易,今之成材也难"(《二程遗书》),又曰:"古之人,耳之于乐,目之于礼,左右起居,盘盂几杖,有铭有戒,动息皆有所养。今皆废此,独有义理之养心耳。但存此涵养意,久则自熟矣。敬以直内是涵养意。言不庄不敬,则鄙诈之心生矣,貌不庄不敬,则怠慢之心生矣"(《二程遗书》)。在宋儒看来,养心有两种方式,一是内在方面的——以"义理"养心;一是外在方面的——以"诗/歌/舞养心(通过养耳、养目、养血气而达于心)。二者不可少,否则心性则易于辟邪、奸诈。

中国古人的"礼—乐"虽是一种文化精神,但其发端之处,却是一种礼仪、法度、程式,其间一以贯之的便是"进退揖让、洒扫应对"的节奏韵律感,它把个体之生命存在方式融入宇宙大化之中。春夏秋冬,四季轮转;日出而作,日入而息,这是宇宙大化的韵律节奏。中国的天人合一观,其深层结构即是这种天人一体的大化节奏。

中国礼乐文化中的节奏韵律感,其发生之背景有异常深刻的心性哲学的根源,更有"神/祖—巫—人"一个世界所形成的历史根源。它比纯粹的"劳动结构"剖析,更具历史深度,也更具文化形态的特征。

十、节奏的分化过程与节奏感的物化

1. 节奏韵律历史演进的一般模式

从上述各种节奏观的历史巡视中,我们不难发现,作为节奏韵律发展的最高形态,是艺术节奏,其余一切节奏(宇宙论的、哲学的、伦理的等),均是艺术节奏的一种活化和移用。如果对艺术节奏进行结构性的逻辑考察,我们就会发现理论展开的困难,不在逻辑结构本身,而在于这种逻辑结构的历史生成(即历史性考察)。但历史性考察又绝不同于材料的堆积,或对某些原始艺术的历史追踪。关键在于找到节奏韵律发展过程中相互否定和扬弃的环节。笔者认为,这种否定和扬弃的环节,本质上和美感的历史形成过程(环节)相一致。那就是首先在现实世界中存在着丰富的"节奏

性"活动,如人的机体活动(生命跳跃,血脉流通)、求生活动(劳动、巫术、宗教等)和围绕人的环境变化(自然界的春夏秋冬四季转运,社会现象的换代更替、兴衰转换)。这种现实世界中的"节奏性"观念,一方面仅是一种萌芽形态的东西,尚不是成熟的观念、意识,另一方面,它又时时、处处依附于某种具体的活动形态上,尚未能从中分离出来,成为一种独立的东西。这两方面是相互联系的,唯其不是成熟的观念、意识,所以才尚未分化出来;也唯其尚未分化出来,所以还不是成熟的观念、意识。"节奏性"的意识,可以追溯到高等动物身上(高等动物也有许多带"节奏性"的活动),这足见其历史之久远。人类大约要经过漫长历史时期的"节奏性"活动后,在大脑结构中积淀(内化)为一种相对独立的"节奏感"(简称"节奏感定型"),才能否定和扬弃它的前行环节。从"节奏性"活动到大脑结构中内化的"节奏感"定型阶段,这是一种质的飞跃。其所以是质的飞跃,就在于后者已进展到一个新的历史阶段,使人最后脱离了动物界(由艺术视角切入人的自我意识世界),这预示着一个人类真正自由的世界(艺术世界),即将开始。当然,"节奏感"定型阶段,虽能作为对前行环节("节奏性"活动)的一种否定和扬弃,但是又并非是一个独立存在物。作为"节奏感"定型的确证,只有它的外化物。节奏感从来不是作为一种纯观念、纯意识而单独存在的,离开它的对应物,我们就无从追寻它了。明确了这一点之后,我们必须指出,节奏感定型作为对前行环节的否定和扬弃,它又是相对独立的东西。但这种独立仅是相对的,而非物化的。准确地说,节奏感定型阶段是一个过渡性、中介性环节,它必须进展到对应的物化阶段,才最后完成自身的发展历程,即走完了一个"圆圈"。

从节奏感定型到节奏感的外化(艺术节奏等),这又是一种质的飞跃。节奏感定型的物化(外化),不但是一种充分成熟的观念和意识(相对于前行环节),而且是一种有高度意向性和规范性的观念和意识。节奏感定型和物化,当然可以采取诸多形式,但艺术形式都是最基本的形式,其他诸如宇宙节奏论、诗性哲学节奏论、伦理节奏论等等,无非是艺术节奏的一种泛化和移用。

把上面所说的节奏感发展的三个相关环节(阶段)加以简化,即为如下的模式:

```
    1              2                3
  节奏性 ——→ 节奏感定型 ——→ 节奏感物化类型
 （求生活动的   （大脑的积      （外化的创造）
  现实感受）    淀和内化）
```

因此,我们在系统地研究节奏韵律的时候,就必须寻找到其历史发展中相互扬弃环节,描绘出其否定性过程及轨迹。这是寓逻辑研究于历史研究之中,寓逻辑形态于历史形态之中。

下面我们将分别论述节奏性—节奏感定型—节奏感物化类型三环节的具体内容。

2.节奏性要素

简单地说,节奏性包括以下四个方面:

(1)重复性(简单的可逆性)
(2)对称性(包括对立结构和互补结构)。
(3)意向性(送旧迎新)。
(4)本质上从属于艺术形式范畴。

人们一般公认节奏定义为"各种相同的或类似的因素,以各种形式有规律地重复"[1],因此"有规律地重复",便是节奏性的根本特征。如果没有了"重复"现象,一切都成为不可逆的,那么便没有节奏可言了。是什么东西在"有规律地重复"？那就是事物发展中的"相同的或类似的因素"。这些因素之所以"相同"或"类似",也在于它们"有规律地重复"才能得到确证。前后二者说的都是一回事,不同的是:"有规律地重复"是节奏运动的样式,"相同的或类似的因素"是节奏运动的内容。

节奏运动的样式(作为情感的一种表现)不可能是呆板的、单一的,而是丰富的、千变万化的,所以说是"以各种方式有规律地重复"。由上分析我们可以看出,这个定义显然是偏重于节奏的表现形式方面,而相对地忽视了它的内容方面。首先节奏的"重复性",绝不是机械的、千篇一律的重复,如时钟的滴嗒声那样,而是一种"送旧迎新"的转机,如人体的呼吸,"呼"是为了"吸"的生机,反之亦然;劳动节奏的一张一弛,亦复如此,"张"

---

[1] 弗朗兹·博厄斯:《原始艺术》,金辉译,上海文艺出版社,1980年,第298页。

是为了更好地"弛","弛"是为了更好地"张",二者互为因果,增殖循环,每完成一个周期,都趋向更高的新境界。因此,节奏的重复性本质上是充满生命力的规律性运转,亦是生命奋进的一种螺旋上升。有卓见的哲学家(如皮亚杰)就因此把这种带来新的生机、新的希望的"重复性",又叫做节奏的"意向性"(或"意向性"节奏)。皮亚杰用节奏的"意向性"来严格区别于节奏的机械性、呆板性。因此,在节奏的概念中,只有抓住"重复性"中的"意向性",才能把握住节奏的本质。

"重复性"存在于"相同的或类似的"事物运动中,这是时间艺术和节奏运动类型。"对称性"(平衡性)以及"对立结构"样式,"互补结构"样式,这是节奏"重复性"的第二种类型,即空间艺术的节奏性类型。

时间艺术和空间艺术的节奏运动样式、形态,是不一样的。音乐的节奏是节拍、旋律与和声,建筑的节奏是平衡、对称与互补。因此谢林说,建筑是凝冻的音乐。人体结构的基本特征就是对称(平衡),如眼的对称、耳的对称、手的对称、脚的对称,以及大脑结构的左右半球对称等,这种对称的存在,从功能上说,是一种对立与互补。例如大脑结构的左半球与右半球,一方面是对称性的存在物,另一方面又是对立性、互补性的整体结构。节奏的本质是"秩序与和谐",而对称、平衡、对立、互补,则构成一种特定的秩序与和谐。所以遍布于世界各原始社会的编织艺术,几乎所有的编织花纹,都是对称性的,甚至可以说,"对称性"是原始编织艺术中的基本法则(人类的劳动工具,只要是涉及双手的,都充满了对称性原则)。我们可以把大脑结构的对称性(左右半球的二分对称)看作是漫长历史发展中的文明成果。因此,我们可以说,人体机能的对称性,以及人类社会生活中的对称性现象都表现为空间节奏性。

由于"对称"是生命存在的一种形式,因而,"对称性"便往往充满生命感、安全感、稳定感,体现了"对称性"的生命意向。

时间艺术的"有规律重复",与空间艺术的"对称性"(平衡性、对立性、互补性),本质上是一致的,这正如音乐与建筑的可比喻性一样。时人一般对时间艺术的节奏性(重复性)有较深刻的认识,但对空间艺术节奏性的认识却比较模糊;我们一般能较深切地体会中国古典诗词中的平仄韵律,但对亭园楼阁的对称和互补未能等价地领会其间风韵志趣。所以美国的原始艺术理论家弗朗兹·博厄斯说:"一切艺术(时间艺术与空间艺术——引者)的共同特点是对称和节奏。"

许多理论家都认为,节奏是一个艺术事实,也是一个艺术原则,然而节奏到底是属于艺术内容范畴,还是属于艺术形式范畴,这个区分很重要。我们认为,节奏是属于艺术形式范畴。这样,我们便能探索它的深远的历史根源,而且把它作为与"形式感"同时发生的东西来研究。博厄斯说:"形式是艺术的基础"[1]"美是存在于完善的形式中"[2]"人类的一切活动都可以通过某种形式具有美学价值"[3]。由此看来,节奏作为人类活动的一种特性,它通过"有规律地重复"和"对称"、"平衡"等形式而具有审美价值。上面所说的节奏性的几个规定:重复性、对称性、意向性等,只有把它们统辖在"艺术形式"概念中时,才能作为审美范畴来研究(注:"意向性"作为艺术形式范畴,乃是当它融合在"有规律地重复"的运动形式中才是恰当的,如果离开了"有规律地重复"的运动形式,那便是艺术内容的范畴了)。

3. 从"节奏性"环节过渡到"节奏感定型"环节

节奏性要素,虽然遍布人体机能活动、求生活动以及自然环境和社会环境之中,但要过渡到"节奏感定型"环节,必须凭依于历史运转的主轴,这就是人类原始时代的技术活动。

"艺术"这个词不但在古希腊时代与"技艺"是同义词,而且几乎在一切民族的原始时代,"艺术"与"技艺"(或"技术")都是同义的。其根源在于"艺术"是人类活动的一种操作过程与成果,离开人类的操作(工艺操作)活动,便不会有艺术。例如雕刻艺术和编织艺术,就其功用方面和操作过程而言,与其说是艺术,不如说是"技术"。只有技术达到熟练和完善的程度,才会产生艺术效果。技术是一种发挥头和臂的潜力,克服阻碍,完成一定形式、达到表象目标的操作过程。一旦目标达到,技术也就成了艺术。二者的关系,是一而二、二而一的关系。当然,从今天的观点看来,技术是实用性的劳动操作,艺术是审美性的形式存在。但就二者的内在关系而言(或就其历史发生的实际而言),实在可以说是血肉关系。技术是过程性的东西,与对象的本性密不可分;艺术是完成了的形式东西,与主体的本性紧密相连。所以,许多原始艺术研究家一致认为,原始艺术是美与善的统一(应该说,亦是美与真的统一),是功利要求与形式要求的统一。在原始社会里,"技术—艺术"实在是一个混沌的、丰富的存在物。原始艺术理论家

---

[1] 博厄斯:《原始艺术》,金辉译,上海文艺出版社,1986年,第8页。
[2] 博厄斯:《原始艺术》,金辉译,上海文艺出版社,1986年,第57页。
[3] 博厄斯:《原始艺术》,金辉译,上海文艺出版社,1986年,第1页。

博厄斯说:"无论哪一种工艺,其技术和艺术的发展均存在着紧密的联系,技术达到一定程度后,装饰艺术就随之而发展。艺术晶品的生产与技术的发展是分不开的,人们精通了某种技术以后即可以成为艺术家。"[1]其所以会这样,原因在于"技术的熟练与产品表面及形状的规则是有密切联系的","技术之所以能够达到高度完善的程度,是因为匠人尽力克服了各种困难进行操作,换言之,是因为技术成熟的工人要在生产中得到个人的满足和快感"。[2]匠人高度完善的技术,其内在方面则是"规则"意识(形式感)的诞生,追求某种"秩序与和谐",人类掌握了完善的技术,而完善的技术自然来自动作的高度准确和稳定。稳准的动作必然产生规则的线条。"当工匠克服了刻刀不稳定的现象以后,即可刻出平滑的曲线;制陶匠旋转陶坯,手的动作规律就可以得到圆形的陶量;同样,编筐时若能控制蓁条或铁条的弯曲,即可造距离相等的螺旋结构的产品。"[3]原始艺术的形式方面,多是一种曲线与图形(图案)所有这些大都是有规则线条的组合。艺术中的"规则"和"图形",必须以完善的技术为前提条件,否则便失去准确性和稳定性。工艺技术一旦达到准确性和稳定性,那便是匠人的一种"自为存在"。他克服了对象的"自在"性,取得了"自由"(庄子的"庖丁解牛"即为确证)。在这种"人化"(对象化)过程中,劳动与技术的融合,成为一种节奏化过程,请看"庖丁解牛"的"技术"与"艺术":庖丁为文惠君解牛,手之所触,肩之所倚,足之所履,膝之所踦,砉然响然,奏刀騞然,莫不中音。合于桑林之舞,乃中经首之会。

文惠君曰:"嘻,善哉,技盍至此乎?"庖丁释刀对曰:"臣之所好者道也,进乎技矣。……臣以神遇而不以目视,官知止而神欲行。依乎天理,批大郤,导大窾……"

上面这段话里讲的似是庖丁的高度完善(准确、稳定、神游)的技术,其实是讲"道"与"技"的关系("所好者道也,进乎技矣")。把这里的"道"解释为一种"艺术精神"(庄子原义是"养生之道")也无不可。显然,在庖丁那里,"道"是高于"技"的,没有"道"的指引,"技"是不能前进的。但就其作为操作过程的发生学原理来说,二者是兼容并蓄的。如果没有"技"的完善,"道"也难以显现出来。不难想象,庖丁如果没有"三年"的艰苦训练("始臣

---

[1] 博厄斯:《原始艺术》,金辉译,上海文艺出版社,1980年,第12页。
[2] 博厄斯:《原始艺术》,金辉译,上海文艺出版社,1980年,第13页、17页。
[3] 博厄斯:《原始艺术》,金辉译,上海文艺出版社,1980年,第23页。

之解牛之时,所见无非全牛者,三年之后,未尝见全牛也"),恐怕"技"是生疏的,也决不会达到"莫不中音,合于桑林之舞,乃中经首之会"的神圣境界。由此足见"技"之重要(庄子所强调的是"道"之重要)。我们如果把庄子的"道—技"关系适当调整一下,清理出二者的辩证关系(剔除其先验成分、神秘成分),那么,这真可谓一段论述"技—艺"关系的千古名句,包含着深刻的美学原理。

此外,"道(艺)—技"关系一旦沟通,便显现出一种惬意的"节奏感"来。庖丁解牛的过程,把对象的"自在"性,化为主体的"自由"性,"解牛"过程变成了"中音—合舞"的节奏性劳动和韵律性享受。我们不要忘记,这里的"解牛"是一种"技术",而"中音—合舞"则是一种审美性的形式领悟。在原始人的劳动中,这种"技术获得"与"形式领悟"的二重性要求是浑然一体的。即使是在现代社会中,"技"与"艺"的二重存在,也是必然的,因为这是古老的"原型"意识。再看吴伯箫的《记一辆纺车》,其中写道:"纺线有几种姿势:可以坐着蒲团纺,可以坐着矮凳纺,也可以把纺车垫得高高的站着纺。站着纺线步子有进有退,手臂尽量伸直,像'白鹤晾翅',一抽线能拉得很长很长。这样气势最开阔。肢体最舒展,兴致高的时候,很难说那究竟是生产还是舞蹈。"这里叙述的不正是节奏韵律(审美形式)的演示吗?在这种劳动中,纺车人的"形式感"是油然而生的。当然"形式感"(节奏韵律)反过来,也促进了"技术"。因此,在人类生产劳动中,技术与形式感(艺术)的关系,便是一种互逆关系。但每完成一个周期,这个"技术—艺术"模式都螺旋上升一层,成为一种良性的增殖循环结构。当我们在探寻"节奏感定型"的时候,必须面对这种"技术—艺术"的循环增值结构。

博厄斯认为,"节奏是两者(时间艺术和空间艺术)共有的东西,而生产工序中的节奏可能不过是时间节奏在空间的表现形式,因为有节奏的活动用于生产劳动时,就产生有节奏的形象"[1]。在技术中创造形式的过程,其实也是劳动熟练的过程,是工序规律化的过程,是取得某种"自由"(显意识下沉为"无意识",转化为"深层结构")的过程。在这种创造过程中,孕育了主体的"形式感"(节奏感),并且随着技术的日益发展,这种"节奏感"也日益丰富、成熟,最后趋向于"定型"。

"技术越高超节奏越复杂,原始艺术家理解节奏的能力可能比我们要

---

[1] 博厄斯:《原始艺术》,金辉译,上海文艺出版社,1980年,第336页。

高出一筹。"[1]原始人的节奏观念是组织劳动、推进技术,以及使"主客和谐"的一种手段。因此,它比我们今天社会的"节奏"观念显然要复杂得多、深刻得多,当我们站在现代社会的高度去探寻它的时候,它却是如此的"渺茫"与深邃。

技术与艺术关系中的"节奏感"根源,除了审美原则、实用原则之外,同时还根源于人体生理结构的要求:"对称造型的使用何以如此广泛,其原因很难探索。人体的生理结构决定了手臂的对称运动。左右两臂很自然地以对称的方式运动,这种运动的方式不仅对称而且富有节奏……问题不在于人们是用左右两只手同时进行绘画,而在于左右两侧动作的感觉造成了人类的对称感。"[2]人们的对称感、节奏感与人体生理结构有很大关系,因为劳动活动、技术活动等,都是人体结构的一种组织与变换。由此看来,生理结构—技术活动—节奏感定型的内在贯通,便是可以理解的了。

综合上述的分析,从节奏性环节到节奏感定型环节的历史过程,即是由技术性转变到艺术性的过程,是由自在状态转到自由状态的过程。简言之,这是由功利实用过程,转变到艺术审美过程。因而,技术—艺术—节奏感定型三者相互纠合在一起。只有当"节奏感"相对独立时,它才从技术活动中分化出来,成为"定型"的节奏感,也才能走向广阔的艺术天地。单从生理结构上或者技术要求上看"节奏感定型"的过程是不全面的。我们需要转换视角,才能看得更全面、更深刻。不管是从生理结构上、到技术要求上看问题,我们都没有充分注意其背后那隐藏着的创造主体的动力性根源——情感。博厄斯说:"毫无疑问,舞蹈可以加强人们的节奏感,而劳动的动作也可以产生同样效果,这不仅限于集体或个人按照某种节奏进行劳动,而且包括有规律地重复动作的手工业生产工艺,例如编筐或制陶。无论是叙事散文中的重复部分,还是装饰艺术中的节奏现象,都不是由于技术上的需要,这就证明了单纯从技术上去理解节奏是不够的。"[3]为什么"单纯从技术上去理解节奏是不够的"? 就在于把技术活动中相伴随的情感因素抛掉了。因为任何技术活动,都要达到一个目的,有一个表象性的追求目标,这便是"人的本质力量对象化"的过程。因而,人的技术活动,不但是一种理智活动,而且也是一种情感活动。我们在上面提到的"节奏感

---

[1] 博厄斯:《原始艺术》,金辉译,上海文艺出版社,1980年,第332页。
[2] 博厄斯:《原始艺术》,金辉译,上海文艺出版社,1980年,第24页。
[3] 博厄斯:《原始艺术》,金辉译,上海文艺出版社,1980年,第298页。

定型"生成的历史轨迹:生理结构—技术活动—节奏感定型,这是一种显形轨迹,而其隐形轨迹,则处处伴随着人的情感,以图示之:

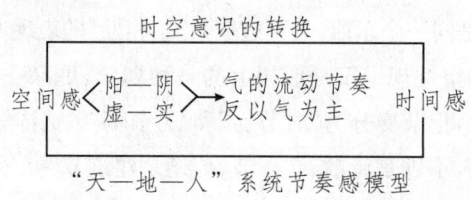

"天—地—人"系统节奏感模型

"既然韵律或节奏都有情感色彩,那么,人类生活中的一切活动,只要和情感有关的都会出现有韵或节奏的现象。宗教歌曲和舞蹈的韵律和节奏发生感化人的效果;战歌的节奏使人们的士气受到鼓舞;抒情歌曲的旋律和节奏给人以舒适安逸之感,无论是在歌曲或装饰艺术中,都可以看到节奏的美学价值。虽然不能在宗教活动和社会性的活动中寻找节奏的根源,但应看到这些活动中的各种感情状态和节奏效果之间的一致性。因此应该认为,节奏产生情感,而感情也会反转来产生节奏。"[1]博厄斯在这里提出了节奏与情感双向关联的新模式:情感⇌节奏。

博厄斯通过大量原始艺术研究,得出了上面那个结论:"节奏产生感情,而感情也会反转过来产生节奏。""各种艺术品的形式因素与创造工序密切相关,有时同工匠的生理现象也有联系,还有的体现了创造者的某种感情色彩。"[2]这里的"形式因素与制造工序",就是节奏的一种表现形式,因而也带有"感情色彩"。这样,博厄斯便把原始艺术中的"技术"因素与"感情"因素结合起来了,同时作出了比较全面的解释。从节奏性环节过渡到节奏感定型环节,这是一个深刻的扬弃过程。不但使节奏感趋向于"定型"(成熟),而且也使"定型"的节奏感趋向于"类型"化,这是紧密相连的两个层次。"定型"是成熟的象征,"类型"是即将"物化"(外化)的预兆。

下面补充谈谈节奏感的"类型"。

原始艺术理论家把节奏性世界,分为时间节奏和空间节奏,前者对应于时间艺术;后者对应于空间艺术。这正如用建筑来比喻音乐一样,用视觉来涵盖听觉(反之亦然)。把节奏分为时间节奏和空间节奏,这种分法的好处

---

[1] 博厄斯:《原始艺术》,金辉译,上海文艺出版社,1980年,第298页。
[2] 博厄斯:《原始艺术》,金辉译,上海文艺出版社,1980年,第56页。

是直观性。其实,时间节奏(有规律地重复)也可以看作是扬弃了空间的时间存在物(时空是一体性,缺一不可),空间节奏(对称、平衡),也可以看作是扬弃了时间的空间存在物(原理同上)。因此,不管是时间节奏还是空间节奏,在本质上都是同一个东西,只不过取采"二相性"的表现方式而已。

对节奏的时空性规定仅是形相上的一种划分,更深一层的划分,应是引进"力"的概念,把节奏分为"时节奏"和"力节奏"(郭沫若语)。时空节奏可简称为时节奏,不管是诗歌、音乐节奏,还是建筑节奏。但大浪惊涛的拍击节奏(劳动节奏中的一松一紧亦属这一类),却是一种"力"的节奏,"力"的美。请看郭沫若的颂诗:

> 无数的白云正在空中怒涌,
> 啊啊,好幅壮丽的北冰洋的情景哟!
> 无限的太平洋提起它全身的力量来要把地球推倒。
> 啊啊,我眼前来了的滚滚的洪涛哟!
> 啊啊,不断的毁坏,不断的创造,不断的努力哟!
> 啊啊,力哟!力哟!
> 力的绘画,力的舞蹈,力的音乐,力的诗歌,力的律吕哟!

如果我们没有"力的节奏"的体验,我们就无法体验郭沫若的诗;如果我们没有"力的节奏"的概念,我们就无法从理论上去分析郭沫若的诗。

李白流放夜郎(贵州),中途获赦,作诗曰:

> 朝辞白帝彩云间,
> 千里江陵一日还。
> 两岸猿声啼不住,
> 轻舟已过万重山。

李白兴奋、愉快的心情,表现为一种"速度"感,如果用"时节奏"去欣赏、解释,未尝不可,但如果改用"力的节奏"(神经兴奋而表现出来的一种"精神力")去欣赏、分析,将会有更深刻的体会,流放获赦,如释重负啊!为什么会失去这种"沉重"的感觉?就因为"压迫"——"力"的承受。把"沉重"东西掀掉,就会使"反抗力"获得解放,因而显出一种"力"的速度感。一首诗的丰富的思想、内涵，就这样净化和结晶为一种节奏——一种"力"的运动样式。

在人类历史上，一旦当创造主体深刻地感受到"时的节奏"和"力的节奏"样式、状态的不同，那么，"奏感"类型的意识便充分成熟了。艺术的自由创造，便从这里打开了大门。

由此看来，作为扬弃了"节奏性"环节的"节奏感定型"其内在结构是一个全新的领域，是一个超越了现实世界的神圣领域。雪莱在《诗辩》中说："它(诗歌)把我们变成了另一个世界的居民，而人们所熟悉的世界对于这另一个世界的居民，不过是一片混乱。"诗(节奏感的定型)把我们带到另一个世界上去了，那里的一切都是"秩序与和谐"、超脱与完美，它摆脱了现实世界(熟悉的世界)的"一片混乱"(非艺术性)。加拿大的原型理论批评家弗莱也同样认为，"诗人创作诗歌的目的一般还包括类型，即创造一种独特的语言结构。于是诗人总是认为，某些东西适合于他的结构，无论他能否亲自评论这些东西，而他在修改时删除的部分，虽然本身在别的地方也许是挺出色的，却并不属于他的结构"。[1] 这里的"独特的语言结构"，便是诗的世界，是节奏感定型时的超越世界。诗人对诗句的不断"删改"，无非是一种排除阻碍，奋力进入"另一个世界"。

诗作为节奏感的物化和外化，呈现为全新的"语言结构"和全新的"另一个世界"。如果我们把诗的外化物剥掉，只留下"节奏感"作为理想的抽象物来研究，那么，它又具有什么样的特征，是一种什么样的结构呢？

第一，节奏感系统以意向性为前导，对节奏性的诸多要素加以整合，形成一个新的领域和新的系统。这是一个"定型"性的结构。

第二，节奏感的新领域，是与具体活动形态(求生活动形态)相分离的结果，它摆脱了技术的实用性，趋向于形式的完善性。然而，这种"净化"式的存在，仅是一种理想的抽象(宛如黑格尔的"绝对理念")，当它一旦摆脱具体的求生活动形态，而自身成熟起来的时候，便迅速扬弃自身，而进展到"物化"环节了。这便是"节奏感"(作为定型的节奏感)的中介性。即：节奏性——→节奏感定型——→物化(外化)。

第三，节奏感系统(定型)不是一个自我封闭的自足体，它一方面必须外化(物化)后，才能确证自身的存在；另一方面，它必须与相关的等价物结

---

[1]《文艺理论研究》，1993年第2期。

合,成为"互补结构"(或对立结构),才有更深刻、更丰富的现实意义。中国古典文论云:

> "言之不足故长言之,长言之不足故嗟叹之,嗟叹之不足,故不知手之舞之,足之蹈之也。"

这里的节奏感系统组成一个长链形的整体结构(互补结构),即"长言—嗟叹—手舞—足蹈",四者相互补充、贯串在一起。我们可以把"长言—嗟叹"称为"言"与"声"的节奏感,"手舞—足蹈"称为"形"与"行"的节奏感。前后二者的结合,则可归结为节奏感的"声—形"(或"言—行")结构。"言"与"行"的二维性存在,相互补充,相互引申与生发,使人的情感得到充分的表现,这就是节奏感的互补结构。因此,节奏感系统(或"定型"),则是一个多层次、多维度的概念。古代社会的先民们比现代社会的文化人,在节奏概念的感受上要丰富得多、饱和得多。例如周公则拈出一个"乐—礼"结构("乐者天地之和也,礼者天地之序也","乐由中出,礼自外作","乐统同,礼辨异"等),这是一幅伦理世界的有序景象,其间一切都是"秩序与和谐";"有规律地重复"、"对称"与"平衡","对立"与"互补"……用伦理型的节奏感去治理天下,则会产生伦理境界的理想样式。

4. 节奏感定型的物化

节奏感的成熟依其类型可外化为艺术型节奏和非艺术型节奏。前者包括诗歌、音乐、舞蹈、散文、戏剧等艺术节奏;后者指宇宙的、伦理的、哲学的泛化性节奏。前者是节奏感发展的最高形式,亦是最纯粹的形式,后者是这种最高形式的泛化与移用,可以说是最复杂的形式。

艺术型节奏感,是"声"与"形"、"言"与"行"相互结合与渗透、相互生辉与映照的复合型节奏感,所以当我们在朗诵诗歌时或歌唱时,不但"言"、"唱"有节奏,而且还"手舞足蹈"、摇头晃脑。当我们在舞蹈时,不但形姿充满着节奏感,而且还伴随着音乐与歌唱。这是一种情感本体的多维性结合与生发,是人类本性区别于动物兽性的深刻基础。

"诗—歌—舞"三者合一的普遍性的艺术事实,充分说明这种艺术感(节奏感)的强烈性和复杂性,而且其境界是相通的。唯其审美境界相通,当这种节奏感物化为艺术本体时,则成为节奏感的典型形式和最高形式,因此这种节奏感的存在,就直接确证了"人"的存在。歌唱中的歌手,舞蹈中的舞者,此时此刻,他们正在享受着节奏感的全部给予。在"享受"中,自身化为另一种存在(相当于存在主义的"此在"),即艺术感的本体存在。人,作为某种艺术存在,又反转过来创造出更为超越、更为丰富的艺术感(节奏感)。于是"节奏感──→人的艺术存在"便在艺术活动中,不断地相互转化,互为对方。于是,趋向"自由的王国"与"人的彻底解放"。这是人的一种内在规范性。

节奏感外化的另一种类型,是非艺术型节奏,或者说是艺术型节奏的泛化和移用。哲学家把宇宙看成是"诗的存在",中国文化把宇宙看成是"乐─礼"结构(对称性结构),科学家把自己的专业领域看成是一支歌、一曲舞……这都是节奏感通过另一境界的升华与外化,这"另一境界"(哲学的、宇宙的、伦理的、科学的),是"人性"的另一种存在,是人的"理智"世界。节奏感一旦强力地向这"另一境界"进军,就说明"节奏感"与"人性"概念之间,再没有什么区别了。这是人的一种外在的规范性。

节奏感的"人的内在规范性"与"人的外在规范性"的结合与渗透,使人变成为更加丰富、也更为深刻的"艺术存在"。

综合以上所言,节奏感成熟的历史,就是"人"作为"艺术存在"的成长史。因此,研究"节奏感"的内在结构及其历史相关物,就是研究"人"本身,就是一种"人类学"研究。

(5)诗行结构中的"节奏样式"

节奏韵律的根本意义,只有放回到诗行中考察,才能看得更加分明。

诗行结构一般来说,可大致分为三大要素,即语法、语义、音律,三者组成诗行的大系。"语法─语义"的蕴含基本上是一致的,即属于"逻辑系统"。"音律"节奏和"逻辑系统",虽有奇妙的渗合关系,但毕竟又不是一个东西,音律节奏是对峙于"逻辑系统"的"审美系统",这二者在诗行中的统一,可称之为诗行的"诗学系统",如下图所示:

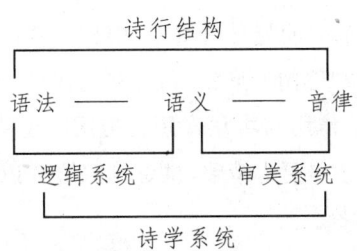

诗行中"语法—语义"系统与"音律"节奏系统是什么关系？这是很值得认真探索的诗学根本问题。

如果我们把诗行结构（语法—语义—音律）称为一个系统，那么它的系统质是由什么来决定的？是由其中的"语法—语义"的逻辑方面，还是由"音律"节奏的审美方面？从诗学的本质特性出发，可以探知：诗行的系统质，不由其逻辑方面决定，而是由其审美方面，即"音律"节奏决定的（当然，绝不是语法、语义、音律三者的相加，或者是它们的平均数）。

诗行结构是一个严密有序的组织过程，艾略特在《传统与个人才能》中说："诗人的心灵实际上是一个用以掌握和贮藏无数感觉、语辞和意象的库房，一直到所有的因素全部汇聚时就集合起来，形成一种新的组合。"[1]成熟的诗人与未成熟的诗人，其最大的区别，就在于"自由自在地形成一种新的组合"。艾特略说的"新组合"，是指感觉、语辞、意象等所有的因素的新组合，也即我们上面所说的三要素"语法—语义—音律"的"新组合"。其实，这不是"组合"，而是"化合"，即柏拉图说的，诗人"一旦受到音乐和韵节力量的支配，就感到酒神的狂欢"。

诗，可以说并不是什么"理智"文化，而是"肉感"文化，它的对象，不是人的某一方面，而是"人"的整体，是人的全部感性存在，法国瓦雷里在《诗与散文》中说："诗是直达我们身心全体的，它以音节来激动我们筋肉的组织，舒放我们语言的本能，并发挥鼓动使之表现到最高极度，引示我们到一深远宏博优美完好的的境界。因为诗的目的乃是在唤起人生最高的一致与和谐。"看来，如果没有"音节"的激动和指导，诗人是无法进入"深远宏博优美完好的境界"的；有了韵律节奏，才能"感到酒神的狂欢"，柏格森说得更具过程精密性，"诗人是这样一种人：感情在他那儿发展成形象，而形象本身又发展成言词，言词既遵循韵律的法则又把形象表达了出来……如果失去韵律的有规则运动，我们的灵魂便因此暂时栖息于自我遗忘之中，并且像在梦中一样"。在《时间与自由意志》中柏格森把诗行结构的组合链，整理成为这样的环节："感情—形象—言词（韵律/形象）"。在这三个环节中，韵律（言词）起统辖作用与物化作用。美国一位诗人罗伯特·邓肯在《朝向开放的宇宙》中说得更为精致，也更具深层意识"海上日月影响下的

---

[1] 艾略特：《艾略特文学论文集》，李赋宁译，百花洲文艺出版社，1994年，第4页。

潮流,心脏的收缩与舒张,这些韵律深深存在于我们的经验中,并且,当我们让这些韵律接管了我们的语言,便有了持续的、规则性的重音所引起的单调的狂喜,还有诗行浪波似的起伏,打断了一个韵又一个韵,曾经有过一些诗人,对他们而言,这种起伏,这种母体胸膛似的涨落,便是一切。变形出的智力,存在于海潮声音的陈诉词中,这些智力在我们清醒心境里唤起某种魔力,因此我们让我们的意识渗入诗的急切浪波里。押韵的诗行和重复的步格打动我们的心,使我们愿意听从。唤起夜与昼或古老的海的催眠,便等于唤起我们强烈的渴望,使我们想重返到周期性的结构和单纯物质的惰性之中,充满生命的饥渴,我们都是从播下的种子升起,恰好具有在染色体舞蹈中所创造的独一无二的本体或经验,并且,在那一本体中占有一段时间,我们每人都生活了一阵子,终于返到死亡的变化中"。诗人的韵律节奏感,与生俱来,成为诗行诞生的"情结",因而"恰好具有染色体舞蹈中所创造的独一无二的本体和经验"。

诗的节奏韵律导引着"语法—语义"的变化发展。不同个性特征、不同流派风格的诗人具有各不相同的诗行节奏样式(型式)。节奏韵律型式的高度"抽象化"(形式化),成为诗人成熟的重要象征,同时也成为诗行结构的真正动力,"诗人——常常是首先感觉到一种节奏样式,它在诗人物色到诗句之前,就奇妙地富有意义,并且,只有在满足它的要求的诗句中,它才能充分地得到表达,诗人自己的满足从属于节奏样式的满足。诗人就是这样一种人:他为了满足节奏样式的要求,用对语言的精妙掌握来装备自己,他同语言的亲密关系就是允许语言有时成为他的支配者"。[1] 奥尔德里奇在这里提出了"节奏样式"的新概念,这对诗行结构的抽象化起了重要作用,他把诗行节奏韵律从混沌性存在导引到规律性的设定,从中架起了一座桥梁。诗行韵律节奏只有升华和凝定为一种"样式",对诗人才能真正起作用。李白的"节奏样式"既区别于李贺,也区别于杜甫。它是诗行结构的"先验"动力。"节奏样式"的本质,在于"它在诗人物色到诗句之前,就奇妙地富有意义",这是诗结构的"先验"动力。对于这种先验性存在,许多诗人都是公认的,捷克诗人雅赛弗尔特说:"有时,是某个韵脚给了我即兴创作的可能。"(《我为能够感到自由而写作》)这里的"韵脚"冲动,纯是一种偶然,只有在蕴含量饱满的、充满韵律节奏的诗人心胸中才是必然。"必然"

---

[1] 奥尔德里奇:《艺术哲学》,程孟辉译,中国社会科学出版社,1984年,第107—108页。

通过"偶然",为自己开辟前进的道路。然而,诗行结构中的这种"偶然"触发点,又并不是一个孤立的存在,按其实质是诗的本体性冲动,中国艺术把它叫做"气"("文以气为主"、"声律只是气"),外国诗人把它叫做"亢奋感":"要开始写一首诗必须有一种亢奋感;我的这种亢奋感是由于在我的脑海中出现了一种我不曾料到我会懂得的东西……这就是诗的运动,它从亢奋开始,而以明智结束,这是如同爱情一样的运动……作诗一开始总是亢奋的,随后它会越来越冲动,这种运动在第一行诗句出现时就具有了方向性,再往下它会在一刹那之间尝到成功。"[1]

"韵脚"与"亢奋感",这种诗行本体中的"先验"性存在,究其实质,也只不过是长期诗性生活积累经验的结果,并不是柏拉图所说的"神灵凭附"。因此,"节奏样式"的"先验"(预成)存在,往往是区别成熟诗人与未成熟诗人、伟大诗人与一般诗匠的重要标志。未成熟诗人、一般诗匠的诗行是"挤"出来和"凑"近来的,它不是一个天然的诗性结构体;而成熟诗人、伟大诗人的诗行,不管诗行的"内容"如何,但诗性本体,却是统一的、独特的,它是一个完善的诗性结构(一种定型的诗性存在)。奥尔德里奇说的,节奏样式"在诗人物色到诗句之前,就奇妙地富有意义",这里的"意义",是无法具体界定的,它只能是一种诗性的诱导力量,是诗人遵循的大法。奥尔德里奇还说"诗人自己的满足从属于节奏样式的要求",他区分了两个"本体",一是"诗人自己",一是"节奏样式"。前者是"人"的本体,后者是"诗"的本体。在诗行结构中,"诗"的本体统辖"人"的本体,前者是绝对性存在,后者是相对性存在。奥尔德里奇的这种区分,对诗学理论体系的建构将有极为重要的意义。

从上面的种种分析中,可以看出,诗行结构作为"诗性存在"的显现,它是诗性"纯化"的产物,"语法—语义"的逻辑系统被"同化"于音律的审美系统中。前面说到,诗行结构中的这两个系统,融合为诗学系统。因此,"诗学系统"是一个有序的叠合系统,它一方面不悖于"语法—语义"逻辑系统,另一方面又必须被"节奏样式"(音律审美系统)所统辖、导引,因而,一切"非韵律"性的思想、情感,对于人来说,也是一个"无"。诗人的"诗思"都是用韵律的"车"载来的,所以尼采说:"诗中的思想——诗人用韵律的车辇隆重地运来他的思想,通常是因为这思想不会步行"(《出自艺术家和作家的

---

[1] 罗伯特·弗罗斯特:《诗的运动》,上海文艺出版社,1980年,第68页。

灵魂》),诗人之所以区别于散文家,那就在于诗人是"人"的诗性存在,散文是"人"的散文性存在,即非诗性存在。正是在这个意义上,罗曼·罗兰才说,"音乐是一切诗所从出和所归宿的真元"。这里的诗中的"音乐",就是韵律节奏。在诗行结构中,它有至高无上的地位,这就是"真元"。

诗行结构中的诗性存在(即音律审美系统),它统辖和纯化诗行结构通常采用两种方式,一是正向的"纯化"方式,即"语法—语义"逻辑系统与音律审美系统的天然融合和一致性,"节奏样式"和"亢奋感"的高度协合一致,这是"真—善—美"同向性统一。另一方式是异向的"纯化"方式,即"语法—语义"逻辑系统与音律审美系统的矛盾、冲突(中国诗学中的"推敲"范畴,即导出这种矛盾、冲突的存在)。在这种情况下,诗行结构中的深层音律原型便显示了自身的强大威力,例如象征主义诗人,美国的欧文·豪在《现代主义的概念》中指出:就是"在大部分作品中放弃逻辑结构,显示出一种洞察力,以代替有条理的、形式上的解决办法"。他认为,"诗人并不是传达他所得到的启示,而是投身于启示",也即"人"的诗性存在,在诗行结构中,扬弃"人"的一般存在。因而当诗性存在与逻辑结构发生矛盾时,无疑地就要扬弃后者,中国唐代李贺的诗之所以难于懂透,其原因固然很多,但诗性存在扬弃了逻辑存在,却是重要原因之一。意大利的菲·马利涅蒂说:"传统句法是沉重的、狭隘的,固定在地面不动,因为它只有理智而无手臂和翅膀。只有反句法的诗人能从互不连贯的字句中深入了解到物质的实质,并能消除物质与我们之间的盲目的对立。"(《未来主义文学的技术性宣言》)"传统句法"在诗行结构中的瓦解,"反句法"在诗行结构的"神圣"存在,这便是音律审美系统对逻辑系统扬弃的结果。这是诗行结构的实践功能,"诗人必须追随词汇:当他写作时,词汇将他运载到未知然而已经可辨认的领域,一旦出现阻碍,诗人应毫不犹豫地破坏语法,冲击理性的逻辑思维语言,无论如何都应赋予诗中的词汇以自身的意义。"[1]诗行结构中的诗性实践功能,比"语法——语义"逻辑系统的品格要高出一个层次,它直接沟通音律审美系统的原型意识。在原始时代,"诗—歌—舞"三者合一时,韵律节奏就高于一切,甚至节奏本身可以扬弃一切"话语"和"意义",成为原始人的"人性"的普遍存在。在这样的前提下,"破坏语法"就是完全可以理解了。

在本节的历史巡视中,我们审视了关于节奏韵律的多种多样的研究方

---

[1] 高反纳尔:《荷兰现代诗选·译者前言》,人民文学出版社,1980年。

法与视界,每种方法与视界都显示了若干真理的颗粒,但把它们综合起来,却有一个核心的概念和意向性:审美创造中人的主观形式(艺术主体不同功能的显现)。卢卡契、普列汉诺夫从劳动社会学的视界出发,分析劳动结构中微观过程,从而抽象出劳动节奏的人的主观形式;黑格尔从自我意识的"差异—同一"(具体同一)的意识反思、觉醒运动(一种节奏运动)中,抽象出理念主体的主观形式;中国文论家、艺术家(朱光潜等),则从艺术学的视界出发,抽象出艺术主体的"期待"模式与主观形式;俄国形式主义、维戈茨基等学派,则从语音本体的丰富性和奥秘中,以及词的自然性与诗格律的"对立定律"中,抽象出艺术主体的主观创造形式;诗性哲学家(宗白华等)则从诗性宇宙论的宇观整体视界出发,抽象出人类宇宙观节奏的主观形式;皮亚杰、苏珊·朗格,则分别从人的机能—智慧结构和整体性生命感知的特征出发,抽象出智慧发展中的节奏结构和生命节奏的主观形式……凡此等等,都是人作为主体存在的某种审美视界,它向我们揭示出:审美的秘密绝不存在于离开人的"客观性"中。而存在于与人纠缠在一起的"倒霉的意识"——人的主观性中:由于人的审美主观形式的不同,所以便有千种万样的节奏论的观点。

一首千古不朽的唐人绝句(七绝),仅是 7×4=28 个汉字,却显示为四个系列(四句)的 28 个"宇宙空间",其间"人的主观形式",需要多少像雷雨电闪、风云变幻般的激情才能填满?"笔落惊风雨,诗成泣鬼神",这是何等惊心动魄的主观创造—主观形式的寻觅!在人类主体面前,大自然的"客观性"黯然失色消退。

19 世纪反叛逻辑理性主义、狂歌着"上帝死了"的尼采,看来是近代最为"人化"的哲学家,也是最为"情感化"的哲学家了,他的某些观点,也许有些"矫枉过正",但是他投射在节奏论上的锐利目光,却几乎可以把我们以上所评论过的种种节奏观念涵括起来,使之升华为人自身的一种真正的精神存在,或者说是一种难以名状的神秘力量。尼采说,"对古代迷信的部落来说,还有什么比节奏更有用的东西?当时,借助于节奏什么事都能做,能神奇般地帮助劳动,能使上帝显现下凡和倾听人们的诉说,能按照自己的意志修正未来,能使自己的心灵摆脱杂念,不仅使自己的心灵,而且使恶人的心灵也摆脱魔鬼的纠缠。没有诗,人就什么也不是,有了诗,人就几乎成了上帝。"[1]节奏韵律的综合性人类学功能,在古代部落得到最充分的表现。这种综合性的、混沌的人类学功能,长期以来都是哲学家、社会学家、艺术家注目的对象,我以为并非偶然。然而,从任何一个侧面、一个视角,企图去穷尽节奏韵律的内涵及其神秘性,都是不大可能的,这正如从任何一个侧面、一个视角去穷尽生命的内涵及其神秘性一样的不可能。诗人、艺术家,在某种程度上说,也可以"纯化"和"客观化"为某种节奏韵律的存在物。歌德作诗、贝多芬作曲,作为艺术灵感的"此在",并不是别的什么,恰好是有特定规范的心灵律动——节奏韵律。中国古代的伟大诗人们,梦寐以求的是在"绝句"或"律诗"的短小诗行中,把自身升华为最高的精神存在;以神奇的韵律节奏,把广阔、漫远的时空席卷起来。"一吟双泪流"、"语不惊人死不休",难道仅仅是词语的道白么?林语堂说,一切艺术的闷葫芦都是气韵问题,这才是真知灼见。中国诗论中的严羽学派,最后拈出一个"神韵"范畴来,道出了其间的一切秘密。泰戈尔说,"韵律无时不刺激着诗人的智慧"。时的节奏,力的节奏,是人类大脑结构中最为深层也最为混沌的智慧运动。由笔者看来,在人类智慧的竞赛场中,哪个民族的节奏韵律感最为深层、最为强有力,最有纯化功能,哪个民族便在智慧的竞赛项目中夺取最多金牌。英国皇帝说,"宁可失掉一个印度,而不可丢掉一个莎士比亚"。我们也大可不惭地说,"宁可丢掉万里长城,而不可失掉唐诗"。你是中国人吗,那就必然在你的大脑结构中嵌进五绝七律的节奏韵律模式,让你的神经能量和生命呼吸、血液循环都呈现为平仄律动的和谐世界。举目远望神州大地,家家户户,逢年过年,婚丧悲喜……无不是吟诗作对,处处皆是对联一绝句纷飞的景象。手机号码共 11 位数字,你怎样告诉别人?用什么节奏去念?此中即可透露出你的中国传统文化修养(可供理性记忆者除外)。

语句的节奏韵律形式与思维结构的长短、特征,二者之间有一定的协调关系,朗格对这有一个深刻的洞察:"语言的这种能力(指节奏韵律)确实十分惊人。仅仅是它们的发音就往往能影响人们关于词汇原意的情感。有韵句子的长短同思维结构长短之间的关系,往往能使思想变得简单或复杂,使其中内含的观念更加深刻或浅显直接。赋予语言以节奏的强调性发音,发音中元音的长短,汉语或其他难得了解的语种的发音音高,都可以使

---

[1] 尼采:《快乐的科学》,转自维戈茨基:《艺术心理学》,上海文艺出版社,1980 年,第 327 页。

某种叙述方式比起别的方式来显得更为欢畅,或显得倍加哀伤。这种语言的韵律节奏是一种神秘品格,它或许能证明至今完全没有进行探索的思维与情感的生物学统一性问题。"[1]按照朗格的观点,语言节奏韵律的奥秘就潜伏在"思维与情感的生物学统一性"之中,要探索这种生物学统一性,就要分别弄清楚一个民族的思维结构与情感模式的特征,以及二者间的关系,这是人种学的基础理论。一部欧洲哲学史和艺术史,从某种程度上说,正是探索欧洲人种的思维结构特征及其情感模式的历史,至于它们之间的关系,以及它们之间的生物学统一问题,这正如朗格所说的,是"至今还完全没有进行探索"的问题。不是么,诗行世界与导弹世界本来就是大脑结构中同一个兴奋点的二相性表征,但历史形成的现实,却是水火不相容的对立世界。这多么令人反思。值得注意的是朗格在这里正视了汉语的"神秘品格"。语言就是智慧,韵律节奏就是智慧的运动性能。汉语言的特征,代表了中国民族的智慧,要解开唐诗之谜或中国诗行的节奏韵律之谜,我以为要从两方面努力,一是写出一部显示思维结构特征的哲学史和一部显示情感模式的艺术史,二是沟通二者间的内在联系,使二者达到"生物学的统一"。然而,要做到这一步,又谈何容易呵!盼望在未来的世纪中,对"哲学一艺术"、"思维一情感"的二元对立结构都能进行充分的探索(欧洲哲学史则把二者割裂开来了,值得引以为训),能写出令人信服的"汉语思维生物学"和"汉语情感生物学",或者"汉语思维—情感生物学"。

  人类最困难的课题,还是德尔菲神庙上的格言:"认识你自己"。人啊,何时才能在德尔菲神庙门前召开庆功大典?让诗、歌、舞神游漫长历史之后,再次"握手言欢"。

  欲进入中国诗行的大千世界,谈何容易!真是"千呼万呼始出来,犹抱琵琶半遮面"。本书下篇本是中国诗学之"器"论,但由于研究对象初初看来极为单纯,而深入体察则复杂万分。笔者只好绕道而近之,才稍知"庐山真面目"。关于中国诗论的论著多如牛毛,但当说到为何要有节奏韵律,为何要有平仄对偶,一般都说"便于朗诵"、"易于记忆"一两句话,便打发净尽了。最原始的鞭炮,便是今天导弹的灵机。中国最原始的艺术("诗—歌—舞"一体),便是唐诗宋词的深层根基。"诗—歌—舞"一体的最高境界、最奋进的力量,是天人一体的、狂热的节奏韵律感(一种艺术原始意识),中国

---

[1] 苏珊·朗格:《情感与形式》,刘大基等译,中国社会科学出版社,1984年,第299页。

礼乐文化之血脉搏动、灵魂归附,全在"进退揖让洒扫应对"的生命律动中。世界上任何民族的文化都不曾有过中国礼乐文化中的那种昭示"人之存在"的"艺术律动"形式。中国抒情小诗冠绝于世,亦无法翻译,这是中国作为"诗国"的最大骄傲,且千古不朽。今天未脱胎痕的婴儿,早已会吟诵"床前明月光"了,这是多么令人兴奋的礼乐文化基因"诗性"未来呵!应当说,中国诗行世界,是中国文化中最有灵气与最有诗意的大秘密。

第五章　中国诗行结构及其韵律世界

探索中国诗歌的韵律节奏规律和特征,是展示中国诗性智慧的一个极为重要的方面。

朱光潜早就说过:"我以为中国文学只有诗还可以同西方抗衡,它的范围固然比较狭窄,它的精炼深永却往往非西方诗所可及。"[1]中国是以"诗国"闻名于世的。这里的"诗"是指诗的哪一方面?是指反映社会生活的内容广泛方面,还是诗的韵律世界,或者是前后二者的交互联系?不管是哪一个方面,只要带有"诗性",便变得十分神奇而复杂,所以歌德在《诗与真》中说:"直到今天,还没有人能够发现诗的基本原则,它是太属于精神世界,太缥渺了。"歌德在这里说的是那"太属于精神世界,太缥渺"的诗的基本原则。这话很值得思索。我们现在的审美理论、文艺理论所确立的"诗的基本原则"与歌德所说的"诗的基本原则",恐怕有极大差异。用康德、黑格尔的概念来说,前者是指用"知性"范畴得出来的"诗的基本原则";后者是指用"理性"(注意:不是我们常用的对应于感性的"理性")或者是直感所得出的"诗的基本原则"(实践理性)。对于诗的"太属于精神世界,太缥渺"的方面,如果我们只用"知性"去寻求,那可以说是什么也得不到,因为黑格尔有句名言:"知性不能掌握美。"只有用"实践理性"和人的全副审美功能去寻求,乃至"直觉"才会有所得。

朱光潜说:"中国文学只有诗可以同西方抗衡","它的精炼深永却往往非西方诗所可及。"他指的中国诗的"精炼"、"深永"是属于"内容"范畴,还是"形式"范畴?我以为多是侧重于后者,特别是"深永"(这与"精炼"也分不开),它主要涉及音韵声律世界。而歌德所指的"太属于精神世界,太缥

---

[1] 朱光潜:《朱光潜美学文集》第二集,上海文艺出版社,1984年,第229页。

渺",我以为也是侧重在诗的韵律节奏的和谐世界——它是难以描状和言说的东西。因此,本书认为,深入到诗的"缥渺"世界中去,触摸韵律世界的神秘芳香,体味诗的"精神世界"玄境,是确立"诗的基本原则"的一个重要方向。中国以诗国闻名于世,且以诗为礼乐文化传统的骄傲,因而进入中国诗歌的音韵、声律、节奏的和谐世界,揭示其规律与特征,对建立"诗的基本原则"是很有意义的。否则,"诗之为教"要呈现为一种行为的实践方式,就难以落实。

第一节 汉语诗律节奏的两个来源:文气说与声律说

一、文气说

据郭绍虞的研究,汉语诗律节奏,有两个起源,一是文气说(古文家所主张),一是声律说(诗家所主张)。古文家与诗家各持其说,都有点排他性。但郭氏认为,二者其实是可以相通的[1]。笔者在本书里,亦持二说相通的观点。

中国和世界上各个民族一样,诗是文学的源头,而散文倒是后来才发展起来的。但诗、歌、舞三者原始的混一性,却是诗韵律节奏的总体根源。

虚词入诗,且成为诗律的一个根源,这是汉语诗中的一大特征。从《诗经》到《楚辞》,莫不如此。例如:

坎坎伐檀兮,置之何之干兮,河水清且涟猗。
("猗"与"兮"同,语词也。见朱熹《诗集传》第66页)
长太息以掩涕兮,哀民生之多艰。

这里的虚词"兮"、"之"、"且"、"以"等,均以"声"显"情",以"气"传"义"(其中尤以"兮"字用得灵活而广泛)。"兮"字,是一个诗性古典时代的

---

[1] 参见郭绍虞:《汉语语法修辞新探》,商务印书馆,1982年。

特有用语,即特有之咏叹方式。

虚词本是针对实词而言,即是无"意义"的,它在文中的作用仅表语气而已。但诗中的虚词,看来不仅仅是表语气(本来"语气"也是一种"气"),而且还是"道"的"气"(由诗义转化来的"气"),与古文家的"文气说",是一致的。

清代研究虚字的学者袁仁林,在其专著《虚字说》中,对诗中虚词的文气特质,有相当精辟的见解。

1. 诗中虚字的作用:拖声申意

"观朱子求俗语(按:诗中俗语是诗律节奏的一个来源),乃知诗中'乎''而''只且''也且'等合声,皆当时俗间有此,不过拖沓其声以申意也。"[1]

这里最值得注意的是:诗中虚词多通过"合声",导引"诗气",迤长腔调,即"拖沓其声以申意也"。诗中虚词的这种"拖声",目的是为了"申意"。这为我们理解古诗作法与朗读,提供了一把钥匙,即在关键("气眼")之处,必须"拖声",以便达到"申意"的目的。这也说明,诗的情感、意义与诗的腔调(文气),是密切不可分的。

"'夫'字用为语已辞者(句末),意有所见而拖其气以盘旋之,有无限虚空唱叹意。"[2]这是袁仁林对"夫"字作为句末语气词的分析。他专注于捕捉文气的运行轨迹:"拖其气,以盘旋之,有无限虚空唱叹意。"这和"拖声—申意"说,仍是同一思路,但更为细致,令人信服。诗句末虚词,以咏言长声写"欣戚"之意,"古诗歌所用语辞(即语气词),大概取其声之长以写欣戚意也"。[3]例如《诗经》、《楚辞》中,句末甚多"兮"字,如若长言诵之,则足以"写欣戚意也"。

诗行中的"拖声",实质是文气的调理与强化(从声过渡到义,是"声—义"结构作为自调系统的一种机制)。

杜甫诗"离乱还奏乐,漂泊且听歌"、"去矣英雄事,荒哉割据心"中,"还"、"且"的文气把诗情"苦中作乐"的一面强化了;"矣"、"哉"之音律,透出一片由盛而衰、江河日下之意。这些诗句,最妙之处乃在于虚词的语气,调理了诗行结构("声—义"迅速转换),使诗情呈现出新的面貌。

2. 文气说的"气—声—情"三联结构

"'第''但'二字,其气清扬,其声尖亮,其情柔坦,'独''特'二字,皆入

---

[1] 袁仁林:《虚字说》,中华书局,1988年,第68—69页。
[2] 郭绍虞:《汉语语法修辞新探》,商务印书馆,1982年,第2页。
[3] 袁仁林:《虚字说》,中华书局,1988年,第67页。

声,其气专确,其音质实,其情爆起。"[1]"'哉'字之声,舌点上腭,在拖语声中最为开大重实。取'与''乎''哉'三字相较:'与'字(声)清嫩悠长,其气舒徐无尽,其情专一平趋,能使语归柔活;'乎'字(声)充足悠长,其气圆满包含,其情空洞无着,能使意足言中;'哉'字(声)挺劲悠长,其气毕达无余,其情苍老衰息,能使声闻天外。"[2]

袁氏在《虚词说》中,对诸多诗中虚词都从"声—气—情"三个方面,作了一番总体性的比较研究,得出了一些很有启发意义的见解。这里最可宝贵者,我以为是袁氏沟通了"声—气—情"三者间的关系。把"文气说"具体展现为一个三联结构式:声—气—情。从顺向看,循声可以索情,从逆向看,依情见声,当然二者间(中介环节),都必须通过"气",才能相互过渡。这也许就是"文气说"的实质。

在中国古代,道、气、艺、技是相互蕴含的,声、情、事、理也是不可分的。虚字本无"义"之可言,但在"声—气—情"三一式中,每个环节都可以通向"义"("理"),即"情—义"相通,"气—义"相通,"声—义"相通。

"夫虚字诚无义矣,独不有气之可言乎?吾谓气即其义耳。"[3]袁氏研究虚字的突破口是"气即其义"的原理。因此,其说便可获得完满的表达,而"声—气—情"三一式结构,便可与"声—义"结构的普遍法则统一起来。

3. 诗行中的"些"字是咒语,腔调更具巫术性

在屈原作品中,只有(招魂)一诗句未有"些"字。这个"些"字来源于民间,其读法一直在争论。但知其一者,又不知其二。"至于'些'字独招魂用之耳。朱子曰:楚'些',沈存中以'些'为咒语,如今释子念'娑婆诃'三合声,而巫人之祷亦有此声,此却说得好。"[4]袁氏所引朱熹的看法,是有价值的。这里道出了诗韵律节奏的一个重要的社会学来源,即诗、歌、舞三位一体时期的巫术性质。巫人之祈祷腔调(或喃唱),充满了狂热的情感和神秘性。因为只有"惊天地动鬼神",才能达到"神人以和"的目的。法国诗学理论家让·斯佩维尔说:"早在古罗马和古希腊之前,古老悠久的东方文明就赋予了诗歌语言的节奏和叠韵的种种神奇的效力以及词的重复、能朗朗上口的格律魔法,这表现在各种礼仪形式的咒文、咒语和巫术当中。它们

---

[1] 郭绍虞:《汉语语法修辞新探》,商务印书馆,1982年,第20页。
[2] 郭绍虞:《汉语语法修辞新探》,商务印书馆,1982年,第39页。
[3] 郭绍虞:《汉语语法修辞新探》,商务印书馆,1982年,第11页。
[4] 郭绍虞:《汉语语法修辞新探》,商务印书馆,1982年,第68页。

至今仍在茨冈人——那些野蛮的移民身上继续保留着,甚至我国穷乡僻野的落后乡村也不例外。"[1]这就是说,格律、节奏、韵律与咒文、咒语、巫术是相混合在一起的,它们具有一种神秘力量,"在诗歌的灵感里还是贯注着神秘的禀性",[2]这表现在语调、韵律、节奏上,也应该具有咒语(特殊的韵律节奏)的特色,让·斯佩维尔指出,"诗的朗诵不须任何学究式的矫揉造作、只须用一种朴实方式——使诗与歌保持咒语的鲜明特色"。[3]"诗"具有"歌"和"咒语"的鲜明特色,主要是指"歌"和"咒语"所具有的特别腔调、韵律、节奏,而不是"语义"上别有所指。

由上面三方面看来,虚词(语气词)入诗,则是把诗义、诗情融于"气"(语气)和"声"(诵声)之中。这样,诗中"声—气—情"的协合、和谐、运动则构成诗的韵律节奏。这是诗行"文气说"的表现。

二、声律说:声母、韵母对"字"(声)的扬弃

本来,文气说也好,声律说也罢,都是根源于《尚书》的古老定义:"诗言志,歌永言,声依永,律和声,八音克谐,无相夺伦,神人以和。"其中,"诗言志,歌永言",这本来就是"拖声—申意",属文气说;"声依永,律和声",这已经是"声—永"协合,"律—声"相和,属声律说了。不过,二说虽是同一起源,但细细分析,又有许多不同之点。

声律说,作为文学史上的派别,是指沈约、周颙等人的"四声八病"说,这是狭义的概念,但从广义说,是指诗句中语言的节奏、韵律、对偶、对仗等的协合。诗句中声律虽与文气相关,但又有自身的特点。诗句中的最小单位是字(词),诗句的字数亦有一个约定的阈限,或四言,或五言,或七言等,要在诗句有限的字数中,显现出"大珠小珠落玉盘"的宫商来,这就要求从最小单位的字(词)开始,能生发出声律的萌芽,在诗句结构中组合成声律的规则来。

汉语的特点,中外人士都一致公认是单音、孤立,一位德国批评家认为还有第三个特点,即语调的美。单音、孤立,在某种意义上,本身是一个自足体,自身能显现出语言、文字的多种功能,否则,单音、孤立便是一种抽象

---

[1] 让·斯佩维尔:《法国诗学概论》,洪涛译,四川文艺出版社,1992年,第1页。
[2] 让·斯佩维尔:《法国诗学概论》,洪涛译,四川文艺出版社,1992年,第2页。
[3] 让·斯佩维尔:《法国诗学概论》,洪涛译,四川文艺出版社,1992年,第7页。

的"孤立"现象,是不起作用的一盘散沙。郭绍虞认为,中国文字的单音、孤立充满了各种辩证观念。诗句中的字,从声音方面去解剖,可以划分为声母与韵母两大类,相毗连的两个字(即词)由于声母相同而结合,叫做双声;由于韵母相同而结合,叫做叠韵。例如:"参差荇菜,左右流之"(双声);"窈窕淑女,君子好逑"(叠韵)……中国古代的诗歌,充分利用双声迭韵所造成的声律美,是非常普遍而持久的现象。双声叠韵是古代造成诗行声律美的主要手段,发展到后来,与四言诗形式结合,则更具音乐性(对四言成语也是如此),有时声律美(音乐性)压倒一切,如著名的"王杨卢骆"排序的例子(诗句有"王杨卢骆当时体",王杨叠韵,卢骆双声),这种排序当时就引起杨的抗议:"愧在卢前,耻于王后。"我们当今排列人物顺序,可谓小心翼翼,有时干脆就是"按姓氏笔画"排序,然而,在中国古代,声律的音乐性要求是不可匹敌的,绝不会因为杨的抗议,而更易为"卢杨王骆"(这样则破坏了双声叠韵的美)。

不管是双声,还是叠韵,都是一种重复组合。不过这种声母、韵母解剖后的重复组合,比那种以字(词)为整体单位的重复组合,要高一个层次(以字词为整体单位的重复组合,在《诗经》中极多,如"坎坎伐檀兮"、"硕鼠硕鼠"等,组合方式也多样化:重叠、反复、呼应等)。从字(词)的整体性重复叠合,走到字的声母、韵母解剖后的分别组合,这是汉语诗律的一个突进,同时又是一种细胞解剖学的方法论观念。"突进"是由于"方法论"观念的变革带来的。这就是审美主体关于音韵观念清醒的自我意识,是对字(词)内部结构的音符—审美解剖。如果没有声母、韵母对于字(声)的这种扬弃,后来的四声和平仄观念则不可能发生,更不可能走向成熟。

如果从声律的抽象普遍性看,汉语诗发展的阶段,大致可分为四个层次、两个大阶段:

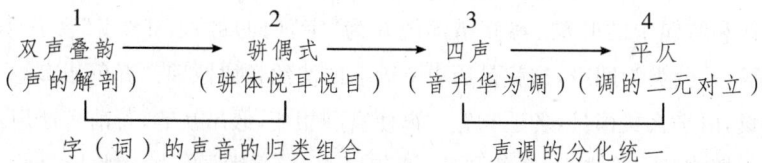

从声律角度考察,由双声迭韵(包括重复),进展到骈偶式,这是一个飞跃。骈文作为一种文学体裁,其涵义当然是多方面的,作为一种纯形式追

求也有历史缺陷,但从声律、节奏等形式美方面看,则又是对诗行环节(双声叠韵)的否定和扬弃;从语句形式方面看,它讲究对偶(工稳对仗)和整齐节奏;从音律方面看,它讲叶韵、平仄,使诗句蕴含浓烈韵味。骈偶体的审美意识,显然是企图把诗句的形式美(从语言的用典、藻饰到音韵节奏),推向一个崭新的阶段。但由于骈偶文缺乏生命的内在律动,而过重于对外在形式的追求,所以很快便退出了历史的舞台。唐代的柳宗元后来对这种文体作了一番批评:"眩耀为文,琐碎排偶,抽黄对白,噆哜(乌声)飞走。骈四俪六;饰心绣口;宫沉羽振,笙簧触手。观者舞悦,夸谈雷吼。蚀溺臣心,使甘老丑。"[1]但从中也反映出骈文在声律、音韵方面有出色的表现。骈偶的审美意识,我以为已经远远不止于声律的"悦耳",而且还连及外在形式和意象排列的"悦目",它企图在汉语诗句的整齐结构中,把视、听形式美融于一炉,把审美主体的耳、目审美器官结合起来,从而形成一种新的境界。应该说,骈体文审美意识的这种双向推进(悦耳的音律方面和悦目的诗行结构方面),在中国诗行史上立下了汗马功劳。反思唐诗排律和绝句中的千古佳作,哪一首不是在声律和谐协合中,同时显出对偶对仗的整齐美?"窗含西岭千秋雪,门泊东吴万里船"(杜甫),这种立体型的悦耳悦目互为一体的诗句,它的历史渊源,应该追到骈偶文体的审美意识。

汉赋作为骈偶审美意识的业绩,既显示了中国文学形式的开阔、堂皇,也显示了大汉帝国的若干盛大气象。这是审美主体的人格在"气"形式方面的一种伟大历史成果。

骈偶悦耳悦目的双向推进,在比较低的艺术阶段上,使审美主体难以应付。同时,诗的本质方面(情绪的深层波动)更重于声律的悦耳性,所以骈偶这种"混沌"的整一性,必须走向分化,最后才会有双向结合成熟表现。到六朝时期,沈约、周颙等人,则专在悦耳的声律方面,作了细致的整理、总结,以汉语声调的美,扬弃了骈偶的混沌整一性。他们把悦耳的双声叠韵音律和骈偶中的叶韵、宫商错落统一为"字"(词)的调,把"字"音升华为"调",并分类为四声,这就是历史上著名的沈约音律原理:"五色相宣,八音协畅,由乎玄黄律吕,各适物宜。欲使宫羽相变,低昂互节;若前有浮声,则后须切响。一简之内,音韵尽殊;两句之中,轻重悉异。妙达此旨,始可言文。"(沈约:《宋书·谢灵运传》)"音韵尽殊","轻重悉异",便是四声的基本

---

[1]《柳河东集·乞巧文》(上集),中华书局,1960年,第316页。

要求。当然不能说"四声八病说"是沈约个人的发明,但他的确对诗句的声调体察入微,以声调的本质性扬弃了骈体的原始丰富性,使汉语诗的音韵节奏又跨上一个新的台阶,这便是促使中国诗歌走向成熟境界的平仄律。

中国诗歌音律节奏,从重复、叠合,而到双声叠韵,途经骈偶形式美的混沌整一,进展到沈约的"四声八病说",可谓是中国诗歌音律节奏在不同方向上的不断分化过程。在这个分化过程中,充满了辩证观念。"四声"说,虽是对六声说、七声说、八声说、九声说……的一种扬弃和胜利,但在声律结构内部,仍未形成真正的辩证对立观念,仍存在着"多元"的痕迹。西方声律很早便达到扬(长)抑(短)的二元对立(长短律或轻重律),由此而演化出各种长短律、轻重律来。中国诗律最后走向平仄律,有卓识的学者认为这是根源于二元对立音律即音律辩证法。这不是对西方音律的模仿,而是世界各民族诗句所遵循的共同客观规律,是人类审美器官(耳、目)的共同要求。

中国诗行形式发展到七绝,可说是达到了高度成熟的境界。这种七绝可以看作是文气说与声律说交融统一后的新发展。何以见得?七绝吟诵中的摇曳、拖腔(特别表现在诗家老先生的吟态中),明显地属"文气"范畴;平仄律的推敲,明显地属于声律范畴,尽管二者有内在联系,但这个区分还是分明的。

中国诗歌韵律节奏中的"文气说"与"声律说"的交融,从低层次看,似是不同文体、不同语类的融合,郭绍虞说:"骈文是重在运用实词方面,所以可讲声律;古文则是以运用虚词见长的,所以可讲文气","正因为古人体会到这一点,但又没有语法修辞之学,所以讲得具体一些则成为声律说;讲得抽象些,又成为文气说"[1],"这就证明了我以前(按:1928年)指出的骈文家的声律说与古文家的文气说可以相通的理论"。[2] 方孝岳也说:"《尚书》里所谓'歌永言',似乎就是说'文气',至于'声依永,律和声',即是说声律了。文气以声律为藉,声律又以文气为根本。魏文帝以文气论文,沈约的声律论,足以补充魏文帝之不足。"[3]这就是说,"文气—声律"既互为表里,又是互补。郭绍虞的观点,自然有合理之处,但从更高层次看,不管"文气"说,还是"声律"说,都是由"道"来统辖的。而"道"者,"气"也;"气者,

---

[1] 郭绍虞:《汉语语法修辞新探》(上册),商务印书馆,1982年,第460页。
[2] 郭绍虞:《汉语语法修辞新探》(上册),商务印书馆,1982年,第119页。
[3] 方孝岳:《中国文学批评》,三联书店,1980年,第69页。

"道"也。所以《尚书》的古老定义,则把"歌永言"、"律和声"紧密结合在一起,达到"神人以和"的目的。诗歌韵律节奏在它的原始时期,即诗、歌、舞三者混合时期,是充满巫术性的,其声调音律也充满咒语魔力,带有狂热的情感性和神秘性。这实际就是"天人合一"系统中艺术精神与"气"的二元和谐。

第二节　散文的诗性倾向:中国诗性智慧的异态流程

中国的散文是诗的后代,因而散文带有诗性。但是,散文(古文)中的诗性概念与诗歌中的诗性概念,是有区别的。前者,仅指诗性的音韵声律节奏等方面,或由此而连及"境界"体味,后者则更为广泛。本书着重从古文的句式和虚词两个方面去看古文中的诗性倾向。

一、古文虚词的诗性倾向

在上面我们比较详细地分析了中国古代虚词入诗的现象(例如"颠之倒之"、"优哉悠哉",那是"拖沓其声以申其意也"),这是"文气说"得以成立的一个重要依据。

然而在散文中,虚词除了表明脉络转承、惊叹疑问、肯定否定等多种作用外,尚有显示风格特征的作用。按姚鼐的概括,中国艺术风格可大别为阴柔美与阳刚美两类。"风格即人",体现了人的个性特征。文论家们一说到这个问题,众人皆知的例子,便是欧阳修改稿。[1] 记载云:"欧公文字愈改愈好","欧公亦多是修改到妙处。顷有人买得他《醉翁亭记》稿,初说滁州四面有山,凡数十字,末后改定,只曰'环滁皆山也'五字而已。"为什么把"滁州四面有山"等数十字,改为"环滁皆山也",便有更易风格的轰动效应?我以为不能单从孤立的一句话(或那"数十字")看得出来,而应该把它放在全段文章中作总体审视与推敲,才能品赏到其间的妙处。

---

[1]《醉翁亭记》等例子,见《朱子语类》卷139,第八册,中华书局,1980年,第3308页。

"环滁皆山也。其西南诸峰,林壑尤美。望之蔚然而深秀者,琅琊也。山行六七里,渐闻水声潺潺而泻出于两峰之间者,酿泉也。峰回路转,有亭翼然临于泉上者,醉翁亭也。作亭者谁?山之僧智仙也。名之者谁?太守自谓也。太守与客来饮于此,饮少辄醉,而年又最高,故自号曰醉翁也。醉翁之意不在酒,在乎山水之间也。山水之乐,得之心而寓之酒也。"(欧阳修《醉翁亭记》)

全段文章连用了九个"也"字,即每句句末皆以"也"字顿住,"也"字的"拖声—申意"跌宕盘旋,反反复复,有加无减,于此语境中,"文气"与"声律"达到登峰造极的境界。文章之始以"也"字顿开,使全段文章在"也"声中开合有致,错落有序,灵妙地统一起来,因而显出一种优悠和谐的阴柔风格,读之见其人,闻其声,会其神,悟其妙。这是文章改后的审美效应。如果保留"滁州四面有山""凡数十字"的原句,这样的审美效应就不易突出,而且作者的个性光辉——阴柔风格也就隐没了(有的论者说,原句只显示作者的阳刚风格,改后则为阴柔风格,此说有一定参考价值)。

古文虚词于文章中关键处显示出作家个性与风格,这种见解无疑地是来源于"文气"说。因为虚词的更易,是调理、梳畅文气的关节点。只有这关节点调顺好了,文气才会恣意奔泻、畅通无阻。

古文虚词之所以具有畅通脉络、变易风格的灵妙审美效应,我以为仍是在于"虚词入诗"的原型品格。中国古文步尘于诗后,保持并发扬了这种特质(原型品格),并在古文中得到进一步的发展,然后再反过来对诗施加"新形态"的反作用。在诗与散文的交互影响中,使中国的诗达到了空前繁荣的阶段。

二、古文句式("声—义"稳定结构)的诗性倾向

《诗经》是中国文学之始,先秦诸子散文是诗后的发展形态。从中国艺术本体看,把二者统一起来的是特定的中国艺术精神:"道"向"艺"的演化与走向。因此探求中国诗歌的节奏韵律的和谐世界,撇开中国经典散文的参照系,无疑是一大缺失。因此,我们需要对散文的诗性倾向作进一步的探索。

散文中何需使用虚词(助词),这是中国语文学者早已论述过的"母题",已有了大量成果,无需我们作诸多的全面引述,只看看南宋陈骙的《文

则》,便可略知其貌:"文有助词,犹礼之有傧,乐之有相也。礼无傧则不行,乐无相则不谐,文无助则不顺……《檀弓》曰:'勿之有悔焉耳矣'。《孟子》曰:'寡人尽心焉耳矣'。《檀弓》曰:'我吊也与哉'。《左氏传》曰:'独吾君也乎哉'。凡此一句而三字连助,不嫌其多也。"[1]这说明古文中在尽最大语气幅度来使用助词,以便达到气之充分摇曳、谐和。陈骙说的"三字连助",实为一种摇曳波折的腔调,如乐调一般,是"拖声—申意"的传统做法,亦可看作是散文从诗中脱出来的一根"脐带"。一旦当散文颉颃于诗歌时,"文气""声律"之两军对垒的结果,使"文气"获得了新的质态(两个子系统组成大系统后,其系统质不同于其间任何一个小系统的质)。原来"文气"的诗性倾向,经过古文系统的陶冶,音乐性显得更为醇厚、苍劲与和谐,诗与散文的共同质,在中国人的大脑结构中成为对峙性的韵律原型结构。

中国古文的句型结构在先秦诸子散文中,已经初具典型形态。我们就中国古文句式看看其诗性特质。

1.陈述句与判断句的音律节奏:

(1)$_1$ "臣之所好者,道也。"(《养生主》)

(1)$_2$ "陈胜者,阳城人也。"(《陈涉世家》)

(2)"神农、仓颉,圣人者也。"(《齐民要术序》)

(3)"学而时习之,不亦悦乎?有朋自远方来,不亦乐乎?人不知而不愠,不亦君子乎?"(《论语·学而》)

例(1)是古文中极为普遍的句式,是很平直的事理表述,似不带明显情调。如果用我们今天的话说出,仅是单纯语义一层道白:"我所爱好的是道"、"陈胜是阳城人"。然而,古文铸造了一个特定句式"……者,……也"。用"者—也"把主谓语连接起来,在陈述之外,还添加了一种不平凡的气氛和语调,语气摇曳,韵味醇厚。大凡古文中的这种句式,都有反映特定陈述内容的音乐性。其特征有二,一是用"者—也"把朗读的运气(动作)、呼吸隔开,显出鲜明节奏;二是"者—也",又是协韵的,于陈述之中,映射出陈述之外的东西(即弦外之音),颇令人回味。这种句式后来又有诸多变化,但尤其值得重视的是由(1)例演化为(2)例,即由"者—也"的分离或演化为

---

[1] 陈骙:《文则》,书目文献出版社,1988年,第27页。

"……者也"的叠合式,这似是打乱了例(1)的节奏感,仅加强了语调语气而已。但深入分析、体味,则深感别有一层意思,即把谓语"圣人"作了强调(让"圣人"一语在"者也"的拖腔中,盘旋、唱叹、欣戚)。例(2)亦可改为今人的道白调,或例(1)式的分离调("神农、仓颉是圣人"、"神农、仓颉者,圣人也")。那么,三者(正例、道白调、分离式)对比起来,有什么异样呢?很明显,道白调完全失去了古文腔调,无韵味可言;分离式,虽有古文句式的常态韵味,但并无韵味、节律的加重和倾斜的态势;只有正例("……者也")独得天独厚。进一步分析,正例的语调加重,实现语境—语义的渗透力,并不是作者单向的主观虚构,而是出于对"神农、仓颉"伟大历史人物的尊重的对峙性观念,以"……者也"的联合结构,把浓烈醇厚的韵味,凝聚于句式的气度中。

例(3)当然也可划为反问句(以"乎"为特征),但主要还是一种陈述,表明学习中的"乐"与"悦"及其君子胸怀。孔子的表达,无疑地带有一定的情感咏叹,然而朗诵起来,音响节奏却是一片宫商。句中一连三个"乎"字,正如袁仁林所说,"'乎'之空洞无着,悠长圆满,能写我意之无穷"。[1] "'乎'字充足悠长,其气圆满包含,其情空洞无着,能使意足百中"。[2] "不亦悦乎—不亦乐乎—不亦君子乎",此等三联式,不管是咏叹事理,还是表情达意,都在"声—气—情"方面,进入诗性境界。

2.句式中以"之"、"以"等字凑足音节(或成全其固定结构),使词组结构平稳、音节耦合:

  (1)"居久之,孝景崩,武帝立。"(《史记·李广将军列传》)
"居顷之,拜贾生为梁怀王太傅。"(《史记·屈原贾生列传》)
  (2)"宋何罪之有?"(《公输》)
"是社稷之臣也,何以伐为?"(《论语·季氏》)
  (3)"率师以来,唯敌是求。"(《左传·宣公十年》)

例(1)"之"字用在时间名词之后,凑足一个音节,这纯粹是音律节奏的要求。

---

[1] 袁仁林:《虚字说》,上海古籍出版社,1988年,第2页。
[2] 袁仁林:《虚字说》,上海古籍出版社,1988年,第39页。

例(2)和例(3)中,"何……之有"、"何以……为"、"唯…是……",都是趋向于四言固定结构。在汉语音乐性中,四言固定结构有重要的"语法—修辞—韵律"三流合一的原型意义。

以上这些固定格式是过渡到四言固定结构的方式之一。由点可以见面,恕不详列。

第三节 中国诗行稳定结构的基本形式

一、诗行稳定结构(句型)的形成

什么叫做诗?它和散文有什么不同?我们且看看外国人的定义:"诗是词在限定的节奏下的逻辑组合,换句话说,诗是有规则时值的乐句。"[1]"诗存在于一种限定的模式中,它与形式自由的散文有着极大的区别。诗是由遵守一定数目规则的音节,由固定重音标明顿挫和结句并规定有严格的节奏(除了倒移偶然中断外),由使节奏灵活丰富的变化重音以及韵律的音响等因素所构成。"[2]在以上的定义中,规定诗必须是有"严格的节奏"和"变化重音以及韵律的音响"的"乐句"。此外,还有一个很重要的规定:即诗句节奏限定性,要有"遵守一定数目规则的音节"。这样,诗行存在的矛盾是:字数、节奏既不能太少,也不能太多。太少表达不了内容,太多则无法全面控制,"一行诗越长,它越不容易作为一个统一体来发生作用"。[3] 因而诗行的"质"存在于诗行的"度量"中。这个"度"是多少?阈限如何?《文心雕龙》说,"句者,局也。局言者,联字以分疆。"(《章句篇》)"局",一种"局限",一种范式。《文镜秘府论》云:"句长声弥缓,句短声弥促","七言以去,伤于太缓,三言以还,失于至促","至于四言,最为平正。"(《诗经》虽有多言句式,但一般是四言)归纳以上各家所言,诗行内部矛盾有二:一是"作为一个统一整体"与部分(局部)之间的矛盾;二是文气—声律的"缓"与"急"的矛盾。按

---

[1] 让·斯佩维尔:《法国诗学概论》,洪涛译,四川文艺出版社,1992年,第5页。
[2] 让·斯佩维尔:《法国诗学概论》,洪涛译,四川文艺出版社,1992年,第6—7页。
[3] 凯塞尔:《语言的艺术作品》,陈铨译,上海译文出版社,1982年,第100页。

此要求,中国诗行的最佳阈限自然是在四言至七言之间了。

法国诗句最长只能是 12 个音节[1],拉丁诗则可达 17 个音节[2]。西方诗最典型的是六音步拉丁诗(音步包括长音节和短音节,一个音步可包括两个以上的音节),亦有 12 至 13 个音节。那么,中国诗与西方诗有何异同?不少谙熟中西诗学的专家认为,中国诗的平仄律,相当于西语的长短律(王力),西语以音步为节奏,中国诗则以平仄为节奏(朱光潜则主张以顿挫为节奏)。如果说,拉丁诗的典型诗句是 6 音步(6 个节奏单位),那么中国的七言诗,则是七个节奏单位(有 7 个平仄字)。由此看来,中西诗句结构都是 6—7 个节奏单位,这就是所谓诗句的"限定的模式",或叫"有规则"的"时值"。

中西诗句结构的 6—7 个节奏单位含量(或时空体验的一种模式),其依据是什么呢?这里也许有生理基础和心理条件的问题,许多生理—心理学家们已作过实验与统计,人在每秒钟内(一瞬间)阅读阈限仅是 5—7 个语言最小单位。在单位时间内,人的阅读阈限与感受阈限,是同步同构的。儿童的阅读阈限与感受阈限,比青年的阅读阈限与感受阈限要单纯得多,狭窄得多,从前者扩展到后者,是人的理智、艺术意识成长的一个重要标尺。诗句节奏阈限的定量扩展(时空审美意识的规定性),是历史的成果,但这种扩展又并不是无限制、无边界的,而是有一个最佳时值和最佳时段。凯塞尔认为"诗的扩展就有一个天然的界限"[3]这个"天然的界限",既依靠形式的扩展,也依靠内容的含量。二者的统一融合出来的范式即"诗行模式",则有极其重要的意义。

现在我们回到中国诗行的分析上来。

中国诗句从《诗经》开始,多是四言定格,中经《楚辞》六言、五言到乐府,古诗十九首的五言定格,然后进展到唐诗的七言定格。其演化的轨迹大致是:四言──→五言──→七言。当然,中国诗行从《诗经》、《楚辞》,一直到唐诗宋词(词亦诗也),于四言、五言、七言的普遍格式之外,尚夹有二言、三言、六言、八言、九言、十言、十一言、十二言乃至十三言不等,但是这些诸多杂言式,并不构成一种相对稳定的诗行结构,也并不作为诗句主流构成一个历史阶段(应当说,三言句在中国诗行结构中有极不平凡的意义,例如

---

[1] 让·斯佩维尔:《法国诗学概论》,洪涛等译,四川文艺出版社,1992 年,第 3—4 页。
[2] 让·斯佩维尔:《法国诗学概论》,洪涛等译,四川文艺出版社,1992 年,第 11 页。
[3] 凯塞尔:《语言的艺术作品》,陈铨译,上海译文出版社,1982 年,第 100 页。

古代大多启蒙读物、通俗普及读物,多用"三字经"句式表达,个中秘密是深远的。关于这个问题,本书放在七言诗行中论述,于此暂时按下)。

从上面分析可以看出,中外诗句(诗行)的限定模式(诗行节奏阈限性),从主体方面来说,遵循了一条受人类生理—心理基础限制的公律,从客体方面来说,遵循了"句式—语义"感受阈限的公律。诗之所以是诗,而不是散文,就是在这种"主体—客体"间的限定模式中,能充分展示出诗的本性(区别于散文本性)。这种"限定模式",外国人叫做"耕地的犁沟","我们把诗比作耕地,因为它一行一行的排列下来,如同耕地一样,它要经过耕耘的过程——犁沟、筑行、整修等工序"。[1] 如果我们把"耙地"比喻为散文的话,那么"犁沟、筑行、整修"则完全是诗了,因为这些工序是有许多规定性的(深耕、特效、整齐、有序……)。中国哲学的名言:无规矩则不成方圆。把这道理应用于诗,也是合适的。诗行(诗句)的形式定格、固定构型,是艺术形式从相对真理走向绝对真理的一个重要阶段,它一方面由历史的艺术经验过滤而来,另一方面,又反作用于艺术主体。马克思说,艺术对象创造了艺术主体。这是艺术的感受方式,或认知方式,它和民族语言的语法规则一样,成为一个民族思维—感受方式中的深层结构,它支配着这个民族的一切艺术脑袋,导引着这个民族的诗性智慧,在限定的共同模式中,显示出这个民族的生命力与作家的个性特征。

不管是西方诗行的"限定模式",还是中国诗行的"限定模式",都既有人类的共同性,也有民族的差异性。这种"限定模式"是一种共性与个性相融合的二重结构体。人类的诗性智慧,既体现在限定模式的共性中,也体现在限定模式的个性中。中国作为诗的国度,其诗性智慧,也许在其特定的限定模式中,表现出更灿烂的光辉,更具有诗性魔力!

二、中国诗行稳定结构的发展轨迹

1. 中国诗行稳定结构的核心形式:四言词组

汉语的特点是单音、孤立,具有灵活自由的组合力,但是这种"灵活自由",并不是不受思维方式的规范,不受语言特性的控制,恰恰相反,汉语字(词)的灵活自由,趋向于词组语段的某种思维—感受最佳形式,追求一种

---

[1] 让·斯佩维尔:《法国诗字概论》,洪涛译,四川文艺出版社,1992年,第2页。

伸缩性极强、跨度宽阔的词组结构,这便是四言词组(四言结构)。四言词组是汉语结构最重要的特征,这已经是共识。

四言结构作为汉语史上的一个稳定结构,为什么能成为中国诗行发展史中的"发端结构"?那根本原因,还是刘勰所指出的:"造化赋形,支体必双,神理为用,事不孤立。夫心生文辞,运载百虑,高下相须,自然成对。"(《丽辞篇》)从天理到文辞,莫不成双配对,所以刘勰又说,"偶语易安,奇字难适"。从小处看,是文字的奇偶问题;从大处看,则是"造化"与"神理"的赋形问题,这正是《文心雕龙》中"道──圣──文"系统的艺术轨迹,也是"天人合一"系统中的艺术走向。四言结构(两个二言结构),不是诗人们的即兴产物,而是关于"偶合"("造化赋形,支体必双")的历史积淀的语符意识。这种四言结构,不管是从结构上看,还是从音律上看,都平稳而和谐,所以《文镜秘府论·四》说:"四言最为平正。"与四言结构相对应的同构性成语之"四平八稳",正好作了一个注脚。这正是中国人根深蒂固的对偶性语符审美意识在语言层面上的积淀。郭绍虞说,"从汉语构词法中并列式的复合词,进到成为联合结构的词组,再进到对偶的语句,再进到文章的骈体,这正是汉语的特征,也正是汉语语法修辞经常结合的特征"[1]。从郭绍虞的观点看来,汉语中的"偶合"倾向是异常突出的,从词到词组,再到语句、文章(文体),无不是一种"偶合"的审美意识的强烈张扬。"偶合"审美意识中的四言结构,既有词组功能(复合词),又有语句功能(四言诗、成语),凝聚性、伸缩性极大;其信息量并不是字数可以计量的,它比语法修辞功能要全面得多(详见下文)。因此,四言结构作为一种汉语诗性智慧之组织形式,是中国人"偶合"审美意识的一种直观表现。从语法和思维角度看,这是一种比较简朴而单纯的原型结构。

中国诗的源头,它的胚胎式公认是:

断竹续竹,飞土逐肉。

从语言结构上看,一般人标点为四言句,但也有人标点为二言句。但从诗意的层次跃迁看,以四言为佳。因为"断竹─续竹"是诗意的一个层次,"飞土逐肉"则是诗意的另一层次。当然,强作二言结构也并非绝对不可,但

---

[1] 郭绍虞:《汉语语法修辞新探》(上册),商务印书馆,1982年,第173页。

二言总被四言所统辖、含包。按沈德潜选《古诗源》记载,中国最古老的诗也是四言的,如《击壤歌》:"日出而作,日入而息。凿井而饮,耕田而食。"

在中国历史上的第一部诗集《诗经》中,尽管多类句式皆备(字数最多八言,最少二言),但最普遍者还是四言句。这种四言句,其组合方式,或是由双声叠韵而来,或是由反复重叠而来,或是用虚词间开(如"凤兮凤兮"、"颠之倒之")。这都是一种诗性粘合,即被音韵、声律、节奏所统辖、贯串。四言诗句,从语法修辞功能到审美意识的信息含量,在中国古代社会生活中,都具有语符世界中的主导优势,固而在西周至春秋阶段好几百年中,成为中国人的诗性感受模式。而四言结构通过诗艺术,也取得了大脑结构和语法学的双边稳定性。

与四言结构的诗性感受—思维方式对应的,是散文句式(散文语句结构)向四言结构的汇聚。诗性四言结构,仿佛是一个"语义—诗意"的中介性结构。范仲淹的《岳阳楼记》,可以说是以四言结构为主体的散文诗,四言节奏,何其分明而强烈。散文家的大脑结构中,贮存着丰富的四言"原型句式"。

范仲淹的《岳阳楼记》是一篇散文,但本质上是一首诗,尤其在行文句式上,试看下面两段:

[若夫淫雨霏霏],连月不开,阴风怒号,浊浪排空,日星隐曜,山岳潜形,商旅不行,樯倾楫摧,薄暮冥冥,虎啸猿啼。[登斯楼也,则有]去国怀乡,忧谗畏讥,满目萧然,[感极而悲者矣]。

[至若春和景明],波澜不惊,上下天光,一碧万顷,沙鸥翔集,锦鳞游泳,岸芷汀兰,郁郁青青。[而或长烟一空],皓月千里,浮光跃金,静影沉璧,渔歌互答,此乐何极![登斯楼也,则有]心旷神怡,宠辱皆忘,把酒临风,[其喜洋洋者矣]。

这是两段写景文章,第一段是写淫雨霏霏的阴暗景象,给人以"感极而悲者矣"的审美感受;第二段是写"春和景明"景象,给人以"其喜洋洋者矣"的审美感受。两种相反的情绪、相反的景象,都是一种诗情的激荡,行文中,除了方括号中的句子之外,一律是四言成语句式,其间适当加插一些抒情散文句式,则使文章灵活变化,情感、韵律跌宕有致。

《岳阳楼记》虽是"散文",但绝大多数的句子都是诗性结构(大多是成语四言结构,间插五言、七言不等)。

这是中国的"诗性"(诗式)散文。

四言结构的强大生命力,正在于它自身的灵活伸缩性和辐射功能。二言可以通过双声叠韵或反复重叠,"拖"成四言,也可加缀虚词"粘合"成四言;一个生动故事、一篇文章、一个句子,也可以凝缩成一个四言词组,如"守株待兔"、"杞人忧天"。这四言词组还可以进一步收缩为二言词组,如"株守"、"杞忧"。在必要的场合,这二言词组又可以与其他二言词组组合成为一个新的四言词组。因此,汉语的四言词组,通常具有多种功能。外国语言的造句方式是由词而句,是单向直线型的;汉语造句,经由"词—词组—句子"为三阶段,而词组本身有时"一身二任",成为篇、章、段、句的压缩体,有巨大的包容量,所以汉语造句是双向曲线型的(郭绍虞持此说),无形中就赋予四言结构一种神秘性功能,而这种神秘性功能又恰好维系在其音乐性上。我们姑且看看四言结构的多种造词方式(2+2式/1+1为结构关系):

(1) 偏正结构

    铜墙铁壁　　雄心壮志

(2) 动补结构

    思前想后　　翻来覆去

(3) 动宾结构

    点头哈腰　　拖泥带水

(4) 主谓结构

    天翻地覆　　语重心长

这种四言结构,是充满了音乐性的,既有对偶对仗,又有音响韵律,结构平稳而且匀称,这便是刘勰所总结的"偶语易安,奇字难适"。《马氏文通》云:"古籍中诸多往往取双字同义者,或两字对待者,较单辞只字,其辞气稍感浑厚。"四言词组的美是建筑美与音乐美的融合。在这个基础上,稍微加工一下,把"文气",伸延、跌宕一些,则是优美诗句,例如例(1)中的偏正结构稍附尾巴:"铜墙铁壁(推不倒)"、"雄心壮志(攀高峰)",谁能说这不是诗呢!本来,"推不倒"、"攀高峰"不带什么"诗性",但一和四言原型结构结合起来,便诗意顿生,气韵跌宕。所以郭绍虞说,中国的骈文四六便是在此基础上应运而生的。例(2)、例(3)、例(4),都是中国七言诗句的组成结构,且有原型意义。一本《汉语成语词典》,可说是充分地包含了我们民族诗性的组合能力。汉语成语,大多是四言结构,韵律节奏都鲜明。一般来说,文章的色彩,文章的音乐性,在很大程度上是由成语结构的多寡、分布来负荷的。杨朔的《三千里江山》,引起当代许多著名语文学家的注意,因为其中的四言结构达到非常可观的程度。郭绍虞说:"四言成语就其本身言,既具有音乐美,而组织在句子中又起调谐音节的作用,再加上运用这些四言词组时,既可当作词用,也可当作词组用,意义上既丰富多彩,音节上也错综变化。如果再与三言词组参互并用,那真有'大珠小珠落玉盘'之感,成为一片宫商了。"[1]从《诗经》的四言诗行到四言词组的伸缩性,再到四言结构的成语形式,这是四言稳定结构的三大支撑点,也是四言结构发生、发展的历史形式。对这种历史形式的进一步抽象,则是四言结构的高度形式化。高度形式化的结果,是四言结构的自律性。在这种情况下,四言结构获得一种维护自身整体性的生命力,即结构中"音节"生命力(音乐性生命力),它可以替代、补充语义—概念环节,例如四言结构"绸缎布匹"、"桌椅板凳",每个词组本来只有三件东西(按照单称法,只能是"绸缎布"、"桌椅凳"),但却占了四个音位,并按四言结构的自律法则,达到整体性自身满足,所以念起来,必须按照"东南西北"、"柴米油盐"的四节奏模式、语调去念,否则失去音乐性。这就说明四言结构在汉语里已进展到相当抽象、自律的境地,已进入纯形式的超度意向之中,因而使形式取得了生命力。只要词组一旦进入形式化的四言结构,那么,主体预期的心理模型与客体的韵律模式便相互贯通,这是主客体间的一种默契,是一种思维—感受方式的传统惰力。在某种程度上,它一方面具有深层语法的作用,另一方面又具有普遍修辞作用。因此,我们把注意力集中在四言结构上,就有可能找到中国诗行中稳定结构的核心形式。这是分析五言诗行和七言诗行的基础。

2. 三言词组(三言结构)的特征

汉语的特征是单音孤立,但双音词的数量,随着历史的发展也不断增加,其组合方式,也由 1+1=2 的方式,演化到 1+2=3 的方式。前者组合的结果,仍是一个词,后者的组合结果可能是句子或短语,在语义和信息含量上,有了很大的扩展。无疑地,在汉语结构的发展中,四言结构占了主导

---

[1] 郭绍虞:《汉语语法修辞新探》(上册),商务印书馆,1982年,第251页。

地位。但是三言也由于自身的特殊作用和特殊韵味，也随之发展起来。我们翻开沈德潜编的《古诗源》，即可发现中国古代三言诗行仍有不少，如《越谣歌》：

> 君乘车，我戴笠，他日相逢下车揖；君担簦，我跨马，他日相逢为君下。

这种三言诗行（夹七言诗行），都是成双成对的，突出其呼应之韵味。由于又与多言结构组合，则显得更为灵活、多样。到乐府歌辞，则有长篇三言诗行了，如《练时日》一诗，将近四十句。这种三言诗的特征是：语气短促，节奏力强，一气呵成，颇为壮观。发展到后来的《三字经》式的启蒙读物，则另有一番天地了：它拓展了人类记忆的大门，以韵味实现理性效应，径直进入大脑结构的深层，在汉语诗行发展史上，放出不灭的光辉。

钟嵘的《诗品》只论述到四言诗和五言诗，至于三言诗则不入他的视界（四言也遭到他的贬斥）。他看重五言诗，这在大方向上当然是正确的。但对四言诗和三言诗的任何疏忽，都不能正确理解五言诗和七言诗。在我看来，中国古代如果没有四言诗的充分成熟，形成高度形式化和音乐化的四言结构；如果没有三言诗一定程度的发展，形成稳定的三言结构，乃至成为仅次于四言诗的原型结构，后来的五言诗、七言诗要走向炉火纯青的韵律境地，是困难的。从一定视角看，七言诗结构就是由四言结构与三言结构协合成的，五言诗则是三言结构与二言结构协合成的（下详述，此从略）。

三言诗行之所以较难发展，当然是它的信息容量相对较少，从形式结构上看，主要是刘勰所指出的"偶语易安，奇字难适"，所以大凡较佳的三言诗必须要有呼应性的对峙句，才能改变"难适"状态，使之进入偶性的"易安"境地。"天苍苍，野茫茫，风吹草低见牛羊"。这是民歌中的三言诗组合，"天苍苍"与"野茫茫"相对峙、相呼应，因而变"奇"为"偶"。这种变奇为偶的张力，是汉语组合结构的强大惰力，据专家们考证，"短兵相接"的成语，原先也只是一个三言结构"短兵接"（见《史记·季布传》以及《后汉书·光武帝纪》）。这和"绸缎布匹"、"桌椅板凳"的构词法属同一原理。对"短兵接"加以伸延，插入"相"字，便成为平稳的四言结构。因此从三言结构到四言结构，中间并没有一道鸿沟，往往因为音乐性中介，而"滑"向四言结构。

3. 中国诗行的成熟形态：七言诗行结构

中国诗行结构的典型形态，由四言、五言拓开局面，而止于七言。七言诗，不管是在句行的容量上，还是声律、音韵、节奏的和谐上，都达到了顶点，成为中国诗行最成熟的形态。朱光潜说的中国诗的精炼深永，是西方诗所不可匹敌，我以为在相当大的程度上，是指唐诗中的七言诗行。如果可以把中国诗行发展史，大致划为四言、五言、七言这三个大阶段，那么，我们从中可以看出，每种诗行的发展的历史阶段，都相当久远。诗行形式结构的发展，比内容的发展要缓慢而稳定得多。原因在于诗行结构的层次与长短，及其蕴含信息量深度、多少等方面，都是一个民族理性思维方式与审美感受方式双重作用的结果，这也就是"思维生物学"的内容之一。

　　四言结构我们在上面已经论述过，五言结构暂时按下，我们先论述七言结构。七言诗行的结构特征是什么？其典型形态表现在哪里？我以为七绝诗行是天然合理的分析对象。一首绝句（七绝）把诗人的诗性审美意识透彻、晶莹地显露出来了，从声律、韵味、节奏到"环中"内涵、象外之意，无不充分而清晰地显现于四句诗行中。在"语不惊人死不休"的审美氛围中，诗人都"一吟双泪流"，争当"一字师"，贾岛"推敲"的著名典故，成为历代诗人选词铸诗的最高法则，所以经营绝句的"澄明"结构，就个人来说，真可谓是呕心沥血，就时代来说，是社会历史审美文明积淀的一根"弦"。情以声发，理与韵合。四句七言诗行，足可代表一个虚灵的音乐世界、一个"天—人—地"合一的"道—气"宇宙。中国七言绝句诗行，可说是中国人宇宙意识、时空观念的一种理想的缩影，诗人把七言诗行空间作为生命奔驰的广阔宇宙，把七言节奏、韵律，作为生命律动的永恒追求。否则，"一吟双泪流"、"语不惊人死不休"，不是白费了么！中国诗人的严谨人生观是"一言既出，驷马难追"、"文章千古事，得失寸心知"。这不是从另一个侧面透露了这种艰辛而又举足轻重的诗性创造么！

　　七言诗行的形式结构，是一个层次，还是两个层次？这是分析七言诗行的首要问题。本书持"二层次"说。有人认为七言诗是由五言诗发展而来的（七言诗行是由五言诗行演化而来的），因而七言结构是2+5式的；另有人认为，应该从七言诗的声律、节顿和意义出发（近于逻辑理性），应该是4+3式的。前者似乎是按历史发展的形态来立论的，暂可叫作历史形式；后者似乎是按结构的逻辑矛盾来立论的，暂可叫作逻辑形式。这里，前后二者（历史与逻辑）似乎发生了矛盾。

　　我们在前面已经分析了四言结构，认为它是中国诗行结构的原始形态、核心形态,它的"耦合"意识和平稳结构,是中国诗行的本质特征。五言诗行结构定型于南北朝,而成熟于唐代的五绝(从形式结构来说,本书认为绝句的形式结构,是纯诗性结构,是形式结构的最成熟形态。它区别于形式结构的"发生"形态和"定型"形态)。那么,五言诗行结构(作为定型的稳定结构),是4+1式呢,还是2+3式呢?《诗品》对诗行的四言结构和五言结构都作过比较中肯的论述:

夫四言文约意广,取效风骚,便可多得。每苦文繁(按:不是指句中文繁,而是指诗句繁多)而意少,故世罕习焉。五言居文词之要,是众作之有滋味者也,故云会于流俗,岂不以指事造形,穷情写物,最为详切者也!

四言的所谓"文繁意少",是相对于五言针对诗句的信息量而言的。由于四言结构是汉语词组形式的一种形态,即使是凝缩了的句子,也受诸多限制,不能备各种成分于一身,有时要两个四言结构,才能构成一个意义相连贯的诗句,如"关关雎鸠,在河之洲","硕鼠硕鼠,无食我黍"等。有时一个四言结构,还得配合一个三言结构,才能使诗行"声—义"贯通,如"大风起兮,云飞扬;威加海内兮,归故乡"。《诗品》把五言诗看得很高,认为是"众作之有滋味者也","指事造型、穷情写物,最为详切者也",这自然有正确的地方。但从四言诗如何过渡到五言诗呢?《诗品》认为,"郁陶乎予心"(夏歌),"名余曰正则"(楚辞),"虽诗体未全,然是五言之滥觞也"。那么,我们分析一下"滥觞"之句,即可看出其结构特征,及其与四言的姻缘关系。上面"滥觞"之诗句结构,"加插"的痕迹是明显的,"郁陶乎予心",加入虚词"乎",使文气和缓、跌宕,显出阴柔"滋味";"名余曰正则",插入动词"曰",使诗情脉络更严格遵循汉语"主—谓—宾"的标准格式,显示了语法功能的规范效应,从而达到"指事造形、穷性写物"的"详切"境地。总之,不管怎样,在诗行稳定结构发展史的艰难历程中,诗行结构每增加一个字、一个音节,都是开拓一个新的世界,走向新的境地。从四言诗到五言诗,无疑地也是情感结构上的一个革命(当然,这种进展阈限又并不是无边界的,而是被限定的)。由上看来,从四言诗到五言诗所采取的路线和方式,除了2+3式外(详见下文),尚有4+1式。

如果我们按照《文心雕龙》的观点,则是另一番样子。刘勰认为,"五言见于周代,《竹露》之章是也"。按注释家们的考证,《竹露》就是"五子歌",其曰:"谁谓雀无角,何以穿我屋。"如果这也是一种"滥觞",那么显然与四言诗结构有很大的不同,再用上面那种"加插"观念去分析,则是行不通的(不是4+1式),这是诗情结构的重新组合与铸型。那么,这种五言结构的特征是什么呢?我以为这已经脱离四言结构的铸型,而返回到2+3的组合模式中。"谁谓雀无角"是2+3式;"何以穿我屋",亦2+3式。上下两句间,从语境到韵律节奏,都是两相对峙的(2与2相对,3与3有待),两个诗行相互补充、辉映,构成一对诗行的总体关系式。由此看来,五言诗行结构的另一个来源,则是2+3式。

以上是《诗品》和《文心雕龙》的观点,是从历史发生的渊源(滥觞)上去看的。如果我们从乐府和《古诗十九首》去看,这两种构成方式都是存在的(我们绝不可以把唐人五绝诗行拿来作诗行发展史的中间环节看,应当说,唐人绝句中的七言诗行和五言诗行,都是一枝并蒂花,五言诗行不是七言诗行稳定结构的直接前身)。

从诗句"行行重行行"、"东城高且长"看,这是加插式(4+1式)的;从诗句"浮云蔽白日,游子不顾返"看,则是组合式(2+3式)的。当然,两式之间也无绝对界限,这仅是一种结构"纹理"的"裂痕"而已。我以为中国诗行稳定结构的发展趋向,在四言诗之后,便双管齐下,分道扬镳,既有加插式的,也有重铸式的,即大致如下的轨迹:

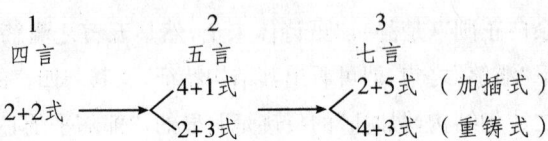

不管是加插式,还是重铸式,都是遵循中国诗行结构的基本规律进行的。中国诗行结构,既讲"精炼",更讲"深永";既讲"语义—意境"的"环中"世界,更讲"声律—韵味"的"弦外之音"。也许两种方式在遵循总体规律时,也略有侧重之处。加插式,似乎侧重于"文气";重铸式,似乎侧重于"声律"。

王力讲述汉语平仄律,与诸家多有不同,其法之要领,是"理智逻辑"(此用语有别于西方,仅是一种约定用法),而不是现象归纳和描述。他说,汉语诗律(格律诗)的平仄,母式是二元两对立(达到"相反相成"的目的)。核心形式是四言结构的平仄,以平起式为例,其母式是如下排列(一是平,

|是仄):

$$\begin{cases} - & - & | & | \\ | & | & - & - \end{cases} \quad 平仄母式$$

简称(1)式

由四言至五言,则是"加尾"或"插腰"。加尾的要与前一个平仄符号相反,插腰的要与前一个平仄符号相同。于是得出五言诗行(格律诗)的平仄式(加圆圈者为加尾或插腰符号):

$$加尾\begin{cases} - & - & | & | & ⊖ \\ | & | & - & - & ⊖ \end{cases} \qquad 插腰\begin{cases} - & - & | & ⊖ & - \\ | & | & - & ① & - \end{cases}$$

简称(2)式

由五言至七言,则是在每诗行的前头各加相反的两个平仄符即下式:

$$\begin{cases} ① & ① & - & - & | & | & - \\ ⊖ & ⊖ & | & | & - & - & | \end{cases}$$

简称(3)式[1]

中国诗行的平仄律,是一个大千纷呈世界,如何简捷有效地把握它,除了从"理智"逻辑上把握它之外,我以为舍此而无他法。当然,这是一种总体把握法,可叫规范性的"正格",其间还有许多特殊情况,那叫"变格"。正格与变格的相互补充,形成中国格律诗平仄律构型的根本大法。从王力的平仄律(1)式到(2)式,再到(3)式的演进过程,特别是选择(1)式作为总体母式,可以说是中国格律诗平仄律的理智全图(逻辑路线)。从声律上说,明显地昭示了如下的理智程序:

四言结构 ⟶ 五言结构 ⟶ 七言结构
（母式）　　（加尾、插腰式）　（缀头式）

---

[1] 参见王力:《龙虫并雕斋文集》(上册),上海古籍出版社,1980年,第465—466页。

诗行结构声律(平仄律)的内在理智逻辑如此,那么,诗行稳定结构的历史发展形式,是否与之对应?这是一个大问题,颇值得探索。笔者以为,在王力三式中,可以作两点肯定:一、不能否认四言结构是中国诗行的核心型结构(原型结构)和源头形式;二、从四言到五言到七言的诗行结构间,必然有其内在的理智逻辑路线,而逻辑路线的起点绝对不能撇开核心结构的四言诗行形式。

当然,把握中国格律诗的平仄律,诸家众说繁多,能把握真谛并能从中国格律诗的大局和规律出发者,不算很多。袁行霈说:"它(平仄律)的基本规律只有四条,只要掌握了这四条,自己也可以把平仄的格律排列出来。这四条规律是:一句之中平平仄仄相间;一联之内上下两句平仄相对;下联的上句与上联的下句平仄相粘;句末不可出现三平或三仄。概括起来只有一条原则,就是寓变化于整齐之中。"[1]袁氏的四条规律是对现象的抽象,最后归结为一条原则,"寓变化于整齐之中"。这对声律的把握是有相当深度的,其间最根本的恐怕正是音律辩证法问题。郭绍虞洋洋几十万言的《汉语语法修辞新探》(上下册,商务印书馆出版),它的"新"就在于作者自己标明的探索中国人在语法、修辞、音韵上的辩证观念。不管是王力三式,还是袁行霈的"寓变化于整齐之中"(其实这是传统观念),或是郭绍虞的观点,都特别强调汉语音律的辩证观念,这是一种逻辑探寻。笔者以为,抓住这种"辩证观念"(所谓"辨证观念",即《汉书·艺文志》所曰:儒道两家,相生相灭,相反相成。此等关系,便是中国古人的辩证观念),对解开中国诗行结构的发展史之谜,将是有助益的。

强调研究中国诗行结构的辩证观念,有两层意思:一是不能以历史现象为唯一依据和绝对依据,有时"理智"逻辑更能把握历史的本来面目和内在脉络(我们目前的研究可以说是仅局限在历史现象上面,根本没有涉及整体逻辑图象)。二、从诗行结构的辩证观念出发,应当把中国诗行发展史上带有原型性的结构,放在一个大范围内考虑,它的最高阈限是七言(指稳定结构),最低阈限是二言,中间是三言、四言、五言。从二言到七言的构型,其间是否存在内在"理智"逻辑程序?在这个问题上,我以为马克思的"人体解剖对猴体解剖是一把钥匙"的方法论观点,是完全适用的。七言诗行结构作为中国诗行结构的成熟形态,它完全可以反射出中国诗行结构的

---

[1] 袁行霈:《中国诗歌艺术研究》,北京大学出版社,1984年,第123—124页。

萌芽形态;对成熟形态的解剖,则可以察看其萌芽形态。诗行结构本身也是一个不断自我否定、扬弃的过程。因而诗行结构发展史,不但表现为一种历史现象,而且表现为一种逻辑存在。

分析中国五言、七言诗行稳定结构,大致有两种视角:一种是从顿的多少(顿的量)出发,一种是从结构形态出发。一般地说,五言诗是二顿半(二拍半),朗读时,需把半顿拖腔,读成一顿。共三顿;七言诗是三顿半(三拍半),朗读时,需把半顿拖腔,读成一顿,共四顿。持这种观点的是朱光潜、何其芳等人。另一种视角是从诗行结构形态出发,把七言诗行分成两段形态不同的结构,即如下抽象式:

```
| 1  2  3  4 |  | 5  6  7 |
 （四言结构）   （三言结构）
   道白调        吟诵调
  （灵活性）    （稳定性）
```

持这种观点的是孙绍振等人(参见孙绍振《美的结构》,人民文学出版社)。如果从辩证观点出发,我们的确可以这样提问:一行诗句(尤其是作为稳定结构的诗行,是民族思维方式与审美感受方式的历史成果),作为"声—义"相对完整的单元结构、一个整体,它的内部矛盾是什么呢?

从上面图式看,明显地,四言结构和三言结构是一种矛盾即灵活性与稳定性的矛盾,道白调与吟诵调的矛盾。孙绍振的这种界限划分,有一定道理,比其余诸家高出一筹。诗行结构的这种内在矛盾,不但中国诗行具有,外国诗行(如作为典型的拉丁诗行)亦复如此。据让·斯维佩尔的研究,认为六音步拉丁诗的句法矛盾如下图所示:

音步	1	2	3	4	5	6
格	— —	— —	— —	— —	— ⌣	— ⌣

[注解]:

1. ⎧ 长音节"—"(发音较长)
   ⎨ 短音节"⌣"(发音较短)
   ⎩ 普通音节"⌣"(包括长短音)

2. $\begin{cases} 扬扬格（——）一个音步有两个长音 \\ 扬抑抑格（—⌣⌣）一个音步中一个长音，两个短音 \\ 长短格或扬抑格（—⌣）放在句末 \end{cases}$

3. $\begin{cases} 固定部分（第5、6音步）：第5音步是扬抑抑格（—⌣⌣） \\ 变化部分（第1至第4音步）：可以是扬扬格（——） \\ 或扬抑抑格（—⌣⌣） \end{cases}$ [1]

斯佩维尔说，"变化部分给诗带来了灵活性，而固定部分使诗有了规则的韵律并有类似于法国诗韵脚的作用：表现在句末，突出节奏。"[2]当然，拉丁诗的固定部分主要是为了韵律节奏，而中国七言诗行的固定部分，除了韵律节奏之外，还有三言稳定结构自身的特点（下详）。变化部分，拉丁诗是为了"灵活性"，中国诗行除此之外，还兼有四言稳定结构的特征。唯其如此，中国诗行的"精炼"、"深永"才为西方诗所不可企及。

七言诗行作为4+3式，显然是把内部语态、韵味划分为两种不同类型。前者是四言结构，后者是三言结构。本书认为，在严格的格律诗中，前半部的四言结构，应该是四言诗性结构（原型结构），而不是一般的没有诗性规定的"道白"结构。后半部三言结构，虽是吟诵调，但必须被三言稳定结构（亦可谓诗性结构）所统辖，其"吟诵调"应是来源于三言诗行稳定结构（尤其绝句结构），是中国诗行的四言结构与三言结构的交融统一。尽管在不甚严格的七言诗行中，前半部的四言结构可能是"道白调"，但并不能改变四言结构（作为稳定结构）的音乐性（情调、韵律模式）。例如杜甫诗行：

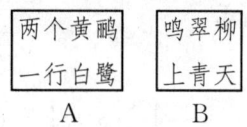

A项的两个四言结构，看来的确是客观而平静的"道白调"，但是由于它们位于七言诗行的前半部，且属四言结构形式，因此，必须受汉语四言结构的诗性特征影响，其间的昂扬顿挫、平仄对仗都应层次分明，起落有致，

---

[1] 参见让·斯维佩尔：《法国诗学概论》，洪涛译，四川文艺出版社，1992年，第7—14页。
[2] 参见让·斯维佩尔：《法国诗学概论》，洪涛译，四川文艺出版社，1992年，第12页。

而不能脱离汉语四言结构的诗性特征,成为一般的"道白"腔。据说,外国名演员即使是念菜谱,也能催人泪下。这大约便是声律、腔调的自律效应。

如果我们看另一种七言诗行,那么前半部四言结构的诗性特征,则更为分明,用"道白"调总是很难念下去的:

繁华事散 流水无情	逐香尘 草自春	(杜牧)	月落乌啼 江枫渔火	霜满天 对愁眠	(张继)
A_1	B_1		A_2	B_2	

朗读 $A_1 A_2$ 项,即使暂时搁下 $B_1 B_2$ 项,也能成为很好听的语调(富有音乐性结构的拖腔与咏叹)。相应地,即使暂时搁下 $A_1 A_2$ 项,而单独去吟诵 $B_1 B_2$ 项,把"奇"字拖腔—申意,亦能享受到一定的音乐美。所以,我们认为七言诗行的内在矛盾,是与中国诗行结构发展史相联系的(一个逻辑背景),即四言结构与三言结构相结合的诗性矛盾。应该说七言结构的4+3式,是一个统一的、澄明的"宇宙空间",而不是前轻后重、前假后真、一半暗一半明的"准宇宙空间"。4+3式是两种不同的诗行结构形态的新组合,其内在矛盾,一是组成结构的不同形态,二是七言空间作为一个统一体的自身完满性、至善性,而不完全是"道白调"与"吟诵调"的矛盾(孙绍振的诗论是相当出色的,这里仅涉及七言诗的"道白调"问题。他从调质切入,可谓真知灼见,但不完满,这里仅作补充,并非否定)。

其次,七言诗行中的前半四言结构(A)与后半三言结构(B)的辩证关系,是怎样的呢? A 的可变性(灵活性)与 B 的固定性(稳定性)是如何统一的呢? 在中国诗行中,A 有灵活性,但也有历史形成的相当的稳定性,B 有稳定性,但也有"文气"的灵活性。但是不管怎样,4+3式都是一个非对称性结构,A 与 B 比较起来,B 的地位(尤其在音韵上)相对地比 A 重要,也最容易体现出韵律节奏的魅力,同时容易表现诗行的情调意向。《文镜秘府论》说的"四言平正","三言急促",二者间构成一种"速率"上的矛盾。"平正"与"急促"统一在一个诗行里,如何处理这种矛盾呢? 那就是在三言之中,对"奇"字加多半顿,拖腔、咏叹,变急促为"唱叹意",与"平正"接连贯通,梳理、调整"气"的流动,使声律和谐优美。这便是对"文气"的调整,使之"韵与理合"的过程。"平正"之调,与"唱叹"之调,毕竟是不同的,但以"道白"称之,似又过淡,因为传统四言诗的"唱叹"调被排挤出去了,A 应该蕴含传统四言诗的"唱叹"质进入七言结构中,然后再与三言结构的"唱叹"调发生二层次关系。唯有这样,一个中国人朗诵七言诗行与一个外国人(那怕是外国名演员)朗诵七言诗行,才会有根本性质的差别。外国人可以很快学会七言诗行中后半部三言结构的拖腔叹唱(拉丁诗亦有奠后的唱叹调),但绝不能像中国人那样,把七言诗行的前半部的四言结构的"平正"之调念好,因为这里的"平正"之调,已经蕴含了中国传统四言诗(原型结构)"唱叹"质,成为"双料"的调质了,即深层与表层相融合的、肌理异常复杂的调质了。

总之,如果按照我们以上的观点去看七言诗行,总结起来便是如下图式:

(视线⟶)

结构特征	四言诗性结构	三言诗性结构
调　质	平正调	急促调变向吟诵调
例　句	流　水　无　情	草　自　青
时空意识	诗人攫取的七言空间的永恒观念	

七言诗行结构的另一种组合法,是2+5式,即在五言诗行前面加上二言。这也是王力关于平仄律的演进方式(在五言平仄律的前面加上相反的两个平仄符号)。二言是汉语词组的双音词,组合能力也是很强的,先看下面的例句:

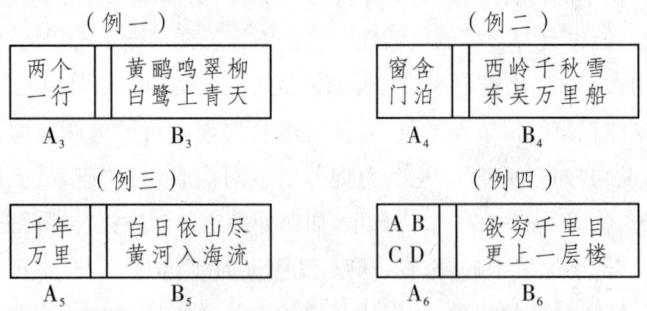

从例一看,按下 A_3 项,只留 B_3 项,两诗行的意义并无多大改变,仅是

在具象与抽象上出现差异("两个"与"一行"),韵律节奏上没有七言诗那么丰满浑厚;从例二看,按下 A_4 只留 B_4,余下的仅是名词性对偶,缺少主谓意识,只有当出现 A_4 时,主谓意识(语句意识)才分明,才充满诗意。由上看来,七言诗行的 2+5 式,有的比较自然、合理,有的则不然。以上我们是使用"收缩法"(减法)的假设来探讨这个问题的。如果我们在五言诗基础上,使用二言"加法",能否"加"出较合理的诗呢?再看例句:

一首好诗,本来是不能"加减"的,能"加减"的诗,就不应该是好诗。能"加减"就意味着诗人还没有穷尽自己的"诗性智慧",尚留有智慧的空间。这里我们只通过一种假设来探讨问题,假设只有一定范围内的合理性。就例三来说,我们把 A_5 加在 B_5 项之前(只能加定语),诗句还是通顺的、合理的,念起来也算流利,也有七言诗行的韵律节奏,但总觉得诗情不够利落,太累赘了(受局限了),激情与意境很难浮动起来。五言与七言间的"裂纹"还是有的。例四,能加的只有主语,但主语一旦具体化,便把 B_6 的普遍性否定了(B_6 的哲理性建筑在普遍性上),也就否定了它的哲理性。当我们进一步从绝形式化的角度考虑,把主语抽象为"AB"、"CD"时,也还是十分别扭,而且还歪曲了原诗意图。由上面"加减"的两种假设看来,七言诗行的 2+5 式,在平仄律上是行得通的(如王力的推演),但在具体构思与诗行实践上,则是很难行得通的。然而,在抽象结构(纯形式结构)上,是否有值得探索的价值?即按如下思维框架去探索能发现什么?

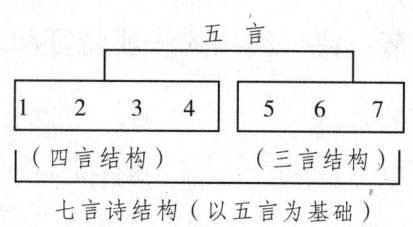

七言诗结构(以五言为基础)

本书认为,2+5 式的七言诗,只有当它再分解铸形为 4+3 式时,才是真正的七言结构。否则是机械加法,是脱离中国诗行结构特征的一种附赘(如果 2+5 式可以成立,那么实际上七言诗行便是由三层结构形态组成,即 2+2+3 式,因为殿后的三言是无可改变的)。如果没有四言结构和三言结构的深层原型存在,中国诗人要在五言、七言的诗行空间自由驰骋,要在三拍、四拍的韵律节奏中追求永恒,那实在是困难的,更不会出现整整一个历史时代的奇异繁荣。所以本书认为,五言诗行的稳定结构,本质上是2+3式的(4+1式,只能是虚词入诗,使文气和缓,诗情回荡);七言诗行的稳定结构,本质上是4+3式的(2+5式是平仄律的加减式)。那么,2+3式的五言诗行与4+3式的七言诗行,二者间的逻辑联系便极为分明了,即七言诗行的4+3式,是成熟的高级阶段的诗行形态,它可以包含五言诗行的2+3式于其中。五言诗行的2+3式,是七言诗行4+3式的未成熟形态。其所以未达到成熟的高级阶段,就在于2+3式中未能融进中国诗行四言核心结构。就形式结构而言(并非诗体),五言结构仍是中国诗行发展史上的一个过渡环节(这不完全等于说,五言诗是七言诗的过渡环节)。

从七言诗行结构的成熟形态出发,返顾五言结构、四言结构和三言结构,可以看出中国诗行结构的基本性质,及其发展的一般规律:一、四言结构具有核心性质,是中国诗行稳定结构发端时期的普遍性形式结构。二、三言结构在诗行结构中的"殿尾"性质(它分别与二言诗行、四言诗行结合,造就了五言诗和七言诗的新世界)。三、五言结构的过渡性质。四、七言结构的成熟形态(四言结构与三言结构的结合,使"原型"发生了质的飞跃,显出灿烂的光辉)。

诗行结构的分析方式,应以"纯理"方式(逻辑方式)为主导,适当补之以客观存在"形态"方式(历史方式),才能真正找到它的动力契机与内核。

第四节　诗行结构的一般特征和本质

一篇文章由句、段、篇构成,一首诗相应地说,也是由句、节、篇构成。让·斯维佩尔说:"诗句和诗节各自都是一个整体。"[1]句与节、篇都是一个相到独立的"整体",但我们一般只注意到篇的整体性,而忽视了"句"(行)的整体性。当然,散文句子的整体性与诗句的整体性是大有区别的。前者的整体性,常体现为作家句式、语态,透露作家的个性、风格,其整体性是由"篇"的宏观意识来控制的,而诗句(诗行)的整体性比散文句子的整体性要严格得多,层次也分明得多,在形式结构上,也鳞次栉比。就唐诗七绝

---

[1] 让·斯维佩尔:《法国诗学概论》,洪涛译,四川文艺出版社,1992年,第7页。

诗行来说,其整体性,则有如下图的七个系统:

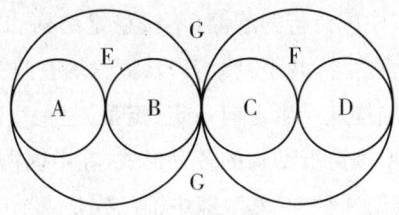

[注]A、B、C、D各代表四个诗行整体。E是第一联整体,F是第二联整体。G是全首诗整体。

我们现在先撇开诗行外的其余整体(E、F、G),专就诗句(诗行)自身整体来看看其本质。E、F、G三大层次的整体性,是由 A—B—C—D 四句诗行的整体性来构成的,因而四个诗行中的每一个整体,都有极其重要的作用,但是四者又可归结为诗行的总体性之中。我们现在还得撇开诗行的具体内容和具体形态,专从抽象方面(形式结构方面)来考察诗行的诗性智慧及其历史积淀的内容,到底诗行的整体性怎样显示了诗性智慧的自律运动。

中国诗行结构发展史,就其相对的稳定结构形态来说,大致是如下的基本线索:四言诗行结构——→五言诗行结构——→七言诗行结构(在这个线索之外,应该特别注意五、七言诗行中奠尾作用的三言结构,它的发生及其对中国人大脑结构的影响,几乎与四言结构同样古老、同样重要)。

诗行结构的特征是由艺术思维方式和审美感受阈限来决定的,所以每个民族的诗行结构各有自己的特点。对中国诗人来说,诗行结构的发展,也就是时空观念的一种深刻进化。四言诗行的稳定结构,如果以《诗经》为代表,那么它的定型,从周初到春秋中期,起码有五百余年的历史;五言诗行的稳定结构,如果以乐府和《古诗十九首》为代表,从两汉到魏晋初,也有五百多年的历史;七言诗行的稳定结构,以至达到成熟形态,如果以唐诗七律、七绝为代表,也有两百余年的历史。当然,如果从它们发生的时候算起(即历史上曾经有过的现象),那么,它们的历史则更为久远了。所以刘勰说:

> 二言肇于黄世,《竹弹》之谣是也;三言兴于虞时,《元首之诗》是也;四言广于夏年,《洛纳之歌》是也;五言见于周代,《竹露》之章是也;

> 六言、七言杂出《诗》、《骚》……成于两汉。(《文心雕龙·章句篇》)

按刘勰的观点,中国诗行的起源(不按稳定结构和定型而言),则十分久远,除了六言、七言之外,几乎其余各言诗行,均有两三千年的久远历史。这也说明中国诗行结构从产生走向稳定(定型)是一个极其复杂而艰难的历程。同时也说明中国诗行结构的各种形式,在中国古代也早已发生。这种"偶然"现象,亦说明一种"必然",即中国民族是一个诗性智慧极其丰富,诗性形式多种多样的民族,它的宇宙观(时空观)强烈地表现于诗行世界中,可以说,中国诗人从二言诗行到七言诗行的拓展,还体现了中国人的时空审美意识发展的艰难历程(详见下文)。

要深入了解四言诗行、五言诗行、七言诗行结构形态的本质和特征,首先要弄清中国诗行的形式契机和它的组合功能。

刘永济说,"考诗歌肇兴,厥惟二言。吴越春秋载古孝子断竹之歌,其辞曰:'断竹。续竹。飞土。逐肉。'相传出于黄帝时,虽难徵信,然观其本事,似渔猎时代人民产物也。全首四句二言,故彦和章句篇有'二言肇于黄世,竹弹之谣是也'之文。二言之句,倍之成四,故四言之成,为时最早,皆偶数也。其余三言五言,则参以奇数而成"[1]。刘永济在这里说出了两个重要的诗行发展原则,一是:中国诗行结构的形成,最早的是四言句(2+2式),这是偶数组合原则。偶数组合原则的最大优点是平正稳定("偶语易安,奇字难适"),和谐顺口,这主要是指四言结构。二是:奇数组合原则,即2+1式(三言),2+3式(五言)。在这两个组合原则中,偶数原则是最为重要的,它是奇数组合原则的基础,所以中国诗行结构史上,便先有2+2式的四言,于是便有以《诗经》为象征的伟大成果,它宣告了中国民族,是诗性的伟大民族。有了四言这个核心结构(原型结构),其他各言诗行才得以发展起来。

二言之所以难以成为中国诗行的发端结构,在于汉语的单音孤立的特点。因为汉语的单音词(字)极易和别的单音词(字)组合,因而汉语的双音词也极多(且具有随时可分可合的两种功能)。诗行之所以是诗行,它应当具有"句"的特征,而区别于词(不包括特殊情况),起码在节奏韵律上是如此。如果用一个双音词去充当一行诗(在一般的情况下,而不是指特殊语

---

[1] 刘永济:《文心雕龙校释》,人民文学出版社,1980年,第139页。

境),无论如何都是形态残缺,同时其自身也很难形成韵律节奏。因此,大凡以双音词为诗者,多发生了进化:或重复重叠,或加虚词,使之变成四言结构,如"硕鼠硕鼠"、"凤兮凤兮"、"颠之倒之"……以双音词为诗的根本弊病,一是词与句的界限不分明,二是缺少必要的节奏韵律("文气"的运动形态难以显现),三是信息量太少。汉语虚词,即使是单个的字,在情感强烈时,也复合为二、为三,为"者也"、"矣焉哉"等,只有拖腔、唱叹,获得一定限度的时值,才能"申意"(包括语义之意和韵味之意)。只有拖腔、唱叹,形成了气流(文气)的运动形态,才能呈现韵律节奏。这样看来,《竹弹》之谣到底是二言诗还是四言诗? 只要用诗行结构的基本原则加以规范,我以为是可以判别的。如果把《竹弹》之谣看作二言诗,就有人指斥说"未知诗理","盖断竹续竹,飞土逐肉。必四言成句,语脉紧,声情始切。若读作二言,其声啴缓而不激扬,恐非歌旨"〔1〕。这说得颇为中肯,"语脉紧,声情始切",这才符合"歌旨"。

退一步说,即使二言可以成为诗行,也不能取得稳定结构的地位,在四言结构的张力网中,二言将被迅速扬弃。

由此看来,中国诗行结构的发端确是四言结构,并具有深层的原型作用。这是偶性组合原则的一种优势。中国哲学和文化的原型观念,从来就是"二元"对立互补,"立天之道曰阴与阳,立地之道曰柔与刚,立人之道曰仁与义"。这是一种自身完满、自身完善的辩证观念,如果只有阴、柔、仁,而没有阳、刚、义的对立,那么,连自身也不能存在。无疑地,中国哲学和文化的原型观念,对中国诗行结构的影响,也是深远的。

诗行作为一种历史形成的稳定结构,既是民族艺术思维方式、审美感受阈限特征的表现,也是民族的时空观念的升华与结晶,从诗行结构所表现的层次和复杂程度看,四言结构(或三言结构),相对于五言、七言结构,无疑地是属于一种原始的单纯型结构(应当说,三言结构也是一种原始的单纯型结构)。五、七言结构则是进展到两个层次了(2+3式或4+1式;4+3式或2+5式),这是一种复合型结构。从单纯型结构进展到复合型结构,是艺术思维方式、审美感受阈限扩展的一个飞跃,是诗行结构发展史上的一个里程碑。

四言结构和三言结构,作为单纯型结构,具有奇偶性的相反相成的互

---

〔1〕 刘永济:《文心雕龙校释》,古典文学出版社,1958年,第233页。

补性特征。四言信息量较大,韵律节奏平正稳定;三言结构信息量较小,韵律节奏急促。二者有相反相成的结合倾向。四言作为偶性组合原则,它的复合方向应该是奇性原则("异音相从"也),即4+1式,4+3式,4+5式等(其中以4+3式为最典型、最普遍)。三言结构作为奇性组合原则,它的复合方向,应该是偶性原则,即3+2式,3+4式,3+6式等,但由于三言本身的"奇"性特征,极难位于句首,只能退隐句末起奠后作用,即成为2+3式,4+3式,6+3式等。这样,我们则可以看到,从单纯型结构到复合型结构的共同趋势:

四言的复合方向为奇语	处于句末:4+1,4+3,4+5
三言的复合方向为偶语	处于句首:2+3,4+3,6+3
复合型诗行结构	五言 七言 九言

由上可以看出,中国诗行结构的进化,是汉语诗性时空观念的"奇—偶"变易机制(对偶对仗、骈文四六、对联文体,平仄二元对立、相错,出句对句关系……)。体现于声律上,则是"同声相应"与"异音相从"的辩证关系(《文心雕龙·声律篇》),这可归纳为"同—异"的变易机制。审美时空观的"奇—偶"机制配合着声律韵味的"同—异"变易机制,则成为中国诗行结构进化的总体动力机制。

从四言结构到五言结构,只增加一个字(词),但顿数却增加了一顿(原是半顿,但由于"奇—偶"机制的作用,要拖腔半顿,凑足一顿,成为三顿。五言结构进展到七言结构,字(词)只增加两个,增加一顿,成为两顿。从字(词)的增加到顿数的对应凑合,其所遵循的不是一个原则,而是两个性质不同的原则。字(词)的增加所遵循的是"语义—意境"的空间扩展原则;顿数的增加所遵循的韵律节奏(音乐美)的时间原则。诗行结构的进化,本质上是审美主体时空观念的拓展与完善。因此,五言型结构,可叫做五言诗人所追求的"宇宙空间"和五言式的永恒;七言定型结构,是七言诗人所追求的"宇宙空间"和七言式的永恒。

简单地说,字(词)增加所遵循的"语义—意境"原则,是"义"的原则;顿数增加所遵循的原则是"声"的原则。所以本书论述的诗行"声—义"结构,是诗学审美的总体性原则。"语义—意境"的拓展,深深地牵涉到每个时代审美主体的艺术思维、审美感受阈的深广度,这是人类艺术地(审美地)把握世界的理性尺度,而这"尺度"上的每一个单位(刻度),都不是以年月来计算的,而是以世纪(甚或几个世纪)来计算的,所以诗句结构在有效限定阈限内(中国诗句的有效限定阈限是二言至九言,十言以上可以看作是三言、四言、五言、七言的组合式;本来九言,已属4+5式,或2+7式),每增加一个字(词),都是那个时代审美主体的艺术思维、审美感受阈发展中的一个里程碑,是"形式"板块结构上的沉重历史步伐的艰难移动。所以"历史时代",既可以用"物质生产"的实体尺度来划分,也可以用"精神生产"——诗行稳定结构拓展的层次方式来划分。一首七绝的跌宕旋律节奏、醇厚韵味,会使人体会到这是盛唐时代物质文明的产物,而绝不会是茹毛饮血时代所能产生的。这是艺术精神世界中的"化石"层结构。

韵律节奏阈限(一种音乐美的时值)的拓展,与"语义—意境"原则的拓展,是空间配合着时间,是自由配合着永恒,是一种神妙的同构性产物,其间的精确联系,我们虽尚难追踪、探明,但其同步性却是清楚的,这正如形与影的关系一样。诗句信息量的增大扩展,与音律节奏的对应伸延,是成正比例的,四言结构信息量对应于两顿时值的音乐节奏,五言结构信息量对应于三顿时值的音乐节奏,七言结构信息量对应于四顿时值的音乐节奏。上面论述诗行结构信息量演进的历史刻度,几乎是"一字千年"(最少的也二三百年),而诗行结构的音乐节奏的拓展,从二顿到三顿、四顿,似乎更为艰难、缓慢。诗行"声—义"结构的双向性拓展原则启示我们,在诗行结构发展的历程中,有时是"语义—意境"原则先开辟道路("浮想联翩"),有时则是音律节奏原则一马当先("情以声显")。只有当诗行结构得到相对稳定(定型)时,"语义—意境"原则与音律节奏原则的结合,才会臻至完善。这时审美主体的"生理—心理"机制和大脑神经环路,才会成为历史文明的象征,从而"艺术对象"才进入到创造"艺术主体"的返回阶段,这时"艺术对象—艺术主体"展开了双向交流,当二者的交流达到一定的饱和程度时,就必然突破这种交流的低层次历史阶段,向更高的历史阶段推进,首先更新艺术主体,然后再更新艺术对象,使"艺术对象"与"艺术主体"的双向关系(一个"艺术关系结构")得到新的规范,从而展示新的历史内容与新的韵律节奏原则。从四言结构的"艺术对象——→艺术主体"关系,到五言和七言结构的"艺术对象——→艺术主体"关系,及其层次的递进,可以说是中国诗性智慧的三部曲,也是中国诗性智慧的发展史,每一类诗行的"艺术关系结构",都是中国诗性智慧的双向交融图。

中国诗行的稳定结构,是中国人时空观念的缩影与结晶。何谓"宇宙"?且看中国人的形象性定义:"宇"——上下四方;"宙"——往古来今。宗白华说,中国农人的屋舍便是"宇"的原型象征;宙,久也,对时间的一种体验("日出而作,日入而息"于农舍中)。中国农人的安身立命之所,是他的农舍,时空的体验也在他的农舍。中国农人在自己的狭小农舍中,便可获得关于"宇宙"的明确意识,而且是一种诗性的直观意识,却不是抽象的科学知识。唯其是前者,而不是后者,所以中国人化抽象为具象、化永恒为短暂,却有极为方便之法。在笔者看来,中国人这种诗性直观的时空观念,正是中国诗行结构的原型萌发契机。诗行主体的时空观念,并不体现在无规定的直线伸延中(数学的"系列"、物理学的有限—无限),而只是凝聚在四言、五言、七言的特定结构中。在《诗经》四言结构时代,诗行主体的时空观凝缩在四言空间中,在乐府、古诗十九首五言结构时代,诗行主体的时空观凝缩在五言空间中,同理,七言诗行主体时空观,则凝缩在七言空间中(现代观点,则是七个方格子中)。中国诗人,总是把每一种诗行结构作自己对象化的宇宙空间和向往的"永恒"(时间体验)来苦苦追求,甚至于把自己的全副身心消融于方格子(现代语)的诗行结构中。否则,我们就不能理解"语不惊人死不休"、"一吟双泪流"的深层意识,更不能理解宋之问为什么要用土囊压死"泄露了天机"的刘希夷的典故(相仿的典故很多)。在这方面我国著名哲学家、诗人宗白华有深刻的论述,令人佩服不已!

中国诗行史上有一个独特的心理现象,大凡卓越的诗人(及文人)都喜欢"登高望远",先取得"包括宇宙"的诗性心胸,"牢笼百态",然后再把它凝结于四言、五言或七言的空间中。诗家的一些名句,即透露出无尽的时空信息:

　　噫吁嚱,危乎高哉! 蜀道之难,难于上青天! 　　(李　白)
　　乾坤万里眼,时序百年心。 　　(杜　甫)
　　前不见古人,后不见来者,念天地之悠悠,独怆然而涕下。(陈子昂)
　　目送归鸿,手挥五弦。俯仰自得,游心太玄。 　　(嵇　康)

以上的诗句,都表现了开阔而又深沉的时空体验,诗行中自有一番新的世界。"乾坤"不管怎样的无边无际,但必须落在"万里眼"的直观之中,"时序"不管是怎样的川流不息,也必须融合在"百年心"的体验之中,所以宗白华说,中国人的诗画,在那"空白处",总有不空白之情,不像西方的茫远的道路和直上云霄的金字塔,以及无尽的直线抽象。这便是"登泰山而小天下"的对象化意识,诗人要把宇宙广阔的空间和时间融化在诗行结构中,所以陆九渊说:

> 四方上下曰宇,往古来今曰宙,宇宙便是吾心,吾心即是宇宙。千万世之前有圣人出焉?同此心,同此理也;千万世之后有圣人出焉?同此心,同此理也;东南西北海有圣人出焉?同此心,同此理也。[1]

这是心性说的宇宙观,从哲学上看,是"唯心论",但从艺术上看,却是诗性智慧。中国伟大诗人,多有"包括宇宙,总览人物"的"诗胸",所以诗行结构则成为诗人安身立命之本,是诗人宇宙意识(时空意识)的归宿点,这正如农舍是农人的安身立命之本,是农人宇宙意识的归宿点一样。小小农舍放在一张白纸上,也只不过一个方格子(一个字词的空间)而已!农人"日出而作,日入而息"穿流于农舍之中,诗人则"无文则行而不远"、"语不惊人死不休",穿流于"方格"子之中。

第五节 中国诗行美的形态

一、诗的感性美

在一切艺术形式中,只有诗和音乐,是最"精神"性、最"情绪"化的了。然而,作为艺术,总是一种感性存在,总有一种感性美。那么,这感性美是什么呢?黑格尔认为诗的感性美有两个相互关联的系统,一是节奏(时值)系统,一是韵律(音质)系统,二者的融合是一种"心声"。

所谓节奏(时值)系统,是诗情在时间中的先后承续运动,它是一种特定的时间之流,在某种模式规定下的中断与切割,因而又表现为"拍",或者

---

[1] 《象山先生全集》,卷二十二,上海古籍出版社,1956年。

表现为"顿"。诗行节奏使审美主体的生理与心理,在诗行结构中达到和谐一致。节奏不仅是一种诗情律动,而且它显现出一种规范性。总之,节奏系统是审美意识在时间尺度上的自我显现,这是审美形式从空间维度向时间维度的拓展。

所谓韵律(音乐)体系,是诗情的语义泛化与蒸发,它直接与审美主体的情绪以及内心世界联系着。韵律—音响,本质上是一种"乐音",是灵魂的一种颤动,因而诗行的韵律形式,是审美意识由时间维度向空间维度的返回,或者说,是审美意识在空间尺度上的自我显现。我们看看唐诗中平仄律的交错与对立,以及拗与救互补的两联绝句,这简直是一个诗情律动、节奏音韵和谐的四维时空合一体。

时间总是流动向前的,空间总是变幻拓展的。人类的审美意识,由直观走向抽象,由低级走向高级,它要在时间和空间的纯形式上,刻下自己的烙印。在诗歌中,审美意识用节奏对时间之流刻下自己的尺度,用韵律对空间弥漫自己的芳香。几乎所有伟大的哲人都承认:审美意识是人的最深刻、最高层次的自我意识,也是最丰富的自我意识。因而,诗行形态,便是一种美的时空合一体。

二、中国诗美的超越性及其美的形态

黑格尔在他的巨著《美学》中说:"在对东方抒情诗方面有卓越成就的个别民族之中,首先应该是中国人。"[1]朱光潜也认为,在文学领域内,中国只有诗是西方人不可企及的。

我们在论述中国诗行的审美特质时,应该以发达的成熟形态为研究对象,而不能面对一部跨度极大的诗歌发展史。本书认为唐诗中的绝句,则是典型的分析对象。

中国诗行美的形态,包括三个方面:一是整齐美,二是抑扬美,三是回环美。所谓整齐美,是指诗行间的对偶对仗,以及汉语单音孤立的特点所形成的特定结构。如七言律句共八行,56个字,七绝共28个字;五言律句共八行,40个字,五绝共20个字。律句两联,绝句一联,铺排起来,整齐一致,毫无"误差"。不管是从内在的音韵美,还是外在的"建筑美",都给人共

---

[1] 黑格尔:《美学》第三卷(下册),朱光潜译,商务印书馆,1981年,第231页。

同印象:整齐美。这是一种外在形态的美,这种美除了方块字之外,任何文字都不能存在。在整齐美中,那内在的方面是诗行间的对偶对仗(排律第二、三联要讲对仗);绝句既有词性的相对,也有义类的相对。中国诗人在对偶对仗方面,作了深入的实践和研究,刘勰总结为:"反对为优,正对为劣"(《丽辞》),"正对者,事异义同也;反对者,理异趣合也"。究其优劣的根源,乃在于诗性智慧的不同表现。"正对"仅"事异",但是"义同",这是单一层次的趋同性思维方式;"反对"则改变了思路与感受格局,在"理异"中,求得"趣合",这是二元(理异)感受的一种巧合性(机智性),所以充满诗的情趣与智慧(其智慧原型是对立互补机制)。这种整齐美,深入到中国人生活中的各个角落,逐渐地成为中国人诗性智慧的深层结构。举目远看神州大地,家家户户门口两边,均是对偶对仗极为精致得体的对联,逢年过节如此,喜事、奔丧亦如此。对联实在可以说是中国人心灵中的两颗美的种子。这种对偶对仗的整齐美,渗入到中国人的灵魂世界中,成为一种审美的思维方式,成语中的"好事成双"、"成双成对"等,对中国人来说,这简直就是祝贺与祝福的词语。

这种内外融合在一起的整齐美,还界定着和刷新着中国人诗性智慧的审美空间。一首七绝的空间(指七绝结构所占领的空间),正是一首七律诗行空间的一半;一首五律的诗行空间,正是一首五绝诗行空间的两倍,诗行空间的这种界定,使审美主体获得一种特有的审美时空观,这正如中国农业社会的井田制度(村落、阡陌交通,乃至切界豆腐干等)铸造了中国人的农业时空观一样。诗人要用四行或八行诗句,展现出一个崭新的天地。在这小小的"方块"(四行或八行的诗行结构)中,历史与现实、现在和将来、回忆与展望,纵横交错地表现着诗人的脉络跳动与呼吸状态,这是一个立体型的四维时空合一体。这种时空合一体是一种诗性规定,亦是一种诗性诱导场。一个诗人要进入这个小小世界中,显示自己的创造才华,他首先要经受这个特定时空的规范与陶冶,并习惯于在这个小小的世界中,放纵自己的思想与情感。"窗含西岭千秋雪,门泊东吴万里船。"这"窗"和"门"就是中国诗人时空规范的产物。诗人如果不在"窗"和"门"的视点上(农业社会时空意识的具体化)规范自己的视野,冶炼自己的情思,他就无法在这特定的审美时空中去"包括宇宙,总览人物"。这是一种高效的时空"压缩力"和凝聚力。所以在中国诗人的审美时空观中,追求整齐美是一条大律。从汉赋的铺排,到骈文四六的对偶对仗,再到唐诗的律绝规范,这正是中国审美时空观中所追求的特定形态美—整齐美。

所谓抑扬美,主要是指诗行中的平仄律,此外,还有重音的加强和申意的拖腔。中国诗行的平仄律所遵从的是两大原则:一是本句诗行的平仄交错,二是对句与出句平仄相反(外加"相粘')。"交错",是沿着线性方向进行的;"相反",是隔句对照(横向关联)。一首绝句的平仄律,可谓纵横交错上下勾联,相反相承,真是"大珠小珠落玉盘",显出一片宫商。中国诗人在遵从平仄律的两大原则(刘勰在声律篇说是一个原则"同声相应"与"异音相从")下,还对平仄律的各种特殊应用,设计了一整套协合体系、办法,如"粘"与"对"的概念,五花八门的"拗"与"救"办法等,这就说明中国诗人对平仄律的普遍原则有准确的概括与把握,对其特殊性也有深入而全面的研究。元代刘鉴所概括的口诀:"一三五不论,二四六分明"(《切韵指南》),虽然仍有不少"误差",但并不失为一个大致可行的简化办法。"一三五"为什么可以不论,而"二四六"必须分明?这是音韵结合的一种辩证观念。因为汉语的重音和意义强调都是落在偶数的字(词)上(尽管其中仍有特殊情况,但毕竟是极少数)。唐宋以降,中国的科举制度则把音律也列为必试项目,这就使得中国诗行的音律规则日趋完善,乃至极端微巧,形成了一个既有普遍性原则(正例),又有应付各种情况变化的精雕细刻的特殊规定(变例)的音律体系。

中国诗行平仄律的整个体系,是建筑在四声八病基础上的。所谓四声,是指平上去入。声的这种划分,是由于汉字的发声均有三个变化:声、韵、调。三者统一的大致音值,则成为划分四声的依据,然而古代人不可能有语音音值的科学实验条件,多是依赖于日常实践的感情经验,所以要作出符合审美音律的诗,非有一番努力不可,一是确立审美音律的基本原则,二是把所有常用汉字的韵部作一归纳分类。第一个方面,历来人们认为是沈约(还有周颙)完成的,"夫五色相宣,八音协畅,由乎玄黄律吕,各适物宜。欲使宫羽相变,低昂互节,若前有浮声,则后须切响,一简之内,音韵尽殊,两句之中,轻重悉异。达此妙旨,始可言文"(沈约《宋书·谢灵运传》)。沈约的音律审美原则,历来都是得到人们肯定的。这个原则又可以归纳为两句话:"一简之内,音韵尽殊,两句之中,轻重悉异。"把这个原则再提炼一下,便是"求异"原则(寓整齐于变化之中)。语音韵律上的趋同性,是呆板化的语言,只有"各适物宜",适应呼吸的求异原则,才符合音律的和谐美。且看下面语音的趋同性例子:

$$<\begin{matrix}屋北鹿独宿(全仄声)\\溪西鸡齐啼(全平声)\end{matrix}>(趋同原则)$$

通过这个例子,我们便深深知道,一首诗即使意境再美,如果在音律上发生非和谐现象,审美意识与情趣是大受损害的,它的诞生便是它的死亡。

为了讲四声,也得讲八病(蜂腰、平头、上尾、鹤膝;大韵、小韵、傍纽、正纽)。四声与八病之间是一种"互补"的关系。从蜂腰到鹤膝,是讲究声调关系,即声调起伏是否与呼吸对应、流畅;从大韵到正纽,是讲究双声叠韵的关系。大韵、小韵是指两个诗行中,尽可能避免重复使用既同调又同韵的字;傍纽、正纽是指在一句或两句诗行中,尽可能避免重复使用双声字(对偶时例外)。这种种"病",都是有伤"音韵尽殊"、"轻重悉异"的原则的,所以消除八病,就能获取四声音律的"妙旨","作五言诗者,善用四声,则讽咏而流靡;能达八体,则陆离而华洁"(沈约《答甄公论》)。

沈约的"求异"音律审美原则,虽然似是对四声而言的,但从中也透露了其二元化倾向。他明确地说,音律之变化,既有"低—昂"与"浮声—切响"之别,同时还有"轻重悉异"。虽然尚没有明确的平仄二元对立意识,但"低—昂"、"轻—重"、"浮声—切响"的区别,已经是一种二元对立的东西了。

尽管沈约关于音律的审美意识尚比较朦胧,也有说不全之处,但并不能抹煞它在诗律历史上的功绩和贡献。

以上说的是确立审美音律的基本原则。这是第一个方面。

第二个方面,是把当时常用汉字韵部作总体性的分类、归纳、作为时人应用四声的依据。这是音律审美原则的一种应用。但统计与分类功夫则非常麻烦,尤其是当它建立在感情经验基础上,而缺乏科学实验的时候。我们不妨看看如下各个时代分类韵书是何等的纷繁:

类别 韵书	平声		上声	去声	入声	共韵
切韵	54		51	56	32	193
广韵	57		55	60	34	206
礼部韵略	上平 15	下平 30		31	17	108

《礼部韵略》为官定韵书,供科举考试之用(注:元代周德清著《中原音韵》,取消入声,只有阴平、阳平、上声、去声)。

如果说,沈约的音律审美原则,是音律运动所遵循的普遍性原则,那么,以上各类韵书的分类、归纳、钦定,则是汉字音律对位的特殊性(特约性)。前者有一种辩证观念(异同关联),充满创造精神;后者是一种绝对规定性,体现的一种规范性的实践精神。音律审美原则中这两种"相反相成"的关系("无规矩则不成方圆"),在中国诗行音律史上,的确建立了丰功伟绩,看来无数诗人的大脑,都遵循着这两大音律审美原则,完成了自己的光辉创造。前人编《唐诗三百首》,在音律上我想这必是相当于康德的《实践理性批判》的作用,或者说,是中国诗行审美原则的总汇——不过它不采取理论形态,而是实践形态。这便是"诗之为教",而非一般诗学的最大特点。

从四声八病进展到平仄的二元对立,是诗行音律审美原则的一个巨大飞跃。不难想象,一个诗人的脑袋老是装着由四声牵制的几千几万个韵部(至少一百多个韵部),而不能走向简明的辩证法——二元对立,这是多大的一种束缚,与诗性智慧的发展,是多少不相容的。所以诗人扬弃四声八病的纠缠,走向平仄的二元对立,这又可说是音律审美原则的一个革命,其所以是革命,不仅仅在于获得生命体的简单化观念,沟通诗学(诗教)与哲学(易经)这根系关联,更重要的是获得辩证变易观念,正因为如此,才能带来唐代律诗的空前繁荣。

中国诗行的抑扬美,在诗感性美中占一席特殊重要的地位。这种抑扬美来源于中国诗歌的最古老的定义,根深才能叶茂。"诗言志,歌永言,声依永,律和声,八音克谐,无相夺伦,神人以和"。在这个古老定义中,便规定了"歌"与"言"和"声"与"律"的对立统一关系。声的依从要与歌的长叹相一致,声与歌的协合,又要达到"和声"的律度,只有这种"歌—言—声—律"的和谐一致,即主观与客观的一致,才能进入"八音克谐"的境界,达到"神人以和"的目的。正是在这个广阔的背景下,中国诗人苦心孤诣地追求音律的各种审美原则,创造了庞大而繁复的音律体系。这种音律体系可说是达到了极为成熟的状态,一行诗中,任何一个音响不是使人感到无限的惬意与满足,便是感到有某种"语义—意境"的奇妙闪烁,人的感性意识此时处于"自满自足"的状态中,这是诗性语义自我意识系统的彻底的澄明。"杨柳青青江水平,闻郎江上唱歌声。东边日出西边雨,道是无晴却有晴。"(刘禹锡《竹枝词》)中国诗史上一语双关的典故很多,一个音响在诗行中的存在,是举足轻重的。"道是无晴却有晴",一个"晴"(情)字,双向相关,使"语义—意境"、"韵律—节奏"在一个焦点上"炸开"了,妙趣横生,思路四通八达,审美意识与情趣跃向新的层次,这便是音响的巨大效应。

这是律句诗行中音律精神化和意向化的呈现。著名典故"推敲",不但是"义"的推敲,更主要的是"音"的推敲。在律诗音响的绝对境界中,音即义,义即音,你便是我,我便是你。所谓"声入心通"(朱熹),即此也。

所谓回环美,是指押韵。诗行通过押韵而显得美,这是诗歌最古老的传统。为什么押韵显得美,而又成为古老的传统?黑格尔认为,"韵只是让心灵和耳朵注意到一些相同或相似的音质及其意味的往复回旋,主体从这种往复回旋中意识到他自己,意识到自己在进行既发出声音而同时又在听这种声里的活动,并且感到满足"[1]。韵是相同或相似的音质在一定的位置的重复,它最宜于表达主体在静观内省中对自己情感生活的认识,"通过同韵复现,韵把我们带回到我们自己的内心世界。韵使诗的韵律更接近单纯的音乐,也更接近内心的声音,而且摆脱了语言的物质方面,即长音和短音的自然的长短尺度"[2],"韵所突出的并不是单纯的音质,而是这种音质中的精神意义"[3]。按黑格尔的观点,他提出了如下三个问题:

(1)押韵就是啼听自己发出的声音(因为相同或相似的音质在押韵中往复回旋),而且感到满足。

(2)韵克服了语言的物质障碍,把我们带回到我们自己的内心世界。

(3)韵所突出的是音质中的"意味"及其"精神意义"。

由上面三点看来,诗的押韵,是让自己发出的声音又往复地回旋,形成"声"与"心"之间的循环,化瞬间为永恒。这是审美主体的一种自我确立。黑格尔的分析是有相当的哲学—美学深度的。

押韵是诗的音响美学因素。大抵世界上每个民族的诗歌都是喜欢押韵的,而且也都有自己的押韵范式,例如西方诗多是"随韵"(每两句一转韵)或"交韵"(单句与单句句押一个韵,双句与双句押另一个韵)。但中国诗则习惯于逢双押韵(对偶意识),或一韵到底,转换方式以四句一换为主,

---

[1] 黑格尔:《美学》第三卷下,朱光潜译,商务印书馆,1981年,第89页。
[2] 黑格尔:《美学》第三卷下,朱光潜译,商务印书馆,1981年,第83页。
[3] 黑格尔:《美学》第三卷下,朱光潜译,商务印书馆,1981年,第85页。

对此,王力有颇为深刻的见解:

> 现在如果两句一转韵(即"随韵")中国人会觉得换得太快了,不够韵味,至于单句和单句押一个韵,双句和双句押另一个韵(即"交韵"),在中国人看来也不自然。依照中国诗的传统,一般总是双句押韵,单句不押韵(第一句可押可不押),而且往往是一韵到低,如果要换韵也是"长恨歌"式的,以四句一换韵为主,而参杂着其他方式,如两句一换韵,六句一换韵,八句一换韵等。[1]

我以为王力的观点是符合中国诗人押韵习惯的。为什么中国诗人的押韵范式是"双句押韵"、"一韵到底"、"以四句一转韵为主"(简称"偶式流水韵",或"偶式四句韵")?我觉得王力已经抓住了问题的关键,即唯有如此,才够"韵味",西方人的随韵和交韵则转得太快,韵味太淡,尚未享受到,便成匆匆过客。所谓"够韵味",即是一种审美时间的体验问题。中国社会两千多年来,长期处于农业社会中,时间节奏习惯于"日出而作,日入而息"的自然性偶式程序,不管是春夏,还是秋冬,日子长与日子短,以"日—夜"作为节奏起伏"呼应"的标准。一年四秋,春夏秋冬分明,在人的时间意识中,四季既互相区别,又相互衔接。春种一粒粟,秋收万颗子;盛夏滔滔,隆冬冰雪……在这种循环往复中,有序而连续地安顿着自己的生活,也在这样的循环日子中,享受着时空之神给予的声、色、味、香,所有这些特征,都不能不深深地嵌入中国人的诗性意识中,同时也必定成就了中国人的音响世界和韵律乐园。因而,中国诗人的音响押韵,追求醇厚味道——"够韵味",这就是中国诗人农业社会时空观念的产物。"偶语易安,奇字难适",多少也和这个道理有关。对偶对仗,骈文四六,汉赋铺排,民间对联等等,都无不出于这种时空体验的偶性意识。以四句一转韵为主的方式,最后物化与结晶为七绝与五绝,诗行范式取得了一个"绝对"的整体观念。

"五四"之后,人们热衷于"新诗"的"革命"与创造,一批先行者提出了许多有益的意见,一批有才华的诗人也进行了可贵的尝试,但依笔者看来,不管是理论的探索,还是实践的尝试,他们都缺乏一种自觉意识,即是关于中国诗行结构深层时空观念的自觉意识。不难想像,如果节奏、韵律、音

---

[1] 王力:《龙虫并雕斋文集》(上册),上海古籍出版社,1980年,第431页。

响、和谐等,一旦离开这个民族的原型时空观念,那就等于失去了最后的依据,撇开了最深层的意识动力,结果不得不走上一条烦琐的纯形式的探索道路,只见树木不见森林,这是一条离开民族审美心理结构的死胡同。

因此,民族时空观念的不同范型以及对时空观念的不同体验方式,是民族诗行韵律节奏不同的总根源。也是"诗之为教"的总根源。

三、中国诗行美的形态及其哲学基础

中国诗行结构美的形态,是由整齐美、抑扬美、回环美构成的,一首律诗、一首绝句就是一个韵律节奏奔腾流转的小小时空合一体,其间动静结合,纵横交错,循环往复,有限纠缠着无限……黑格尔说:"对于东方人来说,没有什么东西是真正独立的,一切显得是偶然的东西,都要还原到太一和绝对,都要在太一和绝对中找到它们的不变的中心和完备的形式。"[1]黑格尔在这里说的"独立"和"偶然"概念,是缺乏科学界定的,如果我们撇开这个不管,我以为他说的"都要在太一和绝对中找到它们的不变的中心和完备的形式",这的确是事实。中国诗行的美,为什么显出如此的千姿百态而最终都汇聚和结晶为一个小小的时空合一体?那是中国诗人——审美主体,对韵律节奏本体的苦苦追求。最后汇聚于"气"之中,谢赫的"气韵生动",曹丕的"文以气为主",就足以道破其间的秘密,后来几乎一切有卓见的批评家,从钟嵘、刘勰直至刘大櫆,都以此为依据去评论各种艺术。"诗质要如铜墙铁壁,气要如天风海浪。"(刘熙载《艺概·诗概》)天风海浪拍击着铜墙铁壁的小小时空合一体中,于是节奏生焉,韵律成矣,一个宫商弥漫的音响世界呈现出来了。这便是中国诗行结构美的形态的哲学根基。以"气"为中介,则直接和"太一"、"绝对"(虚空)联系起来。在中国诗性智慧里,艺术本体与宇宙本体有直接相通之途,其中介环节就是"气"(道/气一体)。

其次,这种哲学基础还根植于中国诗性智慧的心性哲学追求。《乐记·乐本篇》有一个重大的命题:"乐者,通伦理者也。"何谓"伦理"?伦理即人性,或人道主义。"乐者,通伦理者也。是故知声而不知音者,禽兽者也;知音而不知乐,众庶是也。唯君子能知乐。""声"是一种音响,唯动物能

---

[1] 黑格尔:《美学》第三卷(下册),朱光潜译,商务印书馆,1981年,第27页。

感受它；音含节奏、韵律，唯人知之；乐，"神人以和"，通于伦理，故唯君子能知晓。这是声—音—乐的三个层次，荀子《乐论》则进一步申述"乐"的层次："君子以钟鼓道志，以瑟琴乐心。动以干戚，饰以羽旄，从以磬管。故其清明象天，其广大象地，其俯仰周旋有似于四时。故乐行而志清，礼修而行成，耳目聪明，血气和平，移风易俗，天下皆宁，美善相乐。"荀子从《乐记》的"声—音—乐"的单向层次，进展到"礼—乐"的双向结构层次，即"礼—乐"社会存在本体论，对"乐"的"通伦理"性，作了透彻的阐释。这是"个体—群体—天地系统"的大和谐。诗性之心性哲学系统的最终生成，是"耳目聪明，血气和平，移风易俗，天下皆宁"。因而后来刘勰则沿着这个方向作进一步的申述，"声含宫商，肇自血气，先王因之，以制乐歌"（《声律篇》），"吐纳文艺，清和其心，调畅其气，烦而即舍，勿使壅滞，得意则舒怀以命笔，理伏则投笔以卷怀"（《养气篇》）。诗学批评家，都把音韵声律看成一种人本学的东西，一种伦理内容，从而既区别于动物，又区别于庶人，其目的是"神人以和"、"天下皆宁"。乐的伦理性及其心性哲学的走向，（亦即"神/祖—巫—人"一个世界中的人学倾向）。使中国诗行充满着芳香，闪烁着灿烂的光辉。从四声八病，到平仄二元对立的音律系统，最后结晶、凝聚为律诗、绝句的小小时空合一体，然后再拓展到词曲乃至小说领域。简直可以说是"天风海浪"，势不可挡。中国诗性智慧的这种由低而高、由简而繁的升腾轨迹，正好体现了中国诗性智慧在"文以气为主"（庄子曰"通天下一气耳"）的气论中完成自身的建构。这大约就是牟宗三所极力张扬的"综和的尽气之精神"，这本质上是与理性精神相峙的艺术精神[1]。

"因为一切事物在起源时都是粗糙的。因为这一切理由，我们就必须把诗性智慧的起源追溯到一种粗糙的玄学。"[2]

"气"的心性艺术本体论（"综和的尽气之精神"），也许仍属一种"粗糙的玄学"，但是它对中国诗行美的形态的哲学规定，却是无可否认的。

"振叶寻根"，正好说明中国诗性智慧的历史发生：植根深远而广大。唯其如此，才会结出诗行的丰硕成果——诗性时空合一体。

中国诗性的灿烂光辉，终于被绝对理性的哲学伟人黑格尔所称道，这不正好从另一个方面说明中国诗性智慧的深刻性吗！

---

[1] 参见牟宗三：《历史哲学》，台湾学生书局，1984年。
[2] 维柯：《新科学》，朱光潜译，外国文学出版社，1984年，第155页。

第六章 节奏与时间体验

第一节 中国民族的农业性时空观(经验性宇宙意识)与诗行世界

什么叫宇宙?"天地"是什么?战国时的《尸子》上说:"四方上下曰宇,往来古今曰宙。"宇宙又是天地万物的总称。宇与"合"相一致,宙与"久"相贯通。宗白华认为,中国人获得宇宙意识(时空观),是出自农人的"农舍"启示,即农人"日出而作,日入而息"的农舍,成为中国人宇宙意识的原型。他们从农舍的空间获得"宇"的意识,从"日出而作,日入而息"的流程获得"宙"的意识。中国人这种以安身立命为本的生存体验性宇宙意识,既有长处,也有不足。长处,是把宇宙的存在(天地的生成、发展),同人类时空的生成发展联系起来,并注入人类经验性和主体性。东西南北配合着春夏秋冬四季,显出音乐化与情趣化的经验性时空节奏。不足是带有直观性,没有摆脱以"地"(地球)为绝对中心的束缚,未能进展到时空的一元抽象。中国人这种生存体验性宇宙意识,充满了农业社会的生活特征和亲切感,一切都在"天—地—人"(天人合一)的系统中得到说明。有识之士认为,中国人的宇宙意识(时空观),不大同于西方,西方的一切都是主客二分,中国的一切都是主客和合,西方文化是"向外翻"的逐物文化,是空间统率着时间;中国文化是"向内翻"的心性文化,是时间统率着空间。前者主于认识与分析,后者主于体验与综合。根本原因,就在于《易经》上说的,中国人处于"天—地—人"系统中,所以孟子论述问题,都非常注重"天时—地利—人和"三者的协和合作。这是农业社会(农业的丰收与失收)的成败关键。在"天—地—人"系统中,人处于中间地位,所以对头上的"天",脚下的"地",充满了亲切感(或恐惧感),系统中布满了生存联系之网。李约瑟博士深刻洞察中国人这种时空观的特征,他以"中世纪动物审判案"(公鸡下蛋的怪事受到审判)为例,说明中国人这种在"天—地—人"系统中息息相关的联系。公鸡下蛋的怪事,对西方人来说,无疑是把这个怪物(公鸡)毁掉了之,毫无顾忌。但中国人则不行,觉得天下出了此等怪事(公鸡居然能下蛋);必然牵涉到"天—地—人"系统中的一切,是对"天时—地利—人和"的一种严酷挑战,或许是不吉的征兆,或许是改朝换代的象征,或许是皇帝将要死亡的预示(即"神/祖—巫—人"一个世界中的某种不吉利的"可能性")……所以中国人对自然现象的观察,都带有相当的"血缘"感(或亲切,或恐惧),在人与自然之间蕴含着一种神秘关系(受佛影响的中国人崇尚报应观念以及生死循环观念,与这种时空观不无联系)。

　　进一步深入剖析,我们则会发现,"天—地—人"系统,是一个充满艺术节律的世界,至少为中国艺术节律提供极有生命力的原型系统,即《易·系辞下》所说,是"天道—地道—人道"系统,即"三才之道"的大系统,以卦爻示之,即"☰"。《中庸》称之为"天地人相参"。董仲舒认为,"古之造文者,三画而连其中谓之王。三画者,天地与人也,而连其中者,通其道也,取天地与人之中以为贯而参通之,非王者孰能当是"(《春秋繁露·王道通三》)所谓王者,是把"天—地—人"系统串通起来的人,即把"三"字变成了"王"字。"天—地—人"系统中的"道"均由二元对立结构组成,"立天之道曰阴与阳,立地之道曰柔与刚,立人之道,曰仁与义。"(《易经·说卦》)天道—地道—人道,又是相互对应从而结合起来的,阴与柔对应,阳与刚对应,故有阴柔说、阳刚说。人道的"仁"与"义",按《乐记·乐礼篇》所说,"仁近于乐,义近于礼",故立人之道,又叫"礼—乐"之道。但不管三者之道有怎样的对应关系(组合功能),都必须统一于"一阴一阳(天—地—人)之谓道"。这便是"三才之道"的变化节奏(二元对立节奏)。所以阴阳二元对立结构(实际上是一种无所不包的辩证思维、辩证艺术意识的原型),则成为中国人大脑结构中关于韵律节奏的核心原型。中国画面上的虚与实、明与暗、静与动、有与无(空白)等,不是构成了画面变化的大节奏么!中国诗行中声律的平仄二元对立(交错与对应),不也是构成节奏变化的基本内容么!

　　"三才之道"的相互交织与转化,都要通过"气"的中介,《乐记》说,"地气上升,天气下降,阴阳相摩,天地相荡,鼓之以雷霆,奋之以风雨,动之以四时,暖之以日月,而百化兴焉"。这里指出"三才之道",如何相聚生成为一个统一的生命世界。很明显,那就在于阴阳之道,借"气"为中介,生成为"百化兴焉"的现实世界。由此可以看出,"天—地—人"系统中的空间意识是通过阴阳变化,成为流动节奏,而过渡到"天—地—人"系统中的时间意识,即下图所显示的环节:

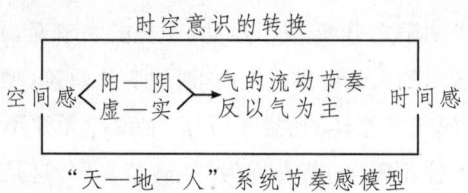

"天—地—人"系统节奏感模型

二元对立型节奏,只有借助于"气"(气即道也。"文以气为主"),才能转化为"力的节奏"与"时的节奏"。对于诗行世界来说,"气"是"情"的载体,也是节奏韵律的载体。所谓"言之不足故长言之,长言之不足故嗟叹之,嗟叹之不足,故不知手之舞之,足之蹈之也……"无不是一种从"气"而来的拖腔"唱叹意"。这其实是"气"(情之"气")的运动方式与轨迹。故而朱熹云:"韵律只是气。"

就形上世界而言,"一阴一阳之谓道",是一种普遍抽象;就形下世界而言,阴阳之道却又转化为"礼—乐"社会(存在)。《乐记》的主题所论,便是阴阳之道转化为现实的"礼—乐"世界。从个体来说,"乐由中出,礼自外作",就群体(社会)来说,"乐者,天地之和也;礼者,天地之序也","大乐与天地同和,大礼与天地同节"(《乐记》)。"礼(义)作为一种"别异",是于关"秩序"的结构(天地之序);"乐"(仁),作为一种"统同",是关于"和"(和谐)的结构(即天地之和)。"乐"发自人的内心世界,"礼"出自人的道德的"拜物教"。礼乐二者都体现了二元对立节奏的结构特征。二者之中,"乐"则尤为引人深思,"乐者乐也",这是一种艺术的审美的世界,然而不管它是怎样的虚灵、自由,又都不能挣脱阴阳之道的统辖,因此,阴柔—阳刚的二元对立节奏模型,也成为"乐"的节奏模型(姚鼐有阴柔美与阳刚美之说,此即为证也),故而中国诗行原型节奏的"对立"与"错综"或平仄律的"对立"与"错综"也必源于此。中国哲学、艺术的所谓"天人合一"("天—地—人"系统的合一），其渗透力、辐射波，是非常精细而灵验的。阴阳之道，一旦通过"气"的中介，便走向生生不息的大千世界。就艺术领域来说，紧接"气"中介的桥梁，又接上两个广阔的"引桥"：一是曹丕的"文以气为主"，一是谢赫的"气韵生动"。"气"与"气韵"于是进入了艺术世界的各个角落、各个层面，成为艺术时空体验的直接对象。在这样的背景下，诗行世界的韵律节奏发生及其基本模型、结构、特征，也必将得到合理的形上说明，此即所谓"天机启则律吕自调，六情滞，则音律顿舛"。以二元对立结构为象征的"三才之道"被统辖于阴阳之道，形成了运动、变化的大节奏，并且以"气"为中介，走向现实和艺术的大千世界。然而，道的变化轨迹（型式）又是怎样的呢？也即其节奏模式是怎样的呢？《易经》上说，"无往不复，天地际也"。宗白华把这种"无往不复"的节奏称为"回旋节奏"。这是道节奏在"天—地—人"系统中的返回与旋转，是它的时空观（宇宙观），亦即是农舍或宇宙的主体视角，或说是农业社会的一种经验视界。元代张素娥有诗云："秋水一抹碧，残霞几缕红。水穷云穷处，隐隐两三峰。"这是一种典型的"无往不复"的回旋节奏和农舍式宇宙的主体视角。所以宗白华说："不是埃及的直线甬道，不是希腊的立体雕像，也不是欧洲近代人的无尽空间，而是潆洄委曲，绸缪往复，遥望着一个目标的行程（道）"，"中国人于有限中见到无限，于无限中回归有限。他的意趣不是一往不返，而是回旋往复的。"[1]宗炳的艺术视界，是"身所盘桓，目所绸缪"，这就是一种回旋型节奏，就是"有限—无限"的关系寻求。刘勰则说得更为分明："目既往还，心亦吐纳；情往似赠，兴来如答"，这是主客体间的回环交流。"道"（气）的这种回环倾向，正是诗行世界情感回旋、韵律反复的形上基础。所以中国诗行总喜双句押韵，而不习惯西方式的"随韵"（每两句一转韵）或"交韵"（单句和单句押一个韵，双句和双句押另一个韵）。这中间有一个"韵味"浓淡问题，即民族"韵味"尺度问题。上文已谈到王力的看法，"现在如果两句一转韵（随韵），中国人会觉得转得太快了，不够韵味，至于单句和单句押一个韵，双句和双句押另一个韵（交韵），在中国人看来也不自然。依照中国诗的传统，一般总是双句押韵，单句不押韵（第一句可押可不押），而且往往是一韵到底，如果要换韵也是'长恨歌'式的，以四句一转韵为主，而渗杂着其他方式，如两

---

[1] 宗白华：《美学散步》，上海人民出版社，1982年，第94—95页。

句一换韵,六句一换韵,八句一换韵等"。[1] 王力在这里说的"韵味"不够,和"不自然"(不习惯)的问题,是一种韵律感的深层结构问题,即是精神的一种和谐感,它直接地和"乐者,天地之和也"的"和"联系起来,成为一个民族艺术精神的"习惯"和"韵味"尺度。

艺术家如何去体验"道"的阴阳变化节奏和回环型节奏?这里首先有一个视界问题,这是把握节奏变化的一个关键。

大体上说,中国艺术家的时空体验与把握道的节奏,采用了两种互相映衬、互相补充的视界。一是农舍式的安身立命的现实视界,一是超越农舍的"登高望远"的超拔的视界。前者以农舍的"窗户"、"庭阶"、"栏干"等为立足点;后者,则以登山、上楼为立足点。

由于中国人的宇宙意识(时空观)的原型,是"日出而作,日入而息"的农舍,所以中国人观察世界,塑造艺术意境,都带有"农舍"的视界,这是安身立命之感使然。宗白华说:"中国诗人多爱从窗户、庭阶,词人尤爱从帘屏、栏干、镜,以吐纳世界境物。"[2] 老子则有"不出户,知天下;不窥牖,知天道"之说。所以中国人都是"以天地为庐"的宇宙观。杜甫诗云:"窗含西岭千秋雪,门泊东吴万里船",不管主体与"千秋雪"、"万里船"之间,相隔如何遥远,但因"窗"与"门"的关系,便把一切疏远性、陌生感都消解了,这便是"以天地为庐"而获得的特有熟悉感和亲切感。这里的"窗"、"门",就如画框,把情绪的运动节奏禁闭在人化的画框内,设定回旋的领域。因而,"窗"、"门"等视点,实在是对节奏实现回旋运动的一种牵制;其以安身立命的生存体验为强大依据,牵引着强烈诗情的回环转运。"千秋雪"、"万里船"不管其时空如何久远,它都要返回主体自身(以窗、门为象征)。这正是一种回环型节奏的深层意识,亦即中国哲学思维的圆环式的反映。

登高望远,不但是中国艺术家的超拔视野,而且也是中国人的普遍爱好。因此,在中国的风俗中,便有九月九日的"登高节"(重阳节)的喜庆。"独在异乡为异客,每逢佳节倍思亲。遥知兄弟登高处,遍插朱萸少一人。"仿佛这也是一种"天伦"之乐。对于艺术家来说,则进一了层,"赋家之心,包括宇宙,总览人物",这是一种更为超越的视野了。《易·系辞下》说:"古之庖羲氏之王天下也,仰则观象于天,俯则观法于地,观鸟兽之文,与地之

---

[1] 王力:《龙虫并雕斋文集》(上册),上海古籍出版社,1980年,第431页。
[2] 宗白华:《美学散步》,上海人民出版社,1982年,第88页。

宜,近取诸身,远取诸物,于是始作八卦,以通神明之德,以类万物之情。"《兰亭集序》云:"仰观宇宙之大,俯察品类之盛,所以游目骋怀,足以极视听之娱,信可乐也。"这里出现了三个重要的、富有节奏感的视界动作——仰俯与登高。仰与俯,除了蕴含阴与阳的节奏关系之外,还有一个"登高望远"的立足点问题。在平地上,当然可以"仰",但却不能"俯"("俯之无义),只有身在高山、高楼上,俯仰才会有意义,才能"会当凌绝顶,一览众山小","登泰山而小天下"。"仰",是为了"通天";"俯",是为了"入地"。所以登高乃是主体人重新介入"天—地—人"系统的一个突破口。因此,"俯—仰",是人串连"天—地"系统,沟道的阴阳节奏的一种手段。《易经》中的"俯仰",是古之庖羲氏之所以能"王天下"的法宝,其功能有二,一是"通神明之德"(天),一是"类万物之情"(地)。这是功利型的"俯仰"。《兰亭集序》的"俯仰",似比"王天下"的功利型俯仰超越了一层,是为了主体自身的目的,即"游目驰怀","极视听之娱",是为了一个"乐"字,这是艺术型的俯仰。按这个路向发展的,尚有刘勰的思想:"原夫登高之旨,盖睹物兴情",以及司马相如的"赋家之心,包括宇宙,总览人物"。然而,从功利型俯仰到艺术型俯仰之间,并不存在一条鸿沟,因为"道即气也",两者都在追求道的节奏,从道到气,是一而二,二而一的东西。正因为如此,艺术家在"游目驰怀"、"极视听之娱"时,便泄露了其背后隐藏着的天机:生命之有涯与时空之无涯的强烈反差,由"乐"而转成"愁"了。王勃《滕王阁序》云:"穷睇眄于中天,极娱游于暇日;天高地迥,觉宇宙之无穷;兴尽悲来,识盈虚之有数。""城上高楼接大荒,海天愁思正茫茫。"(柳宗元)这里的"悲"与"愁",不是一般的"闲愁万种",而是李白《将进酒》中的那种"万古愁",是"抽刀断水水更流,举杯消愁愁更愁"的"愁"。诗人从"道"的运动中,体验到个体的有限与时空之无限,因而产生了充满紧张关系的时间体验和深沉的忧患意识。有了这个形上基础,诗人才会懂得什么是永恒,才能促使诗人在诗行世界中深刻地把握时间体验,怎样去捕捉住那飞逝的瞬间,把永恒的"上帝"禁闭在诗行里。"前不见古人,后不见来者,念天地之悠悠,独怆然而涕下",这是陈子昂登上幽州古台的咏叹调,诗中所揭示的从思前到顾后,除了个体的"我"是暂时存在之外,剩下的是亘古的"天"与"地"的一片悠悠。这种颤巍巍的生存体验,正是面对辽阔空间而引起的时间体验。此刻体验中的诗人,已灵化成了扬弃空间的时间,同时又是扬弃了短暂而追求永恒的时光使者,最后升华为一种由道性节奏而来的诗性节奏("情"向"声"的转化)。

从前者过渡到后者的微妙关系,是一种"与天地同流,与日月同波"的深层意识。这只有在伟大诗人(体验了"天—地—人"系统质的人)的心理结构中,才能置换交流。关于这方面的"难题",嵇康说出了其间的全部秘密:"目送归鸿,手挥五弦。俯仰自得,游心太玄。"前两句是一种音乐化的人与物协调,后两句是领悟"道"的节奏心态,前后二者塑造了理想的道的节奏运动形态。嵇康把庄子的"天地与我并生,万物与我为一"加以音乐化和情趣化了——世界除了运动:韵律节奏(时间体验的诗性抽象)之外,一切都是"无"。"目送—手挥—俯仰—游心","天—地—人"系统中的主体,协合着道的阴阳节奏,内外有序,错落有致,显得何等悠然自得,而又庄严稳重。嵇康勘破了人生短暂的悲苦,置身于道的阴阳节奏中去,"无往不复,天地际也",获得了人生历程中的回环性体验:"游心太玄。"这才是诗人时间体验的最后结论和最高判断。推进一层看,则是"天人合一"的真谛。中国诗行世界的浩瀚工程,从双声叠韵、反复回环、对偶对仗直至对立面错综的平仄律,及其诸多消极规定(四声八病、拗与救等等),追求声情世界的尽善尽美,以及诗行的"逗"层套合关系……形成了诗行特定的音律世界,真是"大珠小珠落玉盘",一片宫商,一片和谐,无尽的声情美满,使人类心律和艺术心态得到了空前完美的表现。一句七言诗行的四拍子唱叹,在诗情饱满的老先生那儿,那摇头晃脑的气功式的领悟,真是别有一番独特境界,那节拍摇荡拖腔之妙和力度,大有勘破时空秘密、摇动乾坤之势,仿佛经过这一摇一晃,一咏一叹,"天—地—人"系统中的秘密,便会随着悠悠的唱叹节奏而突然"澄明"。这便是"悟道",是诗人(及其吟诵者)进入的永恒领域。在这个领域里,我们可以看到:诗行世界的时间体验,以及由其所形成的节奏和谐,全由道的阴阳节奏变化而来,所以"天—地—人"系统中的大和谐,彻底空灵的和谐,只有当"人"的心灵、情绪的和谐,以新的姿态、新的节律介入"天—地—人"系统中,才会最后得到完成。如果说"天—地—人"系统是一个开放系统,那么,其开放性的、灵验的突破口便是"人"这个环节。"天""地"的阴阳节奏,是冷节奏,粗糙型节奏,而"人"的阴阳节奏,是热节奏,精致型节奏。只有当"人"通过诗行世界把音乐的情趣引入"天—地—人"系统中,才能完成这个系统的良性循环。

西方的"宇宙"(Cosmos)概念内涵,是由毕达哥拉斯学派首创,这个词既有时空式的"宇宙"意思,也有"秩序"、"和谐"、"规律"的意思。所以"混沌的眼,透过秩序的网幕,闪闪地发光"(诺瓦理斯),这真不愧是天才诗人的一大发现,在某种程度上,并不亚于"火"的发现。西方哲人(毕达哥拉斯)通过音乐而发现世界(反之亦然)。人类的诗性智慧,人类渴求韵律节奏、宁静和谐,中国人远比西方人更为深沉而强烈,微妙而细致,连中国的戎马之将都能吟诗作词,且成为一大传统。正如本书上篇所述,中国的帝皇大业与诗行世界也密不可分,晋官升阶的考试,都必须通晓韵律规律,谙熟声情领域的微妙变幻。文武之间的距离,本来何其遥远,然而在"唐人诗国"中,却又何其密切。

中国民族,不愧是诗的民族。然而,诗者艺也,艺者道也。中国民族也是"道"的民族!诗(诗教)与道都统一在一种特定的节奏/韵律的实践方式上。

第二节 节奏的形成与诗行节奏的本质

郭沫若在《论节奏》中说:"凡要构成节奏,总离不了两个很重要的关系。一个是时间关系,一个是力的关系。"由时间而来的节奏,是"时"的节奏,由力而成的节奏,是"力"的节奏。但是,"时"和"力"又是互为表里,无法分开的,这正如时间与空间的关系一样。"这样看来,虽然是时的节奏,但在主观上也是一种力的节奏了。"反过来,力的节奏,也是时的节奏,所以郭沫若作为一代伟大诗人,尽情地讴歌了"力"的美:

"力的绘画,力的舞蹈,力的音乐,力的诗歌,力的节奏哟!"

其实,这种节奏力(力的美),也是"时"的美。

我们在前面已经论述过,节奏是对时间之流的一种"切割",是一种可操作的重复性。本来时间正如流水一样,"子在川上曰:'逝者如斯夫,不舍昼夜'","君不见黄河之水天上来,奔流到海不复回……"河水的混整性,不可逆性,给人类留下了一大难题,然而河水的波浪性及其回旋性,又给人类以莫大启示。波浪不是对河水连绵性的一种"切割"么,回旋不是对"不可逆性"的一种消解么!

一句诗行,抽象地看,是情绪运动的一个"力"的单位,和节奏的"时段"单位,并具有相对完整性和独立性。诗人开拓、铸造诗行世界,实在是一种"人造宇宙"或"人造时空"。他要把人类渺渺茫茫的宏观混沌时空,转化为清晰的微观人类时空,把大自然统摄在小小的诗行中。因此,诗人的诗行视界,是特定视界,相似于物理学家的"实验室"。卓越的"实验",总是先行于相应的物质世界。我们从诗行中所获得的时空观,才是最具永恒性、时间体验价值率最高的时空观。

耗散结构的创始人普里戈津认为,随着客观世界内部秘密的不断揭示,科学和哲学的研究对象,已从客体、关系、信息,最后转移到时间上了:"今天,我们的兴趣,正从'实体'转移到'关系',转移到'信息',转移到'时间'上","在每个领域,复杂性和时间都起着一种新的意想不到的作用。"[1]时间(扬弃了空间的时间),作为物质运动的最后抽象,成了当代哲学最深刻的研究课题。

什么是时间?这是困惑人类的"斯芬克斯之谜",《西方思想宝库》的编者们说:"空间问题不曾引起诗人们的议论,而对于时间,他们却倾注了极大的热情,各抒己见,侃侃而谈。时间较之空间也更让哲学家们困惑。"[2]

任何事物如果与人类经验分离开来,只作纯粹"物"的考察,总比与人类经验结合起来作"人化"考察,要容易些,简单些。时空问题也是如此。马克思考察时间,采取了"人类解放"(终极关怀)的视角,他把时间的本质和人类劳动联系起来。他把时间三分为:必要劳动时间、剩余劳动时间、自由时间。而落脚点和目标追求,则是在"自由时间"上面,因为人类的真正存在和生命本质,正是体现在自由时间上面,"时间是人类发展的空间。一个人如果没有一分钟自由的时间,他的一生如果除睡眠饮食等纯生理上的需要所引起的间断之外,都是替资本家服务,那末,他就连一个载重的牲口还不如,他身体疲惫,精神麻木,不过是一架为别人生产财富的机器"。[3]马克思得出的这个结论:"时间是人类发展的空间",正是建筑在"自由时间"的本质上。只有"自由时间",才能充分体现出"时间是人类发展的空间"。在这里,一方面是时间扬弃了空间,另一方面又是自由时间扬弃了必要劳动时间与剩余劳动时间,把多种关系纯化为特定的生命存在——自由时间。我以为,对时空本质的理解和把握,只有采取马克思的"人类解放"的新视角,把焦点凝聚在"自由时间"上,才是最深刻、最有卓见的视角。

在劳动中,自由时间的获得是通过一种严酷的比例关系进行的,即必要劳动时间与剩余劳动时间之比(每天只有24小时是一个常数)。只有当生

---

[1] 普里戈津:《从混沌到有序》,曾庆宏、沈小峰译,上海译文出版社,1982年,第41、43页。
[2] 莫特玛·阿德勒主编:《西方思想宝库》,中国广播电视出版社,1990年,第1129页。
[3] 《马克思恩格斯选集》第二卷,人民出版社,1978年,第195页。

产进入"人性"地生产的境界,才会获得更多的自由时间。从"人类解放"的观点看来,人类最后的解放,不是"物"的享受,而是自由时间的运用与创造,是精神向人类本性的复归。但是,当人类尚未进展到这种理想的境界时,便先行地在艺术、哲学等自由思想的诗性意识领域内展开自身结构的生成。诗人创造的诗行时空,便是这种历史生成的特例证明。"诗行世界"是高度人化的空灵世界,它是人类解放的先行使者和前导。其所以是先行使者和前导,就在于"诗行时间"以它特定的本质,加入了"人体生物钟"的历史形成,以及人格本体的塑造,形成了人的"出世"与"入世"、"形上"与"形下"的二重存在。否则,我们就不能理解,为什么中国五言诗节律成为汉魏时代人们的艺术心律,而七言诗节律则成为唐代人们的艺术心律,而且前后二者在时间刻度上,绝不能颠倒过来。因为每个时代的自由意识——时空体验,都具有相适应的历史阶段的内容和特征。诗行节律,本质上是那个时代大脑结构的时空体验,是对自由时间(扬弃了空间)的"切割"与应合。每个时代的艺术心态之所以能够净化、提炼为一种普遍抽象的诗行节律,那是每个时代享有自由度的感情意识夺取永恒的一种尝试。节奏韵律通过回旋反复呈现出来的时间,是心灵性的自由时间,是主体世界在时间体验上的最高抽象,它完全区别于日常经验的时空体验。因此,我们可以说,节奏韵律呈现出来的时间,是诗人向人类"永恒"奉献的一束鲜花,是"自然向人生成"的一项无比珍贵的礼物。有限与无限,瞬息与永恒,这是生命存在的根本矛盾。扬弃"有限"与"瞬息",追求"无限"与"永恒",是人的庄严使命,是时间体验的终极性思考。如果我们把诗看作是诗人主体开拓的一个世界,那么,其间的最大秘密,就是怎样去夺取永恒(过程比结论重要,手段比结果更有意义),这就是用空灵的"时间体验",去囊括一切,代替一切,克罗诺斯(时间之神),甚至可以指挥宙斯。"体验"的关键在于重复、再现,也就是浮士德、对时间的呼唤与留恋:"呵,停一停吧,你真美丽。"人类至今都未能把时间停留下来(那怕是半秒钟),唯一能把时间"停一停"的,只有诗行的节奏韵律。"花开花落",是"大化"的节奏,只有嗡嗡的蜜蜂应合着花香阵阵,才能懂得与领会"开一落"的真谛,也只有这蜜蜂才能领悟花开、花落所呈现出来的"永恒"。节奏韵律,把"最高的瞬间"的一切规定性,和盘托出,且保存在自身的律动中。诗行中以节奏韵律、宫商和谐所捕捉住的时间,是永远不会消逝的,它是随时可以呼唤出来的、"意义生成"的永恒,它是一个被禁闭在另一个自由世界里(诗行世界里)的"上帝"。

据考古学家、生物学家的考证,地球已经有四十五亿年的历史,生命已有四亿年的历史,原始人的出现也已有两百万年的历史。"以太阳为中心,形成地球上的白天与黑夜。就在这日转星移的过程中,人类一直日以继夜地进化着,造就了全身二十万亿个细胞(仅仅脑神经细胞就有一百六十亿),这才有今天的我们。"[1]在这漫长的岁月中,对应性地积淀成了人体生物钟(个体对时间扬弃的历史成果),并且关键的还是对大脑结构、大脑细胞的控制性塑造与定向性影响。"人们早就推测,支配这座'人体钟'的司令部好像在间脑的下丘脑附近。最近,这一推测得到了确切的证实。'司令部'确实就在下丘脑的视交叉这个部位上(引者注:近年科学家们确证为'松果体')","这个'司令部'在两百万年的漫长岁月里,夜复一夜,日复一日地以固定的生态周期作息着,形成了不可移易的节律。"[2]这是诗行世界节奏韵律得以形成、发展的宏观背景与深层根源,它具有"化石"性存在的意义。人体细胞与大脑细胞,都是一种有序性的进化产物,是历史的成果,所以人体生物钟的形成,只不过是宇宙时空节奏在人体上的投影,是人与宇宙的一种"同一"。"人是自然界的产物",这作为一条大律,在很大程度上,就是由时间节律上的同步性与同构性生成。客观自然界对人的最大控制与束缚,就是时空的控制与束缚,而对人的最大贡献,便是给予时间尺度与时间"过滤器",这便是与生命同一的、释放节律的人体生物钟。如果把人体生物钟看作人类时空信息的贮存库,那么,它则是人类在千百万年的进化历程中对生存时间和生存空间扬弃的结果。如果人类没有这种人体生物钟式的大脑结构及功能,那就不可能形成任何时空观念,更不可能作任何时空观念的抽象与分析,在原始的混沌中,时间对人也是一个"无"。人体生物钟并不是一个实体,而是一种节律性的有序信息型结构,一种功能性存在,它控制着两种经验的相互交流、转化,这就是"瞬息—永恒"。

当人单纯地作为自然界的产物时,是受动性的存在物;但当人作为社会历史的产物时,又是主动性的存在物。生物钟的时空原型与大脑节律,本质上是受动性的东西,诗行世界的时空观念与节律,本质上是主动性的东西,是社会历史的产物。人类诗行世界时空观念、节律的形成与发展,则是对生物钟时空原型与节律的同化、索取与"阐释"。无疑地,生物钟的时

---

[1] 川烟爱义:《健脑五法》,科普出版社,1982年,第89页。
[2] 川烟爱义:《健脑五法》,科普出版社,1982年,第89页、92页。

空原型、节律,是人类一切时空观念节律的基础,但这仅是一个方向(顺向)上的产物,由于人类加入自然界,因而"大自然向人生成"(康德),于是人类的发展就取得了另一个方向(逆向),二者(顺向与逆向)的共同结构正好把自然界与社会历史关联起来,使之成为自然—历史发展中的一个抽象标尺。二者间的关系,无疑地是一种相互转化、相互补充的关系。中国诗人的时空观念与节律感都来源于中国特定的大自然和宇宙意识。这是中国人的时空观念由自然存在走向艺术境界的一条征途。在这个问题上,宗白华作为哲学家和诗人,有深刻的体会,"时间的节奏(一岁十二月二十四节)率领着空间方位(东南西北等)以构成我们的宇宙。所以我们的空间感觉随着我们的时间感觉而节奏化了、音乐化了! 画家在画面所欲表现的不只是一个建筑意味的空间'宇'而须同时具有音乐意味的时间节奏'宙'。一个充满音乐情趣的宇宙(时空合一体)是中国画家、诗人的艺术境界"[1]。从客体方面来说,是节奏的呈现,从主体方面来说,是音乐化的情趣。前者是宇宙的时空节律,后者是诗人画家的艺术境界。于是宇宙时空与艺术境界,作为对峙性存在物之间,便形成了一种极其久远、而又极为微妙的双向性关系,并成为最深层的时空意识和节律观念。那么,宇宙时空与艺术境界发生交互效应的契机是什么呢?

宇宙节律积淀在大脑结构的"松果体"上,成为"人之所以为人"("日出而作,日入而息")的恒定特征。人要取得自由,只有在尊重宇宙节律(凝定为"生物钟")的基础上,并且要"人性"地内化到大脑结构中去,成为一种神经环路才有可能。

资本主义生产的加班加点,强化劳动,严重地破坏了这种自然节律,所以马克思严厉地指斥这种牲畜性的劳动。"企图改变生物节律的努力,不仅是徒劳的,而且是无益的。一旦'司令部'发生了混乱,那就会丧失学习能力,结果是十分痛苦的。"[2]许多心理学家做过实验,把被实验者(人),关闭在地下室中,不给任何时间象征,只有日常生活需要的一切(即给现实的人去掉时间节律),其结果,是时间观念的延长,由每天 24 小时伸展到 25 小时,这是由于时间节奏的混乱,导致大脑时间结构的瓦解。长期下去,后果将不堪设想。

---

[1] 宗白华:《美学散步》,上海人民出版社,1982 年,第 89 页。
[2] 川烟爱义:《健脑五法》,科普出版社,1982 年,第 92 页。

诗人的艺术境界,诗行的时空观念、节律,是对宇宙节奏的"音乐化"与"情趣化"。有人说,"试图从人类社会的历史和自然科学史听出一种节奏,看出一种结构、一种格局和一种型式的人,那必定是哲学家。"[1]这里说的"节奏"、"结构"、"格局"、"型式"等等,都是情趣化和音乐化的东西,为什么只有哲学家(应该说还有伟大诗人)才能看得出来?此乃哲学家的心胸也,对于伟大诗人来说,则是"诗胸"。哲人心胸与"诗胸"的最大特征,我以为就是"包括宇宙,总览万物",能对时空观念与节律意识进行绝对抽象,并能显现为某种"先验结构"(马克思语),正是在这个意义上,罗素和叔本华对康德的评价与众不同:"《纯粹理性批判》的最主要部分是时间和空间的学说"[2]。叔本华也认为,仅有时空这一部分就已足够使康德永垂不朽。从对物质世界的最后抽象来说,以及对主体认识形式的深层结构来说,不能不承认这是一种卓见。

宇宙节律的深层结构与诗行的时空体验的融合贯通,是人体生物钟与哲人心胸、诗人"诗胸"情趣交流的结果,其交流的动力契机,是追求无限与永恒。那就是说,从宇宙节律引申出特定的时空观念与艺术节律,这是"自然向人生成"在时空观念上的呈现。正如德国伟大诗人诺瓦理斯(Novalis)说的,"混沌的眼,透过秩序的网幕,闪闪地发光"。"混沌的眼"与"秩序的网幕",是代表两个水平不同、质量各异的时空世界,要达到"闪闪发光"的目的,全赖于追求永恒与和谐的哲人心胸和"诗胸",只有将时间体验的"火把"点燃,才能照亮从"混沌的眼"到"秩序的网幕"的通途。所谓哲人的心胸和"诗胸",说到底也只不过是宇宙节律的内化物,是对"最高的瞬间"不断扬弃,追求无限与永恒的结果。

第三节 诗行里的时间体验

通过诗人心胸而流注并定型于诗行中的时间,是一个整体性的存在物,它既是一种自由,也是一种永恒;既是现实,又是历史,更是将来。它把时间

---

[1] 赵鑫珊:《哲学与当代世界》,人民出版社,1990年,第384页。
[2] 罗素:《西方哲学史》(下册),何兆武、李约瑟译,商务印书馆,1982年,第256页。

的不可逆性,铸造为可重复性。中国孔子大叹"逝者如斯夫,不舍昼夜"。浮士德则异想天开:时间呵,"停一停吧,你真美丽"。如何实现浮士德对时间的伟大愿望,这是人类梦寐以求的理想。时间虽然如流水一般东逝而不返,但是多少在河床上留下自己的运动痕迹;树木花开花落,似是毫无痕迹,但是却在树轮上留下不可磨灭的证据。人生虽然匆匆,却在花白的头发上留下痕迹(哪怕是"朝如青丝暮如雪")……然而,这都是一种表层迹象。人之所以不同于河流,也不同于树木,还在于他用自己的创造物("意义生成"),欢送了时光的流逝。彭特列斯(Cuy Pentreath)的诗歌主题云:

> 当我是个婴儿,只会哭声哇哇,时间好像在慢慢地爬;
> 当我是个孩子,整天嬉笑不止,
> 时间迈开前进的步伐;
> 在我长大成人以后,
> 时间变作奔腾的骏马;
> 当我老得皱纹满颊,
> 时间变成了飞逝的流霞。[1]

时间不是一个常量,而是一个比例变数(函数)。在人生的历程中,它由"慢慢地爬"、"迈开前进的步伐",以至变作"奔腾的骏马",最后成为"飞逝的流霞"。这不是时间的变化,而是"人"自身的变化、成长、壮大。从这个意义上说,时间就是人,而不可能是非人的东西。"只有人才存在于时间之中,时间也不存在于人之外;因此,人即时间,时间即人。"(考耶夫《黑格尔著作导引》)印度的《阿闼婆吠陀》云:"有时间才有意识/有时间方有生命/在时间中同类相聚/在时间中众生雀跃。"[2]这都是时间的'人化',是时间向"人"的"意义生成"。这是人类劳动在时光消逝中所共同获得的东西,而诗人和一般劳动者不同之处,则在于他不仅创造了"作者",而且还把创造物抽象、蒸发为"时间体验",重现了不可逆的时间,把"意义生成"推到了新的境界。诗行时空给读者展示了一个全新的世界,在那里,时间并非如连绵的流水,并非一去不复返,成为不可逆,恰恰相反,在诗行世界中,时

---

[1] 转引自 G·J·威特罗:《时间的本质》,浙江人民出版社,1984年,第27—28页。
[2] 转自路易·加迪等:《文化与时间》,浙江人民出版社,1984年,第70页。

间是可逆的、回旋的、重复的、可以咀嚼的、体味的,浮士德的理想也终于实现了。诗人用自己的韵律节奏,给我们带来了无限与永恒。

在中国五言诗韵律中所体验到的时空意识(扬弃了空间的时间,可还原为时的节奏),与在七言诗韵律中所体验到的时空意识,是不同的。五言诗韵律节奏是 2+3 式的三拍,七言诗韵律节奏是 4+3 式的四拍。两式中的 2 和 4,又叫作"逗"。"逗也是一句之中最显著的那个顿,中国古、近体诗建立诗句的基本原则,就是一句诗必须有一个逗,这个逗把诗(句)分成前后两半,其音节分配是:四言二二,五言二三,七言四三",且可称之为"半逗律"。[1] "逗"的本质是句式的隐性存在,四言诗可看作是两个二言诗的集合,五言诗是二言诗与三言诗的集合,七言诗是四言诗与三言诗的集合(有人看作是二言诗与五言诗的集合),而二言诗、三言诗、四言诗,都是中国诗歌的古老传统。本书认为,应该把中国诗行发展史,看作是由简而繁、由朴而华的多级叠合、递进关系(本质上是逐级的扬弃关系),只有这样,才能找到中国典型诗行(五言与七言)韵律节奏的本质形式,而不至于陷入盲人摸象的歧途。

五言诗的"逗"是 2,七言诗的"逗"是 4,一般来说,2 只是一个双音词,4 则是汉语成语结构的普遍形式,信息量极大,而且又具备句子形式,使得诗行的语义层面有强大的张力和多向度的渗透性。当然,五言诗与七言诗两者的尾式结构都是 3,这是三言诗的稳定形式。与七言诗相比,五言诗"逗"的形式(2),缺乏"逗"的内容。尽管如此,如果不按照"逗"的时空体验去吟诵时,则若有所失,试用非逗形式(例如平均节奏)去吟诵"白日依山尽,黄河入海流",与用"逗"形式去读"白日~依山尽,黄河~入海流",则有很大区别,节奏、韵味很不相同。非逗形式束缚在语义信息层面上,半"逗"形式则有"弦外之音"。如此看来,半"逗"律形式的时间体验,比非逗形式的时间体验要浓烈得多,前者的韵律节奏根据于中国人审美心理结构的深层,后者的韵律节奏仅是一种"省力"型的表层时间体验。如果我们再进一步深入分析,其实三言诗也有"逗"的形式,即 1+2 式。如此看来,一个五言诗行实际有两"逗",即 2+(1+2),七言诗则有三"逗"了,即(2+2)+(1+2)。括号中的"逗"是沉没了的隐逗,只有 2 与 4 是显态的"逗"。吟诵时,如果忘却了尾式结构三言中的(1+2)隐逗,或四言中的(2+2)隐逗,那

---

[1] 袁行霈:《中国诗歌艺术研究》,北京大学出版社,1984 年,第 119 页。

则成为外行了。中国诗行的这种多层多级的套合关系,使得每个诗行在节奏韵律上——时间体验上,都蕴含着无穷的微妙。

不管是五言诗韵律或七言诗韵律,都各有自身的普遍抽象节奏形式,2+3式或4+3式,外加平仄律,对偶对仗的"光圈",一句诗行则成为一个非常和谐协调的音韵世界。这种以"时节奏"(时间体验)为核心的和谐协调的音韵世界,同构性地塑造了审美主体的心理结构,因而,中国人作为诗性民族的公民,其审美心理结构,则具有一种"先验性"的"主观能动性",即朱光潜在其《诗论》中所说的"预期"模式。这种由时节奏、平仄律启示出来的先验的"主观能动性",其实是某个历史时代形成的普遍性成果,成为艺术生产中的"内在固有尺度"。

诗行世界中的时节奏、平仄律,抽象地看,纯粹是一种"有意味"的律动,如果联系内容具体地看,则是"节奏·语义·意境"三协合的一个整体。但在诗行世界中,能把三位一体的功能抽象为一者,只有节奏才能负荷起来,语义与意境是不能担负起时节奏的巨大功能的。所以节奏的重复、往还,就是"语义·意境"的再现,也即是说,生理能的重复刺激,是过渡到心理能(意识)的得力手段。这是因为:诗人对时节奏的体验,不但是对时间的体验,而且是对"语义·意境"的领悟(由认识过滤而来),这就是列宁所说的:"外部刺激力向意识事实的转化",这也是节奏冲动的本质(诗人被灵感冲动起来,往往并不是什么清晰、明白的语义概念,而是某种强烈情绪的节拍律动,郭沫若早期在日本作诗就是如此)。由此看来,诗行世界的时节奏,并不是一般的机械拍子,不是雨后屋檐下的雨点滴滴,而是特定的时间体验的"意义生成",因而诗行的时节奏,便成为一种有丰富内涵的永恒,它闪烁着"可重复性"的光辉(韵是对时间重复性的挽留)。李白、杜甫的"诗胸"及其对时空的体验,虽然不相同,同时都具有"语义·意境"层面的多样性、丰富性等,但作为进入永恒的最高抽象,却无不完美地凝集于时节奏的生命律动中。李白诗行时节奏律模式与杜甫诗行时节奏律动模式,是极不相同的,念一念李白的"君不见黄河之水天上来,奔流到海不复回"的急节奏和杜甫的"万里悲秋常作客,百年多病独登台"的沉实节奏,我们就会发现,诗行时节奏律动模式的差异,实在是源于一种极其深刻而微妙的时间体验的差异。其所以深刻、微妙,不但在于时节奏与艺术主体的思想情绪高度吻合一致,而且与艺术主体的生命、血液、脉搏的跳动直接同一。艺术虽然能强化语义领悟,提高人的思想境界,但更重要的是对时间不可逆的真切体验。如果要对世界作最后抽象,那只能追踪到时间和空间。时空是物质存在和运动的方式,物质只能存在于时空中,所以"时空·物质·运动"的三相性是对世界同一性的最高抽象,也是最后的抽象(前面提到普里戈律的观点,现代哲学的研究对象,已从实体、关系、信息,转移到时间上来了)。因此,我们要认识诗的本质,其最佳视角以及最后抽象,那就只能是时间体验(西方人认为音乐和诗是时间艺术,作为分类标志,并无多大价值,但作为本质显现,则导出了深刻的真理),这也就是诗行的时节奏律动模式。中学生课堂上的"中心思想"与"写作特点"之类的分析法,是极其肤浅的。这种见尾不见首的分析,其根本弊端是在于以"多"掩盖了"一",以"语义·意境"的表层掩盖了时节奏,以一般的思想、情感,掩盖了时间体验,以表层掩盖了深层。所以诗行时节奏实在是诗行世界中的"上帝"。中国诗行中的时空体验方式,可以追溯到中国古代宇宙本体论,同时也涉及孔孟、老子、庄子的哲学思想。

前文我们已经说到中国艺术与中国人的宇宙本体论是一脉相承的,即表现为"道──气──艺"三项式("道即艺也"、"艺即气也")。道与气合一,最后物态化为艺术。刘勰说:"道沿圣而垂文,圣因文而明道。"这是一个制作型的三项式"道──圣──文"("文以载道"),然而道必须转化为气,才能成为"文"(艺),此即曹丕"文以气为主"的巨大历史贡献。所以对中国艺术的总体观念,应遵循"道──气──艺"的脉络走向(注意:这里的气必须是孟子称谓"浩然之气"的气,才有心性哲学的价值,才是中国艺术的真正背景与前提。故这里的气,完全区别于物理学的"气"),才能真实地考察其他细节问题。如果我们确认"道──气──艺"三联结构的真实性,那么,就不难看出,中国艺术的总体特征,是在真切地追求永恒,在扬弃时间的空间中,以辽阔无边的意象为鹄的,在扬弃空间的时间中,以"空悠悠"的千载历程为寄托。从情调上说,出于个体生命的有限与时空无限的对立,产生了恐惧性的时空体验,有人把这称之为"忧患意识",其实这是一种"人生如梦"般的"愁"(上文已论及)。时光匆匆,个体有限,"人生得意须尽欢,莫使金樽空对月"(李白),然而,"及时行乐"并不能进入"永恒"之门,还有另一面"朝闻道,夕死可矣"的巨大残缺。这便导致中国艺术精神的凤凰再生。

道家哲学对中国艺术的最大贡献,就是以"齐物──逍遥"的"游心"去突破时空的限制与束缚,向时空夺取更大的自由,向茫茫宇宙索取"永恒"。

道家哲学向中国艺术精神灌注了清醒的宇宙—人生意识:"以有涯随无涯,殆矣"(庄子),要化险为夷,以"逍遥游"的时空体验睥睨目下的物态世界,置身于老子道的"大—逝—远—返"的滚滚巨流中。

老子论"道":"有物混成,先天地生。寂兮寥兮,独立不改,周行而不殆,可以为天下母。吾不知其名,字之曰道。强为之名曰大,大曰逝,逝曰远,远曰返。"我们只看老子对"道"的形态描述:"大—逝—远—返"。这里既有"道"的外观、形态(大—远),也有"道"的运动功能(逝—返)。形态与功能的结合,即"大—远—逝—返",使我们感悟到的,不是一个具体的物,而是拍拉图"美的本体"式的玄学抽象,在老子那里,实际是时空抽象,即本书开头所言,老庄道家的"道"的原型是太阳的"夜行"。"大—远"可谓空间的抽象与概括;"逝—返",可谓太阳运转的时间的抽象与概括。所以老子的"道",实际是时空体验的结晶与升华。"大—远"是宇宙的一种空间视界,"逝—返"是时间运转的一种时序体验。"大—远"包含与囊括了空间中的一切,"逝—返",见出了时间的消逝与永恒。在这里,最有特色的应是"逝—返"的辩证法,一切消逝去的,也都重返回来。这也是《易经》上说的,"无往不复,天地际也"(太阳运行模式)。在中国人的宇宙意识中,天地间的一切,都像一年四季那样,有"无往不复"的时序,决不像西方人的无尽空间,而是逝之必返,"天地车轮,终则复始,极则复返,莫不咸当"。(《吕氏春秋·大乐》)"天苍苍,野茫茫,风吹草低见牛羊",不管宇宙多么辽阔、渺茫,但毕竟是人的宇宙,是可见可摸的,是既亲又切的空间。今日黄昏逝去的晚霞,明天早晨将由红日带将归来。"春种一粒粟,秋收万颗籽",秋收的"万颗籽",扬弃了春天种的那一粒"粟"。这不是恶性的循环,而是良性的增殖循环,中国人的这种"扬弃式"的循环观念(或曰:"生态循环"观念),正是中国农业社会时空观的深刻概括(但就老子的整个时空观而言,又远远超越于农业型的经验性时空观)。老子的"大—远"视界,"逝—返"的时空扬弃观念,不正是成为后来中国艺术的视点和体验焦点吗!庄子的时空观比老子更为超越,他更能体验时空对人的限制与束缚之苦。"逍遥游"哲学,就是引导人们对时空的勘破,进人生命绝对自由的境地。在庄子哲学中,"时空限制"与"生命自由",个体之有涯与世界之无涯之间,成为一种紧张的关系。庄子要把这种"紧张"关系及其深切体验,通过形象化(寓言)的方法,根植到中国人的生命态度和艺术体验中去。"方生方死,方死方生","天地莫大于秋毫之末,而大山为小。莫寿于殇子,而彭祖为夭"。(《齐物论》)这不是在"方生"中见到"方死"、在"方死"中见到"方生"吗（生死有绝对的界限么）？这不是在"秋毫"之中见到"天地"比它还小吗？在殇折的生命中看到永恒吗（彭祖尽管是罕有的长寿，但却是早夭之命）？有的论者说，庄子每一次让我们经历着生命从短促到漫长，从小到大的迅速变动，无非是要我们对日常经验中的时间与空间作一番脱胎换骨的醒悟。庄子在"谬悠荒唐"的比喻中，彻底粉碎了我们依靠经验建立起来的知识世界，也同时提供了一个绝对无限的时空，鼓励我们从相对的长短、大小中超拔出来，优游于绝对的无限中。而肤浅的论者则认为庄子是倡导虚伪的相对主义。其实，庄子的时空观念，是对日常时空意识、日常经验的一种刷新与批判，是对常人时空观的一个革命，这是一种"艺术"革命。如果说，农舍观念构成中国人的经验性时空意识（宇宙意识），那么庄子的绝对时空观念，则是中国艺术境界的玄学意识。后者比前者要超拔一层，也更加虚灵化、形上化。庄子哲学的最高境界，是"天地与我并生，万物与我为一"（《齐物论》）。这不是轻浮的唯心论，而是庄严的人生艺术体验（艺术境界）与对时空本体的阐释，说得通俗点，就是追求一种突破时空限制的主体性永恒。

　　道家哲学的时空观，之所以能直接地转化成为中国艺术的时空观，就在于它的进取精神与超拔精神（审美意识是对日常意识的叛离）。它把人类视界的渺茫、生命之躯的短暂，推向清晰与永恒，也就是陶渊明所道出的："纵浪大化中，不喜亦不惧，应尽便须尽，无复独多虑。"这便是人类一切艺术所倡导的"超脱"精神。中国诗行的时空观念与中国宇宙意识，以及道家时空观有内在联系吗？这是一个复杂问题，笔者只想稍稍涉及有关方面，求得对中国诗行韵律节奏背景的理解。

　　诗行中的时空观念，不同于小说散文中的时空观念，就在于前者把时空观念内化于时节奏之中，浓缩在诗行里。蒙田说："声音先闷在喇叭狭窄的管道里，一旦冲出来，就格外响亮，格外强烈；我觉得，思想，同声音一样，若压缩在诗的抑扬挫顿的音步里，一旦迸发出来，也就格外来势汹汹，往往会使我震惊得瞠目结舌。"[1]把"思想"压缩在"抑扬挫顿的音步里"，就是思想（精神、观念）的节奏韵律化，也就是对"思想"作最后层次——时空层次的抽象。这叫化"实"为"虚"，化"滞"为"灵"，在有限与无限、短暂与永恒的"灰色"领域里进行选择。诗行的时节奏，将把诗人的时间体验再现与重

---

[1] 莫特玛·阿德勒主编：《西方思想宝库》，中国广播电视出版社，1990年，第939页。

复,让心灵反复咀嚼自己的唱叹与咏调,咀嚼自己的时空体验之果。

闻一多论宫体诗人变哲人的心路历程,给我们深刻的启示。

刘希夷诗云:"自怜妖艳姿,妆成独见时,愁心伴杨柳,春尽乱如丝。"(《春女行》)"携笼长叹息,逶迤恋春色,看花若有情,倚树疑无力,薄暮思悠悠,使君南陌头,相逢不相识,归去梦青楼。"(《采桑》)闻一多认为,刘诗表现了一种正常感情,"感情返到正常状态,是宫体诗的又一重大阶段,唯其如此,所以烦躁与紧张都消失了,只剩一片晶莹的宁静。就在此刻,恋人才变成诗人,憬悟到万象的和谐,与那一水一石、一草一木的神秘的不可抵抗的美,而不禁受创地哀叫起来:'可怜杨柳伤心树!可怜桃李断肠花!'但正当他们叫着'伤心树'、'断肠花'时,他已从美的暂促性中认识了那玄学家所谓的'永恒'——一个缥缈,又最实在令人惊喜,又令人震怖的存在,在它面前一切都变小了',一切都没有了。自然认识了那无上的智慧,就在那彻悟的一刹那间,恋人(宫体诗人——引者)也就变成哲人了。"

恋人变哲人,全赖于"认识了那玄学家所谓的'永恒'"。《代白头翁》(刘希夷诗)描绘了诗人紧张的时空体验:"洛阳城东桃李花,飞来飞去落谁家?洛阳女儿好颜色,坐看落花长叹息:——今年花落颜色改,明年花开复谁在!古人无复洛阳东,今人还对落花风,年年岁岁花相似,岁岁年年人不同。""相传刘希夷吟到'今年花落……'两句时,吃一惊,吟到'年年岁岁……'两句时又吃一惊。后来诗被宋之问看到,硬要让给他,诗人不肯,就生生地被宋之问用土囊压死了。于是诗谶就算验了。编故事的人的意思,自然是说,刘希夷泄露了天机,论理该遭天遣。这是中国式的文艺批评,隽永而正确。我们在千载之下,不能也不必改动它半点,不过我们可以用现代语替它注释一遍,所谓泄露天机者,便是悟到宇宙意识之谓。从蜣螂转丸式的宫体诗一跃而到庄严的宇宙意识,这可太远了,太惊人了"[1]。

诗人在写诗(或吟诗)的当儿,也居然能真切地感悟到宇宙意识(所谓"泄露天机"),这正是诗行时空体验的一种秘密。

张若虚的诗也追求"永恒"。"江畔何人初见月?江月何年初照人?人生代代无穷已,江月年年只相似,不知江月待何人,但见长江送流水。"闻一多评论此诗道:"更复绝的宇宙意识!一个更深层,更寥廓更宁静的境界!在神奇的永恒面前,作者只有错愕,没有憧憬,没有悲伤。从前卢照邻指出

---

[1] 以上引文均见闻一多《唐诗杂论》,上海古籍出版社,1956年,第18—20页。

'昔时金阶白玉堂,即今唯见青松在'时,或另一初唐诗人——寒山子更尖酸的吟着'未必长如此,芙蓉不耐寒'时,那都是站在本体傍边凌视现实。那态度我以为太冷酷,太傲慢,或者如果你愿意也可带点狐假虎威的神气。在相反的方向,刘希夷又一味凝视着'以有涯随无涯'的徒劳,而徒劳的为它哀毁着,那又未免太萎靡,太怯懦了,只张若虚这态度不亢不卑,冲融和易才是最纯正的。'有限'与'无限','有情'与'无情'——诗人与'永恒'猝然相遇,一见如故,于是谈开了——'江畔何人初见月?江月何年初照人?……江月年年只相似,不知江月待何人?'对每一个问题,他得到的仿佛是一个更神秘的更渊然的微笑,他更迷惘了,然而也满足了……"[1]

闻一多的分析是颇有见地的。他从刘希夷、张若虚两个诗人的"永恒"观(时间体验)中,看到了诗行时空体验与宇宙意识的密切关系,从"玄学家的所谓'永恒'"到"泄露了天机"(悟到宇宙意识),到"站在本体傍边凌视现实",最后到"诗人与永恒猝然相遇,一见如故",都是诗行时空体验的一种飞跃。飞跃的契机,是宇宙意识的热烈呼唤。这里值得反思的是,为什么"恋人"能一跃而成为"哲人",由皮肉之爱而追至对永恒的追恋?这正是生命作为血肉之躯,作为一种感性存在的易逝性。不管是"妖艳姿",还是"杨柳花",虽然极为显赫,但经不起时光的洗刷,它们只是永恒之途的一块垫脚石。"永恒"并不是一种固态存在物,而是一个"意义生成"过程,是对时间之流的某种人生体验,是主体某种人格的契入。"恋人"所追求的是永恒的表层装饰物,一旦当他们扬弃了这装饰物,便从表层走向深层,从短暂走向永恒。他们从"妖艳姿"的逝去、"杨柳花"的飘落中,见到了消逝中的"意义生成",一种新的"存在"(永恒)于是出现了——恋人变成了哲人;如果说刘希夷的诗体现的是这种灵变过程,那么,张若虚的诗则要超拔一层,诗人与永恒之间的关系,不是"探索"关系,而是老朋友式的"一见如故"。"月亮—江畔—人"这个三联式不是"天—地—人"系统么?在这个系统中"人"不应当怯懦,而应当不亢不卑(从这个系统中看"人","人"是与"天"、"地"相等价的),要把自身提拔起来,等价于"永恒"。虽说"江月年年只相似",但是颉颃于它的,却是"人生代代无穷已"。

这和浮士德的时间体验,又恰好成为对照:

---

[1] 闻一多:《唐诗杂论》,上海古籍出版社,1956年,第20—21页。

> 那时,让我对那飞逝而去的一瞬高呼
> "呵,停一停吧,你真美丽!"
> 我的尘世生涯的痕迹就能够
> 永世永劫不会消逝——
> 我抱着这种高度幸福的预感,
> 现在享受这个最高的瞬间!

浮士德把"飞逝而去的一瞬",称之为"最高的瞬间",确认人生最大的幸福是获得永恒。所谓"永恒",就是"飞逝而去"的"最高瞬间"能够停一停。对这个"停一停"的享受,便是对有限生命的超越。浮士德的时间体验是一种绝对体验,是康德先验论之最高而又是纯粹的显现(故歌德读了康德第三批判之后,便有无限的欣喜,并有巨大的满足),他把永恒升华为清除了感情的虚灵存在。他把永恒本体置于眼前,他不必途经中国恋人的"妖艳姿"、"杨柳花"的感性迷雾,而径直进入永恒本体。中国诗行中的永恒观念,多是从恋人到哲人式的永恒观念,那怕是苏东坡的"大江东去",也总免不了凭吊英雄,追忆历史,而后才叹息"人生如梦"。英雄、历史,在时间之流中,仅是一朵小小的浪花,也是一种"妖艳姿"、"杨柳花",它尚未能直接地被置换成"最高的瞬间"。

综合以上所述,从农舍时空观念到恋人变哲人的时空体验,从老子的"大—远—逝—返"的时空视界,到庄子的"天地与我并生,万物与我为一"的主体绝对时空观。这是两个不同层次的时空观,前者(农舍时空观与恋人变哲人时空观),只是中国人农业社会的原型性的时空观;后者(老庄)则是对原型性时空观的一种超越。但是两者又都发生在中国的土地上,都被"道"所支配,所以又必有其共同之处。我以为前后两者的交叉点,就在于对永恒的追求上,但手段却迥然相异。前者是和缓的小节奏,充其量是以乾坤(天人系统)为节奏极点,以星移月逝的"时序"为轨迹(杜甫有"乾坤万里眼,时序百年心"),显得何等的和蔼可亲,处处充满着感性的诗意光辉;后者则是超拔的大节奏,它是"以五百岁为春,五百岁为秋"("楚之南有冥灵者"),或"八千岁为春,八千岁为秋"("上古有大椿者"),"秋毫之末"比天地要大得多,彭祖虽千古长寿,但也属夭折,从"始者"到"未始者",不断地伸延……这是对时空的绝对超越,也是对人类日常经验的绝对批判。这种超越型的玄学时空观,充满了探求的智慧和解脱的欢乐。唐诗作为中国诗性智慧的丰碑,其间就汇合了以上两种时空体验的伟大成果,那就是现实主义精神与浪漫主义精神的交汇,是杜甫与李白的合璧。

诗行节奏(时间体验价值率最高的形式),作为宇宙节奏、天地节奏的内化物和浓缩物,它的植根是深远的,它直接联系于上面所说的两种类型的时空观,因而呈现出两种时节奏的律动范型。原型时空的时节奏,使人感到平稳而亲切,和谐而宁静;超拔型时空观的时节奏,使人感到急速而跳跃,超脱而玄灵。这是两种时间体验的诗性还原。中国人的诗性智慧,深刻地体现于对时间(扬弃了空间)体验的不同范式中。

综合以上所述,宇宙意识──→时空体验──→诗行节奏,的确是中国诗性智慧在音响韵律世界中的运行轨迹。

中国诗性之最高存在方式完全可以凝聚与净化为一种节奏韵律。也可以说诗之最高存在亦仅是一种特殊性的节奏韵律。诗者,节奏韵律也。"没有诗,人就什么也不是;有了诗,人就几乎成了上帝。"(尼采)诗之本质是节奏韵律,故泰戈尔说"韵律无时不刺激着诗人的智慧"。其实,诗之韵律所刺激的是一切人的智慧。中国诗行之节奏韵律,如平仄对仗等,其所刺激的是整个民族的智慧。这是诗国之所以为诗国的内在根源。

中国诗学,本质上是"诗之为教",而不是"诗之为学"。当"诗之为教",一旦升华为"诗之为经"时(即取得"经"的价值与地位),便成为中国民族人人都得尊之为一种行为规范,即一种行为范式。故而"诗之为教"—"诗之为经",必须"形上—形下"(道—器)相互贯通,融为一体,才能发挥"教"与"经"的功能,从而完成伟大的历史任务。由此观之,贾岛的"推敲"、杜甫的"语不惊人死不休"的形式要求……都有牵一发而动全身的作用。形下的实践方式与行为,必须由形上之道来范导;形上之道必由形下之器来显现,才是诗教的全程。

结　语

全书由三大部分构成:导论—中国诗学形上之道—中国诗学形下之器。其实,归根结底,无非就是如何面对几句诗行或一首诗的简单问题。谈诗学形上之道及其形下之器,构成"道器一体",这又是一个"复杂的艺术事实"了。其复杂在何处? 就在于:形上之玄虚境界,虽游依于尽心尽性,但往往飘忽不定,且离不开器;形下之实证工夫,虽节奏韵律有度有套。但往往平仄滑动、粘拗奇妙,且形上牵连不绝。此中之形上界与形下界之交结与协合一体,构成一种思虑紧凑而精神张力跨度极大的诗性领域,此确是诗学中的一大景观。面对它,一切习俗性观念、理论,都将变成"灰色"之树。无疑地,按照中国古学精神,形上之玄虚必有道,形下实证(工夫)必有术,"道—术"一体,才构成一种完善形态的学说。这在庄子那里,便是实践行为的"道—技(术)"论(《养生主》)。学术如何走向完善形态,既是学术的生命,也是学者的毕生使命。

本书写作的初衷,是思考现代意识论中的一个大难题:"外部刺激力向意识事实的转化"(列宁)问题,而"生理能"如何过渡到"心理能"的问题(从美学上说是如何从"生理快感"到"形式美感"、"道德美感"的大问题)。生理—心理,虽是人之连续性系统。但又并非是一种重复性机能,更不是等价物。生理能是心理能的基础,心理能是生理能的文明标尺;人由动物而来,但又区别于与高于动物。"人—动物"二重结构的关系,到底是怎样的? 其间的"过滤器"(中介环节)是什么? 若作纯哲学抽象,是极难发现其真相的,亦难以厘清其底蕴,唯有在人的实践行为中,尤其在诗性艺术(韵律节奏)的实践行为中,才能得到若干领悟和体察。一个中国人,善于吟诗诵词(或作诗填词)的艺术修养,实际上就是一种高雅的风度与人格,它能促成与之相应的行为方式,确立为人处世的态度,此即中国民族的"人生艺术

化"的重要方面。有流氓习性的汉高祖,居然唱出了顺应历史的千古绝句:
"大风起兮,云飞扬……";曹操,人称"奸臣",但那"人生几何,对酒当歌"的
不朽诗句,又确认了"英雄"本色。诗,美化了他们的风度与人格。有趣的
是,莎士比亚在其《威尼斯商人》剧本中说,(在西方)如果人大脑中没有音
乐感,或对音乐感无动于衷者,多是恶棍。西方人之于音乐感,是如此之重
要。更为奥妙者,是德国民族的音乐与德国民族的哲学,彼此血脉相通,贝
多芬的交响乐与黑格尔的辩证法,又是如此之同构对应(今之媚俗文化论
者曰:德国音乐与德国足球有同一性,即在于"意志力"——德国民族虽称
"德意志"民族,但与足球"意志力"似乎不相关,故这是当代望文生义之一
大发明也)。以上此等"音乐感"现象之底蕴,值得一切理论家思考。从生
理能到心理能、从交响乐到辩证性、从诗词吟诵到人格风度、为人处世等,
人们仅知前者到后者之间,有一"通道",但这尚未揭示开来的"通道",又是
什么呢?现代物理学称之为"黑箱"。通俗点说,大热天买西瓜,哪个成熟
哪个甜?只能捧在手上,拍拍打打,倾耳细听,凭自己之经验作出买瓜选
择。但到底甜否,只有一刀割开,送进嘴里,才能"见分晓,定是非"。此未
剖开之瓜,即曰"黑箱",剖开之后,即为"灰箱"或"白箱"了。笔者最信奉的
便是这把"刀"。

中国诗学是一种"经学"(诗、书、礼、乐、易、春秋,曰六经),究其实质,
它不是"学"(一种纯理论),而是塑造中庸高尚人格的行为方式,故又曰
"教"("修道之谓教")。"教"讲究什么?讲究心与身、灵与肉之大纠缠、大
融合、大和谐……其间,心与灵通向形上之道,身与肉浸漫于形下之器。唯
有身心和谐、灵肉协调;进退揖让、合礼合乐,才是"道器一体"。中国古人
甚懂此大道理,而今人只能偏废处之。偏于心与灵者,多是一种苍白人,易
成伪君子;偏于身与肉者,多具动物性,易成兽性人。人之"灵—肉"二极性
生存,是人生在世之大难题,而人生在世之最大危机,也多由此出。当今社
会,是肉胜于灵,身胜于心,它虽是对昔日神学的一种反动,但一只越出此
界限,便会灾难无穷。君不见,当今泛滥的趋时媚世文化,早已成为丧心灰
灵的肉之大狂吹了。欲挽救此等危机,只有走"道成肉身"之路,清醒地回
到中国诗教的大道上来,在咏叹中,在手舞足蹈中"君子慎其独也"。

中国民族的诗性世界,及天及地,其精神与难处皆不在"学",而在
"教";不在"理",而在"经"。由诗之教而入乎于"经",由学统而转入道统
(治道),这是中国文化史上的一大创举。在中国民族,"人之所以为人",全

由"诗"(经学)开始。"兴于诗立于礼成于乐",三者血脉贯通之连续系统,既是建构中国心性哲学体系的最佳路线,也是塑"人之所以为人"崇高人格的典范方式。

一曲"关雎"之唱,引发了千秋万代中国人的遐想——它把中国人最美好、最惬意的爱情,都在"思无邪"中统辖起来了。面对其间之奥妙与神秘,任何诗学、美学的理论都是无能为力的。中国民族的广阔诗性世界,以其"阴柔—阳刚"之气,协合着"实有—虚无"(儒道佛三家)之性灵,如那天风海浪,席卷中华大地——当今人们只有望"诗"而兴叹:诗性的古老民族,诗性的无尽神秘!

附录一　节奏论——生理能转化为心理能的探索[1]

> 宇宙内的东西没有一样是死的,就因为都有一种节奏(可以说就是生命)在里面流贯着的。
>
> ——郭沫若《论节奏》

现代心理学遇上了一个重要的难题,那就是"生理能"如何转化为"心理能"? 列宁的伟大命题"外部刺激力向意识事实的转化",能够"实证"吗? 从"生理能"到"心理能"之间的秘密是什么? 这仿佛是一个摸得着、猜不透的谜。面对这样的谜,现代心理科学只能借用控制论的方法,把转化的区间设想为一个"黑箱"。我们认为随着现代科学的发展,这个转化区间——黑箱,应该逐步收缩,用剥笋的方法,分层次地解开。其中,抓住"节奏",那是一个重要的层次。本文认为:节奏感是拓通生理能到心理能的得力手段。

一、节奏的概念及其特征

什么是节奏? 这是一个很平凡的、到处可以碰见的现象,但要给它一个比较准确的定义,又是极不容易的。生理学家、心理学家和文学艺术家,都从不同侧面对节奏下过诸多定义,但我们以为对这些常见的普遍现象,不应该只作描述性的、罗列性的论述,而应该站在哲学—美学的高度上,加以抽象和概括。前者使我们隐于浩瀚的现象网中,得不到要领;只有后者,才有可能使我们抓住问题的实质。

---

[1] 本文发表于《华中师范大学学报》(1988年第1期)。

国内节奏研究专家是闻一多、郭沫若、朱光潜。而最有成效者,也许是朱光潜。他在研究诗的本质的时候,曾经比较深刻而全面地论述过节奏。

"节奏是宇宙中自然现象的一个基本原则。自然现象不能彼此全同,亦不能全异。全同全异不能有节奏,节奏生于同异相承续,相错综,相呼应。寒暑昼夜的来往,新陈的代谢,雌雄的匹配,风波的起伏,山川的交错,数量的乘除消长,以至于玄理方面反正的对称,历史方面兴亡隆替的循环,都有一个节奏的道理在里面。艺术反照自然,节奏是一切艺术的灵魂。在造型艺术则为浓淡、疏密、阴阳向背相配称,在诗、乐、舞诸时间艺术,则为高低、长短、疾徐相呼应。"[1]

朱光潜的定义,值得注意者有两点。

第一,"节奏是宇宙中自然现象的基本原则"。

这高度地概括了"节奏"存在的普遍性和重要性。如果宇宙中缺少了节奏,那就失去了特定的秩序、合理的组合和排列,而陷入一片混乱之中,所以它是"基本原则"。朱光潜要说的是"自然现象"的基本原则,但他又补充说,以至于玄理方面反正对称,历史方面兴亡隆替的循环都有一个节奏在里面,这就突破了"自然现象"的范围,而囊括了社会现象和思维现象。同时,他又说到"艺术反照自然",于是艺术也充满了节奏。依此看来,朱光潜的节奏定义应作这样的更正:节奏是宇宙中自然现象、社会现象(含艺术现象)和思维现象的"基本原则"。

节奏作为一种自然现象的基本原则,我们比较容易领会,但作为一种社会现象、思维现象是否站得住脚?这个问题古希腊时代的毕达哥拉斯学派,已经清楚地作了回答,他们认为世界是由数与和谐构成的,而音乐就是数与和谐的结晶。这实际上,就是把节奏看作宇宙和一切事物的根据和起源,不管是自然现象还是社会现象、思维现象,莫不如此。"黑格尔在某个地方说过,一切伟大的世界历史事变和人物,可以说都出现两次。他忘记补充一句:第一次是作为悲剧出现,第二次是作为笑剧出现。"(马克思:《路易·波拿巴的雾月十八日》)历史事件和人物的这种"重复"性,就是社会节奏,也就是一种社会现象。"历史不会重复",这只有在"绝对"的意义上,才是正确的。其实,列宁所论述的哲学史发展的规律——圆圈、螺旋式,这本质上,就是一种"重复",一种社会节奏。

---

[1] 朱光潜:《朱光潜美学文集》第二卷,上海文艺出版社,1984年,第108页。

第二,产生节奏的哲学根源——事物异同性。

由于世间事物纷纭交错,千差万别,然而又统一在一起,它们之间的联系不是绝对的同一,也不是绝对的差异,而是同中有异,异中有同,所以就必然有各式各样的联系方式,其中"节奏"则是一种与同相关的联系方式。朱光潜认为节奏作为事物间"异同"联系方式,有三种情况:①同异相承续;②同异相错综;③同异相呼应。"相承续"显示了事物在节奏中的线性运动特征,具有单一性;"相错综",显示了事物在节奏中的交互渗透特点,具有重复性;"相呼应",显示了事物在节奏中的跳跃、回环特征,具有对应性(目的性)。因此,节奏规律的特征,大致就包括在单一性、重复性、对应性(目的性)三者之中。其间,既有事物的,"同",也有事物的"异"。因此,节奏是什么?似可这样解说:事物运动在"异—同"方面的统一性,即在同中见出异,异中见出同(简称"异同二象性")。如中国诗词的平仄规律一样,"粘"为音韵的"异中之同","对"是音韵的"同中之异",唯其独具"异同二象性",才达到事物的定向和谐一致、错落协调。

节奏概念产生的哲学基础,除了事物运动的异同性(异同二象性)之外,我们以为应进一步规定为"时空"的可重复性。格罗塞说:"节奏的本质形态,是某一个特别单位的有规则的'重复'。"[1]本来时空是一个统一体,是无法分开的,但是,从"重复"性的角度上说,"时间"却是节奏的载体,或者说,节奏的存在方式是"时间"。因而节奏在时间艺术(音乐)中,就有极其重要的意义,空间艺术虽然也离不开节奏,但是空间节奏是时间节奏的给予,所以谢林说,"建筑是凝固的音乐"。以音乐比拟建筑,即证明了时间节奏的可扩散性。

世界不是一堆庞然杂物,而是时空的规律性运动。"宇宙内的东西没有一样是死的。就因为都有一种节奏(可以说就是生命)在里面流贯着。做艺术家的人就要在一切死的东西里面看出生命来,一切平板的东西里面看出节奏来,这是艺术家的顶要紧的职分。"[2]概括地说,节奏就是时空显示生命力的象征。节奏运动不同于一般运动的地方,主要是它以一种直观方式显示某种特有的"生命力",也可以说,节奏是一种力,一种生命力,它在"重复"中显示自身的突进和永恒。宇宙间任何向上的事物,都充满了节

---

[1] 格罗塞:《艺术的起源》,蔡慕晖译,商务印书馆,1984年,第112页。
[2] 郭沫若:《论节奏》,见《郭沫若论创作》,上海文艺出版社,1982年,第243页。

奏运动；哪怕是趋于死亡的事物，在死亡的临界点尚未出现之时，尚有一丝半点的"生命"，则仍然伴随有节奏，换句话说，节奏是生命的规律和象征。节奏趋于混乱、瓦解，正是宇宙趋于无序和非平衡态的重要标志。

如果我们可以把节奏定义的"时空显示生命力的象征"的话，那么这就有时间和空间两方面的生命力的象征，它们各有自身的"理想"和"至善"。在空间，是"结构的完美"（笛卡尔语），这是静态的、凝冻了的节奏；在时间，是对立统一与和谐（毕达哥拉斯语），这是动态的、有序的节奏，毕达哥拉斯学派用数（有序）和音乐（和谐）来构造世界，就是用时间来构造世界。世界的完美，在数的有序中，在音乐的和谐中（有序亦是一种和谐，和谐亦是一种有序）。由于节奏具有显示完满生命力的模式（在空间是"结构完美"，在时间是和谐一致），因而节奏就具有两个明显的作用：

第一，节省精力（时间维度）。

"节省精力"是格罗塞的观点（见《艺术的起源》），即在紧张劳动中，借助节奏而节省精力。这是节奏的实践功能。劳动是一种体力、脑力都参加的复杂过程，是一种连续性运动，"于是发动肉体的各种自然力，例如肩膀、腿以及头和手……促使他的原来睡眠着的各种潜力得到发展。"（马克思：《资本论》）劳动者要提高劳动效率，就得充分利用节奏，在筋肉紧张、精力凝聚、集中的瞬间，发挥干劲，作"突破"性运动；在筋肉放松、精力收敛时，则储聚能量，放松休息，作"突破"前的准备；吸气用力，呼气放松，"一张一弛，文武之道也"。人们就是如此回环地用"张、弛、紧、松"去组织劳动以及其他一切活动。劳动者在这"张、弛、紧、松"的节奏张力状态中，显示了劳动主体的强大生命力，从而获得乐趣，这就是一种美感。鲁迅说的"杭育派文学"，便是在这种显示生命力的劳动中产生出来的。其实，格罗塞等人认为节奏在紧张劳动中"节省精力"，这是从消极方面来看的。从积极方面看，应该是组织运动、显示生命力，或者说就是组织生命力的运动，如苏珊·朗格所说的："节奏的本质是跟随着前事件完成的后事件的准备……节奏是前过程转化而来的新的紧张的建立。它们根本不需要均匀的时间。但是其产生新转折点的位置，必须是前过程的结尾中固有的。"[1]因而，节奏是一种矛盾对立，是新旧交替，堪称是一种伟大的转折，因而历史事变和人物的节奏交替，先是悲剧，后是喜剧。节奏的后继冲力，是对前逝冲力的

---

[1] 苏珊·朗格：《情感与形式》，刘大基等译，中国社会科学出版社，1984年，第126页。

继承和扬弃,因而后继冲力,是一种重新建立起来的"新的紧张",正如刚刚送走黑夜后的一轮朝阳,召唤着光明,充满着力量。因而节奏的运动史,就是生命的运动史。节奏一旦中断,生命力的运动随即减弱、消退,乃至于停止。这就体现了时间中对立统一与和谐一致的生命力模式的瓦解。

第二,是一种"直观的认识方法"(空间维度)。

这是古代希腊毕达哥拉斯学派的重要观点。节奏(和谐、比例、对称)可以使人的智慧从容舒展、一目了然,毫不费力地便能抓住中心,"认识的方法(从和谐比例等节奏中——引者)正是这样。要学会在一切种类动物以及其他事物中很轻便的就认出中心,这不能凭仗初次接触,而要经过极勤奋的功夫,长久的经验以及对于一切细节的广泛的知识。对于雕塑家、雕刻家、写生画家以及凡是按照每一种类事物去刻、塑或画出最美的形象的人来说,情形至少如此。例如就人或马,牛或狮子作出最美的形象,都要注意每一种类的中心"[1]。毕达哥拉斯学派认为,对节奏(比例、对称、和谐等)规律的长期实践的结果,例如各种造型艺术家通过自己的创作经验,就可能把握住节奏的真髓。节奏的积极本质及其表现情绪的力度,并不是某种绝对平均值,而是系列的中心。所谓中心,有两种含义:①就整体(种类)来说的中心,例如人和马的"中心",就各不相同,人的"中心"是人类灵魂的窗户——眼睛,马的"中心"是四个健跑如飞的蹄子;牛的"中心"是健壮的身躯,狮子的"中心"是雄伟的头部。这些,实际上是事物的本质象征。②就节奏的"细胞结构"来说,例如波浪的起伏,它的"中心"是"起",而不是"伏";就人体来说,右手、右脚、大脑左半球都是"中心"。这里的"中心",实际上是一种"重心",亦即更能表现事物特征的"倾斜度"。因此,要获得以上两个方面"中心"的认识,就要有长久的实践经验,当辨认出"中心"时,那正是某种节奏感的投合,是"很轻便"而毫不费力的。如果我们不拘于"中心"(或重心)的"空间分布"方面,而把"中心"(或重心)当作节奏的一般本质,那么节奏则正是把握事物本质的一种方法。从人类认识的发展史来看,人首先是通过自身去把握对象,然后才是通过对象去把握自身的。人对节奏规律的认识,也恰好体现了人类这种认识过程。人通过自身去把握对象,在精神方面,则是通过"梦"去推演鬼神世界的存在;在肉体方面,则通过对称、平衡、匀称、比例、协调、和谐等一切肉体节奏,去推演世界的和

---

[1]《西方美学家论美和美感》,商务印书馆,1982年,第13页。

谐和事物的对立统一,这就是笛卡尔所说的"结构的完美"。随着近现代科学的高度发展,人们又以对象世界返照自身,包括返照自身的节奏。由上看来,节奏是人用机体世界(音乐、舞蹈节奏的强烈冲动)和对象世界把握机体("昔我往矣,杨柳依依")的一种认识方法,而且是一种非常直观的方式。例如朱光潜在谈到美感的生理特征时,就意味深长地谈到立普斯的"移情说"和谷鲁斯的"内摹仿说"(听音乐而打拍、看跑马而踏脚)。朱光潜说,从心理学观点看,这是与人的气质"类型"颇有关系,立普斯属于"旁观型"(知觉型),谷鲁斯属于"分享型"(运动型)。这无疑说出了大部分真理。就"内摹仿说"来看,这分明是审美主体力图用"自身"(机体)去把握对象的方法,即用自身的节奏运动去把握对象的节奏模式。如果从这个角度去看"内摹仿说",我以为谷鲁斯正是用"节奏主体"去审美的。就立普斯的"移情说"来说,有道芮式石柱,沉重的平顶,本应使人感到它受重压而下垂,而我们实际看到的是它仿佛在耸立上腾,出力抵抗。这种"移情",本质上是一种生理节奏的平衡(抗衡),或说是主客情感交流的平衡。人的审美能力(感觉力),总是一种颉颃的力量。唯其如此,审美主体与审美客体才能保持平衡。如果说,"内摹仿说"是审美主体用自身的机体(节奏化机体)去把握审美客体,那么,"移情说"则是通过"空间意象"用审美主体自身的精神(精神化节奏),去把握审美客体。总之,这两种方法,都是审美主体用自身节奏去把握对象的方法。这种方法,不是什么抽象推演,而是直观把握。这种直观是人类最原始的直观,然而又是最富有魅力的直观。

总之,节奏是一种平凡但又充满神奇力量的东西。从总体上说,它是时空运动的生命力的象征。它的功能,一方面是组织肌肉运动和精神张力运动,使之达到最优化,另一方面,它又是人的一种最原始、最内在而又最直观的"认识方式",是人用自身把握对象世界,和人用对象世界把握自身的一种直观方法。格罗塞说:"我们可以断定说,这种节奏的快感,实在是全世界人类所共有的东西。"[1]因此,只有把节奏放在"宇宙论"的背景中,以"人"为核心,才能得到比较充分的说明。

二、人是节奏的存在物

按马克思的观点,人是"情欲的存在物","情欲(又译为激情——引者)

---

[1] 格罗塞:《艺术的起源》,蔡慕晖译,商务印书馆,1984年,第112页。

是人强烈追求自己的对象的本——质力量"。[1]

节奏,是情欲、激情的存在方式。由此看来,人生活在节奏的世界中,人只有在节奏的世界中才能生活。人本身的存在,就是节奏的集合、升华,从根本上说,人是情欲的存在物,也就是节奏的存在物。

任何生物都是时空发展的成果。节奏,作为时空运动生命力的象征的积淀,是"生物钟"的形成。生物钟在时间主体中的形成,不单纯是一个准确给予"时间值"的问题,而是人的生活、情绪、秩序的习惯化与机体化,它为时间主体提供生命活动的能动性和准确性,还给节奏提供"函数"与"模式"。人作为生物界之灵,他的"生物钟"的形成,则有更深远的意义,他可以把外部时间转化为内部时间,把时间的被动性转化为主动性,还可以把自身的一切节奏统一于"生物钟"之内。总之,生物钟以一个总体框架积淀了机体的一切节奏,"日出而作,日入而息"、"闻鸡鸣而舞剑"、"明月何时照我还"……它的结构特征是主体能动性与时间序列(生命时间)一一对应,而且作为一种深层结构潜藏于人类大脑神经系统中和心理结构中。各种节奏值、节奏模式归宿为"生物钟",这是心理能过滤、沉淀为生理能的象征。这为生理能转化、升化为心理能作了极深层的准备。人的"生物钟"是作为人的生命节奏总体存在。现代人的"生物钟"从改变了人的"农业—散漫"型节奏模式,而演化为"工业—快速"型节奏模式。从总趋势上说,中国京剧的呢喃拖腔延缓慢节奏,被华尔兹的快速三步舞节奏所代替……当然,在任何条件下,快节奏和慢节奏都是一种对立统一,没有慢节奏就没有快节奏,反之亦然,同时两者的区别又是相对的,而非绝对的。但从理想型结构考察,无疑地应是快节奏与慢节奏的协调和谐、交替,然而作为人的"生物钟"的节奏系统质,却总是倾向于"工业—快速"的明快节奏,因为任何节奏(最后积淀为"生物钟"),都是物质生产与求生活动的一种内化。作为时代象征的艺术,则是这种内化的舒泄和表现。

节奏能产生快感,这是众所周知的事实,然而产生快感的根源,却是一个说不出所以然的秘密。人类生理快感是很广泛的,但按照很多生理学家、心理学家的观点,节奏快感的最原始、最底层的根源,或者说,最原始的快感结构,是人类延续生命的性行为。节奏就在"人的自身再生产"的激情活动中,显示了巨大的飞跃力量,完成了生命个体的"超脱"任务。因此,性行为

---

[1] 马克思:《1844年经济学哲学手稿》,刘丕坤译,人民出版社,1978年,第122页。

的节奏快感,就成了其余一切快感的生理基础,正如人自身的生产成为其余一切生产的基础一样。由于性征的多级展开,第二、第三性征不断受到"文化—道德"的洗礼,因而性快感便在文明的浸透中成为一种美感,爱情是崇高的行为,而不是性欲挑拨,这就是一种旁证。冯特虽然没有说过"性快感"与审美快感的直接关系,但是他却说过"激情"与快感的关系。"冯特十分清楚地指出,节奏本身只表示'情感表现的时间方式',个别的节奏形式是对性感过程的描绘,但因为性感进行的时间方式是激情本身的一部分,所以节奏这一形式的描绘也能引起激情本身。冯特归纳说,总之,节奏的审美意义就在于它能引起它描绘其过程的那些激情,或者,换句话说,由于情绪过程的心理定律,节奏成为激情的组成部分。它又反过来引起这种激情。"[1]冯特在这里谈的节奏的审美意义,亦即节奏与激情间的相互生展的关系。人的激情的运动方式是节奏,节奏(作为生理能)所强化的是它的对方(心理能),亦即激情。因此,真正的审美节奏是"激情──→节奏"的反馈关系。在这里,有决定性意义的是人的"激情",它有别于人的一般感情,所谓"激情",就心理量来说,是一个饱和体,就情绪质来说,是"实践─意志"的前奏,它要求迅速的舒泄,达到机体与环境的平衡,"爱者在十分冲动时写给被爱者的信不是范文,然而正是这种表达的含混不清,极其明白、极其显著、极其动人地表达出爱的力量征服了写信者……热恋所造成的词不达意和语无伦次博得了被爱者的欢心"。[2] 这是马克思对情书中"激情运动"的描述。情书的灵魂和魅力,不在于它的"范文"性质,而在于它的情感节奏运动方式——激情的直接表露。从语法上说,尽管情书"含混不清"、"词不达意",乃至于"语无伦次",但在激情上说,却是"极其明白、极其显著、极其动人"表达出爱者的力量。个中的秘密,不是别的,正是热恋时的那种惊心动魄的激情和节奏感。追根人类激情的深蕴结构,不容掩饰,正是弗洛伊德所倾心专注的"力比多",它是人的身、心冲动(激情)的始发契机。

人作为节奏、激情的存在物,不但根植于人是一种生物和动物,要进行自身的再生产,而且也根植于人是一种"社会关系"和"观念的总体"(马克思语),或出自一种"人格—知识"结构。孔子对人生的节奏作过这样的描述:"三十而立,四十而不惑,五十而知天命,六十而耳顺,七十而从心所欲

---

[1] 转自维戈茨基:《艺术心理学》,上海文艺出版社,1980年,第283页。
[2] 《马克思恩格斯全集》第42卷,人民出版社,1985年,第182—183页。

不逾矩。"这里每十年为一节奏,每一人生节奏都有新内容、新境界。人们一般都不甚注意孔子所说的其它方面,而把"三十而立"作为人生节奏的总体发端。什么叫做"立"？曰"自立能守"也。这有精神方面的"学业"意义,但更有生理方面的"本体确立"的启示,阿Q向吴妈求爱,就是感发于此。因此,只有从"人格—知识"二重结构中去理解孔子的人生节奏,才能把握它的真正含义。儒家所谓的"无后为大","男大当婚,女大当嫁","食色,性也"……这是中国人激情系统中的"深层结构"。从这里,也可道出人生激情(节奏)的半边发源地。

如果说弗洛伊德发现的"里比多"是人生微观节奏的底层发源地,那么,孔子的"而立"理论,则是人生宏观节奏的社会发源地。两者都从不同方面导出了人是节奏的存在物,也就是说,人是一种激情的存在物。"激情—节奏"都潜藏于人的深层结构中。探索审美的"激情—节奏",如果用经济决定论去代替它,那岂不是堵塞了一条理解"快感与美感"关系的重要途径么！

三、节奏二重性

动力心理学的基础是人格深层结构的"力比多"。"力比多"不是单纯的兽欲结构,而是"动物—人"身心两方面的复合物。兽欲的人化,使性本能趋向它的对方(心),人"心"的动物本质,使"激情—节奏"亦趋向它的对方(身),即性感节奏。因此,"身—心"、"激情—节奏",在人格的深层结构中,本来就是一个二重结构体。在这个问题上,一元论者有较多的真理,二元论者离真理较远。伪君子者流和审美情绪绝对"净化"论者,多是二元论者。

我们从一元论出发,展开节奏的二重性。

在上面我们已经论述了节奏与情感的关系。这是一种相互激发的关系,郭沫若在《论节奏》中说"一切情感,加上时间要素,便要成为情绪的。所以情绪自身,便成为节奏的表现。我们在情绪的气氛中的时候,声音要战栗的,身体是要摇动的,观念是要推移的。由声音的战颤,演化为音乐。由身体的摇动,演化为舞蹈,由观念的推移,表现而为诗歌"。从音乐节奏、舞蹈节奏、诗歌节奏等一切艺术节奏中,我们发现了节奏细胞结构的二重性——生理方面和心理方面。生理方面表现为生理能,心理方面表现为心理能。心理能降沉为生理能,前面已经说到,是通过"生物钟"的总体框架的。生理能如何转化为心理能？这是现代生理心理学研究的重大课题:"外部刺激力"如何实现"向意识事实的转化"？这也是意识论的重大研究课题。

诗歌、音乐、舞蹈在起源上三者合一,不但为中国艺术史所证明,而且也为世界艺术史所证明。诗歌侧重于"意义",音乐侧重于"节奏",舞蹈侧重于"姿态"(身形)。于是一个艺术事实,便由内(义)、外(形)、韵致(神)三个维度合璧而成。原始艺术结构使得节奏二重性(生理—心理)浑然一体,难解难分,而把三者(义、形、神)串连起来的主轴是"神"的韵致。有了节奏,三者才生动、活泼起来,"三人操牛尾"的冲动、乐趣和节奏感,才内化于艺术主体的大脑神经系统中。因而,当声音(音乐)独立出来的时候,情绪便分明有"质"的区别了:

"乐者,音之所由生也,其本在人心之感于物也。是故其哀心感者其声噍以杀,其乐心感者其声啴以缓,其喜心感者其声发以散,其怒心感者其声粗以厉,其敬心感者其声直以廉,其爱心感者其声和以柔。六者非性也,感于物而后动。"(《乐记》)人的喜怒哀乐,是感物的结果,而并非人的天生本性。但是因感物而产生的喜怒哀乐不同的感情,其调质是各不相同的。"哀心,噍以杀;乐心,啴以缓;喜心,发以散;怒心,粗以厉;敬心,直以廉;爱心,和以柔。"按情感二极性原则分类,哀、怒之节奏,是"噍杀"、"粗厉";喜乐之节奏,则为"发散"、"啴缓"。倒过来,当人发出"噍杀"、"粗厉"之声,则必是哀、怒;当人发出"发散、啴缓"之声,则必是喜、乐。生理能通过规定的节奏转化为心理能。

西方人对这种音律节奏与情绪的关系,进行过极细致的研究,朱光潜在他的《文艺心理学》和《诗论》中,都作过全面的介绍。我以为这对于揭示节奏秘密极有帮助,尽管仍有不少附会牵强之处。在这之中,我以为最主要的是生理基础的揭示。朱光潜认为,生理能转化为心理能有两个因素,一是节奏本身的调质(即相当于格式塔心理学派所说的大脑力场的张力结构或同型同构性),一是节奏质所引起的联想(调质的泛化)。闻一多在其研究大纲《诗歌节奏研究》中说,"诗的节奏促进想象的飞驰。"[1]

因而,调质和联想便是节奏所具备的两种过渡功能。

节奏调质的生理根据自然是在大脑神经系统中,美国音乐心理学者休恩(Schoen)等人的实验表明,在动物园里奏提琴时,会引起动物的不同反应:"蝎舞动,随音调的昂扬而异其兴奋程度;蟒蛇昂首静听;随音乐的节奏左右摇摆;熊兀立静听;狼则恐惧号啼;象常喘气表示愤怒;牛则增加乳量;

---

[1]《闻一多论新诗》,武汉大学出版社,1992年,第20页。

猴子点头作势。"[1]

朱光潜认为,"从这些实例看,我们可以知道音乐的感动力是极原始极普遍的。达尔文以为音乐的起源在异性的引诱,所以在动物中以熊的声音为最洪亮最和谐,弗洛伊德学说颇近于此。"音乐的感动力之所以"极原始极普遍",那是因为它和动物的深层结构蕴藏的情绪联系在一起,也就是和"人类自身再生产"的"性节奏"、"性快感"联系在一起,因而达尔文便有"音乐起源在异性的引诱"之说。这也从另一角度说明了深层结构的性生理节奏,本来就是一种具有二重性的始基。

在"文化—社会"背景中,生理节奏一旦转化为心理节奏,并且得到专业性的强化的时候,那么,这就成为一种情感节奏、艺术节奏和文化节奏。黑格尔说,节奏是一种主观性的认识,"在空间上并列的东西一目就可了然,但是在时间上这一顷刻刚来,前一顷刻就已过去,时间就是这样在来来往往中永无止境地流转。就是这种游离不定性需要用节奏(节拍)的整齐一律来表现,来产生一种定性和先后一致的重复,因而可以控制永无止境的向前流转。音乐的节拍具有一种我们无法抗拒的魔力,所以我们在听音乐时常不知不觉地打着节拍"。[2] 这是时间主体用"重复"和"定性"去挽留、把握时间的永无止境的流逝性,显示了人类的强大的控制权,这是生命力奋进的象征。所以当浮士德喊出"时间呀,你停一停"的时候,历史便在文化主体面前停步了。"通过节奏和韵,感性因素就跳出了它的感性范围。"(同上书)所谓"跳出了它的感性范围",那就是趋向于主体的特定意识,生理能转化、升华为特定的心理能。对于节奏的这种二重性,丹纳则有这样的论述:"你非要听过一种富于音乐性的语言,例如声音优美的意大利人朗诵一节塔索的诗,才能知道听觉的感受对情感所起的作用,才会知道声音与节奏怎样影响我们全身,使我们所有的神经受到感染……声音与韵律在古希腊语言中占的地位跟观念与形象同样重要。诗人发明一种新的音步等于创造一种新的感觉。"[3]

所谓"声音与韵律"跟观念与形象同样重要",就是指的音律、节奏的生理能与心理能的浑然一体,是节奏的二重性,文化符号论哲学家卡西尔说得更为神妙,"当领悟了一门外语的'神韵'时,我们总会有这样的感觉:似

---

[1] 朱光潜:《朱光潜美学文集》第一卷,上海文艺出版社,1984年,第315页。
[2] 黑格尔:《美学》第一卷,朱光潜译,人民文学出版社,1958年,第310页。
[3] 丹纳:《艺术哲学》,傅雷译,人民文学出版社,1963年,第300页。

乎进入了一个新的世界,一个有着它自己的理智结构的世界。这就像在异国进行一次有重大发现的远航,其中最大的收获就是学会了以一种新的眼光来看待我们自己的母语。"[1]在卡西尔看来,这种语言"神韵"(含节奏)就是一种"理智结构",领悟"神韵",就是一种人类智慧的新发现,就是开拓了人自身的深一层次的"人化"结构,在卡西尔看来,这就是一种最高层次的文化(心理能),然而也是一种最深层的文化(生理能)。语言"神韵"(含节奏)则统一了人类最高层次的文化和人类最底层的文化。音乐是语言"神韵"的升华与结晶,一个富有音乐传统的民统,不管在文化的最高层次和最低层次(深层结构)上,都会卓绝一世,给人类带来更大更多的贡献,德国民族就正是这样的伟大民族。正是基于这个方面,恩格斯高度地评价了德国民族:"的确德国人能欢迎和爱护音乐,在音乐中他成了一切民族之王,因为只有德国人才能从当前时代的深处把人类情感中最崇高和最神圣的东西,即最隐深的秘密揭露出来,并且表现在音响中,同样地也只有德国人才能极其充分地感觉到音乐的力量,彻底地理解乐器和歌曲的语言。"[2]从音乐(韵律节奏)到哲学(玄思妙想),历程虽然极其遥远,然而又近在咫尺,其间的奥妙是什么?音乐与哲学的统一,说明了人类主体的什么秘密?如果要揭示秘密,我以为就要撇开音乐与哲学的各自特殊性,寻找二者最底蕴的统一点,最后归结到生理能与心理能的"生命"水平上。这样,我们就会理解卡西尔的"神韵"就是"理智结构",黑格尔的时间"定性、重复"和音乐节拍的"无法抗拒的魔力",丹纳的"声音与韵律""跟观念与形象同样重要"。

在西方哲学史上,对音韵节奏作了最深刻总结的人,恐怕是尼采。

"在节奏中包含着动机,它产生不可克服的兴致,不仅使脚步同它相一致,而且心灵也跟随着节拍……对古代迷信的部落来说,还有什么比节奏更有用的东西?当时,借助了节奏什么事都能做,能神奇般地帮助劳动,能使上帝显示下凡和倾听人们的诉说,能按照自己的意志修正未来,能使自己的心灵摆脱杂念,不仅使自己的心灵,而且使恶人的心灵摆脱魔鬼的纠缠。没有诗,人就什么也不是,有了诗,人就几乎成了上帝。"[3]

尼采关于节奏的观点,在历史上恐怕是节奏韵律最高的颂歌了。在尼

---

[1] 卡西尔:《人论》,甘阳译,上海译文出版社,1985年,第170页。
[2] 《马克思恩格斯论艺术》第四册,人民出版社,1980年,第416—417页。
[3] 转引自维戈茨基:《艺术心理学》,上海文艺出版社,1980年,第326—327页。

采看来,节奏不仅仅是时空生命力的象征,而且还包含着心理能的始发要素"动机",成为"意志"的成分,由此他对节奏的审美特性,作了最充分的评价:"没有诗(诗的节奏),就什么也不是,有了诗(诗的节奏),人就几乎成了上帝。"诗节奏的神奇魅力,实际上已经成为诗美学的中心课题了。郭沫若也说:"节奏之于诗是它的外形,也是它的生命……这节奏在诗的研究上是顶大的一个问题,也是美学上一项顶大的问题。"(郭沫若《论节奏》)

从文学艺术家到哲学—美学家,无不对节奏充满神奇的猜想。节奏的巨大秘密,恐怕不单纯在生理一方,也不单纯在心理一方,而是在它们之间的交互运动、相互转化和相互扩展,而尤其是在生理能向心理能转化的性能中(列宁尤重"外部刺激力向意识事实的转化")。因此,考察从生理能到心理能的转化性能(或二重性),则有极其重要的意义。我们在上面已经提到过转化性能的两个因素,一是调质,二是联想(调质泛化)。调质以及节奏本身的结构、模式是最基本的,因为它们本身就是一种生命力的运动和表现,是某种冲动和情绪的律动。而联想,是调质的泛化。因此,认真考察节奏结构本身,是弄清转化性能的关键。

四、艺术节奏的双向转化及感受方式

艺术节奏的典型代表是音乐节奏和诗节奏。音乐节奏,更有情绪的抽象普遍性;诗节奏,虽然也有不少音乐特性,但它却紧密地和"意义"结合在一起。在真正的艺术节奏中,生理能和心理能的相互转化,简直是水乳交融,无法分辨。朱光潜把这种状态称为"心物交感"[1]因此,当我们去感受艺术节奏的时候,就同时感受到生理能和心理能两个方面。这种感受不是杂乱的、无序的自然感受,而是经过"人化"的模式感受。

"诗与音乐的节奏常有一种'模型'(pattern),在变化中有整齐,流动生展却常回旋到出发点,所以我们说它有规律。这'模型'印到心里也就成了一种心理的模型,我们不知不觉地准备着照这个模型去适应,去花费心力,去调节注意力的张弛与筋肉的伸缩。这种准备在心理学上的术语是'预期'(expectation)。有规律的节奏都必能在生理、心理中印为模型,都必能产生预期。预期的中不中就是节奏的快感与不快感的来源。"[2]朱光潜在这段话中,对生理能转化为心理能的方式,提出了一个重要的见解,那就是

---

[1] 朱光潜:《朱光潜美学文集》第二卷,上海文艺出版社,1984年,第112页。
[2] 朱光潜:《朱光潜美学文集》第二卷,上海文艺出版社,1984年,第111页。

"模型"印入与转化。首先生理能本身就是一个规律性运动,其律动自成一种"模型"(结构)。这"模型"(结构)能够通过筋肉运动和注意力的汇聚,"印"到"心理"上去,"通常我们听音乐或歌唱时用手脚去'打板',其实全身筋肉与心的注意力已形成一个'模型',已潜伏一种预期,已准备好一种适应方式"。[1] 艺术节奏的感受,是人从生理模型到心理模型的转移,是"印"的过程,即"印"到心里去,"浸润到筋肉系统里去",久之,则是一种文明化石。反之,从心理模型回到生理模型,是一种"预期"。因而,"印—预期",则是人对艺术节奏的感受过程。

这种"模型"感受方式,也即"印—预期"方式,充分展开了节奏的二重性。在肉体方面,则是筋肉的高度紧张,在心理方面,则是注意力的异常集中。"预期"是心理的模式性悬念,它调动感受主体的一切心理能力,一旦预期实现,悬念则消解,也就是心理力积聚起来的神经能量得到模式性的舒泄,这种舒泄就是快感。"预期不断地产生,不断地证实,所以发生恰如所料的快感。"[2]因此,朱光潜把艺术快感(美感)的生成,从"预期"结构展开为三个连续环节:

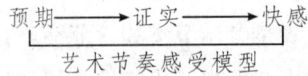

艺术节奏感受模型

在前面我们提到从生理能转化为心理能,作为转化环节的节奏,有两个特性,一是自身的调质,二是联想。这可以和朱光潜的"预期—模型"说结合起来。其实,后者可以包括前者,把前者的两个方面作为"模型"的要素(调质—联想要素)包括进去。所谓调质,即是节奏的情绪性和筋肉运动方式(特定神经能量的释放);联想,是节奏的精神性运动和节奏的心理净化、升华。只有节奏二重性的结合统一,才能使筋肉生理方面和注意力的心理方面达到最佳张力状态,这时的"模型"才能成为一个完整充实的结构。

"理想的节奉须能适合生理、心理的自然需要,这就是说,适合于筋肉张弛的限度,注意力松紧的起伏回环,以及预期所应有的满足与惊讶。"[3] 其实,在这种"理想的节奏"中,也包括了上面说到的节奏的两个基本功用

---

[1] 朱光潜:《朱光潜美学文集》第二卷,上海文艺出版社,1984年,第113页。
[2] 朱光潜:《朱光潜美学文集》第二卷,上海文艺出版社,1984年,第112页。
[3] 朱光潜:《朱光潜美学文集》第二卷,上海文艺出版社,1984年,第112页。

和职能,一是格罗塞的"节省精力"说,二是毕达哥拉斯派的"直观中心认识"说。预期模型,即是一种感受前的理性准备,如果顺利地通过"预期—证实—快感"三环节,即证明了节奏的积极性效果和情绪的合理性,此即"中心认识"说的特点。所谓"节省精力",就是按预期模型组织生理力和心理力的张弛和松紧,仿佛一切都"恰到好处",于是一切都落在意料中。

我们把以上所说的生理能通过节奏向心理能转化的论述,稍加综合,可简化为如下图式:

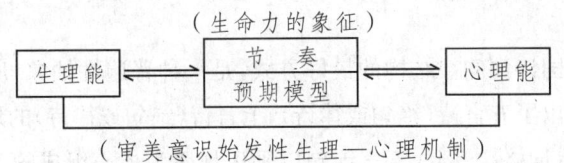

我们把上图中三个环节的统一结构称之为"审美意识始发性生理——心理机制"。宇宙中的任何节奏,一旦进入这个三一式结构图,那则成为审美的意识和能量(审美的生理—心理节奏)。中国诗词格律的根本特征,我以为就包含在上面这个三一式结构图中,例如五言绝句和七言绝句的形式特征是:句数、字数、对仗、平仄、音韵等,皆组成一个以节奏韵律为中心的矛盾统一结构。节奏韵律系统凝结为一板层模式,控制着审美主体的实践技巧方面。绝句审美范式,一方面具有"板层"规范性,另一方向,又具有灵活的包容性(有限时空的非有限性)。前者迫使审美主体向审美范式"就范",后者,诱发审美主体灵活性和"突破"精神。面对绝句形式,不但写诗的人要熟悉这一整套结构要素,要积聚绝句的"预期模型",而且读(诵)诗的人,也要如此。否则,上述图式中生理能和心理能则不能融合为一体,不能相互过渡。经常的情况是:有的人在"生理能"方面,由于默契(有绝句修养),一拍即合;有的人在"心理能"方面,由于意义境界的领悟,一触即发。但要达到两方面的平衡和完满的结合,没有多次的吟诵、领悟是根本不可能的,所以中国诗词特别讲究吟和诵。"吟",是审美主体的摇头晃脑,是对生理能的默契与亲承;"诵",是咬音嚼韵,吐露分明,是对心理能(意义、境界)的引发和张扬。当吟诵一旦达到一定的成熟境界,取得一定的"自由度",生理能与心理能则开始神秘地"心物交感"、"主客交流"。当吟诵成背,出口成章(诗)的时候,生理能与心理能在审美主体身上则浑然一体,水乳交融,孰此孰彼,难解难分,急速地完成着"生理能—心理能"的双边过渡,从而跨进超凡脱俗的新境界。境界(心理能)越高,则韵律感越强,反之亦然。由此,我们还可得出如下的理解图式:

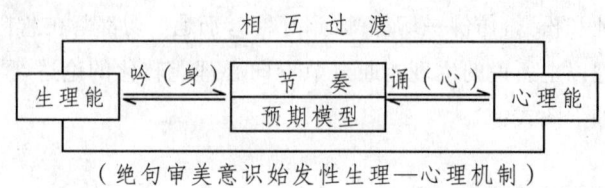

（绝句审美意识始发性生理—心理机制）

掌握中国诗词韵律结构的最好方式,是一种普遍性抽象,所以中国诗家圣贤便得出了五言诗(绝句或律诗)、七言诗(绝句或律诗)的形式抽象模式(宋词则有词格)。例如五言绝句以平仄规律为核心组成的音韵结构体则是如下图式(仄起式):

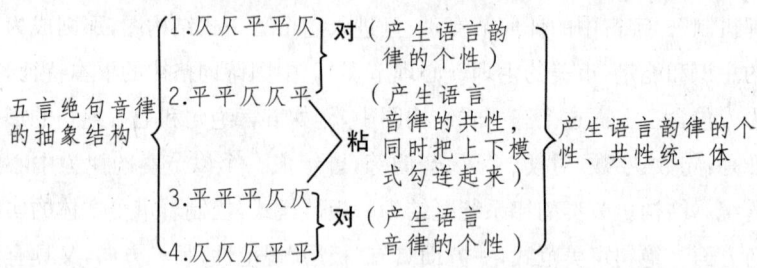

这种"平仄"抽象,实际上只是对生理能节奏运动的提炼和概括,是艺术主体生理能对心理能的扬弃和"净化"。要学中国诗词,有两条传统途径:①"熟读唐诗三百首"的感性实践。这是一条行之有效的途径,但并非科学的途径。②宋人填词式的抽象。这是由形式到内容,先把握平仄、对仗规律,再作诗填词:这是"科学"的途径,但行之无效,或收效极微。第一条途径,是侧重于用心理能(心理能融合着生理能)带动、引发生理能,用"意义"结构去把握节奏规律;第一途径是侧重于用生理能(抽象生理能)去发现、开拓心理能,用节奏激流去碰击"意义"。第二条途径的弊端是割裂生理能与心理能的血肉联系,而这又恰恰是第一条道路之所长,所以显出其优越。回顾文学史,即使是走第二条道路的人,也还是辅之以大量的诗词吟诵(结合第一条道路)才奏效的。问题的根源在于,这种被平仄形式

"净化"了的生理能,已经是一种抽象的普遍性,而不是具体性。因而,从抽象普遍性过渡到具体性,还要有过渡的中介环节(体现节奏二重性的艺术品)才行。人们往往忽略了这个中介环节,这就是走第二条道路往往行之不效的原因。从生理能与心理能的关系来看,只有把两者结合起来,使审美主体得到比较清晰的"预期模型"意识,才能把诗作好、把词填好。

由上面的论述看来,在艺术感受中,只有抓住"预期模型",在反反复复的"吟"和"诵"中,即在节奏律动中和意义碰击中,才能发生"心物交感"、"主客交流"——生理能突破自身进入心理能,最后在最高境界中,完成双方的相互过渡。正是在这意义上,我们才可以理解尼采的格言:"没有诗,人就什么也不是;有了诗,人就几乎成了上帝。"对艺术节奏的感受方式,维戈茨基作为一个神经心理学家则说:"幼稚地解释韵律的时代早已成为过去,在那个时代,韵律仅仅被理解为简单的节拍"其实,"韵律是一个复杂的艺术事实"。[1] 韵律成为复杂的艺术事实,诗成了人的上帝,这绝不是如我们某些理论家所说的,是什么思想内涵和价值观等等单边心理能的存在,也不是如达尔文所颂扬的纯动物性能(生理能)的单边存在,而是二者的交流和相互充实,在转化中双边产生增殖结构。这个过程本身,不是完全可以解释的,其间有某种奇妙的神秘性和漫长历史积淀的"始发性"(作为元结构),它的魅力不是任何一方可以单独解释得清楚的。艺术节奏的秘密如果充分揭示出来和解释清楚了,那么人类美感之谜,也会从一个"山雨欲来"的侧面,引起"冰山消融"。

---

[1] 维戈茨基:《艺术心理学》,上海文艺出版社,1980年,第286页。

附录二　中西学科形态之转换与学术文化之趋向[1]
——劳承万访谈录

问：现在的"谈访录",多是"严肃有余",而"活泼不足"。其实,敞开胸怀的"聊天",才是"真性情"、"真学问"……

答：所说甚是。我是"教师匠",教一辈子书,天天备课,天天写教案;为了检查过关,为了饭碗,每页教案之严密甚至可做到滴水不漏、完美无缺。但往往事与愿违,教案愈是严密,其教学效果则愈差。愈到最后,到无物可写了,才猛然醒悟:凡人类心灵之交流,越"赤裸"、越逼近则愈亲切、愈有效。最后我丢开讲稿所讲的课,学生说才愈有收效。何故? 没隔阂了——说直了,便是"不虚伪了"。大概这便是"真性情"、"真学问"吧。

问：你是学中文出身的,在你一生中对你影响最深的诗句是什么? 你能讲讲吗?

答：一两句诗能影响人的一生,这的确是奇妙的巧合。读大学三年级时,老师只要求能背一百首唐诗便及格了。其时,我也能完成任务,但毕业后,不到半年便全都忘却。在一个极偶然的机会,读了王国维《六月二十七日宿硖石》诗,其中两句是:"人生过处唯存悔,知识增时只益疑",吟后,全副灵魂几乎都被抖乱了,令我终生难忘。(顺便指出一个失误的事实。一位名人在编辑一套"现代学术经典"长达数万言的"总序"中,曰"此时的心情〈即比照别人在编辑中所花的功夫,自感有愧〉更接近王国维的一句话'人生过后唯存悔',觉得实在不该做这样的一件费力耗时的事情。"王国维的二句诗,是一个完满整体,即"人生—学术"互为一体的问题,而非什么杂

---

[1] 本文为笔者接受《社会科学评论》杂志访谈稿,由王向辉整理。原文刊载于《社会科学评论》(陕西省社科院/陕西师大主办)2008年第3期。

务琐事问题。割其一句,即鲜血淋漓。更为谬者,是把"人生过处"误为"人生过后",真是失之毫厘,差之千里了,诗中之要义、精奥全都丧失掉。)将近半个多世纪了,我常常吟诵、涵咏着这"人生过处"—"知识增时"所交织的悲苦味,常常掂量、咀嚼这"唯存悔—只益疑"的人生二重奏。王国维生活在一个中国文化主脉大气中断、西方文化涌入的巨变时代,他在评价其师沈乙庵先生时,总结与提出了一个近代知识者无法避开的艰难时代课题:即"忧世—择术"的大问题。此二者所指的是:面对民族文化血脉大气中断之败局而必忧世[1];为挽救此败局而浴血奋斗必择术(这对应于上面的"人生—知识"二重奏)。其关键是:"忧世"要深,"择术"要慎;只有深于"忧世",才能慎于"择术"。故"忧世—择术"是圣者的时代担当。"忧世—择术"二重奏,恐怕是近代中国知识者在两百年内(一百年已经过去了)都难以完成的伟大任务。当今学界所躁动起来的种种口号,乃至其内心情绪,都难以纳入这悲壮的"忧世—择术"的时代二重奏中。当代学人的致命伤是:"忧世"不深,"择术"不慎,一切都投注在"玩"字上,在"时髦"的泡沫中度日。"人生过处唯存悔"这便是无穷无尽的"忧世";"知识增时只益疑",这便是艰难困苦的"择术",此是面壁民族危难所逼出来的诗句呵。其实王国维所追逐的也许是一种由"绝对"与"圆善"构成的超绝境界,由康德"道德神学"统辖着。王国维能吟出此等震撼乾坤的诗句,一是表明他确是贯通中外古今的中国文化大师,在"人生"(忧世)与"知识"(择术)的两大维度上,成了那个巨变时代灵魂悲欢的杰出代表;二是表明他敢于担当时代与人生所给与的巨大压力与责任……说得玄一点,这便是他自投昆明湖的"解谜"。每吟起王国维这两句诗,都促我奋进,促我反思;教我哭,也教我笑。在西方,康德有"道德神学",歌德有"浮士德精神";在中国古代,有王者之训:"满招损,谦受益,时乃天道"(《书·大禹谟》),或上古帝王的"寿则多辱"。故在现代,则必有王国维之诗句。这是文化主脉大气贯通使然。文化主脉大气一旦中断,大海中便只有浮萍,陆地上只有枯藤。想想当代文人、知识者的商品意识及其狂欢姿态,根本就不存在"忧世—择术"的民族忧虑与担当,这真使人摇头叹气。他们是如何对待"人生"(忧世)的?又

---

[1] 何谓中国文化主脉大气?一般而言,应由三个相互渗透的层面构成:一、运转主轴是以儒家为骨干,儒道释相统一的心性文化体系。二、其核心价值观与动力契机,是《大学》三纲八目所贯串的"内圣外王"之道。三、英雄人物的历史轨迹,是"朝闻道,夕死可矣"殉道精神之连绵不绝。以两千多年前的屈原、司马迁为伟大开端,途经岳飞、文天祥,而终结于王国维自沉昆明湖的英雄系列。

是如何对待"知识"(择术)的?"人生过处",如果不"存悔",那便是神,或是暴徒;"知识增时",如果不"益疑",那便是奴才,或者是书贩子。毫不客气的说,神与暴徒+奴才与书贩子=当代废物!我在近年的论文中或专著的后记中,我绝不会放过对这两句诗当代效应的阐释。两千多年前,屈原喊着"魂兮,归来";两千多年后,我们真该喊当代的"悔—疑"之精神反思归来!否则,挽救不了中国当代商品社会中所铸造的"人生"危机,与"知识"之极度腐朽和虚伪。

问:我们还是以智抑情吧,谈谈文化方面的东西。你近年在研究什么?能略告一二吗?

答:我虽是学中文出身,但精力几乎全不在文学上,而是在哲学和美学上(当右派时则在数学上),因此学术方向不如当今学人有自由选择之幸福。我的学术与生命是同一的,研究方向也随此而变。从上世纪90年代中期开始,我带了几个很有思考力的硕士生,他们虽然天真活泼,但也确是时代之产物:先天不足,后天失调。平时全在我的书房里上课、讨论,讲讲停停,说说笑笑。后来我忽然觉得实在对不起他们,讲问题只从时髦观念、习俗论点出发,而不是从根子上、从体系性上去梳理,或画龙点睛以出己见,没有认真做到王元化先生常告诫我的:"根柢无易其故,裁断必出于己","为学不作媚时语,独寻真知启后人"。一句话,即未对他们的"人生—知识"(忧世—择术)之生命架构负责到底。真可谓"愧作他人师"了。我这人本来从不喜欢人云亦云,但"人是时代的产物",一切的"独立性"、一切的"新思考",都抵不住舆论一律的强威。海禁大开之后,我发现中国文化的研究中心并不在大陆,而是在"海外仙阁"。半个多世纪以来,中国人的人文社会科学几乎是在玩弄一大堆积木游戏——二元对立、黑白分明的伦理组合游戏,诸如:唯物/唯心,存在/意识,客观/主观,经济基础/上层建筑,内容/形式,主题思想/写作特点,进步/反动,左派/右派,红/专,东风/西风,无产阶级/资产阶级,社会主义/资本主义,历史五阶段论/非五阶段论,神/民……不一而足。以上之前项为神圣、进步,后项为卑劣、反动。做学术者,便是抓住以上之一切前项,横扫其后项,这亦曰批判。至于从前项到后项之间的复杂关系,是完全可以"忽略不计"的。公正地说,前后项之区别,充其量也仅是一种泛之又泛的大界限,不构成任何学术范式。长期在这种对立二项式中训练出来的人,能是真正的学者吗?真正的学术能存活于以上这种对立二项式之摆弄中吗?这在世界文明史上,真不愧是一种

"奇观"……鲁迅在五四时代最伟大的声音是:"救救孩子","文革"后刘心武在小说《班主任》中,又重申了一遍"救救孩子",居然还能惊世骇俗。现在又过了三十多年,"救救孩子"(乃至于"救救父亲"),仍是最伟大的声音。如果说,五四时代的"救救孩子",是救人的本性;"文革"后的"救救孩子",是救其免于"文盲"无知;那么当代的"救救孩子",则是救其浅陋与知识之混乱无序(商品文化与媚世文化之产物)、救其"人生—知识"生命架构之崩溃。中国的学术文化,如果仍是"按既定方针办事",那么,"救救孩子"或"救救父亲"(昨天的"孩子",今天早已成人,甚至成了"父亲")则会成为永恒的呼喊声。

上面说到,"按既定方针"所获之学术,使我无法心安,尤其面对这几个很爱思考的研究生。我不无痛苦地反思:这一代、二代、三代、四代的研究生(包括后来的博士生),便是名符其实的"孩子"们。现在不但再无人敢喊"救救孩子"了。而且连自己也还是以安于现状为荣,只要自己身上能有光环可以叠加,则别管闲事,这是"人生在世的最后一搏"了……从80年代开始称谓的"孩子"们,至今又都成了"孩子头""孩子王",成了中国学术文化的主力军。当今学术界的一切"论争",几乎全由他们及其"父辈"发起。喊"狼来了"的是他们,喊"独上高楼,望尽天涯路"者,亦是他们。中国学术界,看来似乎够热闹了,其实,也许仍是"孩子们"拿着自制的木枪在练习"打仗",以口沫横飞的"嘟嘟"声,来代替真枪实弹。

问:你说得很滑稽,也很概括,但事情也许是很复杂的。

答:问题当然复杂,本人在这里不是搞学术史总结,但这是我学术方向反思与转移之一契机。在中西通行诸学中,只有历史学才是中国文化中所固有的,其他人文学科皆是舶来品。如果从哲学、美学、诗学、文艺学等人文社会科学方面来说,其中一个最大的盲点便是中西形态不分,全是"拿来主义"当道。在中国文化体系中,根本就没有西方式的哲学、美学、诗学、文艺学,等等,但"拿来主义"者却贸然自行其道,乐然自得而毫无觉察。所幸者,是上世纪30年代在中国早已发生了"中国有无哲学"的深刻论争,智者们的结论是:任何民族(人类群体)都有其生命贯通的三层存有论:"器物—制度—理念",三者互为一体,且以理念层为最高之精神存在,构成独特的文化体系,哲学、美学、诗学、文艺学……即由中出。所异者是:中西方在三层存有论上是分道扬镳的。故其哲学、美学、诗学、文艺学之具体形态也绝异。从根本上说,哲学、美学、诗学、文艺学等概念,全是西方人的东西,如果我们要寻找其各个之对应物,则必须回溯追踪三层存有论经过"学科形态之转换"后才有可能辨明。那么什么叫学科形态呢?从发生学上说,即学科的知识谱系树形态,它有根—干—叶所形成的生态体系。库恩的"科学范式"以及现代论者的"学科规范"等,仅是知识谱系树"生态体系"的一个横截面。由此看来,中国没有西方式的哲学(主要是认识论哲学),有的只是"心性哲学"或人生哲学(伦理哲学欠准确)。在哲学学科形态转换中的大师级人物,首推熊十力、牟宗三、唐君毅与冯友兰,他们不是空喊口号,而是以自己的巨著作为实证,从而使"中国哲学"庄严地对峙于"西方哲学"。大师们的学科形态之成功转换,给我们什么启示呢?一、中西人文社会科学形态,必须经过相应的形态转换才能运用,"拿来主义"是绝对行不通的;二、学科形态转换的契机与程序在哪里?必须追踪至文化体系的根子上,由根而叶作体系性的梳理才会奏效;"顺手牵羊"式的语录比附,只能弄成一团糟,如果是在人云亦云或中西混淆似是而非的观念指导下,大搞卡片串连,则更糟!三、必须以巨著作为实证,而不能空喊口号。这便是前辈大师在中西学科形态转换上的三条血泪经验。我们一旦背离了以上之基本原则,带来的必然是一片混乱。今天学界之大混乱,其根即由此出。

问:看来欲作出中西相应的学科形态转换真是谈何容易呵!问题是既需要长久时间的准备、琢磨,更需要一种纯粹的学术理想,但当今是"学术都为稻粱谋"的时代,谁能顾及这些"身后"事?那你是如何开始这项巨大工程的?

答:我是首先从美学开始的。若未经学科形态的转换,以"拿来主义"为圣条,是令人迷茫与痛苦的。所以美学界很早便有人发出中国当代美学,是"西方美学在中国"的质疑声音(其句式相同于30年代哲学界的句式:"西方哲学在中国")。于是便有许多人返回先秦两汉,从头做起,抓住一个"美"字,或"感性意识""艺术意识""诗性意识"等相近于"美"的概念,便大做起文章来,专著、大作一本一本的生产出来,似乎这就是"中国美学"了。其实,这是一种"似是而非"的学问,并不是中国美学。其根本原因,是不曾意识到:必须对上古三代的"器物—制度—理念"三层存有论作认真的回溯与检索,缺少从根到叶的文化体系的学科形态的大疏理与大转换,仅是以若干西方美学的范畴、概念套在中国文化资料上(使中国文化生命屈从于西方范畴概念),这是鲜血淋漓地接合,难以存活,只能枯萎,这是十分可惜。为了慎重进行美学学科形态的大转换,笔者近几年来,在上海、广州等地刊物发表了一系列"理清思路"的相关论文,遵循的原则是:一、西方美学的主潮是主客体关系的认识论美学(从属于其认识论哲学),但从康德开拓出"依存美"("美是道德的象征")之后,便发生了大转折(但西方至今无继承者)。这对开拓出中国心性哲学中之美学,却有巨大启示。二、中国文化体系中心性哲学之美学之基本框架、范式,应该是怎样的?这里牵涉到两个极为重要的问题,一是中国文化体系之奠基时代应是上古三代,而不能止于先秦两汉(诸子百家),尽管中国"哲学"之正式诞生,是诸子百家,但其植根之要素与观念,已潜藏于上古三代的"器物—制度—理念"三级存有论中;二是任何有价值的理论体系的诞生,都必须有其特有的框架、范式。笔者认定:上古三代中国人之"美学"观念,因其是一个"混沌总体",必须经过一个三项式的厘析、提升与过滤,即"器物—考古学鉴定与确证—中国心性哲学观念之过滤与提升",才能真正构成中国文化体系中的"审美"观念。"器物",是审美与艺术观念之物化存在;"考古学之鉴定与确证",是时空存在之可靠性;"中国心性哲学观念之过滤与提升",是此等审美观念在中国文化体系之最终归属。任何"中国美学"(包括原生形态的"中国诗性美学"——它不从属于中国心性哲学之美学)皆不能例外。以上三项式框架,是最为稳定的理论框架(三点可构成一个确定的平面/三角形是最有负荷力的稳定支架)。但时下的诸多中国美学论者,多是习俗二项式框架:"器物—审美理论"。面对殷商青铜器之饕餮纹,则"理穷辞尽",曰"狰狞美"。这首先引起了考古学家的质疑(李学勤),更经受不起张光直先生关于中国上古三代青铜器及其花纹均是"通天"工具结论之考验。故凡是其论者不能自圆其说的,皆曰"有意味的形式",或者再玄一点,曰"文化心理结构对应物"。这实在是"顾左右而言它"。这是名家之论。后继之年青人,则更是如此,无法"脱范"了。唯一的新途,便是在"器物—审美理论"二项式中的后项,加大力度,或从人类学中借来某些新观念(新词语),或从现当代西方时髦理论中借来若干新观念(新词语),进行一番"独特"的再研究,花样愈是奇出,离"中国美学"的真实就愈远。二项式框架,既是极不稳定的框架,也是离开了中国文化体系价值观念(心性哲学)的框架,几乎可以说是一个"为所欲为"的摇摆不定的框架。不足信也……

问:那么,你的"从根到叶的文化体系之梳理"又是如何进行的?

答:老实说,欲谈清楚这些"事关大局"的学科形态疏理与转换问题,没有长言专著都是说不清楚的。笔者经过十多年之努力,完成了相关专著

《中国古代美学(乐学)形态论》一书(30万字)。通过"器物—制度—理念"三层存有论的系统考察,从上古三代至先秦两汉诸子百家,宋明儒学之内在发展线索,我把"西方美学"的学科形态转换为"中国美学"即"乐学"的学科形态。西方美学之最简化定义,即是对美感之哲学研究,中国文化体系中没有"美感"概念,更无对"美感"之哲学研究之学科,我们有的只是与其相对峙的"乐心"("乐感")概念,即对中国"礼—乐"文化体系中"乐"之哲学研究概念。其实,中国礼乐文化体系中之"乐"的哲学观念,比西方美感概念要深厚得多,它既可包括西方美学概念,而又高于西方美感概念。故朱光潜、宗白华均一致认为中国的《乐记》"是中国美学的开山祖",且"提供了一个相当完整的美学体系"。但其学科形态并不落在"美"字上,而是落在"乐"字上,故钱穆先生说,"乐则人生本体,当为人生最高境界、最高艺术"(《现代中国学术论衡》)。儒家提倡入世之人乐(兴于诗,立于礼,成于乐)。建构原典儒学体系即以"孔颜之乐"为突破口,宋儒重构新儒学,也是以"孔颜之乐"为突破口。故宋明儒者最后却谱写了那"乐学歌"(王心斋)而闻名于世。王阳明则一语定乾坤:"乐是心之本体"(《传习录》)。道家提倡出世之"天乐"(《庄子·天道》:"与人和者,谓之人乐;与天和者,谓之天乐",这都是一种心性之乐。儒道两家是中国古老文化体系的两枝并蒂花(佛禅是儒道两家之混血儿)。故在中国只有"乐学",而无"美学"。欲知详述过程,只好请参阅拙著了。

问:也就是说,你十多年来的学术方向,是专事于学科形态之大转换,学术成果是专著《中国古代美学(乐学)形态论》的完成。但是,上面你还连及提到诗学、文艺学等学科形态的转换问题,不知你在这些方面有何研究?

答:一个人以其毕生的精力去从事一门学科形态之转换工作也许还是不够的,我的专著也仅是一种尝试,可说是一个"导论"。欲兼及诗学、文艺学学科形态的梳理与转换,则有待于学人之共同努力了。在中国学界,大多把美学、诗学混在一起,其实这也是不当的。朱光潜在其《诗论》中早就断言:"中国历来只有诗话,而无诗学"。诗学概念亦是西方人的概念,其始自亚里士多德的《诗学》,发展至现当代西方各类诗学概念,则大有向现代西方意义(语义)哲学回归的趋势,西方原初之诗学是对抗于哲学的(从柏拉图之哲学强势中"捞回"那失落的"感性欲望")。但现代中国学人,则大有以望文生义之冲动去建构新学科的趋势,曰:"诗学者,即对诗意文本之研究也",故有各种诗学诞生,诸如唐宋诗学、李杜诗学、文化诗学,等等。

笔者在完成把西方美学形态转换成中国乐学形态之过程中，发现了中国如果真的有诗学（经形态转换之后），那应该是《礼记·解经》中所言之"诗教"，也是朱熹在《诗集传序》中所反复论及的"诗教"（从属政教与治道），其实《尧典》中之"诗言志"说之总纲，亦并非什么"诗学"，而是"教胄子"如何如何的根本纲领……亦是"诗教"。故中国文化体系中的"诗教"蕴含之大义，是极其厚重深远的。它开出"师"门，而成之为"天地君亲师"的准宗教神圣系统，且铸定了中国民族文化之魂。它既可包括西方诗学（原典诗学），也高于西方诗学。在这十多年中，笔者也陆续撰写了《中国诗学道器论》（"形而上者谓之道，形而下者谓之器"，道器一体。诗道论，谈中国诗学之六经源头；诗器论，谈中国五七言诗行之节奏韵律套式），此书稿，实可看作是《中国古代美学（乐学）形态论》之姐妹篇，不过重点在美学。

问：你的这两本大著，何时才能与读者见面？是否需要做点"广告"，或"诗外"之类的功夫……

答（大笑）：正中下怀。当今的广告费是"只字千金"，真正的穷书生是交不起费用的（至于喝饱了青岛啤酒之后，再请哥们儿大写书评之类，我也不太习惯）。不过就鄙人来说，金钱于我如粪土，要做广告，要交出版社几万元出书，也不甚困难（广东人的工资收入比内地学者高出一截）。但我绝不能忍受"有钱便能出书"的耻辱。出书与钱一旦挂钩，便是真正学术的彻底破灭。看看当今谈论语、孔子、谈老庄，谈三国、红楼等等"国学热"之产物，一发行即在数百万册以上，大有钱财可捞。本来，这并非什么坏事，但其中是否也潜伏着可怕的危机呢？这使我忽然联想到1986年上海文艺出版社出版了拙著《审美中介论》，在不到半年时间内，连印三次，发行量达十余万册之多，成为学术著作发行量的空前盛况，但我在想，这十多万读者，真能全部了解我的观念么？也许仅是当年"美学热"之结果。后来我终于发现，读者中大多数是买拙著"审美"两个字（五个字只买其中两个字），至于"中介"云云，倒不一定了然。"文革"后迅速掀起的"肉欲"文化（至今未衰），是对神学专制文化的"对着干"，"肉欲"过多即会发腻，胃口必须改变，故接着有"大众文化"的掀起，"审美"一词因为有个"美"字，所以可打动长期处于神学专制文化中那麻木的灵魂，于是那时的"美学热"，也可从属于"大众文化"热。令我兴奋者，是居然有那么多读者买我这个社会最底层、最卑微人物的书；但令我悲凉者，是"中介"概念、范畴，后来居然落入房地产转手公司的"化妆盒"中。"中介"范畴本是德国古典哲学的神圣语言，是黑格尔辩证法的骨架概念,后来恩格斯、列宁都给予很高的评价,而在当代中国竟然成为房屋交易而获"臭钱"的附着物,成为肮脏灵魂的遮羞布(我敢打赌:中介概念,房地产中介公司的老板们除了懂得借以联系买卖双方达成事项可以捞钱之外,其余方面绝对是"文盲")。从兴奋到悲凉,使人产生历史的负罪感,况且,兴奋总是短暂的,甚至是虚假的;而悲凉却是不绝的,现实的。我真不知道当今掀动"国学热"的若干论者们,其书动辄发行百万册以上,一路凯歌,一路风,将来是否也会有与其相应的"悲凉"感与历史负罪感?"国学"的本真成分,无疑会使读者受益;而论者渗入的油滑主观之非本真成分,乃至是"三聚氰氨"者,则会成为千古罪人。中国人的千古成语"居安思危""城门失火,殃及鱼池"真可谓"放之四海而皆准"矣!这便是我所说之"危机"(我绝无指责"国学热"之意,也许它正是接续文化传统之初阶、或躁动)。

问:你的这一番感慨不无意义。但真能体验君意者,恐怕也不多。学术,是公器,要大家一同努力才行,这自然牵涉到方方面面。不过,我们作为媒体,似乎有一个良性循环的三角结构关系,即:作者—杂志—出版社(注意:这绝不是线性关系)。我们都肩负着推动历史的责任,不过,良性三角关系中的真正动力源泉,只在"作者"身上,"杂志—出版社"仅是服务工具。本刊一想到这种良性循环的三角关系,真是"任重道远"。

答:贵刊是一个有相当棱角的刊物。鄙人曾于几年前应某杂志写一篇谈学术原创性的文章,殊不知一下笔便收煞不住,文章结束时,竟达三万余字。不但这字数吓坏了编辑,就是其中的许多观点也叫人咋舌。他们只好说"暂时发不了"。纳闷之时,改投给贵刊(那时,我与贵刊毫无瓜葛,即使至今,瓜葛也不多),但稿到即发,稿酬几乎等于当年《审美中介论》一书初版稿酬之半数,真是令我"莫明其妙"了。读阅贵刊的其他作者文章,大多都有一己尖锐之见,与时下专门为评职称、为升官发财者服务的杂志迥然有异——即使是一些素称名牌的大杂志,也陷于其中而不能自拔。贵刊的这种"独特性",似是有点"鹤立鸡群"之"鹤"性观念。

问:多谢你的鼓励。另外,你近年似乎也发表许多关于康德的文章,在这方面,你的学思构想是怎样的,能简单谈谈吗?康德学之研究与学科形态之转换又有何关系?

答:这,说来话长。欲说深说透,真的需要一长言专著,欲厘清中西美学学科形态的转换问题,康德哲学是无法绕开、躲避的。在上海《学术月刊》、《探索与争鸣》、《文艺理论研究》、《上海师大学报》,杭州《浙江社会科学》,广州《学术研究》、《粤海风》等杂志,我连续发表了好几篇长文,涉及或专论康德者,字数在十万以上……

问:打断一下。你对康德为何如此有兴趣?据说,这是一个"鬼门关",难以进入的呵。你有什么"秘诀"否?

答:真正深入任何一门学问的内核,应该说,都有其与主体相适应的"秘诀",这便是马克思说的:"对象之所以是我的对象"的主客体相互适应的问题。我是1957年武汉华中师范学院(今华中师大)毕业的,大学四年中,我得天独厚地获益于著名的康德、黑格尔专家韦卓民先生的教诲。韦先生是我们的逻辑哲学老师。那时,他很负盛名,但很不吃香(原任华中大学校长,后降为一般教师)。他讲普通话不怎么纯正,后来一打听,他居然是我们广东老乡(原中山人,即今珠海人)。有了"老乡"这个硬牌子,什么话都可以扯一通(广东人的老乡观念,是闻名全球的),什么学问都可以请教了。我常利用饭后或空闲时间上门拜访,问康德、问德语……他的话很短秃,音量高而洪亮,一次我问如何学好德语,答曰:"用心,二十天;不用心,二十年也学不到。""二十天"使我大吃一惊! 让我反思一辈子。这"二十年",也让我反思一辈子。其语义之含量,可谓大而又大矣。每次谈话,他都似乎专门在抓住我的"心",其他则不管。他那常挂在嘴边的"人是目的,而不是工具"的康德语言,几乎震破了我那年轻幼嫩而脆弱的灵魂(当年"工具驯服论"正在盛行)。1957年的反右运动,我成了右派学生,他成了大右派教授。我之成右派,全在于我是幼稚的学生头头,"冲锋在前,享受在后"。韦老师成为大右派,其罪有三,其言简古、朴实,曰:一、"我住的房子,越住越小;我乘的车子,越乘越大"(当校长时,住的别墅,有好几间,1954年"思想改造"运动后,被赶了出去。当校长时,乘的是小车,后来则改乘学校的五十座位的大客车)。二、"我不怕共产党的'唯物',只怕共产党的'辩证'"。三、"知识分子是老乌龟,晴空万里,则把头伸出来;阴雨连绵,则把头缩回去,奈其何也"(刊于当年的院刊上)。定其罪者,不说以上三大条,就其中第二条即可杀头。1956年他的学术专著《亚里士多德逻辑》由科学出版社出版了(这是一本有绝对权威的著作),亦赠我一册并嘱我"在康德、黑格尔中寻找快乐",以慰藉受伤的灵魂,以漫步于迷茫的路上。划右以后韦先生开始了真正的学术事业,弥补长期主持校政的损失,既译、又写、又讲,从50年代末到60年代初,中国学坛的一切康德学研究资料事项均出于他之手(除蓝公武译《纯粹理性批判》、关文运译《实践理性批判》、宗白华译《判断力批判》(上卷)之外)。他的庞大计划是要把康德老人请到中国来,重振"人是目的"的伟大事业。而我则牢记先生的教导,与康德哲学结伴终生,提升灵魂。

问:你的这种精神,真可谓"生命感应"吧,与现代学人的所谓"玩学术"("玩文学")似乎不大一样。

答:确是不一样。韦先生的生活方式、作息制度完全康德化。韦先生对我的影响亦复如此。当年,如果中午去找韦先生,真是"难于上青天",要过三大关(院子门—大门—房门),天塌下来,也不能打破他的午睡规律。几十年来,我亦复如此。知道康德生活方式的人,都知其佳话,每天下午三点半,康德出来散步了,哥尼斯堡的老百姓们便急着回去校正钟点了。这不是什么平凡不足道的生活习惯,而是一种严肃而绝对自主的生命律动,是养成遵循"绝对律令"的有效手段。人类最伟大的东西,唯有"自由意志"(道德律令),其始即在足下。先生"抓心"之效应,及其"在康德黑格尔中寻找快乐"之箴言,成为我的生命支撑点。1957年反右后不几天,我即逆长江而上,到山区接受改造,匆匆忙忙中买了蓝公武译的《纯粹理性批判》(三联书店最早版本)随身带上,成为终生"伴侣"与"护身符"。这似是"小题大作",但它给我的慰藉与麻醉力量却是很大的。艰难岁月中,看了遍布墙上的广告,我明天又要接受批斗了,一片悲凉与颤栗,六神不安,只好慢慢地又去打开康德的书,以求暂时的开脱。开始不太懂,逐步慢慢懂懂,万一能"入乎其内",则切断了一切"经验"世界的干扰、勘破"经验"世界的面纱,进入"独立于经验"世界的圣境,即使是血雨腥风,或天崩地塌也无所感觉了。此法甚有效,在悲凉而艰难的生活中,我之所以不逃亡海外或自杀(走我那许多同学的老路),全给这个"独立于经验"的康德"拖住"了。即使在日常生活中与老婆吵架,一吵我便"故伎重演",打开康德的书,"入乎其内",消解可怕的"经验"之累,既息自身之恼,也息他人之愤。我周围的人,甚为惊叹我人生中的"此一着"。康德居然成了我的精神隐蔽所与"护身符",实在是"侮辱"了他老人家,诚惶诚恐矣。

问:你的这种读书法,其实是一种哭笑难言的"生命投入",既令人思考,也令人叹息。

答:当时最流行的口号,是"活学活用""立竿见影",于是我便硬着头皮,在康德身上试一试。一想起韦先生之教导,"在康德黑格尔中寻找快乐",我便浑身都是力量。人们大搞"早请示,晚汇报",我也不妨在康德老人身上试一试(蔑视"现象",珍惜"本体")！否则,我的大脑早就成了任何人都可践踏的公共跑马场了。简短的人生历程是:"在康德黑格尔中寻找快乐(A)——→独立于经验领域(B)——→人是目的/道德神学(C)——→道德人(含审美人)(D)"。这是取法于康德的四联式。A点是动力契机,B点是精神皇宫,C点与D点是人生与学术之目的。这便是我的康德学术方法与体验,亦是"人生—知识"二重奏之艰难弥合与完成。

问:大家都觉得康德的书难读,更难把握其中真谛,依你之经验,如何入室为当？

答:康德的书难读、难懂,世所公认。各人有各人的读法、兴趣、重点亦异。目下读康德的方法,大体归纳是三种方式:一、跟着康德说康德。二、绕开康德说康德。三、超越康德说康德。第一种方法,是最普遍的原始方法,一般人都是如此。第二种方法是美国著名哲学史家威尔·杜兰提倡的"警觉"方法。第三种方法,是牟宗三先生使用的方法。不过要进展至第二、第三种方法,并非易事。而第一种方法,不是灵智方法,如果老是跟在康德后面去说康德,谁也说不赢康德。稍一不慎,则会越说越糊涂,故杜兰说,是危险的。

先验哲学体系庞大而复杂,毕生精力投入去,亦不一定能出得来。不过康德在三大批判中,给出了两套(四条)大律,是其体系血脉畅通的"高速公路",其体系之"断港""横巷"所形成的"短路""昏暗",均可由其"高速公路"之畅通而获救(诸多康德矛盾论者,乃至《解义》专家康蒲·斯密都与这两套大律失之交臂)。第一套大律,曰"组织性原理"(A)与"范导性原则"(B)(在第一批判中给出)。后者范导与统一前者的操作过程及其出现的矛盾,但康德又说,范导原理一旦转入实践,则亦可成为组织性原理。这是解开第二批判开头裹夹之谜的钥匙。第二套大律,曰"决定的判断力"(C)(由普遍到特殊),与"反省的判断力"(D)(由给定的特殊—大千世界的盎然情态—到普遍〈宇宙之最后原理〉),(在第三批判中给出)。其中C点可以囊括A、B点及其自身,唯有D点最特殊,也最复杂。D点的最后归宿是"人是目的——→道德目的论——→道德神学"(道德神学,指理性之全知、全能、遍在;亦可称道德形上学)。康德美学的最后转向,曰"美是道德的象征"。此定义,统辖于"道德神学"之最后归宿。康德哲学的最高大义、及其最高皇冠,是作一个具有自由意志、能行使绝对律令的"道德人"。牟宗三说,康德的道德神学远没有中国儒家道德形上学通透,但康德之道德神学又给中国道德形上学莫大的启示。而中西美学学科形态的转换,其主要动力契机则来自康德。欲梳理其间过程,需要花力气的。不懂康德哲学,尤其美学,欲说圆美学问题,或作出学科形态转换,是绝对不可能的。

其次,康德是一个天体物理学家与数学家,他的先验哲学的大视野,便是建立在自然天体史发展的根源上。康德在自然天体史中,指出了宇宙形成行星的过程中,首先是高密度(引力最大者)的"团块"的形成,它且成为一个万物降落的中心。康德把这"团块"称为形成"人界—自然界"的"原初物质",其功能与潜能之奇妙犹如当今计算机之程序系统,故康德又把这称之为"世界原因的最高智慧"和"上帝"(造化)。应该说,这便是先验哲学"物自体—现象"的最深层构架("原初物质",是"物自体"的范畴与总潜能)。如果不把握此等大视野,要读懂第三批判《导论》,以及第三批判下卷是不可能的。第三批判中累累提及的"自然界的超感性基体"、人类之最高智慧等,无不涉及此"原初物质"。康德说:给我物质,我便能造出一个宇宙来。宇宙的生命与奇妙,全在此之"原初物质"中。当今学人都是为了"稻粱谋";或者心机太切,一目十行,忙于赶时髦,那能顾及康德此等自然天体史的大视野呢?最可恶者,是那些自己一无所知,却又急于向人"商榷"的论客。此风不可长也。

问:在这里顺便谈谈你对当前国内康德学研究现状的看法吧。一些重要的哲学问题如果理清了,也许对中国当代学术文化方向的启示,亦很有意义。

答:康德先验哲学的根本问题是:一切知识虽来源于经验,但又独立于经验。这"独立于经验",才是先验哲学的灵魂。以"独立于经验"的关键问题作为一个总体目标去衡量当下学界研究,功绩如何,一判即明。目下情况是:一是未完全弄懂对象,便乱加评论或批判。拿上面所列举的十多个对立二项式即兴随手运用,这是几十年来所形成的思维模式;二、引用马恩列的指示,去广说先验哲学的历史来源,诸如历史总体成果之积淀、物自体就是指的绝对真理云云……往往几十万言大著,只畅谈其如何来源于经验,而置康德之"独立于经验"的大秘密于度外。此等学术方向已入歧途,不可取也。

问:上面我们已谈了中西学科形态转换的大问题,你已谈了美学与诗学,文艺学或文艺理论学科形态如何转换?

答：这是一个大问题，它比美学、诗学更为广阔、复杂。如：西方文论与马列文论（马列文论虽可包含在"西方"地域之中，但它有自己的独立形态）。同是西方学科形态，它们有强固的哲学基础。故此类文论，与其说是来源于创作经验的直接总结，毋宁说是依赖于其背景之哲学思潮，与中国本土"文论"形态大异。学界之共识是：当代文论实是三大块：西方文论、马列文论、中国文论。其中每块都应有自己的独立形态。当代搞文艺理论（文艺学）的队伍相当庞大，如果不把精力集中于学科形态的梳理上，而是千方百计、巧立名目，不断的申报翻新项目，即使立了一千个、一万个项目也无济于事。当前的文艺理论，弄得异常复杂与混乱，如果不在"树根"、"树干"（知识谱系树）上用功（梳理审察），而只在枝叶上翻来覆去，这可谓白费功夫。当今的文艺理论方面的硕士点、博士点也够多了，为何不集中力量，从学科形态的根本问题上做点有益的功夫呢？

问：上面我们不拘一格地从方方面面谈了很多，剩下一个当前学术文化方向的问题需讨论一下。你以为如何？

答："文化方向"实际是时代脉搏的一种跳动方式。它有历史必然性，也有偶然性。就当代中国来说，半个多世纪以来，前三十年可谓神学御用文化（或专制文化），后三十年则反其道而行之，先是与神学专制文化"对着干"的肉欲文化（动辄接吻、拥抱、性欲开放，对"神"之大不敬），接着是"大众文化"，它比肉欲文化较为"文雅"一点，后是"审美文化"，稍稍挨近学术边缘；最后则是"国学传统文化"（即国学热），似是回归传统。这四者又都可以统入"大众文化"的大口袋中。其基本精神，都可以看作是对神学专制文化的一种反拨，这是它的积极面。但其负面效应也极为分明，在上面的四种"文化"热潮中，产生了各自的"神"和各自的"专制"性。此即"明星"当道，"偶像"横行。故有人义愤地说："四星高照，人文何在？"（四星即歌星、影星、球星、节目主持人之星），现在又多了一个"百家讲坛"国学热之星，应是"五星"，那么上面的义愤之语，便应改为"五星高照，人文何在？"难道还会有六星、七星么？鬼晓得！目前，"星"慢慢地失色、失明，而又悄悄地兴起廉价的"大师"风；有自我吹嘘的、有科局级批准的、还有信口开河的，以及徒弟千呼万唤的……据说还有媒体钦定的，不一而足。

问：那么学术的危机在哪里？

答："星"者，遍地黑暗，唯其发光，始能给人以路向也。十三亿人都去当"星"么，绝对不可能。今之"星"者，亦今之"神"也，今之"偶像"也。凡是神与偶像当道之处，绝不会有众人之勃勃生机与仁智性灵。神与偶像所过之处，便给那里的庶民带来自身的甜蜜麻木与不自觉的紧箍咒。故曰："星"之出现及其历史发展，是"神"之历史发展的变相形式。今日之"星"与"偶像"的频频出现，正是昔日"神"之慢步下凡，是神之凡俗化。故"神"之危机有多少，"星"之危机便有多少。此绝非戏言也。但话又得说回来，神与星毕竟不同。神是人类尊严的伪装，星是人类感官的"暴发户"；前者有人类学的研究价值，后者仅有民俗学之研究价值，"小儿科"也。至于"大师"风么，多是一种极高雅的笑料，于学术无益。其实，人造之神—媚俗之星—虚假之"大师"，三者皆一路货也。其所异者在于面具与手段不同。这是艰难时代中，学术的对立面也是"人"的一种异化。

但话又得说回来，"星"之自发性呈现并不可怕，亦不必过多非议，它必有其自身的兴衰史。最可怕者，是制度化的宠育与辩护；不惜金钱、财物的投入，而置广大"非星"者于不顾。一个民族的"拥星"意识太多，而"诺奖"（诺贝尔奖）意识太少，是非常令人忧虑的。道理很简单：一千个星也抵不上半个诺贝尔奖。如果"大师"过分的廉价，仅有阅后作废的旧报纸一样的价值，那也是很滑稽的。

"大师"风问题，只能拭目以待。只说"星"吧，当今人们都看着"星"走路，何来学术？据说，学术都是由"学院"出的，其常道是由：小学—初高中—大学—硕/博士—助教—讲师—教授的漫长岁月形成，而"星"呢，则不遵守这一套，自有其独到功夫。一个世界冠军（或国家冠军），则腰缠万贯、"一笑倾城"，而"学术都是为稻粱谋"，是穷书生的恶命运。学术的紧箍咒是：职称—住房—老婆（老公）—孩子四大样。这是学者们的一种"人生套餐"。"人生七十古来稀"，当你硕博毕业，再评副正教授，最顺利者已入不惑之年，稍有塞滞者，则是知天命之年，或接近耳顺之年，也即是说，退休通知书即将送上门了。其间之佼佼者，多是夭折或贫困缠身，再有若干人跳楼。这种人生悖论，不就证实了王国维之诗句："人生过处唯存悔，知识增时只益疑"之千古效应么！不过，鄙人也绝不主张自杀，应在"悔—疑"中，求取超绝的人生境界，回归老庄道家哲学：先"齐物"而后"逍遥"；昂然于《易经》哲学：乐天知命，故不忧。以儒道互动，救自家的命。

举目望去，当今的各式各样制度，又有哪些是"制"在点子上的？诸如评奖制度、科研项目审批制度、杂志发文制度、出版社出书制度，等等，这些都是拴在学术事业脖子上的一根根绳子。其间，除了后门成风之腐败外，便是绝对商品化。"有钱使得鬼推磨",这是当今时代的绝对真理,呜呼哀哉!

问:面对当今之学术文化,真是千头万绪,一团乱麻,若要切中肯綮,辨明方面,从何入手为佳?

答:难以准确回答。但我始终认为,克服枉费心机的标新立异、奇思怪想,按"知识谱系树"之范式要求,严格从事于学科基本形态的梳理与建构(有的需要中西转换,本土固已有之的则需从根到叶的体系性梳理)。这是巨大的工程,可谓百年大计,然而,这才是真正的"学科建设"。若人们的注意力都汇聚于此,达成共识,希望就在前面。前程尽管艰难,但"遵循知识谱系树"的严格建构程序与要求,寻找学科形态之真实面貌,起码可以克服当下的混乱与渺茫,亦可以识别当下所谓"学科建设"的虚假口号,以免失足于一种"不明不白"的大难中。

后 记

此书名曰:"中国诗学道器论"。其间有两点值得质疑:一、"中国诗学"是否存在?"诗学"概念从何而来?二、"道器论"指什么?此等分析法其价值何在?

20世纪初,西方文化(尤其人文社会科学中之哲学、美学、诗学等)涌入中土之后,学界陷入一片混乱之中,梁启超早就说过:"于今日泰西通行诸学科中,为中国所固有者,惟史学。"当年首当其冲者是哲学。中国有无哲学?这其实问的是有无西方式的哲学(主要为主客体认识论哲学)。智者们曰:中国没有西方式的哲学,有的只是心文化体系中的心性哲学或人生哲学。这是学科形态的大转换。同理,中国也没有美学与诗学,即没有西方式的美学与诗学,有的只是经过学科形态转换之后的美学(此即"乐学")、与诗学(诗教)。

毋庸讳言,哲学、美学、诗学等概念,是西方人的东西,在中国文化体系中从不存在(中国当代"诗学"论者,也许对以上一切皆不曾考虑过,仅取直观的望文生义,即凡对"诗"之分析、批评,皆曰"诗学"。正如当代许多"美学"论者,凡对"美"字的分析、批评,皆曰"美学"一样)。看来,任何一门人文社会学科,如果不在中西学科形态上首先厘析清楚,在相应形态上进行必要的转换,便"以讹传讹",以"讹"为然,这无疑地是把学科建筑在沙滩上。

综观人类对诗性意识之阐释和批评,大体上也只有四大部类:诗话(诗之评点)—诗学/诗论(诗之为学)—诗教(诗之为教)—诗"经"(诗之为经)。西方,只有诗学;中国,则有其余三项。西方是理论之逻辑分析形态(如逻辑学、哲学等分析学科）；中国是塑造心性人格（天人一体）、建构学说体系之实践形态（如诗三百是"诗经"，六经之"诗、书、礼、乐、易、春秋"，以诗为首。六经即六艺也，是古代塑造完美人格的六种经典）。两者之形态区别极大，而功能亦绝然不同。故中国之"诗教"（其最高形态是"诗之为经"）既可包括西方诗学，又高于西方诗学。这种学科形态之区分意识，应是中国诗学论者开篇之前首先具有的理论准备，否则，其所构造的"中国诗学"，必然是含糊不清的。故本书应正名为《中国诗学（诗教）道器论》，与笔者另一著作《中国古代美学（乐学）形态论》恰相对应。此两书是姐妹篇，相互映照，形态相类。

　　本书沿用"中国诗学"概念，主要是受制于中国近半个世纪来所形成的"以洋为中"的"传统"惰力。朱光潜说："中国向来只有诗话而无诗学"，但他又处处以西方诗学为范式来论述中国诗现象；其次，改革开放之后，任何文化现象的探索分析，皆曰"学"。有了"××学"之美名，便有伟大的神圣感、自足感。出版社喜欢，读者也满足，何乐而不为？第三，西方诗学应以亚里士多德之《诗学》为象征、为起点、为源泉，而现当代西方诗学与亚氏诗学已有了极大之游离。欲谈西方诗学，还是取法源头为佳。亚氏诗学之别名又曰研究"诗艺术"之"学"，即研究"史诗、悲剧、喜剧"之情节安排、以及其间之"音调—语言—节奏"之协合等问题者，它对峙与抗争于古希腊时代之哲学。中国是诗国，"六经皆诗"。这与亚氏诗学有较多的相关性，也可稍稍粘进矣……鉴于以上三个原因，笔者不无别扭地沿用了"中国诗学"之概念。

　　至于"道器论"指什么？《易·系辞上》曰："形而上者谓之道，形而下者谓之器"。"道"，指研究中国诗学形而上之道（诗性源头与本体）；器，指研究中国诗学形下之器，即诗行中的节奏韵律套式等等。道/器一体，是中国哲学的回环运动之功能，正如体/用论之"体用一如"一样。但"道"虚"器"实，"器"狭小，而"道"阔大。但这却是学术结构之完善形态。倾向于"器"者，太琐碎；偏执于"道"者，太玄虚。唯有二者妥善之结合，才能克服单向倾斜的毛病。这正如西方哲学之走向一样:拒斥形而上学之后,必陷于绝对实证主义的危机中(任何单边的倾斜都是不幸的)只有前后二者的有机融合,才是一种完善的学科形态。

以上可谓"解题"。但最艰难者,还是面对半个世纪以来"以洋为中"的拿来主义传统,如何立足于学科形态之大转换。中国哲学界的大师们,熊十力、牟宗三、唐君毅、冯友兰等,已用自己的巨作,充分作成了中西哲学学科形态之大转换,其功足可为范也。笔者取其法者有三:一、弃传统之拿来主义,取"学科形态转换"之方式;二、学科形态之转换,绝不是随意之比附或语录对号所能解决的,只有从中国文化体系之根系上用功才是有效的;三、要有"十年艰苦不寻常,看来字字皆是血"的论著为"实证"(笔者非大师也,故无缘称"巨作"),不能空喊口号。

本书写作时间漫延得很长,足有十多年了。"诗之器"完稿最早(1996年),"诗之道"拖至2002年,全书导论完稿于2008年7月。这是全书完稿时间之"三段论"。此与逻辑学之三段论"大前提—小前提—结论"之程序刚好倒了过来。原因是:写完《审美中介论》之后,一个现代意识论的大难题在困扰着我:"生理能"如何转化为"心理能"?"熟读唐诗三百首",为什么便能"作诗"了;中国之君子、文人、元首、宰相,为什么那么喜欢咏诗、吟词,深于涵养平仄四声,摇头晃脑浸入境界而不可止?这些简单之诗性功夫,终于成就了他们的阔大胸怀,滋生了他们的"浩然之气"……于是我必须穷力于探索诗之节奏韵律之大秘密,故首先便有"诗之器"的诞生(这是革新传统的一番极其麻烦的功夫)。但这仅是一种微妙的"现象",而非其"本体"也。

于是我要溯源寻根了,但要对中国文化体系作一番"盘存"、"检索",谈何容易呵!一辈子的功夫投入进去,其所得也极为有限,加之我大半生的时间、精力都浪迹于西方,亦沿吾师韦卓民先生(康德、黑格尔研究家、翻译家)所指之途,多年"鬼混"于康德先验哲学之迷宫中,以慰藉和麻痹那年青时代受伤之灵魂。学术游魂一旦要"落叶归根",回到"子曰诗云"的心性世界中,我真有"脚踏两只船"之危机感,但那生怕落水而被淹没的哀愁,又促我奋进。加之海禁大开,牟宗三、唐君毅等大师们的论著"闯入"大陆,我才意识到那能"脚踏两只船"者,都非一般船夫也。我只好加大力度,避免"落水"。久之,便有"诗之道"的诞生。

从器而道,逆流而上,仿佛有了一些新视界,如向上攀登塔尖一般。但"道—器"之间又是什么关系?诗行世界之道器一体,既需要分析,更需要体验,于是"道⇌器"互逆往返之肌理、血脉、气韵,尚得细察疏理,于是便有"全书导论"的完成,这离"诗之道"完稿(2002年),又有六年多了。此书之"三段论",实是"三截论",每"截"都费时五六年。此是吾之不敏且愚之又愚也(故此书之读法既可按照顺序,也可倒转顺序,按后者读法,也许更合实际)。此外,我的主要精力不是放在"诗学"上,而是放在哲学美学上。中国没有西方式的美学,若要从根子上转换学科形态,对中国心文化体系没有一番有序的认真耕耘,是难以作成的;与此相关甚切者,则是对康德的道德形上学必须有深入的了解与把握,才能使之成之为此学科形态转换的最佳参照系(牟宗三先生即为范例,但他对美学却有所"隔")。

从1996年至2007年底,整整十一年,我的主要精力是放在《中国古代美学(乐学)形态论》一书写作之准备上,即对西方美学学科形态的转换上。笔者之结论是,中国只有"礼—乐"文化体系中之"乐"学(对"乐"之哲学研究。王阳明曰:乐是心之本体),而无美学(对"美感"之哲学研究)。其实,这"乐学"既可包括西方美学,而又高于西方美学。笔者把中国乐学的学科形态疏理转换之后,"诗学"的形态也随之而明了。故此书,实可说是《中国古代美学(乐学)形态论》的姐妹篇。当今大陆学界对"美学/诗学"混而不分,这是一种笼统、含糊似是而非的学问。谙熟中国文化的人,我想:关于礼/乐文化体系中之"乐论"、"乐记"之类与"诗言志"说、"诗三百"说相比,虽有同质之处,但差异也极为分明;在西方,亚里士多德"诗艺术"说,与康德的"自在"美/"依存"美说,这虽有同质之处,但差别尤大。故当今,做笼统、含糊、似是而非的学问容易,做确确实实有分有寸的学问难。不过做学问的过程,似乎也是先"笼统、含糊、似是而非",然后才能"确确实实",最可怕的是停滞于"似是而非"之中途而不自觉。乐学/诗教姐妹篇对西方学科形态之大转换,两者均有各自的磨难过程,但终归又是两门各具不同形态的学科——"乐学"与"诗教"。

上面说到,本书是跨度十余年的"三截论",遵循之程序是:由下而上,而非从上而下,加之"三截"的间隔时空久远,而笔者之"水平"线,又不断地变化浮动,故造成了此书"三截"间的难以弥合的若干小裂缝,提法也难以完全一致,但血脉与主干及形态,却是连贯一体的。"三截"之论,当以完稿最后之全书导论为准,敬请读者原谅也。有写作经验的人都深深知道,"写书容易,改书难"。人成年时打领带、穿西装的伟大庄严照片,比儿时光着屁股满身汗臭的留影,无疑地要光明堂皇得难以匹比,但从《中庸》哲学的"率性之谓道"来说,似乎后者更值珍贵。"率性"是"尽性"之前阶,尽性是率性之完成。中国人之生命,只有在"率性—尽性"的坦然而艰难的历程中耗费净尽,才是真正的"春蚕到死丝方尽"。故,学者的致命伤,并不是什么学说、体系中的歧出与矛盾,而是掩之又掩的"虚伪",胡乱拼凑或戴上一副假面具,手拍胸膛:"如假包换"。

"文革"后大陆学人与读者群都在各式各样的"热"潮中前进,据说,当今是"国学热",讲孔子、讲老庄、讲三国、讲红楼,甚至讲死人旧事等方面的书,其发行量均在数十万或数百万册之多,似可喜也。无论如何,这都比"文革"刚结束后掀起来的对神学专制文化反叛之"肉欲文化"(至今未衰)、"明星文化"、"媚世文化"(正行当道),等等,似要"高雅"一些,毕竟这个有五千年文明的古国珍贵的东西太多了,任人道去,欲说还休!然而"热"的东西必须"冷却"才有用。一块烧红了的铁,若不"冷却"为锄头、镰刀,那只有在"氧化"中无踪无影,诚可叹也。

然而可怕的时代悖论又出现了:"热"的东西给人予"温暖"与"煮饭"的需要(故千军万马齐上阵),"冷"的东西只训练和增强人之"抗寒"与"奈寒"能力(然而好汉又不吃眼前亏)。当今一本真正的学术书,发行三千册,都难以售完。面对销量数以万计或几百万册的"国学热"大潮，拙作真不知会有何种命运？按逻辑推理，"国学热"开拓了一个光明灿烂的大背景，顺水推舟自然会有好收成。

但当代商品社会，是绝对不讲什么逻辑的。80年代中期，笔者那劫后即兴之作《审美中介论》，一印再印而三印，不到半年，其发行量竟达十余万册之多，我百思不得其解，原来十多万读者需要的是拙著"审美中介论"中之"审美"二字（它错合肉欲文化，抗衡神学专制文化）。至于什么"中介"之类，则未必了然，而倒成了后来大兴起来的房地产转手公司的美名（中介公司）。惜哉！德国古典哲学的神圣语言，一个重要的辩证法架构范畴，恩格斯乃至列宁都称赞不已，竟想不到在中国大陆终于落入"以钱铸脑"的中国房地产老板的化妆盒中……故"形式逻辑"在这里，一变而为"肉逻辑"，再变则为"钱逻辑"，或其他什么鬼"逻辑"……一大景观也。对比当今纯学术著作出版之艰难，几乎处于绝路，只有令人摇头叹气矣。本书有幸得以面世，笔者真诚地感谢安徽出版集团的唐元明先生与安徽教育出版社的张丹飞博士之赏识和支持（且安徽教育出版社素以出版美学诗学著作而闻名于国内）。还要感谢本书责任编辑何换生先生为本书所做的工作。至于发行"逻辑"，则有待于"学术热"之来临，更有待于"学术"之心能从各种"热"中冷却、提升与净化出来。否则，一切都是"无"。

"中国哲学"之学科形态，大师们早已转换成功且开示了新途，使之庄严地对峙于西方哲学形态。仿此，中国美学、中国诗学又应具有怎样的学科形态？希学人共探之；且盼置"热"、"冷"于度外，勇于面对王国维的千古诗句"人生过处唯存悔，知识增时只益疑"之严重拷问。认真思考起来，王国维的这种实践型的"诗教"比其"诗学"，强大而超越百倍！一部卓见了"有我之境"与"无我之境"的杰作《人间词话》，焉能匹敌他那"夜宿峡石"两句诗?!诗之为教，一旦升华为"诗之为经"（朱熹），人就"超越了上帝"，轻而易举地突破了尼采的"有了诗，人就几乎成了上帝"的下界限。西方诗学之理论形态，与中国诗教之实践形态（或经学形态），两相比照，即"小巫见大巫"也。

  此书稿的最后篇章,完成于亡妻最后告别这个世界的呻吟声中。我的人生经历,使我无法进入"庄子妻死鼓盆而歌",或毛泽东的人之死"应该庆祝辩证法的胜利"之齐物大度境界中。那沧桑人生之"入世"切肤感受绝对战胜了"出世"与"空世"之飘缈虚幻。妻子在绝症之极度苦痛中跨越阴阳两界,存亡、生死之抗争与叠合的那种"此在",才是无法毁弃的真实人生。这是野"史",也是玄"哲",更是无法淹没的"诗"。呜呼,仅以此为念矣!

2009 年 9 月于京郊